KB174553

초국적 기업에 의한 법의 지배

지재권의 세계화

초국적 기업에 의한 법의 지배

지재권의 세계화

수전 K. 셸 지음

남희섭 옮김

후마니타스

초국적 기업에 의한 법의 지배 지재권의 세계화

1판 1쇄 펴냄 2009년 12월 7일

지은이 | 수전 K. 셀
옮긴이 | 남희섭

펴낸이 | 박상훈
주간 | 정민용
편집장 | 안중철
책임편집 | 성지희
편집 | 이진실, 최미정
제작·영업 | 김재선, 박경춘

펴낸 곳 | 후마니타스(주)
등록 | 2002년 2월 19일 제300-2003-108호
주소 | 서울 마포구 서교동 394-67 삼양빌딩 2층(121-893)
편집 | 02-739-9929, 9930 제작·영업 | 02-722-9960 팩스 | 02-733-9910
홈페이지 | www.humanitasbook.co.kr

인쇄 | 표지·본문 인성인쇄 031-932-6966
제본 | 일진제책사 031-908-1406

값 17,000원

ISBN 978-89-6437-102-2 03340

이 도서의 국립중앙도서관 출판시도서목록(CIP)은 e-CIP 홈페이지(http://www.nl.go.kr/ecip)
에서 이용하실 수 있습니다.(CIP제어번호: CIP2009003763)

차례

일러두기

1. 인명이나 지명 등 외래어 표기는 외래어 표기법을 따랐으나, 관례화되었거나 널리 사용되어 굳어진 표기는 그대로 사용했다.
2. 본문에서 사용하고 있는 [ ]는 글쓴이의 첨언이며, 옮긴이의 첨언은 본문과 각주에서 모두 [옮긴이]로 표기했다.
3. 교육이나 비영리 목적의 이용을 위해서 이 책을 일부 복제하는 등의 방법으로 이용할 경우 저작권을 행사하지 않는다.

감사의 글

이 책은 오랜 연구의 성과물이다. 여러 동료들, 학생들과 친구들의 사려 깊고 적극적인 조언이 큰 도움이 되었다. 연구 과정에서 이 책을 읽고 조언을 준 다음 분들에게 감사한다. 조녀선 아론슨, 데보라 아반트, 알라스데어 보위, 그레그 부켄-크냅, R. 커트 버치, A. 클레어 커틀러, 달리아 다사 카예, 피터 드라호스, 그레이엄 더트필드, 하비 파이겐바움, 리 안 후지, 제프리 하트, 버지니아 호플러, 리처드 히고트, 데이비드 존슨, 스콧 케네디, 제임스 레보빅, 데이비드 레비, 레니 마를린-베넷, 덩컨 매슈스, 크리스토퍼 메이, 크레이그 머피, 척 마이어스, 헨리 나우, 토니 포터, 브라이언 포트노이, 아심 프라카쉬, 애니타 라마나, 제롬 라이히만, 웨인 샌드홀츠, 티머시 싱클레어, 제이 스미스, 로저 투즈, 제납 투툰지, 조프리 언더힐, 스테이시 밴더비어, 앤드루 월터, 그리고 스티븐 윌크스. 내가 지재권에 관한 연구를 확대해 세계무역기구의 다른 조약들까지 다룰 수 있도록 해준 조프리 언더힐에게 감사한다. 최종 원고에 대한 리 안 후지의 통찰력 있는 조언은 내용을 보완하는 데 큰 도움이 되었다. 아심 프라카쉬는 집필 과정 전반에 걸쳐 훌륭한 도움을 주었고, 크리스토퍼 메이는 의무감이나 동료애, 우정을 초월해 모든 부분에서 건설적인 조언을 해주었다. 지재권의 역사를 탐구하는 작업을 함께 하면서 메이로부터 많은 배움을 얻었다.

9

연구 결과를 발표할 기회를 준 시카고 대학교의 국제정치·경제·안보 프로그램에 고마움을 표시하며 특히 탁월한 건설적 비판을 아끼지 않은 조엘 웨스트라에게 감사한다. 연구 초창기의 발표에 대해 유익한 조언을 준 워싱턴 국제 이론 세미나에 감사한다. 클레어 커틀러, 버지니아 호플러, 토니 포터가 주도하는 국제학 학회는 사적 권위에 관한 워크숍을 지원해 주었다. 이 워크숍과 여기서 발전된 프로젝트는 비슷한 주제들을 연구하는 여러 학자들이 한 자리에 모여 치열하면서도 생산적인 논쟁을 할 수 있도록 해주었다. 예쉬바 대학교 법대에 재직 중인 피터 여 교수와 플로리다 대학교 법대의 토머스 코터 교수, 위스콘신 대학교의 메디슨 법대에 있는 하인즈 클루그 교수, 제프리 섀퍼 교수에게 매우 감사한다. 이들의 초청으로 법학대학원들의 학술회의들에서 나의 연구를 발표할 수 있었으며 이 보람 있는 과정을 통해 지재권의 정치에 대한 사고를 심화할 수 있었다.

나의 연구는 조지워싱턴 대학교의 대학교활성화기금과 세계화연구센터의 재정 지원을 받아 이뤄졌다. 데비 보테리는 도표를 작성하는 일을 즐겁게 도와주었다.

조녀선 밴드, 피터 초이, 그레이엄 더트필드, 에릭 스미스, 스티븐 울콕 등은 자료는 물론 식견을 공유하는 너그러움을 베풀었다.

재키 골린과 제임스 러브, 엘렌 또엔이 없었다면 이 책을 쓰지 못했을 것이다. 이들은 나에게 중요한 이야기를 들려주었다. 무엇보다도 재키 골린과 제임스 러브는 자신들의 경험과 자료, 식견과 견해를 누구보다 아낌없이 공유했다.

에른스트 하스는 지재권 문제가 정치학에서 누구의 관심도 끌지 못하던 수년 동안 내가 초심을 잃지 않도록 격려했다. 그의 조언과 우정에 대해 감사한다.

10

나의 연구 결과를 출판하도록 안내해 준 케임브리지 대학교 출판부의 존 하스람과 이름을 알지는 못하지만 예리하고 건설적인 의견을 준 두 명의 출판부 직원에게 감사의 말을 전한다. 이들로부터 받은 영감 덕분에 지적 여행을 떠날 수 있었다. 훌륭한 교열 작업을 해준 셰일라 케인과 출판 작업을 도맡은 알리슨 파월에게 감사한다.

마지막으로 끊임없는 사랑과 격려를 해준 가족들 특히 이 책을 헌사하는 아버지와 어머니인 에스텔레 퀸 셀, 누이 엘렌 셀에게 고마움을 표한다. 내가 흔들리지 않도록 연구 과정 동안 사랑과 웃음을 준 더그 에이브럼스, 니콜라스 퀸 에이브럼스, 티머시 마이클 에이브럼스에게 감사한다.

4장의 초기판은 "The origins of a trade-based approach to intellectual property protection," Science Communication 17, 2: 163-185 (1995년)에 이미 출판되었으며 세이지 정기간행물출판SAGE Periodicals Press의 허락을 받아 이 책에 재수록했다. 5장의 일부는 "Multinational corporations as agents of change: the globalization of intellectual property rights in Private Authority and International Affairs," A. Clarie Cutler, Virginia Haufler, and Tony Porter (eds.), The State University of New York Press (1999년)에 이미 출판된 것으로, 뉴욕 주립대학교 출판부의 허락을 받아 재수록했으며 저작권은 뉴욕 주립대학교 출판부에 있다. 2장과 5장의 일부분에 대한 초기판은 "Agents, structures, and institutions: private corporate power and the globalization of intellectual property rights" in Non-State Actors and Authority in the Global System, Richard Higgott, Geoffrey Underhill and Andreas Bieler (eds.)에 출판된 바 있으며 라우트레지Routledge 출판사의 허락으로 이 책에 다시 실렸다. 7장의 253~266쪽은 "Big business and the new trade agreements: the future of WTO?" in

Richard Stubbs and Geoffrey Underhill, Political Economy and the Changing Global Order (Don Mills, Ont.: Oxford University Press 2000) 제7장에 실렸던 내용으로 옥스퍼드 대학교 출판부의 허락으로 이 책에 다시 실렸다.

무역 관련 용어·기구명

경제협력개발기구	OECD	Organization for Economic Cooperation and Development
관세 및 무역에 관한 일반 협정	GATT	General Agreement on Tariffs and Trade
국립보건원 (미국)	NIH	National Institutes of Health
국제무역위원회	ITC	International Trade Committee
국제상공회의소	ICC	International Chamber of Commerce
국제식물신품종보호동맹	UPOV	Union for the Protection of New Varieties of Plants
국제위조상품방지연합	IACC	International AntiCounterfeiting Coalition
국제제약협회	IFPMA	International Federation of Pharmaceutical Manufactures & Associations
국제지재권연맹	IIPA	International Intellectual Property Alliance
국제통화기금	IMF	International Monetary Fund
금융지도자그룹	FLG	Financial Leaders Group
다자간 섬유협정	MFA	Multi-Fibre Agreement
다자간 투자협정	MAI	Multilateral Agreement on Investment
독일경제인총연합회	BDI	Bundesverband der Deutschen Industrie
동남아시아국가연합	ASEAN	Association of Southeast Asian Nations
무역 관련 지적재산권 협정	TRIPs	Agreement on Trade-Related Intellectual Property Rights
무역 관련 투자 조치 협정	TRIMs	Agreement on Trade-Related Investment Measures
무역정책협상자문위원회	ACTPN	Advisory Committee on Trade Policy and Negotiation
무역협상위원회	TNC	Trade Negotiation Committee
무역협상자문위원회	ACTN	Advisory Committee for Trade Negotiations
미국 제약 연구 및 제조사 협회	PhRMA	Pharmaceutical Research and Manufacturers of America
미국무역긴급위원회	ECAT	Emergency Committee for American Trade
미국무역대표부	USTR	United States Trade Representative
미국바이오산업연맹	ABIA	American BioIndustry Alliance
미국영화산업협회	MPAA	Motion Picture Association of America
미국음반산업협회	RIAA	Recording Industry Association of America
미국제약협회	PMA	Pharmaceutical Manufacturers of America
미국출판인협회	AAP	American Association of Publishers

미주자유무역지대	FTAA	Free Trade Area for Americas
북미자유무역협정	NAFTA	North American Free Trade Agreement
상업소프트웨어연맹	BSA	Business Software Alliance
생물다양성협약	CBD	Convention on Biological Diversity
서비스 무역에 관한 일반 협정	GATS	General Agreement on Trade in Service
세계무역기구 분쟁해결기구	DSB	Dispute Settlement Body
세계무역기구 분쟁해결양허	DSU	Dispute Settlement Understanding
세계무역기구 분쟁해결체계	DSM	Dispute Settlement Mechanism
세계무역기구	WTO	World Trade Organization
세계보건기구	WHO	World Health Organization
세계보건총회	WHA	World Health Assembly
세계지재권기구	WIPO	World Intellectual Property Organization
신흥공업국가	NICs	Newly Industrializing Countries
연방순회항소법원	CAFC	Court of Appeals for the Federal Circuit
영국산업연맹	CBI	Confederation of British Industries
외국인 직접투자	FDI	Foreign Direct Investment
우루과이 라운드 이행법 (미국)	URAA	Uruguay Round Agreement Act
위조상품방지조약	ACC	Anti-Counterfeiting Code
유럽경영자연합	UNICE	Union of Industrial and Employers' Confederations of Europe
유럽공동체	EC	European Community
유럽연합	EU	European Union
유엔개발기구	UNDP	United Nations Development Program
유엔무역개발협의회	UNCTAD	UN Conference on Trade Aid and Development
유엔에이즈계획	UNAIDS	Joint United Nations Program on HIV/AIDS
유전자원국제행동	GRAIN	Genetic Resources Action International
일반특혜관세제도	GSP	Generalized System of Preferences
일본경제단체연합회		日本經濟團體聯合會
저렴한 의약품 공급 사업	BAM	Business for Affordable Medicines

지식 접근권 운동	A2K	Access to Knowledge
지재권	IP	intellectual property
지재권과 혁신, 공중 건강에 대한 한시적인 독립 위원회	CIPIH	Commission on Intellectual Property Rights, Innovation and Public Health
지재권위원회	IPC	Intellectual Property Committee
지적재산, 유전자원, 전통 지식에 관한 정부 간 위원회	IGC	the Intergovernmental Committee on Intellectual Property, Genetic Resources, Traditional Knowledge and Folklore
최혜국대우	MFN	Most Favored Nation
카르타헤나협정위원회	JUNAC	Junta del Acuerdo de Cartagena
카리브연안경제복구법	CBERA	Caribbean Basin Economic Recovery Act
카리브연안특혜제도	CBI	Caribbean Basin Initiative
특허실체법통일화조약	SPLT	Substantive Patent Law Treaty
특허협력조약	PCT	Patent Cooperation Treaty
프랑스경영자협회		French Patronat
화학제조사협회	CMA	Chemical Manufacturers Association

1장
서장

1990년 미국의 사기업들로 구성된 한 협회가 외국의 주권국가가 만든 법률을 거부하고 거기서 더 나아가 주권국가의 법률을 사실상 고치도록 영향력을 행사하는 사건이 일어났다. 1991년 전까지 칠레는 다른 많은 개도국들과 마찬가지로 의약품에 대한 특허권을 인정하지 않았다. 칠레를 비롯한 많은 개도국들이 의약품 특허를 인정하지 않는 정책을 유지한 것은, 특허권과 같은 재산권보다 공중 건강을 더 중시해 필요한 의약품의 가격을 적정 수준으로 유지하려는 노력의 일환이었다. 1980년대 말 미국제약협회PMA: Pharmaceutical Manufacturers of America는 특허권을 통해 25년간 의약품의 독점가격을 법으로 보장하도록 법을 바꾸라고 칠레를 강하게 압박했다. 이 요구를 수용할 경우 약값이 높아져 칠레의 일반 국민은 필요한 의약품을 구하지 못하게 될 수도 있었다. 1990년 칠레 정부는 특허법 개정안을 제시했지만, 미국제약협회는 개정안이 부적절하다며 수용을 거부했다. 결국 칠레는 특허법 개정안을 원점에서 재검토해, 의약품에 대해 15년간의 특허 보호를 인정하는 개정안을 마련해 이를 특허법에 반영했고, 미국제약협회는 이에 만족한다고 발표했다. 이 사건에서 미국제약협회가 행사한 영향력에 대해 우리는 의구심이 들지 않을 수 없다. 이 영향력은 도대체 어디서 나온 것인가? 어떻게 일개 제약협회가 다른 나라의 법을 바꾸는 일이 가능한가?

그러나 칠레의 사례는 이보다 훨씬 더 극적인 사건을 예고하는 것이었다. 바로 세계무역기구WTO: World Trade Organization에서 관리하는 1994년의 무역 관련 지적재산권 협정TRIPs: Agreement on Trade-related Aspect of Intellectual Property Rights (이하, 트립스 협정)이다. 트립스 협정의 채택은 각 나라 국내 차원의 규제 정책에 깊이 영향을 미치는, 강제력 있는 전 지구적 지재권 체제의 시대가 도래했음을 의미한다. 이 연극과도 같은 극적인 사건의 주연배우는 고작 12명의 미국인으로 구성된 지재권위원회IPC: Intellectual Property Committee였다.

제약 산업과 엔터테인먼트 산업, 소프트웨어 산업을 대표하는 12명의 최고 경영자급 위원들은 지재권위원회[1]를 구성해 지재권[2](특허, 저작권, 상표 및 영업 비밀) 보호를 세계적으로 강화하기 위한 국제적인 지원을 얻는 데 성공했다. 지재권위원회는 유럽과 일본의 동료들과 협력해 당시 선진국의 법률에 기초한 제안서를 작성하고 이를 1988년에 관세 및 무역에 관한 일반 협정GATT: General Agreement on Tariff and Trade(이하, 가트) 사무국에 제출한다(IPC, Keidanren and

---

1 1986년 당시 지재권위원회 위원은 브리스톨 마이어스(Bristol-Myers), CBS, 듀폰(Du Pont), 제너럴 일렉트릭(General Electric), 제너럴 모터스(General Motors), 휴렛패커드(Hewlett-Packard), 아이비엠(IBM), 존슨앤드존슨(Johnson & Johnson), 머크(Merck), 몬산토(Monsanto)와 화이자(Pfizer)였다.

2 [옮긴이] '지재권'은 영문 'Intellectual Property'를 번역한 용어다. 최근 '지적재산권' 대신 '지식재산권'이란 용어를 사용하기도 하는데, 이런 용어의 변경은 바람직하지 않다. 왜냐하면, 첫째 '지식재산권'이란 용어는 지식(knowledge)을 재산권으로 만드는 제도라는 오해를 불러올 수 있고 (지식은 개인의 권리 보장이 필요한 재산권의 대상이 아니라 사회적 자산이다), 둘째 '지식재산권'은 '특허청'이라는 행정 부처에서 일방적으로 정해서 퍼트리는 용어로, 여기에는 소위 '지식 기반 경제'에서 특허청이 주도적인 역할을 하는 것처럼 포장하려는 조직 이기주의가 바탕에 깔려 있으며, 업적을 중시하는 당시 특허청장의 지시로 채택된 용어이기 때문이다. 한편 'Intellectual property'나 '지적재산권'이란 용어 역시 '재산권', 'property'란 단어로 포장되어 그 본질인 '인위적 독점권'의 성격을 회석하는 효과가 있다. 이런 두 가지 이유로 앞으로는 '지적재산권' 대신 '지재권'이란 약어만 사용한다.

UNICE 1988). 그로부터 불과 몇 년도 지나지 않은 1994년, 지재권위원회는 우루과이 라운드Uruguay Round의 트립스 협상에서 자신의 목적을 달성했다. 이 과정에서 지재권위원회는 국제 정치에서 민간 기업의 권력이 점차 커지고 있다는 사실을 잘 보여 주었다. 민간 기업들은 무엇이 무역과 관련된 문제인지를 정하고, 그 문제를 어떻게 규정할 것이며 어떻게 해결할 것인지를 고안했으며, 이 해결책을 구체적인 제안으로 만들어 정부에 제시했다. 이런 사적 부문의 행위자들은 전 지구적 차원의 지재권 협정으로부터 얻고자 했던 것들 대부분을 얻어 냈고 이들이 얻은 결과는 이제 공적인 국제법의 지위를 누리고 있다. 이들은 어떻게 해서 최대 보호주의 방식의 지재권 협정을 만드는 데에 성공했으며 그 이유는 무엇일까? 반면 지재권 이외의 영역에서는 사적 부문 행위자들이 성공적인 결과를 얻지 못했는데, 그 이유는 무엇일까? 다시 말하면, 행위자와 구조가 어떤 상호 작용을 거쳐 특정한 결과를 낳는 것일까? 영역별로 결과는 왜 다르게 나타나며, 결과가 시간에 따라 변하는 과정은 어떻게 설명할 수 있을까?

분석틀

이 책은 수년에 걸친 수정 작업을 거쳤다. 수년 동안 이 책의 내용 일부를 여러 곳에서 발표하면서 일부분만으로는 오해를 줄 수 있다는 생각에 책을 쓰기로 결심했다. 이번 장에서는 지재권의 세계화를 설명하기 위한 몇 가지 관점들을 살펴보고자 한다. 물론 각각의 관점들을 모두 충분히 살펴보려면 각각 별도의 장으로 서술해야겠지만 그렇게는 하지 못한다. 여기서는 내가 종합적 접근법을 채택하게 된 배경을 제시하고, 왜 이와 같은 관점을 발전시켰는지를 설명하는 데 중점을 둘 것이다.

어떤 면에서 트립스는 세계 대부분을 규율하게 된 지재권 규범을 만든 지재권위원회 12명 위원들의 "성공담"일 수 있다. 하지만 이것을 그들의 놀랄 만한 능력 덕분으로 여기는 것은 역사적인 맥락을 배제했을 때만 가능하다. 오히려 이 "성공담"은 몇몇 특정 개인들이 특정한 역사적 시점에서 어떻게 그렇게 강력한 힘을 발휘할 수 있었는지 의문을 불러일으킨다. 이들이 전 지구적 기업 규제의 전면에 나서게 된 데에 혹시 다른 더 큰 요인이 있지 않았을까? 있었다. 더 큰 요인이 분명히 있었다. 지구 자본주의의 변화와 기술의 변화가 이들의 성공을 가져온 것이다. 지재권은 매우 가치 있는 자원이 되었고, 기술의 선도자들에게는 비교 우위를 가져다주었다. 이런 면에서 트립스는 냉혹하게 확장해 가는 지구화와 초국적 자본가계급의 권력이 만들어 낸 "구조"에 관한 이야기다. 이 이야기는 이제 이론을 검증하는 로르샤흐 테스트Rorschach test3와 같은 것이 되었다. 자유 시장을 신봉하는 자들은 영리기업들의 이런 성공담에 환호하며 기업과 정부의 "건설적" 연합에 열광한다. 그람시주의자와 마르크스주의자들도 그들이 주장하는 세계관이 옳았음을 입증한다며 이 이야기를 긍정적으로 본다.

지재권위원회가 성공하게 된 조건으로는 구조적 요인들이 실제보다 더 크게 보인다. 그러면 구조적 변화는 지재권위원회의 성공에 얼마나 결정적이었는가? 지재권위원회의 승리는 필연적인가, 아니면 역사적인 조건 때문이었나? 지재권위원회의 성공 이전에 발생했던 모든 선행 사건들이 지재권위원회의 성공에 기여했는가? 아니다. 역사적 맥락은 특정한 사건이 어느 한 방향으로만 일어나도록 하지는 않는다. 구조적 요인들이 개인들의 노력보다

---

3 [옮긴이] 잉크의 얼룩 같은 무의미한 무늬를 해석하도록 해 사람의 성격 등을 알아내는 검사.

더 우세하지만 그렇다고 구조적 요인들이 개인들의 노력이 낳을 결과를 결정하지는 않는다. 기업가적 기질과 행위자 역시 상당히 의미 있는 변수였다. 이는 투자나 서비스와 같은 다른 사안에서 기업들이 벌인 노력들과 비교해 보면 더욱 분명하게 드러난다.

전 지구적으로 지재권 규칙이 형성된 것을 구조론적 관점에서 거시적으로 접근하는 설명은 지구화(지구화를 물질적으로 정의하든 문화적으로 정의하든 관계없이)라는 냉혹한 흐름에 주로 초점을 둔다(Wallerstein 1974; Thomas, Meyer, Ramirez and Boli 1987). 지구 자본주의와 서구 문명은, 마치 해일과도 같이, 지구 구석구석에 침투해 지구 자본주의와 서구 문명에 이질적인 모든 것을 파괴했고, 세계를 지구 자본과 서구 문명에 훨씬 더 안전하도록 만들었다는 것이다. 물질적 측면에서 볼 때 이것은 초국적 자본가계급의 경제적 권력과 이데올로기적 정통성을 앞세워 국제 상거래의 걸림돌이 되는 모든 장벽을 제거하는 과정이었으며, 세계 지재권 규칙은 이 과정에서 초국적 자본가계급이 거둔 최근의 성과일 뿐이며 최초의 성과도 마지막 성과도 아니다. 경제적으로 가장 힘 있는 초국적 행위자들이 경제적·정치적으로 가장 강력한 국가들과 연합해 그들 모두에게 득이 되는 (그리고 대부분의 다른 자들의 희생을 바탕으로 한) 전 지구적 규칙을 만들었다는 구조론적 설명에서는 행위자를 고려할 필요가 거의 없어 보인다. 그러나 이런 구조론적 관점은 결과의 다양함, 다시 말해서 초국적 자본가계급이 다른 영역에서는 동일한 승리를 얻지 못했다는 점을 설명하지 못한다는 한계가 있다.[4] 실제로 초국적 자본가계급이

---

4 네오그람시주의자들은 자본 분파의 미세한 차이를 깊이 있게 분석함으로써 이 한계를 극복하려고 노력하고 있다. 안드레아스 비엘러(Andreas Bieler)는 "단기 이익을 추구하는" 금융자본과 "장기 이익을 추구하는" 제조업 자본을 구분하고, 전 지구적 시장에 연관된 국가기구의 특권적 역할과 "국내" 문제에 골몰하는 국가기구의 역할을 구분한다(Bieler 2000, 26, 13). 찰스 레비(Charles

모든 영역에서 승리를 거둔 것은 아니다(이에 대해서는 7장에서 자세히 다룬다). 예를 들어 지재권과 금융 서비스 부분에서는 승리가 명백했지만, 외국인 직접투자FDI: Foreign Direct Investment와 같은 분야에서는 승리했는지 의문이다. 우루과이 라운드 협상에는 동일한 행위자 즉, 미국계 사적 부문 행위자들이 개입했고 이들의 개입은 지구 자본주의라는 동일한 구조 변화 속에서 이뤄졌지만, 지재권과 금융 서비스 양쪽에서는 사적 부문 행위자들이 커다란 성공을 거둔 데에 비해, 서비스 무역에 관한 일반 협정GATS: General Agreement on Trade in Services과 무역 관련 투자 조치 협정TRIMs: Agreement on Trade-Related Investment Measures은 사적 부문 행위자들에게 실망스러운 것이었다. 대표적인 예로 다국적 제약사 화이자가 트립스와 무역 관련 투자 조치 협정 양쪽에서 모두 돌격대 역할을 했다는 점만 보더라도 권력과 자원만으로 결과가 좌우되지 않음을 알 수 있다.

이런 다양한 결과가 나오게 된 이면에서 작동하는 정치적 과정을 포착하기 위해서 우리는 행위자를 검토할 필요가 있다. 사적 부문이 성공을 거둔 사례를 보면, 사적 부문 행위자들은 전통적인 산업 협회를 우회해 스스로를 합리적인 형태로 재조직하면서 특수 목적의 로비 집단—지재권위원회와 금융지도자그룹FLG: Financial Leaders Group—을 만들었다. 이런 조직 형태가 이들의 성공에 기여했는지도 모른다. 행위자에 주목하면, 우리는 새로운 규칙을 추구했던 자들이 채택한 전략과 이들이 벌인 노력을 분석할 수 있고, 특히

Levy)와 대니얼 이건(Daniel Egan)은 규제력을 발휘하는 제도와 시장 형성력을 발휘하는 제도의 차이점과, 이에 따른 초국적 자본의 권위가 다르게 나타날 수 있음을 강조한 바 있다(Levy and Egan 2000). 이처럼 학자들이 그람시가 제시한 명제를 분석에 채택하게 된 이유는 부분적으로 이매뉴얼 월러스틴(Immanuel Wallerstein)의 분석에 한계가 있다는 점을 깨달았기 때문이다 (Murphy 1998).

특정 상황에서 특정 주제에 더 민감할 수밖에 없는 정부의 처지를 이들이 어떻게 활용했는지를 분석할 수 있다. 또한 행위자들의 활동을 분석함으로써 이들이 추구했던 협정이 왜 특정 시점에서 등장했고 협정에 포함된 구체적인 내용이 어떤 의미인지를 파악할 수 있다. 나는 행위자들이 지재권과 무역을 자본가적 방식으로 연계한 것이 오늘날 우리가 보고 있는 전 지구적 지재권 규칙이 등장한 근본적인 요인이었다고 주장한다. 만약 지재권위원회의 12명의 개인이 전 지구적 규칙을 강화하기 위해 결집하지 않았다면 어떻게 되었을까? 만일 그랬다면 우리는 지금 어떤 지재권 체제를 가지고 있을까?

구조 중심의 설명이 부족한 것처럼 행위자 중심의 설명도 충분하지 않다. 예를 들어, 합리적 선택이론과 자유주의적 다원주의에 근거하면, 전 지구적 지재권 규칙을 미시적 관점에서 행위자 중심으로 설명할 수 있다. 이렇게 하면, 12명의 개인들이 자신들에게 유리한 전 지구적 규칙을 추구하기 위해 어떻게 공조했고, 통일된 입장을 취하기 위해 개별 집단의 문제점을 어떻게 극복했는지를 잘 설명하는 것이 가능하다. 행위자 중심의 설명을 기능주의적으로 재해석하면, 행위자들이 두 국가 사이에서 개별적으로 해야 하는 양자 간 협상이라는 성가신 절차를 지구상의 모든 국가에 다 적용되는 전 지구적 규칙으로 바꿈으로써 거래 비용을 줄이려 했다고 설명할 수 있다. 이처럼 행위자 중심의 접근법은 국가 행위의 미시적 기반과 국가 이익의 국내적 원천을 이해할 수 있게 한다는 점에서 가치가 있다. 그러나 "엄격한" 합리적 선택론적 관점은 몰역사적이기 때문에, 상호 작용이 일어나는 좀 더 큰 맥락과 구조를 무시한다는 한계가 있다. 맥락과 구조를 무시하면 행위자나 자원주의voluntarism가 특정 상황에서만 효과를 발휘할 수 있었다는 점을 놓치고 행위자나 자원주의가 발휘한 효과를 과장하게 된다. 자유주의 이론가들은 최근 이런 한계를 극복하기 위해 더 많은 맥락 변수contextual variable를 도입해 일부

22

이론적 진전을 보였다(Moravcsik 1997). 단위 중심적 구성주의 분석에 비非물질적 요소를 도입하고, 상위 개념의 상황적 맥락 내에서 행위자의 옹호 활동을 파악하려고 시도한 학자들도 있다(Klotz 1995; Litfin 1999; Price 1998). 하지만 맥락을 좀 더 적극적으로 고려하기 위한 이런 시도에도 불구하고, 행위 중심적 접근은 여전히 권력이라는 변수를 경시하는 경향을 보인다. 규범 norms과 행위자의 선호가 중요하기는 하지만, 전부는 아니다.

　행위자에 초점을 맞추는 "상향식" 분석은 시간이라는 맥락과 공간이라는 맥락 내에서 이뤄져야 하며, 누가 처음에 "경기"를 시작할 것인지를 결정하는 더 깊은 구조에 배태된 상태로 이해해야 한다. 구조는 인과관계에 매우 중요한 영향을 미치는데, 상향식 분석에서는 이 부분을 무시하거나 이를 외생 변수로 취급한다. 구조는 특정 맥락에서 누가 중요한 행위자인지를 가려내는 데 중요한 역할을 하며 또 행위자의 선호를 형성하는 데 중요한 영향을 미친다. 또한 구조라는 요소에 주목함으로써 우리는 국내적 맥락에서뿐만 아니라 국제적 맥락에서 누구의 선호가 중요한 것으로 간주될지를 가늠할 수 있다. 국가의 권력이 비대칭적이라는 점에 주목하면, 협상의 결과와 국가 간의 영향력에 대해서도 설명할 수 있다. 미국 내의 제도 변화는 다른 국가의 제도 변화보다 영향력이 훨씬 더 크다. 미국의 제도는 다른 나라에 변화를 강제하는 압도적 권력을 행사하는 매개체가 되었고 경제 제재를 가하는 수단이 되었다. 예컨대 제도 변화가 미얀마에서 일어났다면 사적 부문의 경제력과 활동이 아무리 강했더라도 세상을 바꾸지는 못했을 것이다. 따라서 미시적 차원의 분석이나 거시적 차원의 분석 어느 하나만으로는 불완전한 서술이 될 수밖에 없다.

　역사를 공부할 때는 우리가 지금 보고 있는 것들이 과거에도 항상 그랬던 것은 아니라는 점을 깨닫는 것이 중요하다. 얼마 전까지만 해도 지재권은

"특혜의 부여"로 인식되었고 독점을 제한하는 규칙의 예외로 취급되었다(Sell and May 2001). 지재권을 특혜로 간주하면 지재권의 일시적이고 불안정한 속성이 부각된다. 주권자가 특혜를 부여할 수도 있지만 언제나 그렇게 해야 할 의무가 있는 것은 아니다. 그러나 특혜를 "권리"라는 용어로 바꾸면, 주권자에게는 권리를 보호할 의무가 생긴다. 이는 단순한 의미상의 차이를 뛰어 넘는 결과를 초래한다. 사안을 어떤 틀로 구성하느냐는 무엇이 합법이고 무엇이 불법인지와 관련해 중대한 차이를 가져온다. 미국의 법률 체계에서 특허권은 20세기 대부분의 기간 동안 "독점"으로 인식되었고, 특허권자의 권리는 독점 금지(반독점) 법률에 의해 심각하게 제한을 받았다. 지재권 보호를 기껏해야 필요악으로 취급하고 자유무역과 어울리지 않는다고 생각했던 당시에는 지재권을 "자유무역에 친화적"이라는 틀로 구성해 본들 설득력을 가질 수 없었다(Machlup and Penrose 1950). 특허권이 독점권 취급을 받지 않게 되고 이에 따라 반독점 법률이 완화된 것은 미국 사법부가 최근에 와서 태도를 바꾸면서부터다. 이처럼 오늘 우리가 알고 있는 개념이 과거와 다르다는 점, 그리고 이런 개념 변화에 따라 제도가 발현되는 과정을 추적하면, 규범의 변화와 제도 변화 사이의 관계를 분석할 수 있다. 언제 그리고 왜 지재권이 미국 무역 의제에서 상석을 차지하게 되었는가? 지재권과 무역이 과거에도 항상 연계되어 있었는가? 지재권의 보호가 예전에도 이토록 존중받았는가? 미국은 자국의 지재권을 어떻게 다뤄 왔는가? 왜 "미국"은 미국의 관점을 세계화하기로 결정했는가?

이런 일련의 질문들을 통해 나는 미시적 수준의 행위자와 거시적 수준의 구조 사이에 존재하는 핵심적인 긴장 관계를 파악할 수 있었다. 미시적 설명(행위자)과 거시적 설명(구조)은 둘 다 설득력이 있다. 사건을 분석하는 데에는 둘 다 중요하다. 그러나 각각의 설명만으로는 뭔가 중요한 것이 생략되기 때문에 미시적 설명이나 거시적 설명 어느 것도 궁극적으로는 설득력이 없다. 이 책에서 검토하는 사례에서는 제도가 거시적 수준과 미시적 수준을 연결하는 핵심 고리의 역할을 한다. 여기서 제도란 미국 정부의 법적 규범, 법률, 행정부, 사법부, 국제기구(예컨대, 세계무역기구)를 말한다. 이 제도들은 모두 동적이다. 이들은 서로에게 작용하고 다른 것들의 작용을 받는다. 이들은 모두 행위자를 구성하며 행위자에 의해 구성된다. 이들은 구조를 구성하며 구조에 의해 구성된다. 상호 구성의 이런 동적 과정에 의해 지재권에 관한 전 지구적인 규칙이 추진되었다.

행위자와 구조를 연결하는 기제와 이들 사이의 연결 고리를 조사할 필요가 있다. 이를 위해 나는 미국의 사법부, 입법부, 행정 부처(예컨대, 미국무역대표부USTR: United States Trade Representative), 세계무역기구와 같이 행위자의 표적이 된 구체적인 제도들을 조사하면서 "동시에 이 제도로부터 사회적 맥락을 분리하지 않았다"(Germain 1997, 176). 이 과정에서는 구조의 변화가 제도에 작동하는 방식을 해석하는 것이 중요하다. 미국의 제도는 제도보다 더 큰 구조적 힘에 대응해 어떻게 변해 왔는가? 과거 미국의 정책 결정자들은 지재권 보호를 언제나 국익과 동일시하지는 않았는데 이제 무엇이 달라졌고, 이유는 무엇인가? 예를 들면, 경제적 의미의 국가 경쟁력competitiveness5이라는 국가 과제가 어떻게 지재권과 경쟁에 관한 사법적 해석에 발현되었는가? 이런 재산권에 관한 사법부의 개념 변화가 어떻게 강력한 지재권의 전 지구적인 보호를 추구하는 행위자의 행동을 강화했는가? 전 지구적 규범을 추구하라고 국가기구들을 어떻게 설득할 수 있었는가? 개인에게 이를 추진하도록 국

---

5 "경쟁 국가"(competition state)란 용어는 지구화의 구조론적 설명에서 등장한다. Cermy(1994) 참조.

가는 어떤 정책 참여를 허용했는가? 다른 견해에 대해서도 똑같은 정책 참여를 허용했는가?

핵심만 요약하면 나는 지재권에 관한 지구적 규범은 구조화된 행위자 structured agency의 산물이라고 주장한다. 행위자는 자신의 행위를 가능하게 만든 구조에 배태되어 있다. 제도는 구조와 행위자를 두 가지 방향으로 매개한다. 첫째, 구조는 제도를 바꾸고 새로운 행위자를 만든다. 둘째, 이렇게 만들어진 행위자가 제도를 바꾸고 새로운 구조를 만들어 낸다. 이 세 가지 요소들을 다르게 배합하면 완전히 다른 결과가 나타난다.

지금부터는 트립스 협정을 전반적으로 살펴보려고 한다. 역사적 관점에서 트립스를 살펴본 다음, 몇 가지 쟁점을 조명해 본다. 그다음, 트립스가 세계 정치경제라는 커다란 흐름에 어떻게 배태되어 있는지를 살펴보고, 구조와 행위자, 제도를 논의하면서 분석의 틀을 제시한다. 마지막으로 이 책의 다른 장들이 어떻게 구성되었는지 소개한다.

트립스 협정의 개요

가트의 우루과이 라운드 협상은 규율 대상을 크게 넓히고 분쟁 해결 방식을 강화함으로써 다자간 무역 정책에서 새로운 시대를 열었다. 가트는 후속 협상 라운드를 통해 관세를 철폐하고 국경 장벽을 제거하는 데 성공했고, 이어서 협상가들은 국경 내부의 제도적인 장벽들과 자유무역에 방해가 되는 비관세 조치를 제거하고자 나섰다. 투자와 서비스 무역, 지재권 보호와 같은 새로운 규율 대상들은 개별 국가의 국내 정책과 직접 관련된 사안이었기 때문에 개별국의 정책 주권에 근본적으로 도전한다. 우루과이 라운드는 이 새로운 쟁점들을 거의 전적으로 사적 부문, 특히 미국 기업이라는 행위자 단위에서 제기했다는 점에서 그 전과 달랐다.

지재권을 극적으로 확장한 트립스는 사적 권력이 행사된 핵심 사례다. 트립스 협정은 재산권을 확장하고 높은 수준의 보호를 요구하는 방식을 채택했는데, 이는 지식 기반 산업을 대표하는 미국 사적 부문 행위자들에게 의미 있는 성과였다. 사적 행위자들은 서로 단결했으며, 그들의 단결된 힘을 이용해 주권국가와 소속 기업들이 취할 수 있었던 선택지들을 축소했다. 또한 전 지구적 차원의 강력한 지재권 협정을 관철하기 위해 다국적 차원의 지원을 끌어냄으로써 사적 행위자들이 경쟁 우위를 유지할 수 있는 가능성을 키웠다. 우루과이 라운드를 국가 중심으로 설명하는 것은 트립스 협상 이면의 추동력을 보여 주지 못하기 때문에 아무리 잘해도 불완전하며, 최악의 경우 그릇된 결론에 이르게 된다. 트립스의 경우, 사적 행위자들은 여러 통로를 통해 자신의 이해를 관철시키려 했고 여러 행위자들, 예컨대 자국 산업계 내부의 동료들, 자국 정부, 외국 정부, 외국 사적 부문의 동료들, 자국과 외국의 산업 협회들, 국제기구들과 타협했다. 이들은 가능한 모든 수준과 장소에서 지재권에 관한 자신들의 목표를 강력하게 추구했고 결국 지재권을 무역의 문제로 재규정하는 데 성공했다. 그러나 단순한 경제적 권력만으로는 최종 승리가 불가능했다. 지재권에 관한 전문성의 장악, 이들이 내세운 관념과 정보력, 사안을 재구성하는 기교(즉, 복잡한 문제를 정치적 담론으로 바꾸는 재주) 등이 승리의 요인이었다.

정치판에서는 모든 이념이 똑같이 중요하게 취급되지 않는다. 정책에 핵심적인 영향을 주는 이념은 "이해관계"를 어떻게 규정하느냐에 따라 판가름 나며, 또한 **누가** 이해관계를 규정하는지도 중요하다. 지재권 행위자들은 그들의 특정 관념을 미국의 절박한 무역 문제의 해결책이라고 홍보하며 정책 결정자들의 마음을 사로잡았고 그들의 사적 이해관계를 미국의 국익으로 만들었다. 또한 지재권 행위자들은 구체적인 협상안을 주도적으로 생산함으로써 자신의 영향력을 크게 키울 수 있었다.

트립스 협정은 우루과이 라운드의 최종 협정문에 서명한 회원국이라면 모두 지켜야 하는 다자간 통상 협정의 일부분이다. 다시 말하면 트립스 협정은 세계무역기구에 참여하려는 국가가 모두 가입해야만 하는, 세계무역기구가 만든 공통된 제도적 틀의 일부다. 트립스 협정은 특허와 상표, 저작권, 영업 비밀은 물론 '반도체 칩에 관한 권리'와 같은 새로운 형태의 권리까지 포함한 모든 지재권을 포괄한다. 또한 저작권에 관한 베른협약을 포함하며, 컴퓨터 소프트웨어, 데이터베이스, 음반에 대해서는 저작권을 통한 추가 보호를 요구한다. 트립스 협정은 이미 존재하던 1883년 파리협약의 보호 기준보다 훨씬 더 높은 특허 규범을 최소한의 규범으로 채택해 특허 보호를 받는 대상과 그 보호 기간을 확장했다. 특허권은 거의 모든 대상물(미생물에 해당하지 않는 식물과 동물에 대해서는 예외), 이를테면 의약품, 화학물질, 농약, 식물 변종까지 확대되고, 특허는 출원한 날로부터 20년 동안 보호해야 한다. 트립스 협정에 따르면, 반도체 칩과 이 반도체 칩에 "고정"된 '마스크 워크'mask work6 ('집적회로의 배치layout 설계'라고도 함)는 별개의 제도로 보호해야 한다.7 또한 모

---

6 [옮긴이] '마스크 워크'란 용어는 유럽연합에서 사용한다. 여기서 '마스크'란 반도체 칩을 제조할 때 사용하는 일종의 형판을 말하는 반도체 용어다. 반도체 칩의 설계 구조는 마스크에 먼저 표현되어야 하기 때문에, 이를 '마스크 워크'라고 한다.

7 [옮긴이] 반도체 칩의 보호 문제는 트립스 협상 당시 미국의 핵심적인 관심 사안이었다. 한국에는 '반도체 집적회로의 배치 설계에 관한 법률'이 별도로 제정되어 있다. 이 법은 1992년에 제정되었으며, 유럽과 미국, 일본도 한국과 마찬가지로 '별개의 제도'를 통한 보호 방식을 따르고 있다. 그런데 법을 만든 지 15년이 지나도록 법적 분쟁이 거의 없고 반도체 제조사들이 법을 이용하는 실적도 매우 낮다. 그래서 실제로는 아무런 쓸모가 없는 '죽은 법'이라는 평가가 많다.

든 국가는 국내에서는 물론 국경에서도 적절하고 효과적인 집행 장치를 마련해야 한다. 트립스 하에서 생기는 분쟁을 해결하기 위해 세계무역기구의 분쟁 해결 제도를 사용할 수 있게 되었으며, 분쟁해결기구DSB: Dispute Settlement Body의 결정을 따르지 않는 국가를 상대로 다른 무역 분야를 통해 보복하는 것이 가능해졌다. 즉, 지재권 규범을 위반하면 상품에 관한 보복 조치를 당할 수 있는 것이다. 이런 분쟁 해결 방식은 트립스 협정의 이행을 강제하는 중요한 수단 중 하나다. 세계무역기구는 협정 이행 여부를 감시할 권한이 있기 때문에, 피감시국들이 합리적인 기간 내에 제대로 의무를 이행하게 강제할 수 있다. 만약 피감시국이 협정을 이행하지 않으면 세계무역기구는 제소국의 요청에 따라 제소 국가에 보복성의 무역 제재 조치를 할 권한을 준다.[8]

이처럼 트립스 협정은 파급력이 크기 때문에, 혁신과 연구 개발, 경제 발전, 향후 생산 시설의 입지에는 물론 노동의 세계적 분업에도 중요한 의미를 갖는다. 실제로 트립스 협정에 포함된 지재권의 엄청난 확장은 초기 산업국가들이 밟았던 경로를 차단하는 결과를 가져왔고, 이로 인해 후발 산업국가들이 선택할 수 있는 경로가 줄어들었다. 트립스 협정으로 말미암아 국가는 권리를 보호하는 데 훨씬 더 많은 역할을 해야 하고, 권리자의 독점적 특허권은 더욱 확대되어 정보와 기술의 가격이 높아진다. 다른 나라의 지적 재산을 이용해 대부분의 경제적 힘을 구축했던 선발 산업국가들은 트립스 협정을 이용해 후발 산업국가들이 이런 방식을 따라 하지 못하도록 문을 닫아걸었다.[9] 이 협정은 예전에는 공공 영역에 있던 것들을 점점 더 상품화하도록

8 트립스 조항에 관한 입문서로는 M. Blakenery, *Trade-Related Aspects of Intellectual Property Rights: A Concise Guide to the TRIPS Agreement* (London: Sweet and Maxwell, 1996) 참조.
9 [옮긴이] 선발 산업국의 이런 행태에 관해서는 『사다리 걷어차기』(장하준 지음, 형성백 옮김, 도

법제화하고, "미래의 창작자들이 이를 더 이상 활용하지 못하게" 만들었다 (Aoki, 1996, 1336). 모방하는 것이 상대적으로 유리했던 국가들과 기업들은 트립스 협정이 만든 새로운 체제에서는 경쟁에서 살아남기 어려운 형국이 되었다.

대부분의 개발도상국들은 지적 재산을 생산하기보다는 소비하고, 지적 재산을 수출하기보다는 수입하기 때문에, 이들이 왜 트립스 협정에 서명했는지 의아해 하는 사람이 있을 수 있다. 2장에서 상세하게 설명하겠지만, 협상 당시 개도국들은 트립스의 영향에 대해 제대로 알지 못했다는 점을 한 가지 이유로 들 수 있다. 그리고 개도국들은 협상이 끝날 때까지 극심한 경제 제재의 표적이었다. 또한 농업과 섬유 수출에 대한 시장 개방을 확대하겠다는 경제협력개발기구OECD: Organization for Economic Cooperation and Development의 약속으로 개도국들이 지재권 협정을 양보한 측면도 있다.

트립스 협정으로 인한 자원의 재분배가 장기적으로 어떤 의미를 갖는지는 아직 완전히 밝혀지지 않았다. 그렇지만 강력한 지재권 보호의 단기적 영향으로, 엄청난 자원이 개도국 소비자와 기업들로부터 선진국 기업으로 이동한다는 점에는 의심의 여지가 없다(Rodrik 1994, 449). 어떤 분석에 따르면, 기술혁신과 지적 재산 분야에서 경쟁 우위에 있는 미국과 미국의 기업들은 트립스 협정으로부터 상당한 혜택을 받는 반면(Doane 1994, 494), 다른 국가나 기업에 트립스 협정은 그렇게 낙관적이지 못하다(Reichman 1993; Foray 1995).

트립스는 국가가 이행해야 할 규범의 범위를 확장해, 규범을 구체적으로

서출판 부키, 2005년),『국가의 역할』(장하준 지음, 이종태·황해선 옮김, 도서출판 부키, 2006년)을 참조할 것을 권한다.

정하고 이를 국가가 이행하도록 의무화하며, 개별 국가의 지재권 제도가 훨씬 더 실질적으로 수렴하도록 강제하고 제도화하며, 내국민대우의 원칙을 높은 보호 기준의 지적 재산과 연계시켰다(Drahos 1997, 202-203). 결론적으로 트립스는 많은 기술 자원을 가지고 전 세계를 무대로 활동하는 기업들의 재산적 권력property power을 공고히 했다(Arup 1998, 376).

트립스 협정의 역사적 함의

트립스 협정은 지재권 보호의 지구화를 구현함으로써 지재권의 진화 단계에서 새로운 시대를 열었다. 지재권 보호의 역사는 국내 단계, 국제화 단계, 지구화 단계 등 세 단계로 나눌 수 있다(Drahos 1997). 19세기 말까지 특허와 저작권을 대상으로 하는 지재권 보호는 어디까지나 국내 문제였다. 국가들은 스스로 법을 만들었고, 법이 제공하는 보호는 국경을 넘지 않았다. 이처럼 국가별로 쪼개져 있던 지재권 보호는 국제적인 상거래의 확대로 점차 변화를 겪게 되는데, 1800년대 초까지 여러 유럽 정부들은 양자 간 형태의 저작권 협정을 논의했다. 19세기 초 영국의 작가와 출판사들은 영국의 서적이 해외에서 광범위하게 "해적질"piracy되고 있다며 불평했다. 서적의 재출판은 많은 국가에서 합법이었고, 영국의 찰스 디킨스Charles Dickens와 같은 인기 저자의 텍스트를 재출판하는 것은 당시 미국에서 성행하던 산업이었다. 영국 서적 무역상들은 미국의 이런 관행이 적법한 영국 출판물의 주요 수출 시장을 없애고 미래의 이윤을 줄인다고 보았다(Feather 1994, 154). 그래서 국제조약을 만들어야 한다는 요구가 늘었다. 저작권법을 두고 있는 국가들은 국경을 넘어 저작물을 보호하기 위해 서적 무역에 대한 국제적인 규제를 꾀했다.

저작권과 마찬가지로, 자기의 발명품이 외국에서 보호받기를 원하는 발명가들도 특허 제도에 관한 우려를 제기했다. 1870년대에 오스트리아–헝가리 제국의 황제는 비엔나에서 국제 발명품 전시회를 개최하려는 계획을 세웠다. 그러나 외국 발명가들은 자신들의 아이디어가 도용되는 것이 두려워 전시회 참가를 꺼렸다. 가장 혁신적이라고 인정받았던 독일과 미국의 발명가들이 특히 많은 걱정을 했다(Murphy 1994, 93). 그래서 1873년에 황제는 외국 발명가의 전시회 참가를 독려하기 위해 외국인을 보호하는 임시법을 만들었는데, 이 법은 전시회 기간 동안만 존속하는 것이었다. 이미 특허 제도를 두고 있던 많은 유럽 국가들은 이를 계기로 1873년 비엔나에서 특허 보호에 관한 국제조약에 관해 논의했다. 이들은 1878년과 1880년에 여러 후속 회의를 개최했고, 1880년의 회의에서는 1883년 파리협약의 기초가 된 협약안을 채택했다(WIPO 1988, 49-50). 저작권 협약안과 마찬가지로, 이 협약안의 가장 중요한 목적은 외국인 기술자와 발명가의 권리를 자국에서도 인정하고 보호하는 것이었다(Gana 1995, 137).

당시 논의에 참가했던 나라들은 서로 따로 노는 개별국 법률 사이의 긴장이 커지자 이에 대한 대처 방안으로 두 개의 지재권 협약, 즉 1883년 산업 재산권 보호를 위한 파리협약(특허와 상표, 디자인권을 대상으로 함)과 1886년 저작권을 대상으로 하는 베른협약을 채택했다. 이 협약들의 기본 원칙은 비차별 원칙, 내국민대우 원칙, 재산적 권리의 인정이었다. 비차별 원칙은 외국인 작가나 발명가가 회원국의 국내시장에 진입하는 장벽을 없애도록 하는 원칙을 말한다. 내국민대우란 외국인 작가나 발명가가 회원국의 시장에 들어간 다음에는 그 나라 국민과 동일한 대우를 받아야 한다는 것이다. 재산적 권리의 인정이란, 저작물이나 특허품의 무단 이용으로부터 권리자를 보호하는 것을 말한다. 이 체제에서도 회원국들은 스스로 만든 법률을 통과시킬 자유는 있지만 다른 회원국 국민에 대한 법률적 보호를 제공할 의무는 져야 한다.

국제화 시대에는 "조약 체결이라는 계약의 형태"로 사법권의 한계가 극복되기는 했지만, 지재권의 영토적 기초는 유지되었다(Drahos 1997 202). 이 협약들은 트립스 협정과 달리 회원국에 새로운 법률을 부과하거나 새로운 실체법을 만들지 않고, 이미 회원국의 국내법에서 인정되고 있던 조항 중 회원국들이 합의한 조항만 반영하는 정도였다(Gana 1995, 138).

이런 체제에서는 지재권 보호의 정도와 기간에 다양한 변화를 허용했는데, 예컨대 많은 나라가 의약품의 가격을 제한하기 위해 의약품에 대한 특허를 인정하지 않았다. 이는 파리협약의 조항을 통해 전적으로 인정되고 있었다. 실제로 트립스 이전에 미국의 지재권자들이 해적질piracy이라고 헐뜯는 행위들은 대부분 여러 국내법이나 당시의 국제 지재권 협정에서 합법적인 경제활동이었다. 국가들은 경제 발전 수준을 반영하거나 혁신으로 인한 이점 또는 모방으로 인한 이점을 반영해 자신들의 법을 만들 수 있는 상당한 자치권을 가지고 있었다. 그래서 이런 구체제는 서로 다른 나라의 본질적인 개발 수준의 차이점을 인정한 체제라 할 수 있다.

이에 비해, 트립스 협정이 채택한 지구화 방식은 지재권 보호에 관한 자율성을 크게 줄인 체제다. 이것은 지재권 보호에 관한 보편화를 추구한다. 과거에는 합법이었던 많은 행위가 이제는 불법으로 규정된다. 트립스는 지재권 침해를 민사상으로도 구제하고 형사상으로도 처벌할 의무를 국가에 부과한다. 파리협약에는 어떤 것을 보호해야 하고 보호 기간을 얼마로 해야 하는지 아무런 규정이 없다. 그러나 트립스 협정은 의무적으로 지켜야 할 지재권 보호의 대상, 보호 범위와 기간을 명시했다. 이런 지구화 체제에서 회원국들은, 특허 대상을 "선진국 특허 제도에서 인정하고 있던 거의 모든 기술 분야"로 확대하고, 특허 보호 기간도 획일적으로 20년으로 늘려야 하며, 특허권과 관련된 제품을 수입하는 행위에도 특허권자의 배타적 권리가 미치도록 법을 고쳐야 한다(Reichman 1993, 182). 이런 새로운 규제는 개별국의 영토 깊숙이 영향을 미쳐, 자국 시장만 대상으로 하는 의약품에서부터 화학제품의 생산에 필수적인 공정, 시장과는 관계가 없는 지역 농업, 의약품, 교육에 이르는 분야까지 지재권을 존중해야만 하도록 만들었다(Arup 1998, 374). 저작권과 관련해, 각국은 이제 베른협약(1971년에 개정된 베른협약)에 들어 있는 기준을 준수해야 한다. 또한 저작권 보호를 컴퓨터 프로그램과 데이터의 수집물로까지 확대해야 하고, 저작권이 있는 컴퓨터 프로그램의 권리자에게 대여권을 인정해야 한다(Reichman 1993, 216). 그리고 이 다자간 지재권 체제는 처음으로 집행 체제를 도입했다. 정리하자면, 지재권의 지구화 시대는 개별 국가가 자국의 적절한 지재권 보호 수준을 결정할 자치권이 크게 축소되었다는 점을 특징으로 한다(Aoki 1996, 1343).

지재권 보호의 역사적 배경에 비춰 보면, 트립스는 여러 면에서 놀라운 사건이었다. 첫째, 미국 국내의 지재권 집행은 대략 1982년까지 상당히 느슨했기 때문에, 사실 미국이 지재권의 강력한 보호 의무를 세계화하자고 제안한 것은 예상 밖이었다(Whipple 1987). 미국은 매우 짧은 기간에 지재권에 대한 자국법의 태도를 변경한 다음, 1984년과 1988년 통상법 개정에 지재권을 포함시키고 이를 세계화하자고 요구했던 것이다. 미국은 강압적인 통상 전략을 통해, 지재권 체제가 약하다고 보이는 국가를 상대로 무역 보복의 위협을 가했고 무역 혜택을 철회하겠다며 협박했다. 이런 미국의 국익 변경은 설명이 더 필요하므로 뒤에 가서 더 살펴볼 것이다. 둘째, 트립스 협정은 미국계 초국적 기업의 대표였던 12명의 선봉대가 원했던 바를 협정문에 그대로 반영했다. 이들은 지재권 보호 강화가 세계 전체의 경제 발전에 이바지할 것이라는 논리를 폈지만 실제로는 역사적인 근거가 없는 논리였다. 셋째, 트립스 협정의 기반이 되는 관점, 즉 확산에 비해 보호를 더 중시하는 (즉, 공공재보다 사적 권리를 더 중시하는) 관점은 지재권 분야에서 논쟁적인 개념이다. 실제로, 경제학자들과 법학자들은 확산보다 보호를 더 중시하는 관점은 세계 전체의 복리에 부정적인 영향을 줄 수 있다고 주장해 왔다(Ordover 1991; David 1993; Deardorff 1990; Frischtak 1993; Maskus 1991; Primo Braga 1989; Litman 1989; Bolye 1992; Silverstein 1994). 넷째, 트립스 협정은 '모두에게 적합한 하나의 기준'one size fits all이라는 방식을 지재권에 적용했는데, 이 기준은 많은 분석가들로부터 거센 비난을 받았다(Aoki 1996; Dhar and Rao 1995; Thurow 1997; Oddi 1987; Scotchmer 1991; GTrebilcock and Howse 1995). 하나의 통일된 기준이 모든 국가와 산업에 다 적합하다는 개념은 경제적 분석뿐만 아니라 역사적 경험까지 무시한 것이다(Reichman 1993, 173-174; Alford 1994). 다섯째, 트립스는 가트의 관례 두 가지를 벗어났는데, 트립스 협정은 상품에 대한 권리에 적용되는 것이 아니라 **사적 개인**의 권리에 적용되며(Reiterer 1994), 각국 정부가 실행해도 좋은 적절한 정책의 범위를 정하는 것이 아니라 지재권 보호를 위해 각국 정부가 적극적으로 취해야 할 의무를 정했다(Hoekman and Kostecki 1995, 156).

지재권이 독점적 특권을 부여하는 한, 지재권은 경쟁 정책(또는 반독점 정책)과 본질적으로 긴장 관계에 놓인다. 지재권은 배타적 권리를 부여하는데, "다른 사람이 무엇을 하지 못하도록 하는 배타적 권리는 경제학에서는 반드시 그렇지 않을지 몰라도 최소한 법적 개념에서는 독점권이다"(Cornish 1993, 47). 지재권 그 **자체**는 독점권을 구성하지 않고 궁극적으로 시장이 지재권의 가치를 판단하지만, 지재권이 "혁신자에 대한 독점 지대"를 구성한다는 점에서 독점의 문제를 일으킨다(Trebilcock and Howse 1995, 249). 지재권이 독점의 문제를 야기하는 이유는 권리자는 지재권을 통해 산출물의 양을 줄이고 가격을 올릴 기회를 가지기 때문이다. 또한 권리자는 자신의 발명을 타인이 이용하지 못하게 함으로써 발명의 이용을 억제할 권한을 가진다. 영국의 발명가이자 증기기관의 개발자인 제임스 와트 James Watt는 1769년에 증기기관에 대한 특허권을 취득했다. 1775년에 영국 의회는 와트의 특허권을 25년 더 연장했고, 이 연장된 기간 동안 와트는 자신의 발명을 타인이 이용하는 것을 아예 금지해 버렸다. 어느 연구에 따르면, 와트의 이런 행동은 금속 공업의 발전을 1세기 이상 후퇴시켰다고 한다. 만약 와트의 독점권이 1783년에 끝났다면, 영국은 훨씬 더 일찍 철도를 가지게 되었을 것이다(Renouard 1987).[10]

지재권에 대한 경제적 논거는 "발명이나 창작에 대한 사회적 가치를 완전히 보상하지 않으면, 그에 대한 유인이 최적 수준 이하로 떨어진다"는 것이다(Trebilcock and Howse 1995, 250). 공공재의 개념에서 보면, 만일 보상이 없을 경우 발명과 창작은 과소 생산되고 경제적 발전이 저해된다는 것이다. 이런 관점의 중심에는 소위 "무임승차자"free rider의 문제가 놓여 있는데, 개인이나 기업들의 투자에 대해 모방자들이 아무런 비용 없이 또는 비용을 거의 들이지 않고 투자의 경제적 보상 가운데 상당 부분을 취하거나 이용할 수 있고 모방자가 혁신이나 창작을 재생산할 수 있다면 많은 비용이 드는 투자를 누가 하겠냐는 것이다(Trebilcock and Howse 1995, 250).

국제적 차원(이제는 전 세계적 차원이 되었지만)의 지재권 보호가 필요하다는

10 반면, 더글러스 노스(Douglass North)는 혁신자 개인에 대한 보상을 보장하는 지재권이 확립된 이후에야 비로소 지속적인 혁신이 본격화된다고 주장한다. 이 주장에 따르면, 주변 기술의 발달이 침체된 것은 와트의 발명이 일찍 확산되지 못했거나 완전하게 활용되지 못했기 때문이지, 재산적 권리의 보유나 재산적 권리로 인해 사회적 비효율성이 초래되었기 때문이 아니라는 것이다(North 1981, 162-166).

목소리는 만연한 무임승차 행위에 대한 발명가와 창작자들의 불평으로부터 맨 처음 나왔다. 19세기 영국의 작가와 출판업계로부터 나왔든 20세기 후반 미국의 소프트웨어, 엔터테인먼트, 제약 업계의 우려에서 나왔든, 이들의 핵심 관심사는 지적 재산을 독차지할 수 있느냐였다. 최근의 기술 변화는 이들의 관심사를 더 심화하는데, 왜냐하면 많은 비용을 들여 개발한 제품과 공정을 모방자들이 새로운 기술을 통해 훨씬 더 쉽고 저렴하게 복제할 수 있기 때문이다. 예를 들면, 컴퓨터 소프트웨어, 시디, 의약품은 개발에는 많은 비용이 들지만 복제하기는 쉽고 비용이 많이 들지 않는다.

지재권 정책은 지식 기반 발명에 대한 투자의 적절한 보상을 요구하는 지재권자의 사적 이익, 그리고 발명에 접근하고 이로부터 혜택을 얻는 공공의 이익 사이에 균형을 맞춰야 한다(Oddi 1987, 837). 제임스 보일James Boyle은 지재권 정책의 딜레마를 다음과 같이 묘사한다. "지재권은 독점권과 창작의 유인을 동시에 만들어 낸다. 즉, 지재권은 독점권이기 때문에 창작의 유인을 제공할 수 있다. 만약 우리가 공공 영역의 가치를 평가 절하하면, 너무 많은 지재권을 인정하게 되어 국가가 부여한 강력하고 반경쟁적인 독과점 덩어리를 이미 우월적 지위에 있는 사람들의 손에 쥐어 주는 꼴이 된다"(Boyle 1996, 179). 지재권자에게 배타권을 부여해 생기는 이익은, 생산 비용의 증가가 경제에 미치는 부정적인 영향과 균형을 이뤄야 하며, 발명의 사회적 가치를 증가시키는 방식으로 발명을 이용하고 모방할 수 있는 경쟁자들을 시장에서 축출할 수 있다는 점을 고려해야 한다(Trebilcock and Howse 1995, 250). 쉽게 말하면, 지재권은 보호와 확산 간의 필연적인 긴장을 초래한다. 이런 긴장은 지재권을 상품화가 해결책인 공공재의 문제로 볼 것인지, 아니면 자유로운 경쟁이 해결책인 정보 독점의 문제로 볼 것인지의 화두를 제기한다(Boyle 1992, 1450).

트립스 협정은 우루과이 라운드 무역 협상이라는 더 넓은 맥락에서 등장했다. 이 라운드의 일차 목표 가운데 하나는 세계의 경제 질서를 탈규제화와 무역자유화 쪽으로 확장하고 제도화하는 것이다. 그러나 지재권 보호는 이 것이 국제적으로 추진된 재규제화reregulation의 첨단에 있었다는 점에서 이 목표와는 동떨어진 것이었다(Arup 1998, 367).

> 고도의 실질적인 보호를 하도록 각국의 규제를 요청함으로써, 우루과이 라운드는 지적 재산을, 스스로의 이익을 보장하기 때문에 감내해야 할 필요악이 아니라 무역 친화적인 것으로 취급한 셈이다. 무역상들은 자유만큼이나 그들의 제품과 공정에 대한 **안전**을 보장받는 데에 관심을 보인다. 이들은 **빠른** 혁신이나 우수한 품질 또는 저렴한 가격과 같은 경제적 이점에만 의존하려고 하지 않는다(Arup 1998, 374, 강조는 추가).

윌리엄 코니시William Cornish가 말한 것처럼, "경쟁 시장에서 모방은 대개 도덕적인 것이지 악한 것이 아니다"(Cornish 1993, 63). 그러나 트립스 협정은 권리자의 안전을 강조하면서, 많은 형태의 모방을 나쁜 것으로 만들었고, 한때 적법했던 기업가들에게 "지식 범죄자"라는 딱지를 붙였다.11

많은 분석가들은 이런 움직임은 자유로운 세계 무역에 대한 더 큰 합의와 크게 배치되며, 중상주의 찌꺼기의 냄새가 난다고 주장한다(Reichman 1993, 175; Porter 1999). 트립스 협정은 개발도상국이 허락받지 않고 외국의 기술을 사용해 얻는 이익이 곧 선진국 기업들에는 **불법 부당한** 손해라는 가정을 반영했다(Reichman 1993, 175, 강조는 추가). 이런 가정은 우수한 제품 성능, 낮은 가격, 효율적인 생산공정 따위의 자유경쟁 규범에 기반을 둔 제도의 뿌리를

---

11 이 용어에 대해 조언해 준 크리스토퍼 메이(Christopher May)에게 감사한다.

혼들고, 이용 허락권을 가진 권리자의 안전을 더 중시했다는 점에서, 중상주의적 관점을 반영한 것이다. "약한 지재권 법은 모방과 추가 혁신을 통해 값싸고 질 좋은 제품을 제공하는 후발 경쟁자에게 시장 접근을 보장하기 때문에"(Reichman 1993, 175), 지재권 법률의 강화는 반경쟁적 결과를 초래할 수 있다.

또한 마이클 보러스Michael Borrus가 지적한 것처럼, "혁신을 보상하는 엄격한 지재권 보호로부터 경제가 장기적으로 더 큰 혜택을 얻을 것인지, 아니면 약한 보호를 하고 기술의 더 빠른 이용과 활용을 장려함으로써 더 큰 이익을 볼지는 분명하지 않다"(Borrus 1993, 367). 그리고 트립스의 가장 열렬한 지지자인 미국조차도 협정을 위해 상당한 경제적 손실을 감수해야 할 것이다. 제롬 라이히만Jerome Reichman은 다음과 같이 지적한다.

> 선진국은 물론 특히 미국도 트립스의 이행으로부터 고통 없이 노다지를 캘 것으로 기대할 수는 없다. 몇몇 선진국들이 다른 나라보다 더 많은 이익을 본다 하더라도, 몇몇 경제 영역을 옥죄는 지재권 보호의 강화로 말미암은 사회적 비용은 모든 나라들이 경험하게 될 것이다(Reichman 1993, 181).

다른 분석가들은 현재의 지재권 규제는 혁신 경제학과 보조가 전혀 맞지 않는다고 지적한다(Scotchmer 1991; Foray 1995). 도미니크 포레이Dominique Foray는 "혁신이란 갑작스런 기술의 약진에 의해 추동되는 것이 아니라 기존 기술들의 반복적인 활용에 의해 추동된다"는 점에서(Foray 1995, 77, 112), 권리의 보호와 타인의 배제를 중심으로 설계된(트립스 협정이 이렇게 설계되어 있다) 재산권 제도는 기존의 기초 지식의 필수적인 확산을 방해하기 때문에 혁신에 대한 위축 효과를 가져온다고 말한다. 연구와 발견이 속성상 누적적인 한, 그리고 대부분의 혁신가들이 "거인의 어깨 위에 서있는"(Scotchmer 1991, 29) 한,

특허를 강하게 보호하면 사회적으로 비효율적인 독점가격이 초래되고, 경쟁자들에게는 차세대 제품을 개발할 동기가 부족해진다(Scothmer 1991, 31, 34).

분명한 사실은 트립스 협정에서 이룩한 균형은 공공복리를 희생하고 그 대신 권리자에게 이익이 돌아가게 했다는 것이다. 전임 미국무역대표부 대표가 미국제약협회의 부대표 자리로 돌아가면서 솔직하게 말한 것처럼, "실제로 트립스 협정은 혁신자를 위한 권리를 만들고 이를 보호하지만, 혁신의 이용자를 위한 권리장전 따위는 포함하고 있지 않다"(Bello 1997, 365). 크리스토퍼 메이 역시 트립스를 지적 재산을 통제하는 자들에게 유리한 것으로 보고 있다(May 2000). 트립스를 통해 지재권자는 더 강하고 더 집중된 권리를 보유하게 되었다.

구조적 관점: 세계경제 내의 트립스

트립스 사례는 세계 정치경제 안에서 작동하는 커다란 조류에 배태되어 있다. 여기서는 두 가지 중요한 변화(자본의 유동성 증가, 급진적 시장 자유 아젠다를 향한 이념적 이동)를 살펴본다. 이 두 변화를 통해 트립스를 추진한 특정 행위자와 특정 세력은 힘을 키울 수 있었다. 경제적 변화와 이념적 변화 역시 가트나 세계지재권기구(WIPO: World Intellectual Property Organization)와 같은 국제기구에 영향을 미쳐 이들 기구가 트립스를 옹호하도록 변모시켰다. 실제로 이런 구조적인 경제적 및 이념적 요인은 새로운 행위자를 창출했고, 특정 행위자를 세계적인 산업 규제의 선봉대로 만들어 냈다.

제2차 세계대전 후 이뤄진 사회복지 정책과 다자간 상호 무역주의를 결합한 케인스주의에 대한 합의가 1970년 초부터 파기되고 통화주의자들의 신자유주의로 대체되었다. 로버트 콕스Robert Cox가 "가장 극단적인 형태의 지구화 이념"이라고 부르는 이 "초자유주의"hyperliberalism는 가장 다원주의적이고 지구적인 경제 경쟁을 받아들인다(Cox 1993, 272). 아마 이것의 가장 중요하고 상징적인 예는 국제통화 체제와 신용 배분credit allocation 체제를 포함한 금융 구조의 지구화일 것이다(Strange 1988, 88; Germain 1997). 신용은 생산과 투자, 무역을 가능하게 만들기 때문에, 신용의 생성과 배분이 모든 경제 주체에게 핵심이다.

수전 스트레인지Susan Strange는 금융 구조 지구화의 기원을 미국의 정책과 의도적인 선택에서 찾는다(Strange 2000, 85). 전후 브레턴우즈Bretton Woods 통화 체제는 고정 환율과 자본 통제를 포함하고 있었다. 미국의 달러는 금의 가치에 고정되어 있어서 전후 경제 회복과 국제금융 거래의 안전성을 보장했다. 그러나 달러 기반 체제에서, 유럽부흥계획Marshall Plan을 통해 막대한 규모의 미국 달러가 유출(180억 달러)되었고, 한국 전쟁과 베트남 전쟁을 겪으면서 군사비 또한 증가했다. 동시에, 미국계 기업들은 1960년대 전반에 걸쳐 외국인 직접투자를 확대해 달러의 유출을 더 부추겼다. 은행들은 기업을 따라 해외로 나갔고 기업들은 해외 자본(달러)을 늘리기 시작했다(Underhill 2000a, 110). 런던이 세계 금융 중심지로 회복되기를 기대했던 영국은 역외 금융의 성장을 허용했다. 그래서 미국 기업들은 은행 대출의 신용 승수credit multiplier를 통해 달러 공급을 확장할 수 있었고, 이런 역외 자본시장은 미국의 통화 감독 당국의 규제를 받지 않았다(Underhill 2000a, 110). 이로 인해 달러는 과잉 공급되었다. 한편 베트남 전쟁이 확대되던 1960년대 말, 미국 대통령 앤드루 존슨Andrew Johnson은 빈곤층을 위한 정책으로 "위대한 사회"Great Society 프로그램을 야심차게 추진했고, 여기에 많은 비용을 쏟아부어 미국의 지출이 급증했다. 이런 미국의 지출과 달러의 공급과잉이 결합해 달러 가치의 신뢰성을 떨어뜨렸다. 이렇게 되자 환투기꾼들은 이제 달러가 금으로 태환되지 않을 것이라고 믿기 시작했다. 이 시점에서 미국이 선택할 수 있는 것은 여러 가지였다. 은행과 기업들을 통제할 수도 있었고, 군비를 줄이거나 국내 복지 지출을 삭감할 수도 있었다. 아니면 달러와 금의 관계를 끊고 고정환율제의 중추 역할을 일방적으로 포기할 수도 있었다. 1971년 미국의 리처드 닉슨Richard M. Nixon은 변동환율 방식의 달러제라는 새로운 시대를 여는 쪽을 선택했다. 스트레인지에 따르면 이것은 후자의 선택인데, 일련의 제도적 통제력을 풀어 버림으로써 세계경제를 국가가 관리하기 더 어렵게 만들었다(Underhill 2000b, 120). 그리하여 국제통화관리는 통화 안정을 위한 국가 개입 체제에서 효율성을 추구하는 시장 중심의 새로운 체제로 변모했다.

역외 자본시장에서 자유롭게 돈을 빌릴 수 있었던 사적 기업들은 "규제가 풀린 전환기의 금융 게임"을 즐기기 시작했고, 금융의 탈규제를 위해 정부를 상대로 한 로비를 강화했다(Underhill 2000a, 111). 고정환율제를 붕괴시켰던 바로 그 자본시장은 이로 인해 성장이 가속화되었고, 국가는 자본에 대한 통제를 점점 제거해 국내 금융의 탈규제와 자본시장의 국경 통합이 발맞추어 진행되었다(Goodman and Pauly 2000). 이런 사유화는 "정부가 통제력을 발휘하기 어려운 민간 유동자산의 가용성 폭발"을 초래했다(Germain 1997, 105).

민간 금융사와 보험사들은 이제 국가보다 더 큰 권력을 누리게 되었다. 그러나 이것이 반드시 "국가의 몰락"을 의미하지는 않는다. 오히려 "국가 내부의 사적 권력과 공적 권력 간의 균형추 이동, 그 결과 변화된 시장구조에 파묻힌 변화된 국가형태"로 정의되는 "국가–시장 공동통치"라고 보는 것이 더 정확하다(Underhill 2000b, 118). 다시 말하면, "사적 부문의 구조적 권력과 조직적 역량에 따라 비대칭적으로 시장의 사적 이익이 국익으로 통합되는데, 이런 통합은 정책 결정 과정에서 그리고 현재 진행 중인 시장 사회의 규제 거버넌스에서, 사적 부문이 국가기구들과 갖는 밀접한 관계를 통해 이뤄진다"(Underhill 2000b, 129).

이런 사건들의 결말로 모든 사적 기업들이 특혜를 누린 것은 아니다. 콕스가 제안한 "자본가 계층"은 ① 지구적 규모로 운영되는 거대 기업을 통제하는 자본가, ② 일국 기반의 기업들과 산업 그룹을 통제하는 자본가, ③ 국지적 기반의 소자본가로 구성된다(Cox 1987, 358). 어디든 마음대로 갈 수 있는 첫 번째 계층에 있는 초국적 자본가들은 훨씬 더 많은 혜택을 더 보았다. 랜달 저메인Randall Germain이 제안한 것처럼, 컴퓨터나 소프트웨어, 제약과 같은 지식 기반 영역의 초국적 회사들은 "이윤이 많이 남는 보상을 약속하는 여러 종류의 기회들을 찾기 위해 세계를 돌아다닐 실질적인 자원과 동인, 능력을 가지고 있었다"(Germain 2000, 81). "시장 통제에 관해 공통된 관점을 가졌으며, 국경을 넘어 작동하고 서로를 잘 아는 참가자가 얼마 없었기 때문에," 지구화된 시장에는 바로 이 특권 계층들이 참여했다(Fligstein 1996, 663). 닐 플릭스타인Neil Fligstein에 따르면, "통제라는 개념은 조직의 설계와 경쟁에 심대한 영향을 미치는, 조직들 내부와 조직들 사이에서 공유된 인식 구조였다"(Fligstein 1996, 671). 강력한 지재권 법은 경쟁을 통제하는 하나의 관점이었다(Fligstein 1996, 666). 트립스의 옹호자들은 이런 특권 계층을 대표했고, 그들이 원하는 통제의 개념을 지구화하려고 했다.

이런 경제적 변화와 함께 주도적인 경제사상에도 중요한 변화가 일어났다. 1970년대 중반 신고전주의 경제학이 학계와 관계에서 부활했다(Eisner 1991). "1970년대 중반 이후부터 신자유주의적 통화정책이 케인스주의를 대체했는데, 당시 1970년대 초반의 위기에 대한 케인스주의식 처방이 실패했음이 분명히 드러났다"(Bieler 2000, 22). 미국의 로널드 레이건Ronald Wilson Reagan과 영국의 대처는 개혁을 추진하면서 경제정책에서 반케인스적 방식을 받아들였다. 이들 두 지도자는 금융자본과 생산의 유동성 요인을 옹호하는 급진적인 자유 시장 정책을 실시했다(Baker 2000, 364). 이 새로운 정책은 "단순한 정책의 변화가 아니라 정부의 바람직한 역할과 사적 기업의 중요성, 시장의 가치에 관한 이념과 기대를 바꾸려는 의식적인 노력이었다"(Gill and Law 1993, 101). 신고전주의 경제학의 자유주의 이념은 1980년에 전 세계에 퍼져 나갔으며, 주요 국제기구에서 지배적 이념이 되었다(Biersteker 1992; Gill 2000, 55).

1980년대 초중반 제네바에 있는 가트 사무국은 어떻게 하면 "북반구 부국"에 가트가 다시 의미 있는 기관이 될 것인지에 골몰해 있었다. 우루과이 라운드가 시작되었을 때 협상을 담당했던 가트 공무원들은 만약 그들이 경제협력개발기구의 의제에 충실하지 못하면 가트는 국제기구로서 더 이상 살아남을 수 없을 것이라는 두려움을 가지고 있었다.[12] 이들은 세계 무역에서 차지하는 개도국의 역할과는 전혀 균형이 맞지 않게 1980년대 초반 남북문제가 가트의 의제를 지배했다는 사실에 불만이었다. 이들은 우루과이 라운드가 마지막 기회라고 인식했으며, 열매도 맺지 못한 채 의미 없이 시드는 유엔무역개발협의회UNCTAD: UN Conference on Trade Aid and Development의 운명을 되풀이하고 싶지 않았다. 부시George H. W. Bush 행정부가 유엔UN: United Nations 체제를 시대에 뒤떨어지고 생각이 잘못되었다며 공개적으로 비난하자 가트 사무국은 자신들의 기구가 가치가 있다는 점을 증명해야 한다는 압박을 느꼈다 (Murphy 1994, 257-259). 여기에 더해, 경제협력개발기구 국가들은 서방 선진 7개국 정상 회의나 쌍무 협상을 활용하면서 다자간 기구들을 점점 더 무시했다. 가트 사무국은 규모가 작고 대부분의 기능이 행정이었지만, 이들이 가트

---

12 가트 사무국 직원과 가진 인터뷰, 1986년 7월 21일.

의 새로운 역할 찾기에 몰두하고 있다는 것을 볼 때, 경제협력개발기구가 향후 협상 라운드에서 다루기를 원하는 어떤 의제도 가트 사무국에서 무조건 승인될 것은 쉽게 예상할 수 있었다. 이제 제도로서의 가트는 신자유주의 노선을 따라 진화해, "다자간 법적 제도의 수동적인 문지기에서 수출을 증진하는 능동적인 국제기구"로 바뀌었다(Stanback 1989, 921 각주 16).

1970년대에 세계지재권기구는 경제협력개발기구 국가와 개도국 양쪽의 이익을 중시하는 매우 공정한 기구라는 명성을 누렸다. 그러나 오늘날 사람들은 대체로 세계지재권기구를 지재권 최대 보호주의자의 이익을 증진하는 기구 정도로 생각한다. 세계지재권기구는 콕스와 저메인이 강조한 특권 자본가의 이익을 반영하게 되었고, 실제로 세계지재권기구의 가장 큰 수입원은 특허협력조약PCT: Patent Cooperation Treaty이었다. 특허협력조약은 "특허가 등록받을 만한 것인지 판단하고 이에 필요한 정보를 검색하는 작업의 효율성을 국제적 차원에서 크게 개선했다"(Doem 1999, 44).[13] 기업들은 1980년대 후반부터 세계지재권기구의 특허협력조약 서비스 이용을 크게 늘렸고 세계지재권기구의 운영 예산 85퍼센트는 여기서 나왔다. "거대 화학 회사와 제약 회사(미국, 유럽, 일본계 회사)들은 효율적이고 효과적인 특허 제도(특허협력조약 제도)의 최대 주주이며 은행과 금융기관들은 지재권 제도의 이용자 가운데 가장 빨리 성장하는 이용자였다"(Doem 1999, 49). 세계지재권기구가 개도국에 기술을 지원해 이들이 트립스를 이행하도록 돕는 핵심 역할을 하고 있다

---

13 [옮긴이] 특허협력조약은 보통 '국제 특허출원'이라고 부르는 제도의 기초가 되는 조약을 말한다. 특허협력조약을 통한 국제 특허출원은 세계지재권기구라는 하나의 기구에 서류를 제출하면서 특허권을 받고자 하는 여러 국가들을 지정만 하면 그 나라에 직접 출원한 효과가 생기기 때문에 여러 나라에 일일이 여러 건의 특허출원을 하는 것보다 절차 면에서 훨씬 더 유리하다. 세계지재권기구는 특허협력조약 출원에 대해 선행 기술이 존재하는지 검색을 하며, 이러한 출원 접수와 검색 서비스를 제공하는 대가로 출원인으로부터 수수료를 받는다.

는 점을 감안하면, 최대 보호주의 규범을 지지하는 자들에게 의존하는 한 세계지재권기구 역시 최대 보호주의를 옹호할 수밖에 없을 것이다.

구조, 행위자, 제도

사회학자에게 어려운 과제 가운데 하나는 구조와 행위자를 모두 인식하고 포괄하는 해석론을 전개하는 것이다. 최근 많은 학자들은 행위자가 구조를 만들고 구조가 행위자를 만든다는 "상호 구성"mutual constitution 개념을 강조해 왔다(Wendt 1987; Dessler 1989; Giddens 1979; Onuf 1997). 학자들은 행위자-구조 "문제"를 해결하기 위해 구성주의(Wendt 197), 구조화 이론(Giddens 1984), 주관적 방법론적 개인주의(Friedman and Starr 1997), 신그람시주의 정치경제(Bieler and Morton 2001), "역사적 사실에 근거를 둔" 국제 정치경제(Amoore et al. 2000) 등 다양한 관점을 제시해 왔다. 이런 연구의 성과에도 불구하고, 비판적인 입장의 학자들은 구조와 행위자의 결합 "문제"는 여전히 해결되지 않았고 할 얘기가 많이 남았다고 주장한다(Hollis and Smith 1991; 1992; 1994). 몇몇 이론은 한쪽을 지나치게 강조한 것이었는데, 알렉스 웬트Alex Wendt의 개념은 구조에 대부분을 할애했고, 앤서니 기든스Anthony Giddens의 개념은 지나친 의지주의라고 비판받았다(Archer 1990, 78).

어떤 "해결책"도 완벽하지는 못하지만, 훌륭한 해석의 지렛대를 제공하는 해결책도 있다. 기든스의 치명적인 문제는 구조와 행위자를 극단적으로 압축했다는 점이다. 기든스는 "구조와 행위자를 상호 구성적으로 만들어 구조-행위자 이분법을 초월했지만, 그의 상호 구성은 너무 엄격해 구조와 행위의 상호 작용을 파악하는 것을 방해한다. 그 결과, 기든스의 이론으로는

그림 1-1 세 개의 국면을 갖는 형태 발생/형태 안정의 기본 주기

구조적 상태 조절

T^1

사회 문화적 상호 작용

T^2 T^3

구조적 동화 작용 (형태 발생)

구조적 재생산 (형태 안정) T^4

어느 시점에서 구조와 행위자 중 어느 것이 더 중요한지, 구조와 행위자가 어떻게 상호 작용하는지, 결말의 본질을 무엇으로 확인할 것인지를 할 수 없다"(Archer 1990, 83). 마이클 테일러Michael Taylor에 따르면, "구조와 행위를 융합하면 시간의 경과에 따른 구조와 행위의 상호 작용으로 생기는 변화를 설명할 가능성이 처음부터 배제된다"(Taylor 1989, 149). 이 문제를 해결하기 위해 마거릿 아처Margaret Archer는 상호 구성에서 작동하는 메커니즘과 과정을 설명할 수 있도록 시간[14]이란 개념을 도입한 '형태 발생 이론'morphogenetic ap-

---

14 '역사적 사실에 근거를 둔 정치경제'의 옹호자들도 시간 개념을 도입하는데, 이 개념은 페르낭 브로델(Fernand Braudel)의 사회적 시간에 대한 3차원 개념에서 이끌어 낸 것이다. 여기서 사회적 시간이란 하루 사이의 사건에 해당하는 단기간, 10년에서 15년 사이의 주기, 세기 간의 장기 지속(longue durée)을 포함한다. 이것은 또한 변화의 문제에도 초점을 맞추며, 구조의 가변성(variable mutability)에 민감한 분석을 시도한다(Amoore et al. 2000). 이런 관점은 아처의 시간 개념과 완전히 일치한다. 그러나 비판가들은 시간이란 변수를 추가하더라도 행위자-구조 문제를 극복할 수 있다는 점에 전혀 동의하지 않는다. 이들은 "형태 발생의 근본적인 문제는 구조와 행위자를 어떻게 통합해 하나의 이야기로 구성할 수 있다는 것인지 알려 주지 못한다고 본다. 형태 발생은 구조와 행위자가 어떻게 결합되는지를 설명하지 못한다"는 비판이다(Hollis and

proach을 구조와 행위자에게 적용한다(Archer 1982; 1990; 1995). 형태 발생mor-
phogenesis이란 용어는 '형태/형성'shape이란 뜻의 'morpho'와 형성shaping이 사
회적 관계의 산물임을 의미하는 기원/발생의 뜻이 있는 'genesis'가 합쳐진
것으로, 어느 체제의 현재 형태나 상태 또는 구조를 바꾸려는 과정 즉, 동화同
化, elaborate 과정을 말한다. 이와 반대로, 형태 안정morphostasis은 체제의 현재
형태나 조직 또는 상태를 보존하고 유지하려는 체제-환경 복합체의 교환 과
정을 말한다(Archer 1995, 166). 아처는 구조와 행위가 서로 다른 시간대에 작
동한다고 주장하면서 두 가지 핵심 가정을 세운다. 첫째, 논리적으로 구조는
구조를 변환하려는 행위보다 시간적으로 앞선다. 둘째, 구조적 동화 작용은
행위보다 시간적으로 뒤진다(Archer 1982, 467). 〈그림 1-1〉은 이런 형태 발생
주기를 보여 준다.

아처의 방법론은 상호 구성 과정의 서로 다른 국면에서 작동하는 요인들
을 파악할 수 있다는 장점이 있다. 이런 점에서 형태 발생 이론은 유용한 방
법론적 도구를 제공한다. 또한 시간이란 변수를 사용하면 변화의 과정에 초
점을 둔 동적 요인들을 도입할 수 있다. 이 방법론은 구조와 행위자 모두에
게 분석적 자율성을 부여하는데, 이런 분석의 이원성은 "인위적이고 방법론
적"artificial and methodological인 것이다(Archer 1982, 477). 좀 더 구체적으로 말하
면, 아처의 방법론은 행위자의 배태화embeddedness를 강조하는데, 예를 들어
T^{2}와 T^3 사이"(이전의 구조가 점차 변환되고, 새로운 구조가 서서히 동화되는 기간)에
서 사회가 **구조화되지 않은** 시기는 존재하지 않는다"(Archer 1995, 157-158, 강
조는 원문). 아처의 분석틀을 적용하려면, 먼저 유효한 구조들을 확인해야 하
며, 상호 작용의 과정을 조사하고, 구조와 행위자를 연결하는 메커니즘을 구

Smith 1994, 250).

48

그림 1-2 1차 형태 발생 주기

구조: 지재권 체제 (WIPO/ 베른협약 및 파리협약)

T^1

상호 작용: 행위자와 제도
(최대 보호주의 방식의 지재권 규범을 옹호하는 자의 행위)

T^2 T^3

구조적 동화 작용 (WTO/트립스)

T^4

체화해야만 한다(Archer 1990, 88). 아처가 지적하듯이, "비록 이 세 선들은 사실상 모두 연속적인 것이지만, 분석을 위해 우리는 이런 연속적인 흐름을 우리가 살펴보아야 할 문제들에 따라 시간적 간격으로 세분해야만 한다"(Archer 1982, 468). 결국, 우리는 어디서 시간을 나눌 것인지, 어디에서 분석을 시작할 것인지를 선택해야만 한다. 〈그림 1-2〉는 형태 발생 이론이 트립스의 사례에 어떻게 적용되는지를 보여 준다.

〈그림 1-2〉에서 T^1의 구조는 이 장의 앞부분에서 설명했던 트립스 이전의 지재권 체제에 해당한다. 이 책에 등장하는 행위자들은 **이 구조**[트립스 이전의 지재권 체제-옮긴이]의 창조에 아무런 관련이 없다. 즉, 이 구조는 행위자들이 상호 작용을 통해 바꾸려고 하는 대상물이지 행위자들이 만든 구조가 아니다. 구조의 깊이와 가변성^{mutability}은 다양하다. 깊은 구조의 예로는 국민국가와 자본주의를 들 수 있다. 이것은 변화가 어렵고 오랜 기간(수세기가 될 수도 있음)이 걸린다. 그다음 단계에는 헌법과 같은 실재가 있다. 이를 바꾸는 데에는 수십 년이 필요할 것이다. 마지막으로 몇몇 구조들은 얕은 구조로서 변형이 쉽고 비교적 빨리 변할 수 있다(과세 규정을 들 수 있다)(Archer 1990). 트

립스 이전의 체제는 중간 정도의 깊이라 할 수 있으며, 자본주의나 과세 규정보다는 제도에 더 가깝다. 재산권 제도는 시장체제를 지탱하는 중추적인 규범으로 "재산권은 다양한 비국가 행위자(기업이나 계급)와 이들의 이해관계(자본을 성취하는 것이나, 수입을 극대화하는 것)를 만들어 낸다"(Klotz 1995, 16). 지재권은 자본주의의 중추를 이루는 규범의 부분집합이다. 지재권은 20세기 후반과 21세기 초 자본주의의 특히 중요한 요소의 하나이고, 지구 자본주의의 깊은 구조에 배태되어 있다. 최대 보호주의식 지재권 규범을 강매했던 사적 부문 행위자들에게 트립스 이전의 구조는 범위(보호 대상 측면에서나 지리적 측면에서)와 강도(집행)가 제한되어 있다는 점에서 불만의 대상이었다.

〈그림 1-2〉에서 두 번째 수평선은 행위자와 제도 사이의 상호 작용을 가리키는데, 여기서 유의할 것은 "T^2에서 시작된 작용은 그것이 스스로 만들지 않은 맥락에서 발생한다"는 점이다(Archer 1982, 470). 이것이 바로 '구조화된 행위자'라는 개념이다. T^1이 시작되기 전 트립스 이전의 지재권 체제는 행위자들에 의해 구축되었지만(Sell and May 2001), 이 책에서 전개하는 이야기의 첫 단계에서 지재권 체제는 (앞에서 설명했던 것처럼) 행위자들이 어떤 행동을 취해야만 하는 구조로 나타난다. 따라서 어느 시점에서의 구축은 다른 시점에서는 제약으로 보인다. 그런데 구조는 제약으로만 나타나지 않고 기회를 제공하기도 한다. 구조와 행위자의 공동 결정을 시간에 따른 변화 과정으로 이해하려면, "주요 행위자(이 행위자는 정책을 억제하는 구조의 가능성뿐만 아니라 진화적인 행동의 기회를 제공하기도 하는 구조의 가능성을 인식하는 행위자)는 전략적이고 전술적인 행동을 할 역량이 있다는 점"을 알아야 한다(Carlsnaes 1992, 262). 아처의 설명에서 행위자는 T^2와 T^3 사이에서 일시적이고 목적 지향적이며 독립적인 영향력을 행사할 수 있는데, "행위자는 이전 구조의 영향력을 지연하거나 가속할 수도 있고 영향력의 제거를 막을 수도 있으며," "[여기서는]

그림 1-3 2차 형태 발생 주기

구조: 지재권 체제 (WTO/트립스)
_____
T^1

상호작용: 행위자와 제도
(트립스의 입안자와 반대자들 사이의 대결)
_____
T^2 T^3

구조적 동화작용
(의약품에 대한 트립스의 규제를 완화시킨 반대자들의 판정승)
_____
                                            T^4

재산권의 문화적 의미를 바꾸려는 목적 지향적인 영향력을 행사"할 수도 있기 때문에, "T^4의 동화 과정에 본질적인 영향을 준다"(Archer 1982, 470). 트립스 이야기의 첫 번째 주기에서 행위자들은, 뒤에서 반사실적 가정으로 설명하겠지만, 스스로의 행위를 통해 지재권의 확장을 가속했고, 지재권을 무역 문제로 재규정하는 데 성공했다. 이것은 세계무역기구/트립스라는 지재권의 구조적 동화 작용의 본질과 형태에 심대한 영향을 끼쳤다. 이런 구조적 동화 작용은 다시 새로운 구조가 되면서 〈그림 1-3〉에 묘사한 것처럼 제2주기의 T^1에서 행위자들이 구조와 대결하는 국면을 초래한다.

트립스는 필연적인 결과라고 하기 어렵다. 다시 말해 다른 결과가 나올 수도 있었다. 예를 들어 1996년 세계지재권기구에서 채택된 새로운 저작권 조약을 트립스와 비교해 보자.[15] 세계지재권기구 저작권 조약과 트립스는

_____

15 이런 주장은 Samuelson(1997, 369-449)에 근거한 것이다.

지구 자본주의의 구조 변화라는 동일한 구조 변화에 놓여 있었고, 트립스 협정을 추진했던 행위자들과 동일한 집단 즉, 동일한 정부 관료(가령 미국 특허청장이자 상무부 차관인 브루스 리먼Bruce Lehman)와 기업들이 세계지재권기구 저작권 조약에 매우 적극적이었다. 그리고 저작권 보호에 이해관계가 걸린 사적 부문 행위자들은 저작권의 보호 범위를 넓히기 위해 미국 행정부 관료들을 설득했다. 이들은 또한 유럽의 동료들과 긴밀히 협조해 디지털 재산권을 포괄하는 강력한 협정을 추진했다. 유럽의 저작권 산업계는 최대 보호주의 규범을 새로운 저작권 조약에 반영하면 그들의 산업이 세계 시장에서 번성할 수 있을 것이라는 판단 하에 동의하게 되었다. 트립스와 마찬가지로, 저작권을 무역과 경쟁력이란 틀로 규율하면 최대 보호주의 규범을 선호하는 지재권 행위자의 입장이 강화된다. 그러나 새로운 저작권 협상의 결과는 트립스와 사뭇 달랐다. 최대 보호주의 규범을 주창했던 자들이 곤경에 처한 것이다. 저작권 협상의 최종 조약은 트립스와는 달리 저자의 권리와 정보에 접근할 공중의 이익 사이의 균형을 강조함으로써, 디지털 환경에서는 저작권 문제에 접근할 때 공익을 고려해야 함을 분명히 했다. 패멀라 새뮤얼슨Pamela Samuelson이 지적한 것처럼, 세계지재권기구 저작권 조약에는 "디지털 환경에서는 균형 있는 공공 정책적인 저작권 접근법이 중요하다고 명시되었는데, 이는 저작권의 종말을 예견하는 것, 즉 트립스가 성립된 다음에는 저작권 정책은 사라지고 무역 정책이 저작권 정책을 대체할 것이라는 예측이 성급했다"는 점을 보여 준다(Samuelson 1997, 375).

왜 이런 차이가 생겼을까? 우선, 당시 최대 보호주의 의제를 들고 나온 자들은 입장이 다른 전문적 행위자의 명확하고 강력한 반대에 직면했다. 썬마이크로시스템즈Sun Microsystems, 넷스케이프Netscape와 같은 회사의 대표들과 국제과학연맹이사회International Council of Scientific Union, 미국도서관협회American

Library Association와 같은 비정부기구를 대표한 운동가들이 한 팀을 이뤄 최대 보호주의식 조약의 문제점을 날카롭게 지적했다. 이들은 미국 의회와 클린 턴William Jefferson Clinton 행정부, 제네바 주재 각국 대표들, 세계지재권기구가 주관하는 지역별 회의에서 새로운 저작권 조약에 대한 반대 운동을 펼쳤고 협상 과정에 참관인과 활동가 자격으로 참여했다. 저작권자의 권리를 확장 하려는 제안에 반대하는 이들이 제시한 대안은 '공정 이용'fair use이라는 잘 발 달된 법리였다. 공정 이용이란 교육 목적이나 학술 연구 목적인 경우에는 저 작물을 제한된 범위에서 보상금 지급 없이 사용할 수 있도록 하는 원칙을 말 한다. 이 원칙은 과학과 기술의 진보를 위해 공중의 정보 접근과 저작물에 대한 저작자의 권리 사이의 균형을 추구하는 법리다. 결국 미국이 지지했던 (최대 보호주의) 디지털 의제 가운데 협상을 거치면서 상처를 받지 않은 것은 하나도 없었고, 심지어 데이터베이스 조약 같은 제안은 논의조차 되지 못했 다(Samuelson 1997, 374-375). 그래서 제대로 조직된 반대, 그것도 사안을 설득 력 있게 다른 방식으로 구성할 능력을 갖춘 반대는 원래 제2의 트립스를 노 렸던 기획의 결론을 바꾸기에 충분했다. 과정이 차이를 낳았던 것이다.

미국 중심의 트립스 이야기를 통해, 구조가 새로운 권력을 쥔 행위자들을 구축하고, 이 행위자들이 자신들의 권력과 합성되도록 제도를 변경해 나가 는 과정을 살펴보았다. 행위자들은 제도가 행위자의 권력, 미국의 권력, 제 도의 권력과 합성되도록, 그리고 이 권력을 증폭하도록 제도를 변경했으며, 이로 인해 다른 행위자들에 대한 결과가 바뀌었다. 이렇게 변경된 제도 하에 서 지재권 소유자는 권력을 얻었고, 지재권 소유자들은 또 다른 제도 변화를 유도했다. 그러나 이것이 이야기의 끝은 아니다. 트립스 협정은 새로운 행위 자들을 탄생시켰는데, 이 새로운 행위자들은 전 지구적인 재산권 체제에 반 대하며, 지속적인 투쟁이 가능하도록 정치적 지평을 바꾸고 형세를 다시 뒤집고자 노력한다. 실제로 우리는 디지털 저작권 문제에 대한 트립스 이후의 협상에서뿐만 아니라 의약품과 농업 분야에서도, 과도한 지재권에 반대하는 투쟁이 점차 힘을 얻어 가고 있음을 보고 있다. 예를 들어, 타이와 사하라사막 이남 아프리카의 HIV/AIDS 위기 상황은 의약품 "특허권"을 무역의 문제가 아니라 공중 보건의 문제로 재구성할 기회를 제공했다.

이 책의 연구 주제는 행위자와 제도, 구조 사이의 관계와 선호의 기원을 이론적으로 밝히는 것이다. 규범과 국가권력, 비정부 행위자의 기원에 관한 해묵은 질문에 대한 해답을 제시하고, 누가 규칙을 만들고 누가 승리하며 실패하는지, 그리고 그 이유는 무엇인지를 밝히는 것이 이 책의 연구 과제다. 그러나 이런 연구를 통해서 국제정치경제에 대한 포괄적인 사회학 이론을 정립하려는 것은 아니다. 기존의 이론을 활용해 현대의 국제정치경제에서 가장 중요한 사건 중 하나를 설명하고 알리려는 것이다. 이 책은 지재권이 어떻게 전개되었는지 주요 사례를 들어 설명한다. 나의 연구는 트립스에 조문화되어 있는 지재권의 보호가 지나치게 확장되었다는 믿음에서 시작되었다. 지재권은 필요할 뿐만 아니라 중요하다는 점에서 원칙적으로는 지재권을 인정하지만, 사적 권리와 공중의 접근 사이의 균형이 사적 권리 쪽으로 지나치게 편중되어 공공복리가 희생된다는 것이 나의 입장이다.

이 책의 구성

2장에서는 트립스가 구조화된 행위자의 결과물임을 주장하고, 이런 분석의 토대가 된 이론적인 틀을 제시할 것이다. 지구 자본주의의 구조적 변화는 미국의 정책 결정자들에게 국가 경쟁력 문제에 주력하게 만들었다. 사적 부문의 지재권 행위자들은 그들이 원하는 결론을 얻기 위해 자신의 권력을 직접적으로 때로는 간접적으로 활용했다. 그러나 미국의 행정 관료들을 사로잡은 국가 경쟁력 문제를 해결하기 위해 자신들이 지지하는 바를 정교하게 가공했다는 점에서 사적 행위자들의 승리는 좀 더 큰 맥락에서 살펴봐야 한다.

3장은 역사적 관점에서 미국의 지재권 정책이 전개된 과정을 추적하고 지재권의 역할에 대한 개념 변화를 주로 다룬다. 또한 사법부의 태도가 어떻게 변해 왔는지, 지재권 보유자를 지지하게 된 미국의 환경이 어떤 과정으로 바뀌었는지 살펴본다. 4장에서는 입법부와 행정부로 논의의 장을 옮겨 미국의 경쟁력 문제와 사적 부문의 로비를 살펴본다. 이 과정에서 사적 부문 행위자들이 무역 기반 접근법을 추진하게 된 맥락을 설명할 것이다. 5장은 트립스를 지지하는 초국적 사적 부문 행위자들의 합의가 어떻게 조직되었는지, 그리고 1994년 협정의 체결로 막을 내린 협상이 어떻게 추진되었는지 살펴본다. 6장에서는 최종 트립스 협정에 대한 산업계의 불만을 상세히 살펴보는데, 이들이 얻지 못했던 "5퍼센트"를 집중적으로 다룰 것이다. 6장은 지재권의 지구적 차원의 집행을 강화하려는 최근의 노력과 트립스 이후에 벌어진 지재권을 둘러싼 논쟁들을 살펴본다. 한편, 사적 부문의 요청에 따라 트립스를 건설한 미국은 트립스 이후의 전략을 양자 협상 방식과 다자 협상 방식 양쪽을 통해 공격적으로 추구해, 트립스의 채택과 집행을 가속화하고 보호 수준의 강화에 역행하지 못하도록 하고 있다. 또 다른 한편으로는, 새로운 행위자가 등장해 트립스에 의해 보장되는 지재권의 보호 수준에 도전하고 있다. 활발한 국제적인 사회운동이 나타나 트립스의 포괄 범위에 반대하고, 지재권을 좀 더 공익적인 방식으로 재구성하기 시작했다. 특히, 타이와 사하라사막 이남 아프리카의 지독한 에이즈 위기는 지재권에 대한 격렬한 정치적 논쟁의 도화선이 되었다. 7장은 우루과이 라운드의 새로운 의제(투자, 서비스, 금융 서비스)에서 사적 부문 행위자가 했던 역할을 분석함으로써 사적 권력을 비교해 본다. 트립스와 금융 서비스 협정은 모두 사적 부문 행위자들의 주요 승리를 반영한 것이지만, 이 협정들의 성과는 각양각색이다. 마지막으로 이 책의 분석에 대한 이론적이고 정책적인 함의를 살펴보고 결론을 제시한다.

2장
구조, 행위자 그리고 제도

이 책에서 나는 구조와 행위자에 관한 형태 발생 이론의 관점에 입각해 트립스 협정의 채택 과정과 전 지구적 지재권 체제가 새롭게 형성된 과정을 설명하고자 한다. 이 책의 논의는 행위자에 초점을 두지만, 여기서 행위자는 제도에 의해 매개되는 구조화된 존재로서의 행위자다. 행위자에만 초점을 두고 그로부터 "상향식"으로 인과관계를 설명하면, "구조의 지속성이나 구조가 변화에 저항하는 속성, 변화에 대한 사람들의 태도에 구조가 미치는 영향을 파악할 수 없으며, 결정적으로는 변화를 추구할 능력이 있는 행위자에 대한 서술"이 불가능하다(Archer 1995, 250). 트립스 협정은 자신들의 이해를 미국이라는 국가를 통해 매개한 특권 계층 행위자의 사회적 구축물이다. 지재권위원회가 옹호했던 지식과 이념은 이 과정에서 결정적인 역할을 했다. 지재권위원회의 전문적 지식, 자신들이 지지하는 사안을 재구성하는 기교, 지재권위원회가 내린 진단과 처방의 직관적 호소력 등은 행위자와 구조 사이의 관계를 설명하는 데 도움이 된다.

이 책에서 다루는 사례는 인과관계가 매우 복잡한 사건이다. 그래서 이 복잡한 인과관계의 기제를 좀 더 분명하게 이해할 수 있도록 이를 몇 가지로 구분해 설명하고자 한다. 우선 이 장의 첫 부분에서는 이 책을 통해 전개할 주장을 전반적으로 개관한다. 그다음에는 지구 자본주의의 구조와 이것이 미국 제도와 행위자들의 이해관계에 미친 영향을 살펴본다. 그리고 이 책에서 다루는 사례를 이해하기 위해 필요한 범위 내에서 국제 체제의 구조가 갖는 관련성을 살펴본다. 이렇게 구조가 제도와 행위자에 미치는 인과적 영향을 살펴본 후에는 명백한 반사실적 가정을 통해 행위자가 갖는 중요성에 대해 생각해 볼 것이다. 그런 다음에는 사적 부문의 지재권 행위자들의 직접 권력과 간접 권력에 대해 논의한다. 마지막 부분에서는 트립스가 등장한 다음부터 지금까지 진행되고 있는 2차 형태 발생 주기를 소개한다.

구조, 행위자 그리고 제도

이 책의 주장은, 행위자들이 여러 층위에서 해결하려고 하는 구체적인 문제와 우연성contingency['조건성'과 같은 의미로 사용함-옮긴이]에 초점을 두면서, 구조론적 설명과 제도론적 설명, 행위론적 설명을 결합한 것이다. 이 책에서 다룰 트립스 사례와 관련된 구조는, 〈그림 2-1〉에 나타낸 것처럼 지구 자본주의와 국제 체제다. 〈그림 2-1〉의 맨 왼쪽에 있는 국제 지재권 체제는 트립스 이전의 체제 즉, 구체제로서 이보다 더 상위에 있는 지구 자본주의라는 구조에 배태되어 있는 것으로 보아야 한다. 1장에서 살펴보았던 것처럼, 국제 지재권 체제는 재산권 체제의 한 부분이다. 따라서 〈그림 2-1〉의 구체제는 (A)라는 선행조건에 배태되어 있다. 1장에서는 구조가 행위자를 **만들어 내는** 데 미친 영향을 검토했는데, 여기서는 구조가 **제도**에 미치는 **영향**과 행위자의 **이해관계**에 미치는 **영향**을 검토한다. 〈그림 2-1〉에서 (A)에서 (C)로 가는 첫 번째 화살표는 구조가 제도에 미치는 영향을 말한다. 나는 지구 자본주의가

그림 2-1 논증

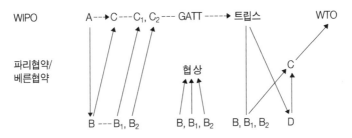

1차 형태 발생 주기	2차 형태 발생 주기
구체제: 국제 지재권 체제	신체제: 세계 지재권 체제

A : 선행조건, 지구 자본주의라는 구조
B : 독립변수, 사적 부문의 행위 (미국) B₁ : 독립변수, 사적 부문의 행위 (유럽) B₂ : 독립변수, 사적 부문의 행위 (일본)
C : 매개변수, 제도 변화 (미국) C₁ : 매개변수, 제도 변화 (유럽) C₂ : 매개변수, 제도 변화 (일본)
D : 사적 부문의 행위에 대한 반대 조직화
종속변수 : 새로운 세계 지재권 체제

미국의 제도적 변화를 조성했다고 주장한다. 미국은 지구 자본주의경제에서
미국의 국가 경쟁력을 높이고, 미국 기업의 경쟁력을 높이기 위한 여러 정책
들을 채택했다. 앞으로 이 책에서 계속 논의하겠지만 이런 미국의 정책 변화
는 모든 정부 기구에서 나타난다.

〈그림 2-1〉에서 구조 (A)에서 행위자 (B)로 가는 화살표는 구조가 행위
자에게 미치는 영향을 보여 준다. 1장에서 논의한 것처럼, 지구 자본주의의
구조 변화는 특별한 중요성을 갖는 새로운 행위자를 만들어 냈다. 과거에는
제조업계가 미국에서 상대적으로 힘이 있었지만, 지구 자본주의 아래에서는
첨단 기술 행위자들이 누구보다 적극적으로 기업 규제 정책에 관여하게 되
었다. 또한 지구 자본주의로 인해 지재권 보호 제도(구체제)와 기술 변화 사이

에 새로운 긴장이 생겼고, 이 때문에 행위자들의 실질적인 이해관계가 새롭게 형성되었다. 적극적인 지재권 행위자들은 구체제와 기술 변화 사이의 간극을 메우려고 노력했다. 〈그림 2-1〉에서 행위자 (B)에서 제도 (C)로 가는 화살표는 행위자가 제도에 미치는 영향을 나타낸다. 이 화살표는 미국 국내 층위에서, 그리고 국제적인 층위에서, 궁극적으로는 전 지구적 층위에서 사적 부문이 했던 행위가 어떻게 제도를 변화시켰는지를 보여 주려는 것이다. 사적 부문 행위자들은 생각할 수 있는 모든 층위에서 지재권에 대한 관념을 바꾸려는 행위와 지재권에 관한 자신들의 의제에 관한 합의를 도출하는 행위에 관여했다.

이 책의 목적을 달성하기 위해 나는 대부분의 검토를 미국 내의 과정으로 한정한다. 이런 점에서 이 책은 포괄성보다는 깊이를 택했다고 할 수 있다. 미국 내의 과정으로 한정한 이유는, 새로운 지구적 지재권 체제의 추동력이 미국과 미국계 선도 기업들로부터 나왔기 때문이다. 그래서 유럽과 일본의 사적 부문 행위자와 이 지역의 제도 변화 사이의 연관 관계는 다루지 않는다.[1] 물론 이들 지역에서 일어난 과정도 중요하다는 점에는 틀림이 없다.

〈그림 2-1〉에 묘사한 것처럼, 나는 트립스를 1차 형태 발생 주기의 종점으로 보았다. 이 그림의 오른편은 지재권을 둘러싸고 극렬하게 나타나고 있는 갈등 요소들을 나타내는데, 6장에서는 아직까지 진행되고 있는 2차 형태 발생 주기를 집중적으로 살펴볼 것이다. 여기에서 세계지재권기구 디지털 조약[2]을 뺀 것은 필요 없어서가 아니라, 현재 진행되고 있는 구조와 행위자

---

1 트립스에서의 유럽의 역할에 대한 권위 있는 분석은 Matthews(2002) 참조.
2 세계지재권기구 저작권 조약(CRNR/DC/94, Geneva: World Intellectual Property Organization, 〈http://www.wipo.int/eng/diplconf/distrib/94dc.htm〉); 세계지재권기구 실연음반 조약(CRNR/DC/96, Geneva: World Intellectual Property Organization).

그림 2-2 1차 형태 발생 주기

구 지재권 체제 (WIPO/ 베른협약 및 파리협약)
[그림 2-1에 나타낸 A의 부분집합]

T^1 구조적 상태 조절

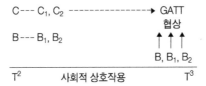

T^2　　　　사회적 상호작용　　　　T^3

WTO / 트립스

구조적 동화작용 T^4

A : 선행조건, 지구 자본주의라는 구조
B : 독립변수, 사적 부문의 행위 (미국)　B_1 : 독립변수, 사적 부문의 행위 (유럽)　B_2 : 독립변수, 사적 부문의 행위 (일본)
C : 매개변수, 제도 변화 (미국)　C_1 : 매개변수, 제도 변화 (유럽)　C_2 : 매개변수, 제도 변화 (일본)
종속변수 : WTO / 트립스

사이의 상호 작용 가운데 트립스의 등장으로 나타나기 시작한 상호 작용을 주로 탐구하기 위해서다. 트립스 협상에서 별다른 어려움 없이 채택된 최대 보호주의 의제에 문제를 제기하는 새로운 행위자들은 바로 트립스에 의해 탄생했다. 세계무역기구가 관리하는 협정이 새로운 지구적 지재권 체제의 일부인 것처럼, 최대 보호주의 의제에 대한 문제 제기 역시 새로운 지구적 지재권 체제의 엄연한 일부다. 트립스는 단순히 점진적으로 변하는 국제적 규제의 결과물이 아니라, 새로운 행위 양식과 구조를 창출하는 새로운 국제 재

[옮긴이] 이 두 개의 조약은 당시 디지털 환경에 맞는 새로운 저작권 조약을 논의하면서 생겼기 때문에, '디지털 조약'이라고 부른다.

산권 제도를 생성했다는 점에서 새로운 "구성 원칙"을 구현한 것이다(Dessler 1989, 455; Burch 1994, 37-59). 요컨대 트립스는 행위자와 구조 모두를 재구성해 이들을 재생산하고 변형하며 그 결과 승자와 패자를 재설정했다. 이런 점에서 트립스는 종점이 아니라 새로운 출발점이다.

〈그림 2-2〉는 1차 형태 발생 주기를 나타낸 것인데, 그 결과물은 트립스 협정이다. 1장에서 형태 발생 주기에 대한 일반론적 설명을 했는데, 여기서는 1차 형태 발생 주기가 시작되는 과정을 자세히 살펴본다.

지구 자본주의(A)는 트립스 협정이 성립할 수 있는 조건을 제공했다. 행위자(B)의 행위가 트립스의 성립에 필수적이기는 하지만 충분조건은 아니었다. 지구 자본주의라는 더 큰 구조에 배태되어 있는 미국의 제도(C)는 미국의 사적 부분 행위자들과 국제 제도 사이를 매개한다. 사적 부문 행위자들이 얼마나 영향력을 발휘하는지는 국면과 맥락에 따라 다르다. "경제적 협정은 사회의 합의 과정을 통해 성립되고 사회제도를 통해 고착화된다. 다시 말하면 경제적 협정은 자연적이지도, 필연적이지도 않기 때문에 사회적 조건의 우연성(비정형성) 내에서 협정을 분석해야만 한다(Wilks 1996, 40). 행위자의 이해관계는 국가에 의해 굴절되어 국제 체제에 반영된다. 만약 미국이 국제사회에서 그렇게 강력하지 않았다면, 미국 국내의 행위자들은 다자간 협상 틀에서 그렇게 큰 영향력을 행사할 수 없었을 것이다. 만약 미국의 정책 담당자들이 지구 자본주의의 구조 변화로부터 생긴 새로운 도전에 직면하지 않았더라면, 사적 부문 지재권 행위자의 요구에 그렇게 민감하게 반응하지 않았을 것이다. 만일 강력한 다자간 협정을 요구한 특정 행위자가 미국 내에서 그렇게 강력한 힘을 가지지 않았다면, 이들의 행위는 효과를 발휘하지 못했을 것이다. 이런 복합성을 아처는 다음과 같이 일반화한다. "행위자의 자발적 행동은 형태 발생에서 중요한 위치를 차지하지만, 미래의 행동에 작동하는 현재의 정치 동학과 과거의 구조적 장벽, 문화적 장벽은 언제나 자발적 행동을 구속한다"(Archer 1982, 470).

행위자를 물질적 동인, 국가 제도, 지구 자본주의 구조를 포함하는 더 큰 구조들(이 구조는 행위자를 제약할 수도 있고 행위자의 역량을 강화할 수도 있다) 속에 배태된 직접적이고 즉자적인 동인으로 취급할 수도 있다. 트립스와 관련된 구조에서는 소수의 행위자들만이 강력한 힘을 발휘했다. 구조적 권력은 "다른 국가들, 그들의 정치적 제도, 그들의 경제 주체들, 그리고 (최소한) 그들의 전문 인력들이 작동해야만 하는 전 지구적 정치경제의 구조를 선택하고 형성하는 권력"을 말한다(Strange 1987, 565). 트립스라는 결과물은 환경을 형성하고 다른 국가의 선택지를 재규정하는 권력 즉, 구조적 권력을 구성한다(Palan and Abbott 1996, 138; Strange 1996). 우루과이 라운드와 관련해 이주민 농장 노동자와 미국인 섬유 노동자를 행위자로 상정해 보면, 강력한 규제와 무력한 행위자의 이야기를 전개할 수 있을 것이다. 이를 통해 강조하려는 바는, 특정 조직적 행위자가 특별한 능력을 발휘할 수 있었던 것은 바로 구조 자체가 행위자의 능력을 강화했기 때문이라는 점이다. 마크 그라노베터Mark Granovetter에 따르면, "행위자가 취하는 의도적 행동은 사회적 관계의 구체적이고 현재 진행 중인 체제에 배태되어 있다"(Granovetter 1985, 487). 따라서 행위자와 구조 사이의 관계와 제도로서의 국가의 매개 역할을 명백하게 해명할 필요가 있다.

구조가 제도에 미치는 영향

1장에서는 지구 자본주의에 배태된 트립스를 개관하고 특정 행위자를 규제 정책의 선봉대로 나서게 만든 구조의 영향을 살펴보았다. 이번 장에서는 이런 구조의 변화가 미국의 제도와 정책 방향에 미친 영향에 대해 자세히 살펴본다.

시장구조의 변동을 초래한 지구화의 네 가지 핵심 요소는 금융의 지구화, 생산의 국제화, 기술의 역할 변화, 탈규제의 정치화다(Palan and Abbott 1996, 20). 이런 변화로 인해 경쟁 국가 전략(기업하기 좋은 환경을 만들고 전 지구적 경제에서 자국의 경쟁 우위를 높이려는 뚜렷한 정책 목표를 가진 일련의 정책들)이 부상한다(Palan and Abbott 1996, 6). 국가 경쟁력이 미국에서 화두가 되면서 지재권과 관련된 주요 정책들 역시 크게 변하기 시작했다. 미국의 정책 담당자들은 무역 적자와 재정 적자로 대표되는 미국의 "몰락"에 골몰하고 있었다. 이에 따라 미국은 전 지구적 시장에서 자국 기업들의 경쟁력을 높이고자 했다.

금융의 지구화는 시장 확대를 촉진했고 이처럼 확대된 시장에 대한 진출을 늘리는 것이 곧 미국의 경쟁력을 높이는 지름길이라는 목소리가 1980년대를 지배했다. 미국의 무역 적자에 대한 우려가 커지면서 정책 결정에서 무역은 점차 더 중요하게 취급되었다. 국내적으로 미국은 경제성장의 동력을 제공하기 위해 공급 중시 경제로 전환했다(Palan and Abbott 1996, 4). 이에 수반된 정책에는 반독점법 시행의 완화가 포함되었는데 이로 말미암아 미국 내에서 지재권 보호를 강화할 수 있는 길이 열렸다. 반독점법은 특허를 일시적인 독점적 특혜의 부여라고 보기 때문에 지재권 보호와 반독점법은 갈등 관계에 있을 수밖에 없었다. 그러나 한때 특허권의 상업적 활용을 심하게 제한했던 반독점법은 1980년대 들어 크게 완화되었다(Silverstein 1991, 313-314). 전 지구적 경제에서 첨단 기술의 중요성이 커지면서 지적 재산에서 나타난 미국의 강점은 경쟁력 우위를 확보할 수 있는 중요한 요소로 부각되었다. 라이히만이 지적한 것처럼, "개도국의 제조업이 성장해 해외 시장으로의 전통적인 공산품 진출이 늘어나자 선진국들은 경쟁 우위를 확보하기 위해 전통적인 공산품보다 지적 상품의 생산에 더 주력하게 되었다"(Reichman 1993, 176). 소위 "특허법원"[3]이라 불리는 연방순회항소법원CAFC: Court of Appeals for the Federal Circuit이 설립된 1982년을 기점으로 몇 년 동안 미국의 법적 환경은 특허권자에게 유리하도록 크게 바뀌었다. 연방순회항소법원은 특허권 침해자를 과거보다 훨씬 더 엄하게 처벌했고 미국의 여러 다른 기관들도 특허권의 대상과 범위, 보호 기간을 크게 확대했다.

제2차 세계대전 이후 미국은 '자유무역'을 강력히 신봉했으나, 이런 기조는 1970년대 후반 들어 '자유롭지만 공정한 무역'이란 개념에 의해 쇠퇴했다. 공정 무역을 옹호하는 자들은 이것이 '모두에게 공평한 기회를 주기' 위해 즉, 다른 국가들의 무역 관행으로부터 생기는 왜곡을 줄이기 위해 필요하다고 주장했다. 이 주장은 세상이 완벽하다면 미국이 자유무역을 지속할 수 있으나, 다른 국가들이 이를 방해하고 있다는 의미를 내포한다. 원칙적으로 말하면, 미국의 공정 무역 정책은 개별 국가의 보호무역주의에 반대하고, '공정하지 않은' 외국의 관행에 대응하기 위해 개별 사례들을 미국 통상법 아래로 끌고 오며, 무역 장벽을 낮추기 위한 쌍무 협상이나 다자간 협상을 함으로써 세계적으로 더 자유로운 무역을 꾀하는 것이었다(Greenwald 1987, 234). 미국 정부는 "해외투자에 무관심했던 그간의 정책들을 재검토하기 시작했고" "미국 기업들의 우려를 가장 잘 수용하고 미국 정부의 노력을 통합해 해결 방안을 찾을 적임자"로 미국무역대표부를 지목했다(Gadbaw 1989, 228). 1979년

---

3 [옮긴이] 특허법원은 한국에도 있지만, 미국의 '특허법원'은 한국의 '특허법원'과 다르다. 한국의 '특허법원'은 특허침해와 관련된 민사소송이나 형사소송은 취급하지 않고, 특허나 상표, 디자인과 관련된 특수한 형태의 행정소송만 전담하는 법원이다. 이에 비해 미국의 특허법원은 행정소송뿐만 아니라 특허침해와 관련된 소송사건도 다룬다.

당시 미국무역대표부는 투자 문제를 해결하고 외국의 제한적인 투자 관행을 격퇴하는 도구로써 무역 조치를 선도적으로 활용하고 있었다.

'포스트 포드주의'[4] 축적 체제를 특징으로 하는 생산의 국제화는 미국의 새로운 조직적 행위자들에게 힘을 실어 주었다. 포스트 포드주의의 등장은 고임금 노동자의 정치적 힘이 줄어들고, 산업화된 국가에서 여전히 포드주의 방식에 기반을 둔 산업들의 교섭력이 감소했음을 의미한다. 저임금 노동에 기반을 둔 국가로부터의 공격적인 수입 경쟁으로 인해 쇠퇴하기 시작한 산업들은 정치적 힘도 동시에 약해졌다. 지적 재산에 기반을 둔 첨단 기술 산업들은 철강이나 섬유와 같은 과거 강력한 권력을 행사하던 부문들의 입지를 약화시켰다.

섬유산업과 같은 일몰 산업들은 우루과이 라운드에서 스스로를 새로운 물결의 선도자라고 부르는 기업들에 자리를 내주었다.[5] 지재권위원회의 주축이 되었던 선도 기업들, 예를 들어 제약 산업과 엔터테인먼트 산업, 컴퓨터 소프트웨어 산업들은 무역수지 흑자를 내는 대표적인 수출 기업들이었기 때문에 우월한 지위를 차지할 수 있었다. 이런 기업들은 미국 경제가 타격을

----

4 정치경제학의 프랑스 제도 학파가 '포스트 포드주의'를 유행시켰는데, 이는 "낡은 생산 기지의 쇠퇴와 "떠오르는" 컴퓨터 산업 …… 새로운 국제적 노동 분업을 달성하고 국민국가로부터 엄청난 자치권을 확보한 초국적 기업이 지배하는 경제체제, 통신 혁명을 통해 서로 연결된 새로운 금융시장의 지구화를 말한다"(Hall 1988; Amin 1994에서 인용, 또한 Bernard 1994, 216-229; Cox 1993에서도 참조).
5 이런 사실은 공식 자료를 통해서도 확인할 수 있는데, 협상가들은 미국 섬유 업계를 위한 수입 보호를 제공했던 다자간 섬유협정(MFA: Multi-Fibre Agreement)의 소멸을 위한 일정에 합의했다. 그러나 실제로는 섬유협정의 단계적 소멸을 매우 천천히 이행해 개도국으로부터 비난을 받았다. 또한 일몰산업이 공식 협상에서는 패배했을지 몰라도, 사실상의 정치적 지원이 계속되어 일방적인 반덤핑 조치는 증가했고 최근에는 부시 행정부가 미국 철강 산업 보호를 위한 2002 지원 정책을 내놓기도 했다.

입을 때도 해외에서 흑자를 내고 있었다. 트립스 협정을 달성하기 위해 협상가들은 의제 주고받기를 했다. 한 예로, 저임금 생산국으로부터 미국 섬유산업을 수년 동안 보호해 주던 다자간 섬유협정을 단계적으로 종료phase out시킨 것을 들 수 있다. "강력한 지재권 규율을 옹호하는 미국 산업계의 정치적 역량을 고려할 때 지재권 협정인 트립스에 대한 합의가 없을 경우 우루과이 라운드의 일괄 타결package을 미국 의회가 비준하지 않을 것"은 분명했다 (Hoekman and Kostecki 1995, 157; Mowrey 1993, 369).

구조가 행위자의 이해관계에 미치는 영향

구조의 변화는 이것이 현행 제도를 덜 유용하게 만들거나 과거의 제도에는 존재하지 않았던 새로운 손해를 초래하는 경우 행위자의 이해관계를 바꿀 수 있다. 기술의 변화는 과거의 지재권 보호 체제에서 혜택을 보았던 자본가들의 선호를 변화시켰다. 문화적·관념적 차원에서 급진적인 자유 시장 정책을 신뢰해 왔던 자본가들은 시장 제도를 바꾸는 대신에 규칙의 변경을 모색했다. 정부가 지적 재산을 보호하도록 만들기 위해, 미국 기업들이 포괄적인 전략을 택한 데에는 많은 요인이 있었다.

강력한 지재권 체제를 바라는 행위자의 이해관계를 형성한 두 개의 중요한 구조적(그리고 물질적) 변화는 새로운 기술의 발전, 그리고 지재권이 가진 가치의 증가였다. 기술이 변화함에 따라, 많은 비용을 들여 개발한 지재권 기반 상품을 다른 이들이 쉽고 값싸게 만들 수 있게 되었다. 소프트웨어, 비디오, 시디는 어디서나 구할 수 있는 복제 장비만 손에 넣으면 거의 누구나 복제할 수 있다. 그러나 이와 동시에 혁신에 드는 비용이 치솟았다. 연구 개발R&D 비용이 올라갔고, 격심한 경쟁 시장에서 기업들이 새로운 제품을 계속 개발하려면 연구 개발에 더 많은 투자를 해야 했다. 그리고 기술혁신은 전통적인 지재권 범주에는 속하기 어려운 반도체 칩이나 소프트웨어 코드, 생명공학 발명과 같은 새로운 유형의 지적 재산을 만들어 냈다.

이와 동시에 지재권 기반 제품이 국제무역에서 차지하는 역할도 더 커졌다. 통신 기술의 혁신으로 지구 전체를 아우르는 시장이 형성되었다. 전 세계에 걸친 지점망과 광대한 지재권 포트폴리오를 가진 기업들은 자신들의 기술과 제품이 더 잘 보호된다면 경이적인 수입을 얻을 수 있었다. 예를 들어 1995년 한 해에만 "미국의 초국적 기업들은 지재권 분야에서 약 270억 달러의 수출을 기록한 반면, 수입은 63억 달러에 불과했다"(Ryan 1998b, 2; Merges 2000, 2190).[6]

이런 변화는 지재권 행위자에게 기회이자 장벽이었다. 이를 일반화하면 **"모든 구조적인 영향은 행위자가 처한 상황을 형성하는 과정을 통해 행위자와 매개**된다"(Archer 1995, 196, 강조는 원문). 이런 영향은 "'기획'projects을 촉진하기도 하고 좌절시키기도 한다"(Archer 1995, 198). 앞에서 말한 상황에서 상품과 제조 공정에 대한 광범위한 모방은 지재권 집약 기업들이 이익을 실현할 가능성을 떨어트리는 위협이었다. 이렇게 이익(잠재적인 이익과 실제 이익)의 손상이 커질수록 지재권 집약 기업들이 행동을 취할 동기는 더 많아졌다. 또한 구■지재권 체제와 지재권 기반의 신흥 시장 사이에 근본적인 불일치가 존재한다는 점이 분명해졌다. 이런 불일치는 아처가 주장하는 행위자와 구조 사이의 관계라는 개념의 핵심을 이룬다(Archer 1995, 215). 지재권 생산자가 과

----

6 [옮긴이] 미국의 지재권 로열티 수입은 해마다 증가했는데 2006년 3월 세계무역기구의 통계에 따르면, 2004년 한 해에 미국이 지재권 로열티로 벌어들인 수입이 513억 달러에 달한다.

거의 지재권 체제에서도 이익을 본다는 점은 분명하지만, 기술의 구조적 변화와 구체제 사이의 불일치가 증가하면서 새로운 행위자 집단(모방자)이 힘을 얻을 것으로 우려되었고, 이는 지재권 생산자에게 희생을 의미했으며 구체제로부터 지재권 생산자가 얻을 수 있는 이익이 약화되는 위협으로 작용했다.

이런 구조적 불일치는 "행위자가 그들의 이해관계를 증진하는 일련의 행동을 취하도록 만드는 특수한 상황 논리"를 제공한다(Archer 1995, 216). 이것은 재생산 즉, 현 상태의 지속이 행위자들의 목표 달성을 방해하는 "조건적[우연적-옮긴이] 양립 불가능성contingent incompatibility"이라고 아처가 이름 붙인 상황이다. 구조적 불일치가 이런 불일치를 제거하려는 행위를 유발했다고[불일치를 제거하려는 행위가 일어나도록 상태 조절했다고-옮긴이] 주장하는 것은 조직적 행위자들이 그들의 기득 이익을 달성하는 데에 위협이 되는 관행들을 **제거**해야만 하는 상황 논리에 처해 있다고 주장하는 것과 같다(Archer 1995, 331; 강조는 원문). 불만이 있는 자들은 위협이 되는 관행을 제거하려고 한다. 이 경우 구조적 상태 조절은 행위자들이 구지재권 체제의 변화를 추구하도록 한다. 이 행위자들은 다른 이들의 모방 관행을 **제거**할 새로운 수단을 찾았다. 또한 이들은 지재권 보호의 확대를 추구해 새로운 유형의 기술혁신도 지재권에 포함시키려고 했다. 지재권 행위자들은 자신의 특권을 보존하고 확장하는 과정에서, 새로운 기술이 초래한 틈새를 메워 구체제의 정의에는 잘 맞지 않았던 새로운 형태의 기술을 독점할 가능성을 높이려고 노력했다.

지재권은 국가에서 인정하는 경쟁 통제의 수단이기 때문에, 지재권의 보호는 시장 통제의 중요한 한 형태다. 지재권 기반 기업들은 변화된 시장 위기에 대처하는 방식으로, 완전히 새로운 어떤 것을 위해 로비하거나 구체제를 완전히 제거하기보다는 현행 제도를 그들이 처한 문제에 맞게 수정하도록 국가를 동원하는 전략을 택했다. 이들이 구축한 개념은 구지재권 체제에서 착안한 것이었지만, 지재권을 무역과 관련된 사안으로 개념화한 점이나, 지재권의 깊이나 넓이, 제도적 확장 측면에서 보았을 때 구지재권 체제를 훨씬 상회하는 것이었다.

국제 체제의 구조

전통적인 현실주의 이론(Waltz 1979; Krasner 1991; Gilpin 2000)에 따르면, 전지구적 규제를 분석하는 중요한 요소 가운데 하나는 국제 체제의 구조다. 현실주의자들은 국가의 힘이 국제 체제에서 어떻게 분포되어 있는가를 중시한다. 다자간 우루과이 라운드와 같은 정부 간 협상에서는 국가만 공식적인 지위를 가진다. 사적 부문의 행위자들이 얼마나 적극적으로 개입하는가에 상관없이 궁극적으로 국가들 사이에서 거래가 성사된다. 현실주의자의 논리에 따르면, 국가의 힘이 강하면 강할수록 그 국가가 협상을 지배할 가능성은 커진다. 새로운 세계 지재권 체제에서도 국제 체제의 구조는 최소한 두 가지 점에서 중요하다. 첫째, 미국은 논쟁의 여지없이 가장 힘 있는 국가다. 미국이 "현존하는 유일한 초강대국"이건, 유럽이나 일본보다 더 큰 헤게모니를 가진 국가건 간에, 어쨌든 풍부한 협상력을 보유하고 있는 것이 사실이다. 그리고 유럽, 일본과 동등한 헤게모니를 가졌다고 보더라도, 미국, 유럽, 일본은 모두 무역 관련 지재권 협정의 초창기에 저항이 심했던 개도국과 비교했을 때 압도적인 힘의 우위에 있었다. 둘째, 미국의 힘은 다자간 협상 테이블에만 국한되지 않았다. 미국은 우루과이 라운드를 성사시켰고 우루과이 라운드 협상이 진행되는 동안에도 대규모의 강압적인 경제 외교를 펼쳤다.

다른 국가들이 더 엄격한 지재권 정책을 채택하고 이행하도록 괴롭히는 고압적인 수단의 하나로 미국은 거대한 미국 시장에 대한 개방을 지렛대로 삼았다.

하나의 명백한 반사실적 가정

특정 행위자에게 유리한 영향을 준 구조적 요인이 이렇게 많다면, 트립스 협정을 행위자 중심으로 설명하는 것은 구조에 의한 중층결정을 다르게 표현한 설명에 지나지 않는다는 반박이 가능하다. 결국 트립스 협정이 여러 구조적 요인들에 영향을 받은 것이라면, 행위자가 과연 필요한지 의문이 생길 수 있다. 그러나 한 가지 반사실적 가정을 해보자. 만약 지재권을 강화하려는 특정 행위자들이 조직적 행위를 하지 않았다면 어떻게 되었을까? 트립스 협정이 존재하지 못했을 것이 분명하다. 협정이 생겼다고 하더라도, 트립스보다 훨씬 더 범위가 좁은 상품 위조 금지 조약을 다시 살리는 정도에 지나지 않았을 것이다. 유럽과 일본의 사적 부문은 지재권위원회가 작업하기 전까지는 포괄적인 지재권 조약에 대한 열의는 고사하고 관심조차 거의 없었다. 트립스 협정은 지재권위원회가 처음에 기대했던 것 이상이었기 때문에 지재권위원회조차도 자기들이 이룬 성과에 놀랄 정도였다.

구조적 가능성은 지재권위원회의 행동을 통해 구체적으로 드러났고 지재권위원회가 성공을 거둠으로써 그 중요성이 부각되었지만, 지재권위원회가 자신의 성공에 스스로 놀라워했다는 사실은 두 가지 점을 시사한다. 첫째, 행위자는 자신의 행동을 추구하는 데에 작용하는 구조적 제약과 구조적 가능성이 어느 정도인지 완전히 인식하지 못했다는(그리고 인식할 필요가 없었다는) 점이다. 지재권위원회는 지재권이 무역에 득이 된다는 논리가 먹힐 것이라고는 처음부터 인식하지 못했다. 다시 말하면, 지재권위원회를 주도했던 인물들이 똑똑하기는 했지만 천리안을 가진 것은 아니었다. 둘째, 우리는 당장은 그렇게 뻔해 보이지 않았던 요인들을 분석할 때에야 비로소 지재권위원회의 성공을 이해할 수 있다.

지재권위원회가 없는 세상을 생각해 보자. 지재권위원회를 제외한 다른 요인은 불변이라고 가정하면 어떤 결과가 생겼을까? 가장 가능성이 높은 결과는 국경 제재로 제한된, 그래서 세관 공무원에게 위조 상품을 압류할 권한을 주는 정도의 위조상품방지조약Anti-Counterfeiting Code이다. 가트에 지재권 조약을 넣자는 주장은 도쿄 라운드Tokyo Round 협상이 끝난 1978년에 시작되었는데, 당시 미국의 리바이스Levi Strauss 사는 자사의 청바지 상표를 도용한 외국의 위조 상품과 전쟁을 시작했다(Doremus 1995, 149). 리바이스 사는 상표권을 중요시하는 다른 기업들과 함께 자신의 경험에 호소해(이들은 국제위조상품방지연합IACC: International AntiCounterfeiting Coalition이라는 조직을 통해 로비를 했다), 위조상품방지조약에 대한 미국무역대표부의 지원을 약속받았다. 하지만 이들의 노력은 성과를 내지 못했는데, 그 이유 중 하나는 조약을 너무 늦게 제안했기 때문이다. 1982년이 되어서야 미국과 유럽공동체EC: European Community, 일본, 캐나다가 위조상품방지조약의 초안문에 합의했지만 결국은 개도국의 반대로 채택되지 못했던 것이다. 우루과이 라운드를 준비하면서 지재권 행위자들은 가트가 지재권을 다룰 적절한 포럼이라는 점을 통상 전문가들과 지재권 전문가들 모두에게 설득해야 하는 힘든 싸움을 해야만 했다(Gorlin, Walker and Bloomfield 1988, 171 참조).

1986년 우루과이 라운드가 개시되었을 때, 몇몇 서방 대표들은 위조상품방지조약에 관한 논의를 되살리려고 했다. 이들의 목표는 위조상품방지조약이라는 범위가 좁은 분야에 대한 협상을 **완결**한 다음, 좀 더 포괄적인 조약을 추후 협상 라운드에서 논의하는 것이었다(Emmert 1990, 1339). 우루과이 라운드의 협상 초기에는 미국과 유럽의 통상 관료들 사이에서 상표 위조 문제를 넘어 지재권 문제 전반을 가트에서 논의하는 것이 과연 적절한지를 둘러싼 논쟁이 치열했다(Gorlin, Walker and Bloomfield 1988, 176). 푼타델에스테Punta del Este 회의에서 지재권을 처음 논의할 당시 협상 참가자는 다음과 같이 얘기한다.

> 지재권은 일종의 부차적인 쟁점으로 취급되었고 …… [위조상품방지조약]
> 정도가 채택 가능성이 있는 것으로 보였다. 그러면, 정치인과 정책 담당자들
> 은 "봐라 우리가 뭔가를 했다"고 잘난 체할 수 있을 터였다. 그런데 시나리오
> 는 놀랍게도 이것과 다르게 흘러갔다(Jackson 1989, 343).

미국의 지재권 행위자들, 특히 지재권위원회는 위조상품방지조약을 조기에 채택하는 것에 반대했다. 왜냐하면 이로 말미암아 라운드에서 지재권 논의 자체가 종료되어 좀 더 포괄적인 조약을 논의할 기회를 잃게 되기 때문이었다.

경제학자이자 지재권위원회 자문 역할을 했던 재키 골린Jacques Gorlin은 미국변호사협회의 지재권 분과에서, 지재권 문제가 무역 문제에 종속되어서는 안 된다고 역설했다. 몇몇 지재권 변호사들은 지재권을 무역과 연계할 경우 지재권이 흥정거리가 되어 농업 문제를 위한 희생양이 될 것을 우려했다. 그래서 처음에 이들은 지재권 전체를 다자간 협상에서 제외함으로써 위험을 피하려고 했다. 미국변호사협회 지재권 분과의 연차 모임에서 골린은 지재권 보호를 강화하기 위한 전략으로 무역을 협상 카드로 사용하자고 제안했다. 그리고 지재권을 다른 것과 거래할 의도나 지재권을 어떤 식으로든 약화

그림 2-3 반사실적 가정

A -----------------▶ C -----------------▶ 위조상품방지조약

A : 선행조건, 지구 자본주의라는 구조   C : 매개변수, 제도 변화 (미국)
반사실적 가정의 종속변수 : 위조상품방지조약

시킬 의도가 없다는 점을 강조했다.[7]

포괄적인 지재권 조약에 대한 미국의 요청에 프랑스와 영국은 동의했지
만 다른 유럽 국가들, 특히 독일은 매우 회의적이었다. 1988년 12월 몬트리
올에서 열린 중간 점검 회의까지만 하더라도 위조상품방지조약이 그때까지
살아 있던 선택안이었다. 개도국들은 가트가 지재권까지 관장하는 것을 막
기 위한 일종의 피해 최소화 전략의 하나로 위조상품방지조약을 받아들이게
되었다. 골린은 미국이 1988년 몬트리올 가트 회의에서 차선에 불과한 위조
상품방지조약에 서명하지 말고, 미국에게 더 큰 이득을 가져올 강력한 지재
권 협정을 위해 계속 버티라고 주문했다(Gorlin, Walker and Bloomfield 1988,
175). 미국 협상가들은 골린의 주문을 받아들였고, 초기의 예상과는 정반대
로 몬트리올 회의에서 지재권이 핵심 의제로 부상했다. 존 잭슨John Jackson의
말을 빌리면, "지재권은 실행력이 매우 뛰어난 미국 기업들이 어떻게 정부를
움직일 수 있는지, 그리고 세계 각국의 정부를 어떻게 근본적으로 조정할 수
있는지 뚜렷이 보여 준 사례다. 몬트리올 회의에서 우리는 지재권이 두세 개
의 핵심 사안 중 하나가 된 것을 보고 놀라지 않을 수 없었다"(Jackson 1989,

---

7 재키 골린과 워싱턴 D.C.에서 가진 인터뷰, 1996년 1월 22일.

그림 2-4 실제 사례

A : 선행조건, 지구 자본주의라는 구조   B : 독립변수, 사적 부문의 행위 (미국)   C : 매개변수, 제도 변화 (미국)
종속변수 : 포괄적 지지재권 협정에 대한 미국의 지원

343-344).

이 과정에서 미국 정부의 조정 역할 역시 매우 중요했다. 지재권위원회의 활동에도 불구하고 미국이 자국 내의 태도를 강력한 지재권 보호 쪽으로 바꾸지 않았다면 트립스 협정은 성립하지 못했을 것이다. 지구 자본주의의 구조 변화라는 맥락에 배태된 미국은 국익을 재규정했고 지재권위원회가 옹호하는 과제를 일방적으로 수용한 국가 경쟁력 정책을 채택했던 것이다.

지금까지 나는 지구 자본주의의 구조 변화와 그 결과로 미국 제도가 변화하게 된 맥락을 설명했다. 이 변화들은 극적으로 강화된 다자간 지재권 체제를 조성할 수 있다는 기대감을 만들어 낸다. 나는 또한 행위자와 이들의 이해를 규명했다. 이제 남은 것은 사적 행위자들이 국가와 사적 이익 사이의 상보성complementarity을 구축하는 과정과, 사적 이익이 어떻게 공적인 국제법 체계를 통해 보호받게 되었는지에 대한 설명이다. 앞장에서 설명했던 역량 강화 조건에도 불구하고, 이 과정에서 필연적인 것은 전혀 없었다. 지재권위원회의 회원 기업들은 미국과 전 지구적 경제에서 차지하는 그들의 역할 덕분에 구조적으로 특권적 지위를 누리고 있었지만, 이들의 잠재적 영향력은 "의도적인 정치적 행위를 통해 현실화되어야만 했다"(Augelli and Murphy 1993, 132).

"자본주의적 기업들은 정치·사회적인 축적 조건을 형성하기 위해 국가를 필요로 한다"(Palan and Abbott 1996, 36). 사적 부문의 참여와 정책 결정자에 대한 접근은 국가에 의해 구조화된다. 즉, "이해 집단이 정책과 정책 집행에 미지는 영향은 국가가 성한 선택지 내에 있다"(Woods 1995, 170). 어떤 행위 자들은 다른 행위자보다 더 특권적 지위에 있고 국가 제도는 종종 특정 이해를 더 선호한다. 조직적 행위자들은 로비를 통해 권력을 직접 활용하거나 규범적 맥락을 만드는 방식으로 권력을 간접적으로 활용해 그들의 목표를 추구한다. 조직적 행위자들은 사적 이익이 공적 이익으로 변모하는 과정을 밝히기 위해서는 담론의 본질과 힘, 주창자들이 사안을 재구성하는 기교, 그리고 메시지와 청중 사이의 "정합성"을 탐구해야만 한다. 국가의 이익과 사적이익 사이의 상보성은 마지막에 구축된다.

행위자가 만드는 차이

구조적 조건은 행위자를 결정하지 않는다. 아처는 행위자를 둘로 구분하는데, 원시적 행위자는 스스로의 이익을 조직하지도 않고 체계화하지도 않으며, 구조를 형성하거나 재형성하는 데에 전략적으로 참여하지도 않는다. 이에 비해, 조직적 행위자들은 "그들에게 무엇이 필요한지를 알고, 이를 그들과 타인들에게 맞도록 체계화할 줄 알며, 이를 성취하기 위해 조직화되어 있다"(Archer 1995, 258). 그러나 이들도 현 상태에 분개하거나 기존 구조를 바꾸려고 하기 전에 우선 행위의 가능성을 인식해야만 한다. 조직적 행위자들은 "구조적 형태를 정의하거나 재규정하는 데에 더 큰 영향력을 행사하며, 또한 이들은 체제의 균열(구조와 행위자의 양립 불가능성)이 벌어질 것인지([변화의] 도입) 아니면 유지될 것인지([현 상태의] 재생산)를 판가름하는 핵심 고리다"(Archer

1995, 191).

　조직적 행위자들이 성공하려면 현 상태에 분개하는 많은 우수한 선수들 players과 자원에 대한 접근, 조직이 필요하다. 지재권 보호와 관련해 서로 별 개의 영역에 있던 기업들은 1970년대 말과 1980년대 초까지 서로 다른 방식 으로 그리고 서로 다른 영역에서 곤란함을 느끼고 있었다. 농화학 기업들과 서적 출판업자들, 소프트웨어 생산자들, 비디오와 음악 엔터테인먼트 공급 자들, 다국적 제약사들은 구체제의 지재권 보호와 기술 사이의 모순을 매일 같이 경험하고 있었다. 그러나 이들이 공통된 목표를 추구하기 위해서는 자 의식이 강한 집단으로 조직화되어야만 했다.

　다른 집단들을 조직해 공동 행동을 하게 만들려면, 기본적인 이해관계가 일치하는 쪽으로 이들을 유도하거나 아니면 일치하는 지점 자체를 구축하는 물질 전략material strategy과 담론 전략discursive strategy 모두가 필요하다. 구체제 에서 손해를 보는 산업계들, 다시 말해 특허 기업들과 저작권 기업들은 정치 적 행동을 동시에 전개했으나 이들의 행동은 서로 분리되어 있었다. 시간이 지나면서, 그리고 몇몇 핵심 인물들(예컨대, 에드먼드 프래트Edmund Pratt, 존 오펠 John Opel, 골린)의 도움으로 서로 다른 이 집단들은 지재권 보호의 강화라는 동 일한 목표를 추구하고 있다는 점을 깨닫게 되었다. 이제 이들은 함께 로비를 하기 시작했고, 특허 기업들은 저작권 기업을, 저작권 기업들은 특허 기업들 을 옹호하는 발언을 했다. 아처는 이런 목표의 일치를 "중첩"superimposition이 라 부르는데, 이 상황에서 조직적 행위자들은 같은 곳을 지향한다. 미국 내 의 '중첩'은 지재권위원회가 초국적 '중첩'을 추구하면서 점차 확장되었다.

　구조적 불일치가 행위자의 행위를 촉발할 수 있으나, 이런 행위를 공고히 하고 일관되게 하며 정당성을 부여하는 것은 행위자의 담론 전략이다. 즉, 지재권 보호에 관한 규칙을 바꾸려는 행위자의 행위는 구조의 변화로 촉발된 것이지만, 규칙 변경을 정당화할 새로운 논리는 조직적 행위자가 생산한다. 이 경우 지재권 행위자의 담론 전략은 지재권을 무역과 연계시키는 것이었다. 이런 점에서 구조적 상태 조절은 "조직화되었을 뿐만 아니라 이념적으로 체계화된 새로운 조직적 행위자들"을 구체화crystallize한다(Archer 1995, 315).

지재권위원회는 회원사들의 지재권을 전 지구적으로 보호하기 위해 다자간 협정을 추구했다. 과거 기업들은 지재권 침해를 일국 차원의 문제로 여겼고 해당 국가의 정부와 개별적인 협상을 하는 데에 외국인 투자를 지렛대로 활용해 왔다. 미국 정부의 개입은 최소한이었고 사안별로 이뤄졌기 때문에 기업들은 문제가 생길 때마다 미국 대사관의 도움을 구했다. 기업들은 점차 미국의 지재권을 외국 정부가 어느 정도까지 보호해 줄 것인지 확신하지 못하게 되었다.

이런 불확실성에 직면한 사적 부문의 지재권 행위자들은, 처음에는 그들이 속한 산업 협회를 통해 행동했지만 점차 그들의 경쟁 우위를 유지하고 향상시키기 위해 정부가 지원해 주기를 원했다. 이것은 〈그림 2-5〉에 묘사되어 있다.

이들은 외국 정부가 더욱 강력한 지재권 보호 정책을 채택하고 집행하도록 미국 정부가 압력을 행사하라고 요구하기 시작했다. 이들은 미국의 법제도를 바꾸는 데에 주력했고, 성공했다(4장에서 설명). 이들은 미국의 지재권을 침해하는 국가에 대해 미국 정부가 강경한 태도를 취하도록 촉구했고, 미국무역대표부가 적극적으로 나서서 산업계의 이해에 동조하는 입장을 취하게 된 것에 고무되었다. 미국 정부, 즉 미국무역대표부가 시장 개방과 무역 적자 문제를 주요 의제로 다룬 것이 이들에게 고무적이었던 이유는, 브라질, 중국, 한국, 타이와 같이 지재권 침해 문제가 매우 심각한 국가들의 경우 미국에 대한 무역 의존도가 매우 높았기 때문이다(Gadbaw 1989, 228).

그림 2-5 논증 (제1부)

A: 선행조건, 지구 자본주의라는 구조
B: 독립변수, 사적 부문의 행위 (미국)
종속변수: 제도의 변화 (미국)

지재권 행위자들은 외국의 부적절한 지재권 보호를 무역에 대한 장벽으로 재규정하고, 미국의 지재권을 적절하게 집행하지 않는 국가에 대해 지재권 문제를 통상법 301조와 같은 법률로 다룰 수 있게 해주는 제도를 만들어 냈다. 사적 부문의 지재권 행위자들은 지재권을 일반 재산권과 동등한 권리로 만들고 지재권을 자유무역의 기본 사안으로 만드는 데에 성공했다. 과거에는 용인되었던 행위들이 이제는 허용되지 않는 불공정한 행위로 변했다. 지재권을 무역과 연계하고 이런 개념을 다자간 무역 질서에 개념화함으로써 지재권위원회는 가트를 설득할 수 있었으며 이 새로운 접근 방식은 지재권위원회뿐만 아니라 세계 무역 체제 전체에 이득이 된다고 강조했다. 지재권위원회 회원 중 한 명은 다음과 같이 얘기한다.

> 우리 산업계는 지재권 보호가 국내의 성장은 물론 해외 시장 개방에도 중요하다는 점을 체계화할 필요가 있다. …… 지재권 보호에 관한 공공 정책 논의가 국제무역 체제의 건전성을 위해 중요하다는 점을 강조하는 작업을 미국 기업들이 벌여 나가는 것이 특히 중요하다(Harvey Bale, Walker and Bloomfield 1988, 123에서 인용).

지재권위원회는 세계경제 통합을 확대하자는 의제를 제안했다. 지재권위원회는 이 제안이 미국을 위해서는 물론이고 세계 무역 체제의 건전성에도 유익하다고 포장했다.

지재권위원회는 로비를 통해 정부가 가트를 통한 다자간 지재권 협정을 지원하고 지지하도록 만들면서 전통적인 논의 틀인 세계지재권기구를 의도적으로 회피했는데, 세계지재권기구는 협정을 집행할 수단이 부족했고 수적으로 많은 저개발 국가에 의해 주도되고 있었기 때문이다. 지재권위원회 회원사 대표들은 산업 협회를 우회해 유럽과 일본의 사적 부문 동료들과 직접 협력했으며, 이 초국적 작업을 통해 가트가 트립스 협정에 찬성하도록 압력을 넣었다. 이처럼 미국계 기업들이 주도한 초국적 작업은 트립스 협정의 채택에 결정적이었다. 초국적 차원으로 동맹을 맺은 사적 부문 행위자들은 자신들이 선호하는 개념의 지재권 정책을 세계화하기 위해 가트를 필요로 했으며 이를 통해 자신들의 목표를 확장하고 정당화하며 이행을 감시하고 정책을 집행하려고 했다.

이 사례의 행위자들은 목표 달성을 위해 다양한 층위에서 행동을 펼쳤다. 미국 내에서 이들은 미국의 법률을 수정하도록 지속적인 요구를 했고, 초국적으로는 무역 관련 지재권 체계라는 자신들의 이상을 지원할 사적 부문의 동맹을 조직했다. 우루과이 라운드를 시작하기 전에 그리고 우루과이 라운드가 진행되는 동안 이들은 국제기구들을 상대로 로비 활동을 펼쳤다. 또한 지재권 보호와 집행이 느슨한 국가들의 정부와 민간 대표들을 만났고, 다른 선진국의 정부 관료들에게도 엄격한 다자간 지재권 제도가 필요하다고 주장했다. 간단히 말해, 이들은 모든 가용한 접근 통로를 활용해 자신들의 견해를 제시하고 자신의 논거를 관철시켰다.

사적 부문의 직접 권력과 간접 권력

자본주의경제에는 주목할 만한 두 가지 유형의 기업 권력이 있다. 하나는 기업들이 자원과 물리력을 동원할 때에 행사하는 직접적인 제도적 권력이고, 또 하나는 간접적이고 규범적인 권력이다. 기업의 정보력과 전문성, 로비 활동, 제도적 통로의 활용은 직접 권력을 나타내는 반면, "편견의 동원"mobilization of bias,8 행위자의 중요성 및 이해의 구축은 간접 권력을 나타낸다(Wilks 1996). 간접 권력은 기업을 "경제적 삶에서 지배적이고 본질적으로 이득이 되는 기구로 받아들이는 사회 분위기에 의존한다. 이런 분위기는 기업집단의 견해에 부여되는 정치적 무게와 기업들이 시장에서 거둔 성과에 부여되는 경제적 무게에서 명백히 드러난다"(Wilks 1996, 45). 이를 차례로 살펴보자.

정부는 기업이 제공하는 정보에 의존한다. 거대 초국적 기업들은 외국에 대해 잠재적으로 유용한 정보를 정부 관료들에게 제공할 능력이 있다. 지재권 분야에서 초국적 기업들과 이들이 소속된 산업 협회들은 외국 정부가 지재권을 제대로 보호하는지에 관한 세세한 정보들을 제공해 왔다. 기업들은 해외의 지재권 해적질을 드러내기 위해 상당히 많은 자원을 투입했다. 또한 외국의 지재권 침해의 규모와 정도를 판단하려면 정부는 침해로 피해를 입은 기업들이 작성한 피해 추계에 의존할 수밖에 없다. 예를 들어, 해외의 부적절한 지재권 보호가 초래한 미국 무역의 손실을 공식적으로 집계한 통계

---

8 [옮긴이] '편견의 동원'은 샤츠슈나이더(Elmer E. Schattschneider)가 1950년대에 제안한 개념으로, 바흐라흐(P. Bachrach)와 바라츠(M. Baratz)가 신엘리트론을 주장하면서 권력 구조의 실체를 설명하기 위해 사용하기도 했다. 신엘리트론에 따르면, 기득권을 가진 엘리트 집단은 사회적으로 아무리 중요한 사안이라고 하더라도 그들의 이익에 반하거나 껄끄러운 사안은 의제의 장에 등장하지 못하도록 막기 위해 체계적이고 의도적으로 권력을 작동시키는데, 이것을 '편견의 동원'으로 설명한다. 한국 사회에서 김대중, 노무현 정권 당시 과거사 문제나 언론 개혁과 같은 의제에 대해 보수 언론들이 '한풀이 정치'라고 공격한 것도 일종의 '편견의 동원'이라 할 수 있다.

는 국제무역위원회ITC: International Trade Committee(국제상공회의소ICC: International Chamber of Commerce의 미국 지부)가 관련 기업들에게 질문지를 보내 수집한 자료에 근거한 것이었다. 무역에 기반을 둔 지재권 정책을 옹호하는 기업들은 피해를 과장할 동기가 넘칠 정도로 많았고 특히 "지재권 보호가 국제무역에서 주요 쟁점이 되어야 하는지 아닌지를 워싱턴에서 논쟁할 때 정치인과 경제학자들이 국제무역위원회의 보고서를 활용한다는 점을 잘 알고 있었다"(Emmert 1990, 1324-1325). 국제무역위원회의 보고서가 나온 다음에 공개된 다른 기관의 독자적인 추계를 보면, 국제무역위원회의 통계가 상당히 부풀려졌음을 알 수 있다(Gadbaw and Richards 1988).

사적 부문은 정부가 잘 이해하지 못하는 분야의 전문가를 제공할 수 있다. 이런 점에서 보면 지재권 분야는 매우 특이하다. 다른 변호사와 달리 대부분의 지재권 변호사들은 과학이나 공학, 화학 또는 생명 공학 분야의 매우 전문적인 지식을 가지고 있다. 지재권 변호사들은 특권적인 전문 지식을 전달한다. 정부는 지재권 전문가, 특히 기업 자문 변호사들에게 의존할 수밖에 없는데, 지재권 강화를 옹호하는 입장에 서있는 이들 전문가들은 복잡하기 그지없는 지재권 법률을 정치적 담론으로 번역해 주었고 지재권이 왜 국제통상과 연계되는지를 명쾌하게 해석해 주었다. "지재권 보호를 강화하는 논리는 전문적 지식 없이는 전개가 불가능하다. 이런 점에 비추어 보면, 지재권위원회를 주도한 기업들은 정부와 우루과이 라운드 협상의 다른 행위자에 비해 확고한 우위를 점하고 있었다"(Cutler, Haufler and Porter 1999, 347).

지재권위원회 회원사들과 이들의 산업 협회들은 강력한 전 방위 로비 활동을 펼쳤다. 이들은 의회와 정부(레이건, 부시, 클린턴 정부)에 압력을 넣어 "전 세계적 차원의 지재권 보호가 미국의 주요 상품·서비스 무역에 얼마나 중요한지 역설했고, 외국 정부가 미국 제품에 대한 대규모의 지재권 침해를 근절하도록 만들기 위해서는 법률로 보장되는 조치를 신설해야 한다고 주장했다"(US Senate 1986a, 162-164). 이들은 자신의 생각을 문제 해결책으로 포장해, 자신들의 강력한 수출산업을 지원하는 것이야말로 미국을 경제 쇠락으로부터 구원할 수 있는 방편이라고 주장했다. 결국 미국 통상법 개정을 요구해 무역과 지재권을 연계하려는 그들의 전략은 관철되어 1979년과 1984년, 1988년의 일련의 통상법 개정을 통해 의회는 지재권 로비를 적극적으로 수용했고 지재권 보호와 무역의 연계를 더 강화했다. 지재권위원회의 자문역을 맡은 재키 골린은 "지재권을 무역의 문제로 변화시킨 것과 지재권 보호를 강화하기 위해 무역에 기반을 둔 접근법을 개발한 것은 만약 미국 정부와 미국의 사적 부문이 긴밀하게 협조하지 않았다면 결코 가능하지 않았을 것"이라고 평가한다(Walker and Bloomfield 1988, 172에서 인용). 이렇듯, 합의를 도출해 낸 과정은 무엇이 문제인지 밝히고 정보와 피해 추계를 제공하는 전문가와, 난해하기 짝이 없는 지재권 사안을 무역 정책의 새로운 도구로 번역하는 기교, 그리고 자신들이 주장하는 해결책의 직관적 호소력에서 나왔다.

지재권 행위자의 직접 권력을 보여 주는 또 다른 징표는 통상 정책에 대한 민간의 의견을 듣기 위해 행정 부처가 구성한 무역협상자문위원회ACTN: Advisory Committee for Trade Negotiations9를 통한 제도적 통로다. 다자간 통상 협상을 위한 민간 자문 체계의 최고 감독 위원회인 무역협상자문위원회는 상무부, 농무부, 노동부, 국무부와 협력해 미국무역대표부가 운영한다(Ostry 1990, 21-22). 대통령이 임명하는 무역협상자문위원회의 위원은 무역 기반 지재권 전략을 구상하는 핵심 역할을 하며, 무역협상자문위원회는 여기에 참여하는

---

9 1988년 무역협상자문위원회는 무역정책협상자문위원회(ACTPN: Advisory Committee on Trade Policy Negotiations)로 이름을 바꾸었다.

기업들의 사적 이해를 세계화하는 주요 매개체이다.

1980년대에 걸쳐 점차 목소리를 키운 지재권 로비는 미국의 통상 정책 결정에 더 큰 영향을 미쳤다. 두 명의 기업 대표인 화이자 제약사의 프래트와 아이비엠 사의 오펠은 오랫동안 미국 정부에 대한 로비를 통해 해외의 지재권 침해를 심각한 문제로 인식하도록 만들었다. 프래트와 오펠은 가트 협상의 도쿄 라운드가 끝날 무렵 미국이 주도한 국제위조상품방지연합에 참여했다. 1981년부터 프래트가 무역협상자문위원회의 의장을 맡았고, 프래트와 오펠은 지재권과 관련해 그들이 중요하다고 여기는 사안을 미국 정부에 제시하기 위해 1983년과 1984년에 공동 작업을 진행했다. 때마침 강력한 지재권 보호의 또 다른 옹호자인 존 영John Young(휴렛패커드의 대표로 나중에 지재권 위원회와 국제지재권연맹의 창립자가 됨)이 대통령 직속 산업경쟁력위원회의 의장이 되었다. 1984년 12월에 이 위원회는 미흡한 지재권 보호가 미국 경쟁력에 미치는 영향을 분석한 특별 보고서(1983~84년 위원회 보고서의 부록 형태로)를 발간했다(Jacques Gorlin, Walker and Bloomfield 1988, 173에서 인용). 1984년에 미국무역대표부는 다가오는 가트 라운드를 준비하면서 지재권을 포함한 사적 부문의 의견을 요청했다. 오펠은 당시 무역협상자문위원회의 자문역을 했고 나중에 지재권위원회 자문역을 맡았던 재키 골린에게 무역 기반의 지재권 접근법을 정리해 미국무역대표부에 제출할 문서 형식으로 준비해 달라고 의뢰했다.

골린은 누구보다 큰 역할을 했다. 그는 지재권위원회가 추구했던 담론 형성과 협상 전략의 핵심 입안자였다. 행위agency는 집합적 개념이지만, 몇몇 개인들은 행위자들agents의 의제를 달성하는 데 있어 중대한 역할을 할 수 있다(Archer 1995, 187). 골린은 지재권 보호를 무역의 관점으로 포장할 수 있는 새로운 관점을 논리정연하고 명료하게 제시했고, 무역과 지재권 보호를 매우 구체적인 방식으로 연결하는 강렬하고 지적인 기업가 지질을 보여 주었다. 골린 문서(Gorlin 1985)를 기초로 기업들은 다자간 지재권 전략을 추구했다. 골린 문서에는 지재권 보호를 위한 최소한의 기준, 분쟁 해결 절차와 집행과 같은 다자간 지재권 협정에 필요한 구체적인 안, 그리고 합의를 이끌어 내기 위한 전략이 들어 있었다. 무역협상자문위원회는 8명으로 구성된 지재권 전략작업반을 구성했는데, 이 작업반에는 오펠, 프리츠 애터웨이Fritz Attaway(미국영화산업협회MPAA: Motion Picture Association of America의 부회장이자 수석자문), 에이브러햄 코헨Abraham Cohen(당시 미국의 최대 제약사였던 머크의 국제담당이사)이 참여했다. 사적 부문과의 협의 즉, 무역협상자문위원회의 전략작업반과의 협의는 1985년 지재권과 무역에 관한 각료급 논의로 이어졌고 결국 지재권을 차기 다자간 협상 안건에 포함시키는 결과를 낳았다(Simon 1986, 503). 1985년 10월에 이 작업반이 무역협상자문위원회에 제출한 보고서에 들어 있던 권고사항 대부분은 골린 문서를 그대로 옮긴 것이었다(USTR 1985; 1986).

무역과 지재권이 미국의 의제를 지배하기 시작했던 1988년, 화이자의 대표였던 프래트가 재계원탁회의의 의장이 되는 중요한 사건이 발생했다. 프래트는 우루과이 라운드 통상 협상에서 사적 부문의 대표로 선정되었으며, 무역협상자문위원회의 의장 자격으로 우루과이 라운드에서 미국 공식 협상단의 자문역을 맡았다. 당시 가트에서 공식적인 지위가 없었던 사적 부문으로서는 행운을 잡은 셈이었다. 결국 국가는 무역협상자문위원회라는 기구를 통해 특정 행위자가 그들의 지재권 의제를 다자간 협상에서 제시할 수 있는 권력을 부여했는데, 이것은 국가의 이익과 사적 부문이 연결되어 있음을 잘 보여 준다.

기업들은 또한 규범적 권력(즉, 규범적 맥락의 구축)을 추구한다. 규범적 맥락은 옳고 그름을 정의하고 공정한 관행과 불공정한 관행을 구별하며, 경쟁하는 사유 체계들 가운데 어떤 것이 득세할 것인지를 결정한다. 이 경우, 사적 부문 행위자의 "전문성과 정보에 대한 통제력은 지재권 체제를 지배하는 규범을 결정하는 데에 우월적 지위를 부여하고 무엇이 미국의 공익인지를 사적 영역에서 정의할 수 있도록 만든다"(Cutler, Haufler and Porter 1999, 350). 캐서린 시킹크Kathryn Sikkink가 지적한 것처럼, 특정한 경제적 사유 내지 관념들은 이것이 더 폭넓은 문화와 공명할 때 그리고 적법하다고 인정되었을 때 지배적 지위를 차지해, 정책 결정자들이 지지하고 채택함으로써 실현될 가능성이 더 커진다(Sikkink 1991). "핵심 이해 집단이 제시한 경제적 관념이 사회 공공의 이익에 충실할 경우, 지지자들을 형성해 하나로 뭉치게 하거나 아니면 반대자들을 논쟁에서 맥도 못 추게 할 수 있다"(Archer 1995, 306). 지재권위원회가 선호한 정책은, 미국의 정책 담당자들이 세계 자본주의의 구조 변동에 대응하려 한 특수한 사회적 맥락에서, 정책 담당자들이 직면했던 구체적인 문제에 대한 답을 제시했다.

인식론적 측면에서, 경제적 관념은 다음 네 가지 기본 기능을 수행한다. 비난의 책임을 전가하는 배설 기능, 미래에 대한 전망을 제시하는 사기 진작 기능, 정치적 연합을 형성하기 위한 결사체 내지는 응집 수단을 제공하는 연대 기능, 그리고 권력 강화를 정당화하는 옹호 기능(Woods 1995, 173-174)이 그것이다. 지재권위원회가 옹호했던 관점은 미국의 무역 적자에 대한 책임을 외부의 적(해외의 지재권 침해국)에게 전가하는 것이었다. 이처럼 미국의 무역 재앙을 외국의 불공정한 관행 탓으로 돌림으로써, 정책 결정자들이 미국의 통상 문제가 미국 자체의 문제인지 아니면 미국 기업들이 잘못된 선택을 한 때문인지를 평가해야 하는 힘든 수고를 덜고, 새로운 정책을 선택할 수 있게 되었다. 또한 지재권위원회는 미국 경쟁력을 위한 더욱 확실한 미래를 약속하고 그들의 회원사를 미국을 경제적 침체 상태에서 구원할 능력이 있는 동력 산업으로 홍보함으로써, 미래에 대한 전망을 제시하는 기능을 했다. 연대 기능은 다음과 같이 설명할 수 있다. 무역에 기반을 둔 지재권이란 개념은 지재권위원회가 주축이 된 산업계가 만들어 낸 의제다. 이것은 미국의 비극적인 통상 문제를 해결할 수 있는 집단이 자신들이라는 점을 부각시키는 수단이었으며, 이로써 특정 산업 집단의 연대를 끌어내는 강력한 결사체로 기능했다. 지재권위원회는 통상을 활용함으로써, 특히 미국 시장에 대한 접근이 장기적인 경제 발전에 필수적인 개도국을 상대로 미국이 어떻게 우월한 위치를 차지할 수 있을지를 강조할 수 있었고, 이 과정에서 미국의 통상 정책에서 지재권을 최우선 과제로 끌어 올렸다. 그래서 지재권위원회가 주창한 관념과 해결책은 실현 가능성 측면에서는 물론 정치적 이익이란 측면에서도 미국 정책 결정자의 마음을 사로잡았다.

미국 정부와 외국의 동료들이 봤을 때 사적 부문 행위자들은 자신의 주장을 관철시킬 수 있도록 사안을 구성하는 탁월한 능력이 있었다. 이 능력은 단순히 지재권을 통상과 연계하는 것에 머물지 않고 자신들의 입장을 옹호하기 위해 적절한 용어를 동원한 점에서 잘 드러난다. 이것이 옹호 기능이다. 역사적으로 특허권은 일종의 "특혜"로 간주되었지만, 시간이 지나면서 지적 상품에 대한 "재산권"이란 개념과 연결되기 시작했다. 권리라는 용어는 권리를 주장하는 사람을 중시한다. 이에 비해 특혜란 용어는 특혜를 부여하는 사람을 중시한다. 사적 부문 행위자들은 "재산권"이란 망토를 걸침으로써 그들이 요구하는 권리가 자연적이고 논쟁의 여지가 없으며 침해되지 않을 가치가 있는 것처럼 보이게 만들었다. 이들이 "권리 논쟁"(Weismann 1996, 1087)을 전개해 효과를 볼 수 있었던 이유 중 하나는 당시 재산권이 전복되는 상황[광범위한 복제와 기술 모방이 일어나는 상황-옮긴이]에 처해 있었기 때문이다. 따라서 이들이 전개했던 '권리 논쟁'은 미국의 문화와 공명할 수 있었다. 재산권을 그렇게 소중하게 취급하지 않는 문화에서는 또는 재산권을 이와 충돌하는 다른 권리와 더 정교하게 균형을 맞추려는 문화에서는 '권리 논쟁'이 성공할 여지가 없다. 자신의 "권리"를 침해하는 자들에 대한 이들의 분노는 소위 침해자들을 "해적"이라고 부르는 데에서 잘 드러난다. 이런 상징 용어는 뭔가 잘못된 행위임을 강조하지만, 실제로 이들이 "해적질"이라고 부르는 행위 대부분은 국내법이나 국제법상 완전히 적법한 것이었다.

행위자가 어떤 사안을 어떻게 구성하느냐는 매우 중요하며(Baumgartner and Jones 1993; Braithwaite and Drahos 2000; Cobb and Ross 1997; Jones 1994; Litfin 1995; Risse 2000), 확립된 법적 규범과 담론에 의지함으로써 행위자는 사안의 실현 가능성을 높일 수 있다. 트립스 사례에서 "권리 논쟁"과 "자유무역"이라는 수사적 기교는 먹혀들었다. 한편 이들 행위자가 설정한 의제에 반대하는 사람들 역시 법적 규범을 유리하게 배치할 수 있다. 예를 들어, 1장에서 설명했던 세계지재권기구 디지털 조약의 협상 과정에서 트립스 방식의 최대 보호주의 의제에 도전한 사람들은 저작권 제도의 확립된 규범 즉, 공익과의 균형을 보장하는 "공정 이용" 규범에 의지했다. 이와 마찬가지로, 사하라사막 이남의 HIV/AIDS 위기라는 맥락에서 지재권을 둘러싼 현재 진행 중인 논쟁에서는 "공중 건강"이 최대 보호주의 행위자에 맞서는 유력한 저항 의제로 부상했다. 3장에서 설명하겠지만 20세기 대부분에 걸쳐 미국 법원은 특허"권"을 "독점"으로 인식해 반독점법의 규율을 받도록 했다. 최소한 시어도어 루즈벨트Theodore Roosevelt[10] 이후 "독점"은 미국 문화에서 부정적인 의미로 사용되었고, 특허가 이런 부정적인 이미지에서 벗어난 것은 최근의 일이다.

---

10 [옮긴이] 미국의 제26대 대통령(1901~09). 뉴딜 정책을 추진한 프랭클린 델러노 루스벨트(Franklin Delano Roosevelt)는 시어도어 루즈벨트의 조카다.

실제로 트립스 협정은 이것이 자유무역과는 무관하고 보호주의의 확장에 해당했기 때문에 우루과이 라운드의 의제에서 제외되어 있었다(Hoekman and Kostecki 1995, 152). 마이클 보러스는 미국의 지재권에 관한 접근 방식을 지재권 보호를 강화해 자기의 기반을 고수하려는 매우 방어적인 것으로 평가한다(Borrus 1993, 376). 지재권의 강화와 같은 독점적 특권의 확대를 "자유무역"이라고 선전할 수 있게 된 상황은 국가 경쟁력이나 지재권 어느 면에서 보더라도 모순적이다. 이처럼 독점권의 강화와 자유무역을 등치시키는 견해는 "이상한 나라의 앨리스"에서나 통용될 법한 견해임에도 불구하고 당시의 불확실한 상황은 독점권 강화와 자유무역을 동일시하는 자들의 이해관계를 재규정할 수 있는 기회를 창출했다. 실제로 휴렛패커드의 국제 업무 담당 이사는 다음과 같은 논리를 전개한다.

> 지재권 보호는 오늘날 미국 정부가 추진하고 있는 정책 중 유일한 '보호주의' 정책인데, 이것이 가능한 이유는 지재권 보호가 전통적인 보호주의와 완전히 다르기 때문이다. 오늘날 지재권 보호는 개방 무역 체제의 핵심을 이루는 개념으로 자리 잡았다. 게다가 무역 체제의 강화를 지지하고 보호주의적 태도를 반대하는 기업들과 지재권 보호의 강화를 지지하는 기업은 완전히 동일한 기업들이었다(Harvey Bale, Walker and Bloomfield 1988, 123에서 재인용).

이런 설명은 소위 "경쟁 국가"라는 좀 더 큰 차원의 정책적 맥락에서만 설득력이 있다. 이 개념은 국가가 [전 지구적 시장에서] 시장점유율을 높이기 위해 경쟁하고, 투자를 장려하며, 경제성장을 달성하기 위해 스스로를 조직하고 있다는 가정을 전제로 한 것이다. 시장 점유를 위해 경쟁하고 투자를 장려하며 경제성장을 달성한다는 가정을 전제로 한 것이다(Strange 1987; 1996; Cerny

1995).

지재권위원회의 간접 권력은 지재권위원회가 유럽과 일본의 동료들을 조직하고 국제 지재권 보호의 실체 규범에 대한 합의를 이끌어 냈다는 점에서 잘 드러난다. 실체 규범은 "협정이나 정책의 주요 내용에 대해 주요 행위자들 사이의 합의를 의미한다"(Wilks 1996, 49). 이 합의 과정에서 행위자들의 사회적 기능이 매우 중요하다. 골린과 같은 영민한 기업가들은 분산되어 있는 행위자들을 단일 행동 대오로 단결시킬 모델을 제시했다. 골린은 1985년 문서를 통해 협상의 의제를 설정했고, 지재권을 통상 문제로 재구성했으며, 이해관계를 통합했다. "이것은 전략적 행위자가 해야 하는 가장 중요한 일이다. 전략적 행위자는 선호가 매우 다른 개인들과 집단을 동참시키고 이들의 선호를 정리하는 방법을 찾아야만 한다"(Fligstein 1997, 400). 화이자의 부수석자문이고 지재권위원회의 창립 회원인 루 클레멘테Lou Clemente는 "내 생각에 [지재권위원회의] 가장 중요한 의의는 전자 분야나 전통적인 저작권 산업, 화학 산업과 같이 서로 흩어져 있던 동료들을 끌어 모으고 강력한 지재권 보호를 위한 통일된 방향을 제시한 점"으로 평가한다(Walker and Bloomfield 1988, 134에서 인용). 이 국면은 〈그림 2-6〉에 묘사되어 있다. 이는 "합의된 사항을 단순히 구축하는 것뿐만 아니라 현재의 구성arrangement을 생성하도록 권력과 행위가 작용하는 과정"을 보여 준다(Fligstein 1997, 404).

1986년 3월에 설립된 지재권위원회는 다가오는 9월의 푼타델에스테 회의까지 불과 6개월을 남겨 두었기 때문에 서둘러 유럽과 일본의 산업계와 접촉했다. 1986년 6월 지재권위원회는 영국산업연맹Confederation of British Industries, 독일경제인총연합회BDI: Bundesverband der Deutschen Industrie, 프랑스경영자협회 French Patronat를 만났고 이들을 통해 유럽경영자연합UNICE: Union of Industrial and Employers' Confederations of Europe과 접촉했다.11 유럽경영자연합은 유럽 제도 아

90

그림 2-6 논증 (제2부)

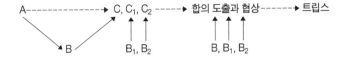

A : 선행조건, 지구 자본주의라는 구조
B : 독립변수, 사적 부문의 행위 (미국) B₁ : 독립변수, 사적 부문의 행위 (유럽) B₂ : 독립변수, 사적 부문의 행위 (일본)
C : 매개변수, 제도 변화 (미국) C₁ : 매개변수, 제도 변화 (유럽) C₂ : 매개변수, 제도 변화 (일본)
종속변수 : 트립스 협정

래에서 유럽의 경제인과 산업계를 공식 대표하는 기구로 24개국의 33개의
연맹들로 구성되어 있었다. 그해 7월 지재권위원회는

일본으로 가 일본경제단체연합회日本經濟團體聯合會를 만났다. 경제단체연합
회는 일본의 거의 모든 경제활동 주체들을 대표하는 민간 비영리 경제 단체
였다.

이 만남에서 지재권위원회는 지재권 문제는 너무 중요해서 정부에만 맡
겨 둘 수는 없다고 역설했다.[12] 이들은 산업계가 최선의 행동 지침을 결정하
고 정부가 무엇을 해야 하는지 알려야 한다고 주장했다. 지재권위원회는 유
럽과 일본의 동료들에게 공통으로 겪는 어려움이 무엇인지 강조함으로써 무
역에 기반을 둔 접근 방식의 장점을 확신시켰다. 지재권위원회는 지재권 해
적질로 인해 얼마나 많은 손실이 생기는지, 그리고 이런 손실을 미국이 양자
무역을 통해 어떻게 만회했는지를 강조했다. 지재권위원회는 유럽과 일본의

---

11 [옮긴이] 유럽경영자연합은 2007년 1월 23일 '비즈니스 유럽'(Business Europe)으로 공식 이
름을 바꾸었다. http://www.businesseurope.eu 또는 http://www.unice.org 참조.
12 이 단락은 저자가 골린과 1996년 1월 22일에 워싱턴 D.C.에서 가진 면담에 기초한 것이다.

동료들과 산업계의 합의를 끌어냈고 이들로부터 동참 약속을 받았다. 이들은 우루과이 라운드를 시작하는 시점에 맞추어 자국 정부에 산업계의 입장을 전달하겠다고 맹세했다. 프래트가 지적한 것처럼, 이런 미국, 유럽, 일본의 기업 공동체의 단결된 행동은 "국제 기업 공동체가 무역 협상에 개입하는 중요한 약진"을 보여 주는 좋은 사례였다(Drahos 1995, 13에서 인용). 유럽경영자연합과 일본경제단체연합회는 자국 정부를 설득하는 데에 성공했다. 이런 과정을 거쳐 미국, 일본, 유럽은 새로운 무역 라운드가 시작되는 9월 이전에 이미 가트에 지재권 협정을 포함시키기 위한 배후 세력으로 단합되어 있었다.

지재권위원회, 유럽경영자연합, 일본경제단체연합회는 가트의 지재권 조약을 총의consensus 방식으로 추진하기로 했다. 이들 산업계 대표들은 1986년 10월과 11월에 모여 합의 문서를 작성하고 이를 자국 정부와 가트 사무국에 제출했다. 합의문서 작성에 참가한 자들은 "모든 형태의 지재권과 모든 관련 산업계를 성실하게 대표했다"(Enyart 1990, 55). 1988년 6월 이 "삼두 그룹"은 '지재권에 관한 가트 조항의 기본 골격'Basic Framework of GATT Provisions on Intellectual Property 문서를 발표했다(IPC, Keidanren and UNICE 1988). 최종 트립스 협정의 기초가 된 이 문서는 지재권 보호의 최소 기준과, 집행 및 분쟁 해결 조항을 다룬 골린의 1985년 문서와 놀라울 정도로 닮았다. 한편 이 문서는 일종의 타협안이 포함된 합의 문서였다. 예를 들면 미국의 제약 업계는 강제 실시와 관련된 조항에 일부 불만이 있었지만 지재권위원회는 유럽과 일본을 한 배에 태우기 위해 양보를 했다. 이제 지재권위원회와 일본경제단체연합회, 유럽경영자연합이 해야 할 다음 과제는 자국의 다른 산업계와 기업들을 설득하는 것이었다(Enyart 1990, 55). 지재권위원회에게 이 과제는 매우 쉬웠다. 왜냐하면 미국 정부가 지재권위원회의 요구를 그대로 수용했고 1988년 6월의 '기본 골격 문서'를 미국 정부의 입장인 것처럼 배포했기 때문

이다.[13]

이 사례를 일반화하면 다음과 같이 설명할 수 있다. "사적 부문의 자기 이익이 실체 규범의 지위로 격상되고" "거대 기업의 이익"이 "적절하며 자연적이고 합법적인 이익이라는 합의"를 획득하는 순간, 사적 부문의 규범적 권력은 공고화되고 제도화된다(Wilks 1996, 49-50).

트립스 협상 과정에서 지재권위원회에는, 무역협상자문위원회의 의장 자격으로 미국 협상 대표단의 고문을 맡아 우루과이 라운드에 참가한 화이 자의 프래트라는 든든한 동지가 있었다. 그리고 지재권위원회는 미국무역대표부, 상무부, 특허청과 긴밀히 협조했다. 이를 보여 주는 1988년 지재권위원회 보고서에 따르면 "미국무역대표부, 상무부와의 이런 긴밀한 관계를 통해 지재권위원회는 협상 과정에서 미국이 어떤 제안을 하고 어떤 입장을 취할지 정할 수 있었다"(Drahos 1995, 13).

트립스 협정의 채택은 첫 번째 형태 발생 주기의 마지막을 장식한다. 다시 말하면 형태 발생을 이루는 하나의 "과정이 끝없이 계속되지는 않는다. 구조적이고 문화적인 동화 작용이 일어난다는 사실 그 자체는 특정 동맹이 그들이 추구했던 어떤 변화를 구축하기에 충분한 정도로 승리를 쟁취했음을 의미한다. 따라서 이미 구축된 변화에 착근되어 있는 상태의 새로운 상호 작용 주기가 시작되는데, 이 새로운 상호 작용 주기 역시 구축된 변화가 초래한 상황에 부분적으로 영향을 받는다"(Archer 1995, 322). 골린은 첫 번째 형태 발생 주기의 대미를 장식한 1994년 트립스 협정 체결에 만족감을 표시하면서 지재권위원회가 원했던 95퍼센트를 얻었다고 말했다.[14]

---

13 저자와 골린의 면담.
14 저자와 골린의 면담. 지재권위원회가 얻지 못한 나머지 "5퍼센트"는 6장에서 살펴볼 것이다.

새로운 세계 지재권 체제

지재권위원회의 승리는 소수 사적 부문의 승리였다. 구조적 요인들이 특권 행위자들과 이들이 원하는 정책 쪽으로 저울의 추를 기울였지만 이런 결과가 생기려면 행위자들의 행동이 필요했다. 지재권 사례는 행위자들이 행동을 통해 어떻게 구조를 변형시키는지를 보여 준다. 트립스 협정은 승리자와 패배자를 재구성했고 세계무역기구는 좀 더 공격적인 세계 자유무역 질서를 제도화했다. 이렇게 확장된 제도는 이제 행위자를 제약하거나 행위자의 역량을 강화하는 구조로서의 모습을 갖는다. 세계무역기구의 트립스 협정이라는 요소는 지재권위원회의 역량을 강화했다. 그러나 동시에 트립스에 대한 반대자들이 조직되어 트립스의 과도한 점에 저항하게 만들었다.

트립스는 그 이전의 지재권 체제와 마찬가지로 사회적으로 구축되었지만 이번 주기에서는 트립스가 객체 또는 구조가 되고 이에 맞서는 행위자들의 저항이 등장한다. 다시 말하면 이제 트립스는 구조로 작용하기 때문에(첫 번째 주기의 T⁴ 또는 두 번째 주기의 Tⁱ), 상태 조절 효과를 발휘해 이 구조를 선호하는 자와 반대하는 자를 구분한다. 트립스는 아처가 규명한 좀 더 일반적인 현상의 특수한 국면으로 이해할 수 있다. 이제 트립스는 이번 주기의 특정 지점에 **존재하는 구조**이며, 이를 선호하는 자들은 이 구조를 활용하고 지지하며 확장하려고 할 것이지만, 이 구조로부터 부정적인 영향을 받는 자들에게는 "이것을 어떻게 제거하느냐 또는 어떻게 대처하느냐가 화두"다(Archer 1982, 461). 과거에는 "원시적 행위자"였던 자들이 이제는 조직적 행위자로 거듭나 트립스에 분개하게 된 것은 트립스의 자원 배분 효과라 할 수 있다. 트립스를 지지하는 기득권 집단들은 "기득권을 **추구**하는 주요 방편으로 차별화와 관념의 다양화를 선보였는데, 이는 고정 자산의 보호보다는 고정 자산의 축적으로 설명하는 것이 더 적절하다"(Archer 1995, 263-264). 트립스를 방어하는 담론과 의제 설정이 "소란한 공론 과정"을 거쳤다는 점은 기득 집단의 지위란 것이 다른 자들의 반대가 가능한 지위라는 것을 보여 준다 (Archer 1995, 306, 315).

이제 새롭게 결성된 조직적 행위자들은 트립스가 초래한 결과에 저항하기 위한 조직적인 담론 전략을 전개한다. 트립스 협상 당시 대부분의 사람들은 이 협정이 그들의 삶에 어떤 의미가 있는지 알지 못했다. 그러나 트립스 협정은 너무 광범위하고 맹렬할 뿐만 아니라 각국의 규제 제도에 너무 깊게 침투해 많은 사람들을 자극할 수밖에 없었다. 또한 트립스를 주도했던 자들은 승리의 축배도 들기 전에 협정의 신속한 집행을 요구했고 심지어 트립스 플러스TRIPs-Plus15를 추진했기 때문에, 과거 "원시적 행위자"가 조직적 행위자가 되었던 것과 동일한 과정을 재촉하는 결과를 낳았다. 이 협정은 다수의 많은 사람들에게 도움을 주기보다는 최소한 단기적으로는 해를 끼칠 것이고, 그 대가는 돈이 아니라 사람의 생명이라는 점이 곧 분명해졌다. 대표적인 예로 HIV/AIDS 위기에 직면한 많은 사람들은 트립스 협정이 정한 규칙이 너무 지나치다는 점을 알게 되었다.

위기를 해결하려 고군분투하던 소비자 단체와 보건 단체들이 결집했다. 이들은 트립스 협정에 구현되어 있는 지나치게 강력한 지재권 보호가 초래할 위험(HIV/AIDS의 높은 약값과 이로 인한 치료약에 대한 접근 저해)에 저항했다. 이들은 지재권을 무역 문제가 아니라 공중 건강 문제로 재구성할 것을 요구했다. 갑자기 트립스에 대한 투쟁이 경쟁적으로 등장했고 지재권 문제에 관

---

15 트립스 플러스란 트립스보다 보호 기준이 훨씬 더 높거나 트립스 규범에서 인정하는 제도적 융통성을 제거한 것을 말한다(Drahos 2001, 793).
[옮긴이] 한미자유무역협정은 트립스 플러스의 가장 지독한 형태 가운데 하나다.

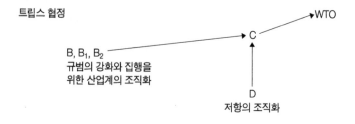

그림 2-7 논증 (제3부)

트립스 협정

B, B₁, B₂ : 사적 부문의 행위 (미국, 유럽, 일본) C : OECD 국가의 정부들 D : 사적 부문의 행위에 대한 조직적 저항
종속변수 : 새로운 세계 지재권 체제

한 새로운 정치적 맥락이 형성되었다.

트립스의 지지자들이 트립스를 보호하고 방어하려고 한 반면, 소비자 단체와 보건 의료 단체들은 이에 반대하며 트립스를 약화(제거할 수는 없더라도)시키기 위해 결집했다. 트립스에 이른 첫 번째 형태 발생 주기에서 구조가 새로운 행위자들을 만들고 구체화했던 것처럼, 트립스는 부정적인 영향을 가장 많이 받은 새로운 행위자와 이들의 지지자들을 구체화했다. 피터 드라호스Peter Drahos가 지적한 것처럼, "트립스 협상이 진행될 당시 국제 NGO들과 아프리카 국가는 중요한 행위자가 아니었다. 트립스 이후의 상황에 개입한 행위자 측면에서 가장 두드러진 두 가지 특징은 국제 NGO가 트립스 문제에 개입했다는 점과 건강이나 생물 다양성 문제에서 아프리카 그룹이 선도적 역할을 했다는 점을 꼽을 수 있다"(Drahos 2002, 26). 이제 정치 공학의 새로운 변수는 트립스 입안자에 대한 반대 진영의 결집이었다. 이것을 〈그림 2-7〉과 〈그림 2-8〉에 나타냈다.

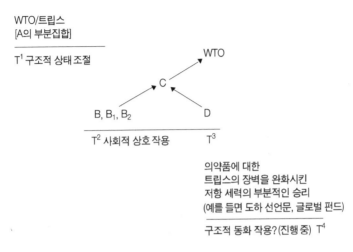

그림 2-8 2차 형태 발생 주기 (현재 진행 중인 미완성의 상태)

WTO/트립스
[A의 부분집합]

T^1 구조적 상태 조절

WTO

C

B, B_1, B_2 D

T^2 사회적 상호 작용 T^3

의약품에 대한
트립스의 장벽을 완화시킨
저항 세력의 부분적인 승리
(예를 들면 도하 선언문, 글로벌 펀드)

구조적 동화 작용? (진행 중) T^4

A : 선행 조건, 지구 자본주의라는 구조
B : 독립변수, 사적 부문의 행위 (미국) B_1 : 독립변수, 사적 부문의 행위 (유럽) B_2 : 독립변수, 사적 부문의 행위 (일본)
C : 매개변수, 미국, 유럽, 일본의 제도
D : 사적 부문의 행위에 대한 결집된 저항
종속변수 : 도하 선언과 새로운 지재권 체제

초기 개도국의 저항을 제외하면 트립스에 대한 저항은 그것이 체결된 이후 뒤늦게 등장했다. 이것이 의미하는 바는, 직관적으로는 트립스의 "폐기"가 불가능하지만, 협정의 허점을 둘러싼 논쟁이나 애매한 용어의 새로운 해석과 관련된 싸움, 그리고 가장 중요하게는 지재권을 더 확장하려는 움직임에 대한 효과적인 저항이 버티고 있다는 점이다. 이것은 트립스의 입안자들이 생각했던 방식의 거버넌스가 이제 한계에 도달했다는 사실을 보여 주는 것이며, 지재권에 대한 좀 더 균형 있는 민주적 지배의 가능성을 열어 준 것이기도 하다. 카드의 패는 여전히 (사회적 의제와 반대 의미로서의) 상업적 의제에 유리하게 준비되어 있지만, 의약품 접근권 운동은 성과를 내고 있으며 추진력을 상당히 얻어 가고 있다. 가장 최근의 승리는 세계무역기구 회원국들이 트립스 협정과 공중 보건에 대한 선언문을 채택한 것이다(공중건강과 트립스 협정에 대한 선언)(WTO 2001).

이후에 살펴볼 과제

3장과 4장은 〈그림 2-5〉에 보인 나의 주장 전반부를 다루며 미국의 제도 변화를 살펴볼 것이다. 3장은 미국의 지재권 정책을 역사적으로 분석하고 지재권 정책이 상위의 공공 정책 의제에 어느 정도로 항상 배태되어 왔는지를 설명할 것이다. 여기서는 특히 사법 정책에 중점을 둔다. 4장에서는 워터게이트 사건이 터진 후 이뤄진 사적 부문의 통상 정책 참여 확대에 따라 미국 행정부와 입법부에서 일어난 제도적 변화를 살펴본다. 또한 1980년대 초 미국의 국가 경쟁력에 대한 관심이 증가하고 미국 지재권 법의 변경 과정에서 산업계가 어떤 역할을 했는지 살펴본다. 이런 미국 내의 변화가 중요한 이유는 이것이 최종 트립스 협정문에 다시 등장하기 때문이다. 5장에서는 〈그림 2-6〉에 묘사한 나의 주장 후반부를 다루는데, 여기서는 최대 보호주의 규범을 옹호하는 민간 부분의 행위를 자세히 서술함으로써 행위자 문제를 직접 다룬다. 또한 지재권위원회와 사적 부문의 국제적 합의를 조직하는 과정과, 최종적으로 트립스 협정의 채택으로 결말이 난 협상 과정을 집중으로 살펴본다. 6장에서는 〈그림 2-7〉과 〈그림 2-8〉에 나타낸 두 번째 형태 발생 주기에 해당하는 새로운 세계 지재권 체제를 검토하면서, 트립스의 결과로 나타난 상업적 의제와 사회적 의제 사이의 긴장 관계를 주로 다룬다. 마지막으로

7장에서는 트립스 사례에 대한 비교법적 관점을 제시하고 나의 주장이 갖는 함의를 검토한다.

3장
미국 지재권 제도의 역사적 검토

최근에 이뤄진 지재권의 세계화는 미국에서 비롯되었다. 이번 장에서는 미국 지재권 보호의 역사적 배경을 살펴보면서, 미국이 지재권을 강력히 보호하게 된 것이 최근에 일어난 극적인 사건임을 강조할 것이다. 지재권의 엄격한 보호를 회의적으로 보던 약 75년에 걸친 정책은 1980년대 들어 뒤집혔는데, 미국의 국내 환경을 특허권자에게 유리하도록 바꾼 연방순회항소법원(1982년에 설립)의 역할이 컸다. 이로 인해 초래된 변화는 여러 주요 판결들, 예컨대 데벡스 사건Devex v. General Motors, 코닥 사건Kodak v. Polaroid 등을 통해 잘 확인할 수 있다. 또한 1980년대 미국 정부의 국가 경쟁력에 대한 관심도 반독점 정책의 변화를 가져왔다. 이 변화는 지재권자에게 혜택을 주는 결과를 낳게 된다. 종합하면 이런 역사적 경향은, 미국의 국내 환경이 지재권자에게 유리하도록 극적으로 개선되었으며 지재권 보호에 관한 미국의 이익이 재규정되었음을 의미한다. 이런 국내적 변화는 엄격한 지재권 보호라는 미국의 새로운 정책을 세계화할 수 있는 길을 열었고 세계화의 내용 대부분도 미국 국내 변화로부터 나왔다.

미국 지재권 제도의 역사적 검토

미국은 헌법 제1조 8항에 지재권에 관한 조항을 두어 "저자나 발명가에게 그들의 저작물이나 발견에 대한 한시적인 독점권을 보장함으로써 학문science과 유용한 기술useful arts의 진보를 촉진할" 권한을 의회에 부여했다.[1] "유용한 기술"을 강조한 대목에서 상업에 대한 입법부의 관심과 미국 헌법의 바탕에 실용주의가 깔려 있음을 알 수 있다. 즉, 지재권은 혁신과 위험부담에 대한 동기를 부여하기 위해 필요하다는 것이나. 이런 태도는 "재산권이 인정되어야 사람들이 노동할 동기가 생기고 산업이 번성한다"는 재산권에 관한 공리주의 및 로크주의 개념과 일치한다(Drahos 1996, 201).

저작권

미국은 1790년에 저작권법을 만들었는데, 이 법은 미국 시민과 거주자에게 14년 동안의 저작권을 인정한다(14년이 지난 후에도 저자가 살아 있으면 다시 14년 갱신할 수 있다). 1830년대의 침체기에는 다른 경제 분야와 마찬가지로 미국

---

1 [옮긴이] 미국 헌법의 지재권 조항을 번역할 때, 'science'를 '과학'으로, 'useful arts'를 '유용한 예술'로 번역하는 예가 있는데, 'science'는 '학문'으로, 'useful arts'는 '유용한 기술'로 옮기는 것이 옳다고 본다. 현재 미국 의회나 법원, 학계에서 통용되는 지재권 조항의 해석 태도는 저작권과 특허권에 대한 내용이 헌법 조항에 이분되어 있다는 것이다. 이런 태도에 따르면, 저작권 보장을 위한 조항은 "to promote progress of science, by securing for limited times to authors the exclusive right to their writings"로 표현되어 있고, 특허권을 보장하는 조항은 "to promote progress of useful arts, by securing for limited times to inventors the exclusive right to their discoveries"로 표현되어 있다. 따라서 'science'는 저작권의 대상이고, 'useful arts'는 특허권의 대상이므로, 각각 '학문'과 '유용한 기술'로 번역하는 편이 맞을 것이다.

의 서적 무역도 초토화되었다. 값싼 잡지와 신문들이 급격히 증가했고, 허락을 받은 것처럼 위장도 하지 않은 채 외국인 저자의 작품을 마구잡이로 재출판했다(Feather 1994, 154). 당시 미국 저작권법은 미국에 거주하지 않는 저자에 대해서는 아무런 보호를 하지 않았기 때문에, 이런 재출판 행위는 당시 미국 저작권법에서 전적으로 합법적인 행위였다.

이 때문에 1836년에는 일군의 영국 저자들이 저작권을 보호해 줄 것을 미국 의회에 탄원하기도 했다. 이들은 자신들에게 우호적인 켄터키 주 상원의원 헨리 클레이Henry Clay를 통해 하원과 상원에 탄원서를 제출했다. 수많은 미국 출판업자의 격렬한 반대에 직면한 클레이 의원은 이들의 반대를 누그러뜨리기 위한 조항 하나를 탄원서에 집어넣었다. 이 조항은 "19세기 나머지 기간과 20세기 내내 국제 저작권 사회에서 미국을 곤란하게 만들게" 된다(Feather 1994, 158). '제조 조항'manufacturing clause이라고 불리는 이 조항은 "외국인에게 저작권을 부여하려면 외국인의 책이 미국에서 출판되어야 한다는 조건을 달도록" 했다(Feather 1994, 158). "제조 조항"은 당시 법에는 반영되지 못했지만, 1891년 '체이스 법'Chase Act2을 통해 소생했고 1986년이 되어서야 완전히 사라졌다.3

1790년 연방서작권법과 그 후신인 1831년 법은 등록 절차를 통해서만

---

2 [옮긴이] 정식 명칭은 "International Copyright Act of 1891"이다. 이 법은 미국과 동일한 등록, 통지, 기탁, 제조 조건을 채택한 국가의 국적을 갖는 자에 대해서만 저작권 보호를 했다.
3 [옮긴이] 미국 저작권법의 '제조 조항'에 대해 1982년 유럽연합이 세계무역기구 분쟁을 제기했고, 분쟁 패널은 수량 제한 조치를 금지하는 가트 제11조에 위반된다는 결정을 했다. 가트 제11조는 "체약국은 할당제, 수출입 허가 또는 기타의 조치로써 타 체약국 상품 수입에 대해 금지, 또는 제한을 설정하거나 유지해서는 안 된다"고 규정하고 있다. 이 패널 보고서(L/5609 - 31S/74)는 1984년 5월에 채택되었다. 패널 보고서의 전문은 http://www.sice.oas.org/dispute/gatt/83copyrt.asp에서 볼 수 있다.

저작권을 취득하도록 했다. 이 법에 따르면, 저자는 워싱턴에 있는 저작권등록청에 책의 표지 사본을 기탁하면서 작품을 등록해야 하며, 책이 출판된 다음에는 출판된 책 한 부를 미국의회도서관에 보내야만 한다(Feather 1994, 166). 몇 년 뒤에 미국 법의 이런 규정은 저작권에 관한 국제조약인 1886년 베른협약에 어긋난다는 점이 밝혀졌다. 베른협약은 어떤 회원국에서든 저작물이 적법하게 발행publish되기만 하면 자동으로 저자나 저작권자가 저작권을 취득할 수 있도록 하고 있었다. 즉, 베른협약 회원국은 저작권 부여의 전제 조건으로 등록을 요구해서는 안 된다. 그래서 미국은 베른협약에서 배제된다.[4]

1884년 일련의 출판사 단체들은 미국저작권연맹American Copyright League을 만들어 미국 저작권법과 국제 저작권 제도를 바꾸려는 압력을 행사한다. 이 연맹은 미국이 베른협약에서 배제된 것에 자극받아 1887년에 미국 법을 베른협약에 맞도록 수정하기 위한 활발한 로비 활동을 벌인다. 1886년과 1890년 사이 미국 의회는 여러 저작권법 개정안을 검토했으나, 민주당이 사사건건 반대했다. 주로 남부 지역 의원들인 민주당 소속 의원들은,

> 미국의 시장을 외국 경쟁국에 개방하는 조치는 물론이고 당시 많은 이들이 그렇게 될 것이라고 우려했던 책값 상승을 초래할 수 있는 어떤 조치에 대해서도 심한 반감을 가지고 있었다. 이런 반감은 정치적인 것 이상이었다. 값싼 재출판물을 내는 출판업자들도 이런 조치에 반대했고, 당시 출판 업계에서 점차 세력이 강해지고 있던 노동조합들 역시 미국 저작권법에서 수입 책

---

4 [옮긴이] 미국이 베른협약에서 배제된 또 다른 이유는 베른협약에서 요구하는 저작권 보호 기간보다 미국 저작권법의 보호 기간이 더 짧았기 때문이다(Marshall Leaffer, *Understanding Copyright Law*, LEXIS Publishing 1999, p. 8).

들을 보호하면 일자리를 잃게 될 것이라고 반대했다. 결국 법안을 통과시키자는 최종 합의를 이루기는 했지만, 저작권 보호에 관한 광범위해지는 국제적 합의로부터 미국은 계속 제외되는 결과를 낳았다(Feather 1994, 168).

이런 반대를 반영해 1981년에 통과된 최종 법안 '체이스 법'은 1837년에 클레이 상원의원이 제안했던 '제조 조항'을 포함하고 있었다. 출판업과 노동조합을 달래기 위한 '제조 조항'은 , 외국 저자가 미국에서 저작권을 취득하려면 모국에서 출판되는 것보다 늦지 않게 미국에서 출판을 해야 하며, 외국 저자의 작품은 미국에서 인쇄되거나 미국에 있는 식자typeset로 인쇄되어야 하고, 아니면 미국에 있는 식자로 만든 조판으로 인쇄되어야 하도록 했다(Feather 1994, 168). 이 '제조 조항'은 저작권을 얻기 위해 어느 특정 국가에서 출판될 것을 요구하는 법률을 금지하는 베른협약과 정면으로 충돌하기 때문에, 미국은 '제조 조항'이 최종 삭제된 1986년까지 국제조약 바깥에 남아 있었다.[56]

---

5 베른협약 가입 전까지 미국은 국제저작권조약(UCC: Universal Copyright Convention)의 조직을 주도했다. UCC는 1952년 유네스코에서 채택되어 1971년 파리에서 개정되었는데, 저작권 표시(©)의 사용을 공식화했다. 베른협약보다는 약하지만 UCC는 베른협약에 가입할 수 없거나 가입할 의사가 없는 국가(미국과 같은 나라)에 자국민 저자에 대한 국제적 보호 조치를 제공한다. Sell and May(2001) 참조.

6 [옮긴이] 미국은 UCC를 관장하던 유네스코에서 탈퇴한 뒤에서야 베른협약에 가입하는데, 미국에서 베른협약이 정식으로 효력을 갖게 된 날은 지금부터 불과 20년 전인 1989년 3월 1일이다.

104

20세기 저작권

제시카 리트먼Jessica Litman 교수는 사적 이해관계자들이 자신들의 이해를 옹호하는 편협한 법률을 추구하는 과정을 통해 미국의 저작권법이 변모해 온 양상을 밝혔다(Litman 1989). 입법 절차는 입법 당시의 구체적인 맥락만 반영하는 특성이 있기 때문에 기술 변화에 민감하지도 않고 기술 변화를 따라 잡지도 못한다. 그래서 새로운 기술이 등장할 때마다(이 기술이 자동 피아노 기술이든 컴퓨터 소프트웨어 기술이든) 이 기술을 수용한 사회 전체의 이익을 반영하지 못하는 결과가 반복된다. 저작권법의 입법 절차가 그 당시의 특정 산업을 겨냥한 구체적 맥락만 반영해 왔기 때문에 결국 저작권자들만 점차 강화된 권리를 얻는 결과를 낳았다. 리트먼 교수는 산업계 대표들끼리 협상해 타협하는 과정이 입법 절차를 장악함으로써 결국은 저작권의 보호 대상이 크게 확장되었음을 입증했다. 리트먼 교수는 다음과 같이 지적한다.

> 산업계 서로 간의 협상이란 산업계 간의 논쟁을 특정 상황에 적합하게 해결하는 쪽으로 흘러가게 마련이다. 좁게 정의된 권리들이 금방 낡은 권리로 바뀌는 점에 실망한 협상 참가자들은 좀 더 광범위한 권리를 입법하도록 협력했다. 이에 비해 이들의 권리를 **제한하는** 조항의 적용 범위를 넓히거나 제도에 융통성을 부여하려는 경향은 거의 볼 수 없었다(Litman 1989, 333, 강조는 추가).

입법 과정에서 공중은 점차 배제되었고, 이로 말미암아 저작권이 부여된 정보를 이용하고 재사용함으로써 생기는 공중의 이익을 희생하고, 저자와 권리자의 사적 이익에 특혜를 부여하는 결과가 발생했다(Aoki 1996, 1310).

시간이 지나면서 저작권의 보호를 받을 수 있는 대상도 크게 늘어났다.

예를 들면 코니시가 지적한 것처럼, 미국의 주요 컴퓨터 로비스트들은 컴퓨터 프로그램을 다른 조약에 첨가하는 방식, 다시 말하면 컴퓨터 프로그램을 전통적인 저작권법의 어문 저작물로 취급하도록 하는 방식을 요구했고, 세계 대부분의 국가가 이를 받아들였다(Cornish 1993, 55). 트립스 협정 역시 컴퓨터 프로그램을 "어문 저작물"로 보호한다. 저작권의 보호를 받는 정보를 이용하는 일부 이용자들이 이런 저작권의 확장에 반대했지만 최근의 경향은 약한 보호보다는 강한 보호 쪽으로 가고 있다.[7]

반도체 칩에 대한 보호는 뜨거운 논쟁거리였고, 새로운 기술이 지재권의 정체를 얼마나 복잡하게 만드는지 보여 주는 사례였다. 1980년대 초, 미국의 반도체 제조사들은 일본 업체들의 거센 도전에 직면해, 반도체 칩의 설계 구조(또는 아키텍처, 마스크 워크라고도 함)를 보호받으려고 했다. 이들은 당시 지재권 제도가 이를 제대로 보호할 수 없다고 불만이었다. 처음에 이들은 특허권을 통한 보호를 시도했으나, 반도체 칩의 설계 구조는 특허 보호를 위한 기본 요건인 신규성이나 진보성 요건[8]을 충족하기 어려웠다(Drahos 1997). 그래서 특허보다 더 넓은 저작권을 통한 보호를 시도했다. 그러나 미국출판인협회(AAP: American Association of Publishers)와 같은 이권 단체들이 이들의 시도를 무산시켰다. 미국출판인협회는 반도체 마스크 워크를 저작권으로 보호하는 것을 반대하는 데 힘을 합친 광범위한 산업체 그룹을 대표했는데, 이들은 제안

---

7 이런 경향에 대한 예외는 아이비엠이나 마이크로소프트(Microsoft)와 같은 최대 보호주의자들과 상대해 이긴 상호 작동성을 중시하는 개발자들, 예를 들면 썬마이크로시스템즈의 논의에서 볼 수 있다. Band and Katoh(1995) 참조. 최대 보호주의자의 입장에 대해서는 Clapes(1993) 참조.
8 [옮긴이] 특허를 받기 위해서는 대상물이 새로워야 하고(신규성 요건), 기술적으로 진보된 것이어야 한다(진보성 요건). 보통 반도체 칩의 설계 구조는 이미 존재하고 있던 반도체 칩의 회로나 배선의 형태만 바꾼 것이기 때문에, 반도체 칩 자체가 새롭거나 기술적으로 진보되었다고 할 수 없어서 칩의 설계 형태에 대해 특허를 받기는 어렵다.

된 법안이 저작권의 기본 원칙을 심각하게 훼손한다고 보았다(Doremus 1995, 159).

반도체 산업은 저작권 전략을 포기하기로 합의하고 그 대신 독자적인 제도를 통한 해결 방안을 구상했다. 1984년의 반도체 칩 보호법은 저작권법의 내용을 일부 차용하기도 했지만 완전히 새로운 형태의 지재권으로 반도체 칩의 설계 구조를 보호했고 권리 보호에 관해서도 상호주의를 채택했다. 이법은 반도체 칩에 고정되어 있는 설계 구조만 보호하는 것이 아니라 반도체 칩 그 자체도 보호한다. 그리고 반도체 칩 설계의 복제에 대한 단기간(10년)의 보호를 인정하면서, 외국인에 대해서는 그 나라에서도 동일한 보호를 하는 경우에만 권리를 인정하는 상호주의를 채택했다. 한편 반도체 칩의 설계 구조에 관한 보호 제도는 나라마다 서로 다른 법 규정을 두는 국제적인 세분화가 처음부터 분명하게 이뤄졌다. 미국은 마스크 워크에 대한 보호를 확대하고 외국에 대한 상호주의를 촉진하는 포괄적인 경과 조치를 둠으로써 지재권 확장의 새로운 지평을 열었다. 이런 독자적인 보호 제도는 트립스 협정에도 포함되었다.

특허

19세기 대부분에 걸쳐 미국은 기술 수입국이었다. 로버트 머지스Robert Merges 가 지적한 것처럼,

> 외국의 지재권에 준하는 권리 주장에도 불구하고 기술 도입은 계속되었다. 예를 들면, 증기 엔진 기술이 등장한 초창기에 영국은 엔진과 부품, 기술자

의 수출을 금지했으나, 미국은 이 세 가지를 모두 수입했다. 영국의 지재권을 인정하면 미국에 득이 될 수도 있겠지만 확실하지 않았다. 당시 경제 발전 단계에서 미국에 가장 이로운 정책은 외국 지재권의 집행을 늦추는 것이란 게 바로 미국이 내린 결정이었다(Merges 1990, 245).

이런 지재권에 대한 약한 보호는 미국 기업들이 뚜렷한 기술적인 성과를 달성하기 시작하는 19세기 후반부에 오면서 변한다. 토머스 에디슨Thomas Edison의 백열 탄소 필라멘트 전구는 많은 사례 가운데 하나에 지나지 않는다. 에디슨 사와 같은 미국 기업들은 1883년의 파리협약에서 강한 지재권 보호를 주장했다.

미국의 특허 정책은 반독점anti-trust 정책9과 밀접히 연관되어 있다. 특허권의 경제적 힘은 19세기 말과 20세기 초 자유방임주의 시대에 절정에 달한다. 미국 대법원은 1912년 에비딕 사건Henry v. A.B. Dick & Co.10에서 특허권자의 권리를 강화했다 등사판 장치에 대한 특허를 가지고 있던 에비딕 사는 구매자가 자사의 잉크(이 잉크는 특허로 보호받지 않았다)를 함께 사야만 한다는 조건이 적힌 경고문을 등사판에 붙여 팔았다. 특허권자가 특허와 무관한 물품의 구매를 요구하는 이런 행위는 반독점법에서 "끼워 팔기"tying clause라고 하는 일종의 수직적 거래 제한vertical restraint에 해당한다. 대법원은 이런 행위를 용인하면서, "특허권자는 특허 라이선스를 주는 조건으로 특허 받은 기계와 함께 사용해야 하는 특허를 받지 않은 물품의 구매 등과 같은 대가를 챙길 수 있다"고 판결했다(Kastriner 1991, 6). 법원의 논리는 "특허권자가 발명을 혼자 간직하고 있었다면, 이 발명이 구현된 기계에 사용될 잉크를 다른 사람이

....

9 미국 외의 다른 나라에서는 보통 경쟁 정책(competition policy)이라고 함.
10 244 US 1 (1912).

판매하지는 않았을 것"이기 때문이라는 것이다[244 US 1 (1912) 33면; Kobak (1995)에서 재인용].

그러나 이런 경향은 오래가지 못했다. 셔먼 반트러스트법Sherman Anti-trust Act이 통과되면서 반독점이 지배하는 시대가 도래했으며, 이는 법원이 "특허법을 억압하는 엄한 태도로" 에비딕 판결을 파기하면서부터 장장 75년 동안 지속된다(kastriner 1991, 6). 20세기 대부분의 기간에 걸쳐 특허권은 혁신에 필요한 동기를 부여하는 유인이라기보다는 독점으로 간주되었다. 특허권 남용이란 개념은 1917년에 등장했고 1914년 클레이턴 법Clayton Act 제3조에 거래 제한을 금지하는 조항으로 명문화되었다.[11] 미국 대법원은 1917년에 에비딕 판결을 파기하고, 모션 픽처 패이튼 사건Motion Picture Patent Co. v. Universal Film Mfg. Co.[12]에서 "특허된 영사기와 특허권자가 판매하는 특허되지 않은 필름 사이의 끼워 팔기 계약을 무효로 만들었다"(Kastriner 1991, 18). 법원의 논거는 "끼워 팔기를 허용하면, 특허권을 청구할 수 없는 물품에까지 특허권이 확장되어 특허를 받지 못한 청구항[13]에 대한 사실상의 '독점권'을 특허권자가 취득하는 결과가 된다"는 것이었다(Kibaj 1995, para. 5).

이때를 기점으로 법원은 자유경쟁을 촉진하려는 공공 정책에 배치된다는 이유로 끼워 팔기 조항을 인정하지 않기 시작했다. 특허권은 독점권으로

---

11 [옮긴이] 클레이턴 법은 가격 차별, 부당한 배타 조건부 거래, 주식 또는 자산의 취득 등을 규제하는데, 입법 목적은 셔먼 반트러스트법에 위반될 가능성이 있는 행위를 열거해 이를 미리 방지하려는 것이다. 클레이턴 법 제3조는 상품 판매 및 임대의 경우에 경쟁자의 상품을 취급하지 못하게 하거나 자기의 것만을 취급하도록 약정하는 것을 위법으로 한다. 『경제법』(권오승 지음, 법문사, 2002년) 112-113면 참조.

12 243 US 502, 518 (1917).

13 [옮긴이] '청구항'(claim)은 특허법 용어다. 특허를 받으려면 보호 대상을 '청구항'이란 항목에 기재해야 하고, 청구항에 기재된 보호 대상을 중심으로 행정기관에서 심사하는데 이 심사를 통과해야 비로소 특허권이 발생한다.

이해되었고 시장 지배력을 가지는 것으로 추정되었으며 특허권은 상위 정책인 반독점 정책의 하위 개념으로 취급되었다. 특허권 남용에 대한 규제는 메르코이드 사건Mercoid Corp. v. Minneapolis-Honeywell Regulator Co.14과 모턴 솔트 사건Morton Salt Co. v. G. S. Suppiger Co.15과 같은 1940년대의 일련의 판결에서 절정에 달한다. 제임스 코박James Kobak이 설명한 것처럼, 이 판결들은 "특허 변호사들을 놀라게 했는데, 왜냐하면 권리남용이란 주장은 특허권 침해자가 일체의 법적 책임을 면할 수 있는 매우 성공적인 방어 수단이었기 때문이다. 이런 점에서 권리남용이란 개념은 특허침해자에게는 굴러 들어온 복으로 평가되었다"(Kobak 1995, para 7). 특허권 남용의 원칙에 대해 윌리엄 니코슨William Nicoson은 "사법적인 면죄를 받을 수 있는 기회가 이렇게 널려 있는 상황에서도, 소송에서 특허침해자의 승리를 이끌어 내지 못하는 변호사는 그야말로 어리석은 놈이다"라고 한탄한다(Nicoson 1962, 92).

특허권의 범위와 유효성에 대한 사법적 공격과, 강력한 반독점법의 시행을 특징으로 하는 이런 반反특허 분위기로 말미암아, 미국 기업들은 특허권 보호의 경제적 가치에 대해 의문을 품게 되었다. 법원은 심심찮게 특허가 무효라는 추정을 했고, 특허권자는 이미 공공 영역에 있던 발명에 대해 독점 가격을 매기려 한다고 비난받았다(Dreyfuss 1989, 6). 미국 내의 잠재적 경쟁자들은 특허침해 행위를 염려할 필요가 거의 없었다. 예를 들면 1976년 이스트만 코닥Eastman Kodak이 폴라로이드Polaroid와 경쟁하기 위해 일회용 카메라를 개발할 당시 코닥 사의 개발 위원회는 다음과 같은 내부 지침을 보냈다. "특허침해의 위험이 있다는 우려로 개발을 제한해서는 안 된다"(Silverstein 1991,

---

14 Mercoid, 320 US 661; Mercoid Corp. v. Minneapolis-Honeywell Regulator Co., 320 US 680 (1994) (반독점법 위반이란 판결을 함); and Mercoid 320 US at 669.
15 314 US 488 (1942).

307에서 재인용).

특허권이 무효로 판결 받는 경우가 많았고 침해자들은 로열티 지불액 정도의 낮은 금액의 손해배상 판결을 받았기 때문에, 미국의 기업들은 경쟁으로부터 보호받기 위한 다른 수단, 예컨대 영업 비밀을 통해 기업의 비밀을 보호하거나, 아니면 높은 보안 조치가 요구되는 정부 지원(방위산업의 경우), "자발적" 수출 물량 제한(자동차 산업의 경우)과 같은 수단들을 모색했다(Silverstein 1991, 291). 그러나 모든 산업이 이런 수단을 통해 보호를 받을 수 있는 것은 아니었다. 그 결과 1940년대부터 1980년대 초반까지 특허 제도의 '사망'은 가전업계 같은 부문에 나쁜 영향을 미쳤다. 이런 환경에서 "새로운 기술을 상업화하는 데 드는 경제적 위험을 감수할 미국 기업은 극소수에 지나지 않을 것이다"(Silverstein 1991, 350). 그래서 트랜지스터나 비디오카세트 레코더, 집적회로와 같은 기술을 선도한 것은 미국 기업들이었지만 외국, 주로는 일본이 미국의 발명품을 상업화하는 데 성공했다. 실제로 1960년대 말 일본은 전 세계 가전 시장을 장악했다.

미국의 느슨한 특허 환경은 1980년에 바뀌기 시작했으며, 미국 대법원도 특허에 대한 새로운 태도를 보여 주었다. 도슨 케미컬 사건Dawson Chem. Co. v. Rohm & Haas Co.16에서 대법원은 "미국 법의 근저에는 자유경쟁의 원칙이 깊이 뿌리를 내리고 있다. …… 그러나 [이로 말미암아] 특허 제도 전반에 걸쳐 발명 장려 정책의 기반이 거의 사라졌다"고 판시했다(Kastriner 1991, 20에서 재인용). 미국 대법원이 에비딕 판결 이후 처음으로, 특허를 지지하는 정책을 자유경쟁을 위한 정책과 동일한 지위에 올려놓음에 따라 "사법부가 특허법보다 반독점법을 우위에 둔 시대에 마침표를 찍었다"(Kastriner 1991, 20). 미국 정부

---

16 448 US 176 (1980).

가 높이 평가하는 경쟁력을 확보하고 있고, 또한 경제 발전을 이룰 수 있을 것이라 기대되는 지재권자들의 권리는 점차 더 중요해졌다.[17]

'특허법원'의 설립

특허에 대한 사법부의 태도 변화를 보여 주는 또 다른 중요한 사건은 1982년 연방순회항소법원[18]의 설립이다. 이 법원은 미국의 가장 종합적인 사법 개혁의 일환으로 설립되었다. 연방순회항소법원이 설립됨으로써 애초에 의도하지 않았던 결과가 초래되었는데, 특허권자의 경제적 힘이 커졌으며 지재권에 관한 미국의 정책에 큰 변화가 일어났다.

기술혁신에 대한 관심에서 연방순회항소법원이 필요성에 대한 논의가 촉발된 측면도 있지만, 사실 연방순회항소법원을 설립하게 된 것은 소송사건 관리나 법의 일관성 유지와 같은 평범한 사안 때문이었다. 연방순회항소법원의 기원은 1970년대로 거슬러 올라가는데, 당시 항소법원은 과도한 업무량 때문에 시달렸고, 여러 법 영역에 대한 전 국가적 차원의 일관성도 부족했다. 대부분의 특허 사건들은 여러 지역의 순회 법원에서 처리했으며 "전국적으로 효력을 미치는 법률에 대한 권위 있는 판결을 내릴 수 있는" 법원은 대법원뿐이었다(Lever 1982, 186). 1962년과 1981년 사이에 법원의 사건

---

17 이 점을 지적한 크리스토퍼 메이에게 감사를 표한다.
18 [옮긴이] 미국에는 94개의 연방지방법원이 있고 13개의 순회지구(circuit)마다 1개씩 연방항소법원(courts of appeals)이 있으며 최종심은 연방대법원(Supreme Court)이 맡는다. 연방순회항소법원은 한국의 '고등법원'과 유사하지만, 특허 사건에 대한 모든 항소심 사건을 전속관할하기 때문에 사실상 특허 사건의 최종심 역할을 한다는 점에서 차이가 있다.

수가 5,000건 이하에서 2만 6,000건 이상으로(Lever 1982, 186 각주 30) 5배나 늘어나자 항소법원은 사건을 제대로 처리하기 힘든 지경이 되었고, 대법원에 사건이 몰리게 되자, 1972년 프로인트 위원회Freund Committee는 전국항소법원의 설립을 권고했다. 같은 해 미국 의회는 흐루스카 위원회Hruska Commission를 구성해 항소심 구조를 평가하고 수정하도록, 그리고 전국항소법원을 설립하도록 권고했다. 흐루스카 위원회는 당시 항소심 제도에 따를 경우 연방법national law의 문제에 대한 확정적인 판결을 내릴 수 없기 때문에[19] 법적 안정성과 예측 가능성이 훼손된다는 점에 주목했다. 이로 인해 재판소 고르기 forum shopping가 성행하고 법률 비용이 상승하는 바람직하지 않은 결과가 생겼는데, 흐루스카 위원회는 특히 특허법 영역에서 이런 문제가 심하다는 결론을 내렸다. 이 두 위원회의 권고는 실현되지 않았지만, 그 후의 사법 개혁 논쟁에서 흐루스카 위원회의 지적은 다시 수면으로 떠올랐다.

법무부는 1977년과 1979년에 사법 개혁 문제를 다시 검토해 연방순회항소법원 창설의 기반이 되는 각서memorandum를 발표했다. 이 각서에서 법무부는 연방정부배상소송법원Court of Claims[20]과 관세 및 특허항소법원CCPA: Court of Customs and Patent Appeals을 통합, 특허 사건을 다루는 단일 법원의 설립을 제안한다. 의회는 연방순회항소법원 창설 제안에 대해 수년 동안 논쟁을 벌인 끝에 1982년 연방순회항소법원 설립 법안을 통과시켰고, 레이건 대통령이 1982년 4월 2일 이 법안에 서명했다.

연방순회항소법원의 설립을 둘러싼 논쟁을 통해 우리는, 당시의 사람들이 '특허 문제'를 어떻게 진단했으며, 특허 사건 전담 법원의 설립이 어떤 이

---

19 [옮긴이] 특허법은 주법(州法)과 달리 전국적인 효력을 갖는 연방법이다.
20 [옮긴이] 미국의 연방 정부(주 정부)를 상대로 한 청구에 대해 전속관할권을 가진 법원.

점을 가져올 것이라고 예측했는지 알 수 있다. 연방순회항소법원 설립을 옹호한 측에서 제기한 핵심 문제는 순회항소법원들이 특허법을 일관되게 적용하지 않는다는 것이었다. 어떤 법원은 침해자의 편을 들고 어떤 법원은 특허권자를 편든다는 것이다. 예를 들면, 1945년과 1957년 사이, 제7순회항소법원의 특허권자 승소 판결은 제2순회항소법원에 비해 5배나 더 많았다 (Dreyfuss 1989, 7). 침해자들은 특허권 침해에 관대한 항소법원에서 사건을 담당하게 하려고 싸움을 벌인 반면, 특허권자들은 제5, 제6, 제7순회항소법원과 같이 특허권 침해를 엄하게 처벌하는 법원에서 사건을 처리하려고 고투했다. 이런 재판소 고르기와 특허권 침해 사건을 다른 순회항소법원으로 이관해 달라는 청구로 인해 특허 소송사건은 심각한 불확정 상태에 놓여 있었다. 산업연구원Industrial Research Institute이 250개 미국 회사들을 상대로 단일 특허법원에 관해 조사했을 때 대부분의 응답자들은 현행 제도는 특허권 집행의 일관성 결여, 복잡성, 불확정성으로 인해 특허의 경제적 가치가 잠식된다고 답했다(Lever 1982, 198 각주 61). 이처럼 복잡하게 뒤얽힌 법적 환경에서는 특허를 연구 개발의 투자에 대한 충분한 유인으로 생각할 수 없었다(Dreyfuss 1989, 7). 또한 재판소 고르기는 소송 기간과 비용을 상승시켜 특허 변호사가 고객에게 법률 조언을 하기도 어려웠다.

1972년에 블론더 사건Blonder-Tongue Laboratories Inc. v. University of Illinois Foundation 에서 특허권자가 새로운 피고를 상대로 특허권의 유효성에 대한 소송을 또다시 제기할 수 없다는 판결을 미국 대법원이 내리자 문제의 심각성이 더 커졌다. "이 판결은 특허권자는 가령 '사과를 한 번만 베어 물 수 있다'는 것인데, 만약 사건이 반反특허법원에서 처리된다면 특허권자는 한 번의 소송사건에서만 지는 것이 아니라 특허권 자체를 잃게 될 위험이 더 커진다는 것을 의미한다"(Silverstein 1991, 309). 이런 위험성이 커지고 특허 분쟁 사건의 결말을 예측할 수 없는 환경에 처한 연방순회항소법원 찬성 측은 단일 법원을 설립하면 이런 재판소 고르기와 법원 판결의 불일치가 없어지고, 특허법에 대한 일관성을 유지할 수 있으며 발명에 대한 어떤 보호가 가능한지에 대한 불확실성을 줄일 수 있으므로, 기술혁신을 장려할 수 있다고 주장했다(Lever 1982, 198-199).

　연방순회항소법원 반대 측은 항소법원의 판결 사이에 과연 얼마나 불일치가 존재하는지 의문을 제기했고, 재판소 고르기 문제는 과장되었다고 주장했다. 이들은 또한 특허법원과 같은 전문 법원은 특수 이해 집단에 친화적일 수밖에 없고 다른 영역으로부터 고립될 여지가 있다는 점을 들어 반대했다(Lever 1982, 202). 만약 특허 사건의 관할을 전담하는 법원이 반특허 경향으로 치우치거나 친특허 경향으로 치우칠 경우에는 이 법원에서 내리는 판결이 법 제도에 부정적인 영향을 줄 위험이 있다는 것이다(Lever 1982, 203-204). 그러나 연방순회항소법원 찬성 측은 반대 측이 제기한 대부분의 주장을 제압했다. 무엇보다도 찬성 측은 연방순회항소법원이 특허 사건만 다루는 것이 아니라 관세와 세관법, 상표법, 기술 이전 규제법과 정부 계약 및 노동 분쟁도 다루게 할 수 있다는 논리를 동원해, 전문 법원에 필연적으로 동반된다는 우려 즉, 특수 이해 집단에 친화적으로 된다는 우려를 무력화할 수 있었다(Lever 1982, 204).

　1982년에 연방순회항소법원이 설립된 후 이 법원의 판결은 특허침해를 판단하는 기술적인 기준과 법적 기준을 통합했을 뿐만 아니라, 승소한 특허권자가 받을 수 있는 손해배상액과 로열티 보상액 수준도 크게 높였다. 이런 연방순회항소법원의 판결에 힘입어 특허권자는 공격적인 권리 행사에 나서게 되었다. 연방순회항소법원의 판결은 특허 친화적인 관점을 더 많이 반영했고 과거의 항소법원보다 손해배상액을 더 높였다. 또한 연방순회항소법원은 특허권이 유효하다는 추정을 더욱 적극적으로 해 "특허의 유효 여부를 다투는 자의 주장이 지지되기 더욱 어렵게 했다"(Dreyfuss 1989, 26). 이제 특허권의 유효성을 다투는 자는 '명백하고 유력한' 증거를 통해 특허의 무효를 입증해야 할 부담을 졌다(Kastriner 1991, 11). 연방순회항소법원 하에서는 누구도 특허권을 "독점"이라고 얘기하지 않았다(Kastriner 1991, 9).

앞에서 설명했듯이 특허권의 집행과 관련해, 연방순회항소법원은 침해자의 배상액을 크게 높였다. 연방순회항소법원은 일실 손실이나 로열티 상당액21을 계산하는 새로운 방식을 채택함으로써 특허권자가 받는 손해배상액을 훨씬 더 높였다. 즉, 특허권자는 관련 제품의 판매액을 기준으로 일실 손실을 배상받을 수 있고, 일실 손실을 계산하기 위한 인적 자원과 재정적 자원의 지출까지 배상액에 포함시킬 수 있게 되었다. 특허권자는 소송에서 자신의 특허권이 유효하다는 점과 침해자가 자신의 특허를 침해했다는 점 두 가지를 입증하면 곧바로 침해자를 상대로 한 항구적 침해 금지 명령permanent injunction을 받을 수 있게 되었다(Kastriner 1991, 12). 한마디로 연방순회항소법원은 특허권자에게 친구 같은 법원이었다(Dreyfuss 1989, 26).

대법원 또한 법적 환경을 특허권자에게 유리하도록 개선하는 데 기여했다. 1982년 대법원은 데벡스 사건에서 획기적인 판결을 내리게 되는데, 이 판결 이전에는 특허권자가 승소한 경우 이자 계산은 매우 예외적인 경우에만 침해일(판결일이 아닌)로부터 계산했다. 즉, 과거에는 소송에서 이긴 자는 손해액을 실제 침해일이 아니라 이보다 훨씬 더 늦은 판결일로부터 산정해야 했다. 그런데 미국 대법원은 데벡스 판결에서 이를 파기했다. 이제 특허

---

21 [옮긴이] 권리자가 침해 행위로 인해 실제로 잃어버린(逸失) 손실을 '일실 손실'이라 한다. 로열티 상당액은 권리자가 잃어버린 실제 손실과는 상관없이, 권리자가 누군가에게 이용 허락을 했을 때 받을 수 있는 로열티를 기준으로 손해배상액을 정하는 것을 말한다.

권자는 침해 사건에서 이길 경우에는 판결일 이전의 행위에 대해서도 이자를 계산해 손해배상을 받았다. 데벡스 판결 이후 수많은 특허침해 사건에서 "놀랄 만큼" 많은 액수의 판결 전 이자가 배상액에 포함되었다(Whipple 1987, 110).

1983년과 1986년에 있었던 두 건의 연방순회항소법원 판결은 또 다른 중요한 결과를 낳았다. 스미스 사건Smith International v. Hughes Tool에서, 법원은 특허권이란 타인을 배제할 권리이기 때문에, 특허권이 유효하고 권리가 침해되었다면 법원은 항구적 침해 금지 명령을 내릴 재량을 가진다고 판결했다. 이 판결은, 공공 정책이 '유효한 특허로 보장되는 권리를 보호'해야 하고 '모방자가 아닌 혁신자를 더 선호'해야 한다는 법원의 선언이라는 점에서, 공공 정책이 특허권자 쪽으로 더 이동했다는 신호탄이었다(Kastriner 1991, 13-14). 스미스 판결은 특허권의 독점성에 혐의를 두었던 과거 사법부의 태도와 크게 다른 것이었다.

연방순회항소법원의 획기적인 태도 변화는 바로 1986년의 코닥 사건에서 나타났다. 폴라로이드는 일회용 카메라에 대한 특허침해를 이유로 코닥을 제소했다. 1심 사건을 담당한 매사추세츠 연방지방법원은 코닥이 폴라로이드의 특허를 침해했다고 인정하면서, 스미스 판결에 근거해 코닥의 향후 침해 행위를 금지하는 명령을 내렸다. 코닥은 소송 과정에서 만약 법원이 침해 금지 판결을 하면 800명의 노동자를 해고해야 하고 공장 설비에 투자한 2억 달러의 손실이 발생한다고 항변했다(Kastriner 1991, 14). 그러나 1심 법원은 폴라로이드의 손을 들어주었고 코닥 사에 특허침해 금지를 명령했다. 법원은 코닥의 침해 행위를 "고의이고 의도적"이라고 판단할 경우, 코닥 사에 총 10억 달러 이상에 달하는 징벌적 손해배상(실제 손해의 3배), 소송비용, 변호사 보수를 배상하게 할 재량권을 가진다(Silverstein 1991, 306). 이 지방 판결의 모든 근거는 연방순회항소법원에서 지지를 받았다. 이 판결이 미국 기업들을 깜짝 놀라게 한 이유는 미국의 일회용 사진 시장에 대한 폴라로이드의 사실상의 독점을 회복시켰기 때문이다(Silverstein 1991, 307). 코닥-폴라로이드 판결은 점점 더 특허 친화적인 사법부의 정서를 보여 주는 가장 충격적인 사례로 널리 인용되었다. 이 사건은 "특허침해 사건에서 이길 경우 경쟁자를 시장에서 축출할 수 있을 뿐만 아니라 침해자에게 수십억 달러의 손해배상과 추가 비용 부담을 지울 수 있다"는 점을 보여 주었고, 특허권을 침해한 기업은 "경제적으로 가능한 선택지를 더 이상 가질 수 없다"는 점을 일깨워 주었다(Kastriner 1991, 15).

사법부가 특허 친화적인 경향을 분명히 드러냄으로써 연방순회항소법원의 설립에 반대했던 자들의 우려 즉, 규제 집행자가 규제 대상자에게 포획되는 문제(규제 포획regulatory capture)가 발생했다. 그러나 법원이 특허보다는 더 포괄적인 공공 정책에 큰 영향을 받는다는 점에서 이를 단순히 규제 포획의 문제로 보기는 어렵다. 앞에서 미국 제도의 역사를 설명하면서, 미국의 지재권법의 전개 과정이 정치·경제적 환경과 무관하지 않게 진행되었다는 점을 강조했다. 독점 금지 목적을 위해 특허권을 제한한 것이 사법부였고, 출판 노동조합을 달래기 위해 미국 저작권법에 중상주의적 요소를 유지한 것이 입법부였지만, 이런 공공 정책을 집행한 주체와는 상관없이, 미국의 지재권 보호 역사는 당시의 지배적 견해를 반영한 것임과 동시에 지배적 견해 속에 배태된 것이다. 연방순회항소법원의 특허 친화적인 경향에 대해 로셀 드레이퍼스Rochelle Dreyfuss는 다음과 같이 평가한다.

연방순회항소법원을 설립한 후 수년 사이에, 국가 경쟁력 정책이 상당히 재편되었고 첨단 기술이 미국 경제에서 중요한 역할을 한다는 인식이 증가했다. 이런 변화는 반독점 정책의 시행에서도 볼 수 있으며, 대법원이 지적 재산의 보호를 강조하는 판결을 내린 데에서도 찾아볼 수 있다. 이 당시 특허법 자체에는 큰 변화가 없었지만, 연방순회항소법원이 특허법 해석의 변경을 통해 지금과 같은 상황을 끌고 왔다고 해서 놀랄 일은 아니다(Dreyfuss 1989, 27).

간단히 말하면, "연방순회항소법원이 특허권자 편으로 기운 것은 규제포획의 증거라기보다는 국가적 우선 과제를 법원이 인식했기 때문이다"(Dreyfuss 1989, 28 각주 174).

지재권과 반독점

1980년대의 특허권 부활은 그 이전에 엄격했던 반독점 정책이 완화된 것과 조화를 이룬 것이었다. 앞에서 설명한 것처럼, 지재권이 독점권을 생성하고 그래서 반독점법과 충돌한다는 견해를 지지하는 자들은 반독점법을 동원했다. 그런데 1980년대에 들어서면서 반독점법은 특허권을 포함한 지재권이 관련 시장에서 **반드시** 독점권이나 시장 지배력을 부여하는 것은 아니라는 점을 점차 인정하기 시작했다(Webb and Locke 1991, 각주 29). 미국 법무부는 이런 입장을 다음과 같이 강조한다. "시장 지배력 또는 독점력은 이것을 우수한 노력이나 통찰력, 선견지명 또는 요행으로 얻었다면 반독점법에 위반되지 않는다. 따라서 지재권자는 그 재산 자체에 부여된 모든 시장 지배력을 향유할 권리를 가진다"(US Department of Justice 1988, S-16).

레이건 행정부는 미국의 산업이 세계 시장에서 좀 더 효율적으로 경쟁할 수 있도록 하는 데 관심이 있었다. 이에 따라 독점금지국Antitrust Division은

1982년 합병 규제 지침에 반독점에 관한 좀 더 완화된 조항을 넣었다. 시카고 경제학파의 입장을 반영한 새로운 지침은 대중 영합주의자들이 강조하는 시장구조 대신에 시카고학파가 주목한 가격 이론을 택했다. 이에 따르면, 반경쟁적 기업 행위란 공급을 줄이고 가격을 올리는 행위를 말하므로, 공급을 늘리는 행위는 반경쟁 행위가 아니다(Sell 1998, 158). 과거의 입장과 다르게, 시카고학파에 따르면 "시장 집중도가 높고 시장 지배력을 많이 행사한다는 것은 효율성의 지표"일 수 있다(Eisner 1991, 105). 1982년의 지침은 관련 시장의 개념을 확대했는데 이것이 자유방임 효과permissive effect를 낳았다. 또한 이 지침은 장기적인 경쟁력에 긴요한 새로운 기술의 보유나 외국과의 경쟁과 같은 비구조적인 요소를 도입했다(Eisner 1991, 189). 법무부는 "반독점법은 국가 경쟁력이라는 새로운 주요 정책을 방해하는 방향으로 적용되어서는 안된다"고 주장했다(Hoff 1986, 19).

지재권과 관련해 법무부는 1988년에 새로운 지침을 발표했다. 지재권 라이선스(이용 허락) 관행에 대한 1977년 지침에 들어 있던 "9개의 금지 사항"을 폐지한 것이다(US Department of Justice 1977). 1977년 지침에는 '당연 위법'인 관행 9개를 열거하고 있었는데, 여기에는 특허권자가 특허 물품이나 특허 방법과 직접 관련되지 않은 것을 이용자licensee에게 부과하는 끼워 팔기와 같은 것들이 들어 있었다.[22] 1980년대 초 법무부는 이 9개의 금지 사항을 포기

---

22 이 지침에는 다음과 같은 9개 관행을 당연 위법(per se illegal)[전면 금지된다는 의미]으로 선언했다. (1) 끼워 팔기 조항, (2) 개량발명 역실시 허락 의무[assignment of exclusive grant back(이용자가 개발한 개량 발명이나 기술을 지재권자(보통은 특허권자)에게 무상으로 양도하거나 이용 허락하는 것을 'grant back'이라고 함-옮긴이)], (3) 이용 허락된 제품의 재판매 금지, (4) 특허권에 포함되지 않는 상품이나 서비스를 이용자가 취급할 자유의 제한, (5) 전용 사용 계약, (6) 관련 없는 지재권의 강제 패키지 조항, (7) 판매액과 무관한 로열티 지불을 조건으로 이용 허락하는 조항, (8) 특허된 방법으로 생산했지만 생산품은 특허를 받지 못한 경우 이 생산품의 판

하고 합리성의 원칙rule of reasons을 채택했는데, 그 이유는 시카고학파의 이론을 따를 경우 대부분의 금지 사항들은 해가 되지 않거나 경쟁 친화적인 것으로 해석되기 때문이었다(Webb and Locke 1991, 각주 24). 합리성의 원칙에 따르면, 행위가 곧바로 금지되는 것이 아니라 실제로 반경쟁적 효과가 있는지 먼저 조사를 하고 그다음으로 경쟁 친화적인 혜택에 기여할 가능성을 검토한다.

이제 더 이상 규제 당국은 지재권자가 반드시 반독점 조사가 필요한 시장 지배력을 가지고 있다고 **간주하지** 않았다(Hayslett 1996, 381). 대신 행정부와 법원은 해당 제품이나 방법과 비슷한 대체물이 있다면 지재권자는 (반독점법상) 시장 지배력을 가지지 않는다는 견해를 채택했다. 이처럼 좀 더 완화된 방식과 더불어 관련 시장의 범위를 폭넓게 규정하는 규정을 도입함으로써, 시카고학파 이전의 방식에 비해 이용 허락자(지재권자)에게 더 유리한 결과를 초래했다. 토머스 헤이슬렛Thomas Hayslett에 따르면, 대체 상품의 역할에 중심을 두면 관련 시장은,

> 지재권이 독점권을 보장할 가능성을 줄일 수 있도록 확대된다. 예를 들면, 발명자가 스테이플러에 특허권을 가지고 있는 경우 규제 당국은 이 특허권자가 실질적인 독점력을 보유하고 있다고 간주하지 않는데, 그 이유는 종이 클립이나 나비 클립, 테이프와 같은 다른 대체 상품이 스테이플러와 경쟁해 종이 고정 제품 시장을 분점하기 때문이다(Hayslett 1996, 385).

이런 새로운 사고의 결과, 대부분의 지재권 라이선싱이 반독점 조사에서 제

매를 금지하는 조항, (9) 이용 허락자가 이용 허락품에 부과할 수 있는 가격을 지정하는 조항. Webb and Locke(1991, 각주 23) 참조.

외되었다. 레이건 행정부 시절 "규제 당국은 지재권에 의한 경제적 동기부여는 혁신으로부터 모든 경제적 이익을 취할 수 있는 합법적인 수단으로 보았다. 지재권은 '요술 지팡이'처럼 작용해 과거에는 조사를 받았던 많은 지재권 라이선싱 계약이 연방무역위원회Federal Trade Commission나 반독점국의 제재 없이 진행되었다"(Hayslett 1996, 382). 1980년대는 지재권 라이선싱 계약에서 "무엇이든 다 가능한 시대"라고 불린다(Yurko, Hayslett(1996, 382 각주 33)에서 인용).

1980년대는 경쟁과 기술 확산을 지재권 제도의 기초로 보지 않고, 보호와 배제를 위한 제도가 지재권이라는 개념을 재정립하는 시대였다. 이 개념은 트립스에 뚜렷하게 구체화되어 있다. 지재권 보호에 관한 미국의 이런 환경 변화는 지구 자본주의의 구조 변화가 몰고 온 상위 의제에 깊이 내재되었으며, 이런 상위 의제 가운데 하나인 경쟁력 의제는 미국의 정책 결정과 제도에 상당히 많은 변화를 가져왔다. 과거에 엄격했던 반독점 정책이 완화됨에 따라 지재권자에게 유리한 환경이 조성되었으며, 연방순회항소법원의 설립과 같은 제도 변화는 지재권자가 사익을 추구할 수 있는 길을 닦았다. 이런 과정을 통해 경쟁력과 지재권이 관련되어 있다는 인식이 강화되기 시작했다. 코닥 사건을 통해 미국 사법부는 반독점 정책에 대한 대도를 180도 변경해 에비딕 판결로 회귀했으며, 권리의 보호와 타인의 배제, 독점 지대 회수의 기회라는 개념을 지지하기 시작했다. 이것은 20세기 대부분을 지배했던 사법부의 비판적 시기로부터 미국 특허법이 탈출했음을 의미한다. 판례로 구축된 이 새로운 흐름은, 특허권은 소송절차에서 보호될 것이며 가치 있는 경제적 자원으로 취급받을 것임을 미국 기업들에게 일깨워 주었다.

4장
통상 중심의 지재권 접근법의 기원

3장에서 미국 내의 지재권을 주로 살펴본 데 이어, 이번 장에서는 미국 내에서 지재권과 통상이 연계되어 온 과정을 다룬다. 기업들과 산업 협회들이 해외에서도 지재권을 강력히 보호할 필요가 있다는 로비를 시작하면서, 이제 무대는 사법부에서 의회와 행정부로 이동한다.

　미국에서 사적 부문은 지재권 보호를 정치 쟁점화하는 데 성공했다. 미국 제약협회와 미국영화산업협회와 같은 산업 협회들이 공동 작업을 펼쳤고, 그 결과 미국의 정책 담당자들은 통상법 301조를 통해 지재권 보호와 통상을 명시적으로 연계했다. 실제로 산업 협회들의 요청이 있을 경우, 미국 정부는 지재권을 침해하는 외국을 상대로 통상법 301조에 따른 무역 보복을 가하겠다며 강하게 압박했다. 지재권을 통상 문제로 접근하는 이런 방식은 북미자유무역협정NAFTA: North American Free Trade Agreement과 카리브연안특혜제도CBI: Caribbean Basin Initiative와 같은 지역 무역협정에 포함되었다. 이를 통해 사적 부문은 지구적 차원의 지재권 협정(트립스 협정)에 대한 지지를 조직하고 추동하는 데에도 성공했다.

　산업계 대표들이 외국의 법률에 대한 구체적인 수정안을 협상 테이블의 맞은편에 앉아 요구했건, 통상법 301조라는 무기를 이용했건, 일반특혜관세제도GSP: General System of Preferences라는 카드를 가지고 장난을 쳤건, 최근의 위반 사례와 손실액 추정치에 관한 보고서를 잔뜩 쌓아 놓았건, 해외의 위조 상품에 대한 공격을 감행했건, 아니면 불침번을 서듯 이행 여부를 감시하면서 외국에 대한 압력을 유지했건 간에, 산업계 대표들은 지재권을 전 세계에 걸쳐 보호하기 위한 십자군 전쟁에서 중요한 행위자가 되어 있었다.

이번 장에서는 과거에는 무엇인지 알기도 어려웠고 전문적인 사안이었던 지재권을 국가의 핵심 사안으로 만든 미국 국내의 정치과정을 살펴본다. 여기서는 이해관계가 일치하는 산업 협회들이 어떻게 결집했는지, 그리고 지재권 보호와 국제무역을 연계하는 방향으로 미국이 정책을 변경하는 과정에서 이들이 어떤 역할을 했는지 분석한다. 사적 부문의 행위자들은 지재권 보호라는 난해한 쟁점을 미국 통상 의제에서 최고 반열에 올려놓는 데 결정적으로 기여했고, 지재권 보호를 국제무역과 연계시켜 그들 자신과 미국 정책 담당자들이 선택할 수 있는 정책 수단을 확대했다. 이들의 강력한 로비 집단에는 국제지재권연맹IIPA: International Intellectual Property Alliance,1 미국제약협회, 화학제조사협회CMA: Chemical Manufacturers Association, 전국농화학기업협회National Agricultural Chemicals Association, 자동차장비제조사협회Motor Equipment Manufacturers Association, 자동차수출위원회Auto Exports Council, 지재권소유자협회Intellectual Property Owners, Inc., 국제위조상품방지연합, 반도체산업협회Semiconductor Industry Association와 같은 사적 그룹들이 포함되어 있다.

지금부터는 지재권 보호를 무역과 연계하려는 움직임이 태동하게 된 정세를 살펴본다. 사적 부문이 무역 정책 결정 과정에 좀 더 쉽게 개입할 수 있게 한 제도의 변화와, 급증하는 무역 적자에 대한 정책 담당자들의 우려, 일

---

1 국제지재권연맹은 무역 연합체들의 우산 조직이며, 회원사는 http://www.iIPa.com 참조.

124

본 경제력의 위협으로 촉발된 산업 정책에 대한 미국 내의 논쟁 등을 통해서 이런 정세가 조성되었다. 그리고 미국 통상법 가운데 1979년과 1984년에 개정된 제301조와 제337조를 살펴본 다음, 이 개정된 조항에 대해 사적 부문의 행위자들이 어떤 불만을 품었는지, 이런 불만을 해소하기 위해 사적 부문이 어떤 로비를 했는지를 집중적으로 살펴본다. 그다음에는 1988년에 개정된 미국의 통상 및 관세법을 살펴보고 이것이 사적 부문의 요구를 얼마나 수용했는지도 살펴본다. 종합적으로 이번 장은 미국이 트립스를 추진하도록 만든 동력이 미국 국내에서 어떻게 형성되었는지를 집중적으로 검토한다.

1974년 관세법 개정과 미국의 가트 의무에 대한 합의 붕괴

미국은 1974년에 이미 1930년 통상법의 지재권 조항을 개정한 적이 있다. 1930년 통상법에 들어 있던 지재권 보호 조항(제337조)은 이를 위반한 자를 상대로 청원을 했던 산업계에서 볼 때 구제 조치가 충분하지 않았다. 그래서 1974년에 통상법 337조를 개정해 "내국 산업을 위한 좀 더 유용한 구제 조치"가 가능하도록 했는데(Kaye and Plaia 1981, 465), 이는 전통적인 보호주의자 집단인 철강 산업과 농업 부문의 정치적 압력 때문이었다.

　1974년 개정법의 주요 내용 가운데 하나는, 미국 지재권자의 권리를 침해하는 외국 상품의 수입을 금지할 권한이 대통령에서 국제무역위원회로 이관된 것이다. 이는 정치적 중립성과 독립성이 보장된 기구에서 337조 청원을 다루도록 하기 위한 것이었다. 또한 337조 청원을 접수한 후 1년 이내에 국제무역위원회가 조사를 마치도록 규정했다. 이전에는 에 따른 조사가 수년간 지체되기도 했는데, 이로 말미암아 청원인은 조사가 진행되는 동안 계속 손해를 감수해야만 했다. 한편 새로 개정된 조사 기간은 피청원인에게 준비 기간을 거의 주지 않기 때문에 피청원인보다 청원인에게 더 유리하게 바뀌었다(Kaye and Plaia 1981). 사실 이 정도는 1988년 개정법에 비하면 관대한 것이었지만, 그래도 1974년과 1981년 사이 337조는 "국제무역에서 불공정한 경쟁이라고 지목된 행위에 대처하는 가장 유용한 조항"이었다(Kaye and Paia 1981, 465).

1974년에 개정된 통상법에는 301조도 들어 있었다. 301조는 미국과의 통상을 정당하지 않게 제한하는 국가의 상품이나 서비스에 대해, 대통령이 관세를 부과하거나 특혜를 철회할 권한을 가지도록 했고, 이런 대통령의 권한은 미국무역대표부가 취하는 조치를 통해 행사되도록 했다. 이 조항은 미국과의 통상에 손해를 끼치는 외국의 관행을 철회할 수 있는 지렛대를 행정 기관이 제멋대로 적용할 수 있도록 했다는 점에서 본질적으로 정치적인 조항이라 할 수 있다. 하지만, 1975년 1월과 1979년 7월 사이에 301조 적용을 청구한 사건이 18건에 달했음에도, 이 기간 동안 "미국은 301조에 따른 보복 조치를 단 한 건도 취하지 않았으며 쌍무 협상을 통해 문제를 해결한 경우도 6건에 불과했다. 미국의 입장에서 대부분의 사건은 만족스럽게 해결되지 못했던 것이다"(Coffield 1981, 384). 결국 1974년 개정법은 원래 의도했던 성과를 내지 못했고, 이에 따라 의회의 불만도 커져 갔다.

한편 1974년 통상법은 252조를 개정해, 미국의 수출을 정당하지 않거나 합리적이지 않게 제한한다고 판명된 국가로부터 수입을 금지할 권한을 대통령에게 부여했다(Bliss 1989). 원래 252조는 대통령이 수입 금지 조치를 취해야 할 기간을 명시하지 않았고, 기간 제한이라고 해야 "이해 당사자로부터 수입 금지 조치를 취해 달라는 요청을 받은 경우 청문 기회를 부여해야 한다는 정도"가 전부였다(Bliss 1989, 504). 또한 대통령이 수입 금지 조치를 취할 때 국제법에 따른 미국의 의무 예컨대, 가트에 따른 의무에 합치하도록 조치를 취하도록 했었다. 그러나 가트의 분쟁 해결 절차에 대한 의회 차원의 불만으로 말미암아 미국 의회는 미국의 통상 정책과 미국의 가트 의무를 서로 분리하려고 했다. 1974년 상원 재무위원회 보고서는 다음과 같이 적고 있다. "25년 전에 행정부가 주도했고 의회가 비준한 적이 없으며 시대에 뒤떨어진 국제조약에 합치하는지 따질 필요 없이 미국 대통령은 **미국의 경제적 이익을 지키기 위해 어떤 조치도 취할 수 있어야 한다는 점**을 명백히 할 필요가 있다"(Coffield 1981, 383, 강조는 추가).

1979년 통상법 개정과 사적 부문의 역할 증가

1960년대와 1970년대에 걸쳐 미국 기업들은 통상 정책에 적극적으로 개입하게 된다. 워터게이트 사건Watergate scandal을 계기로 하원에서 채택한 제도적 변화2는 민간 영역이 통상 정책에 더 많이 개입할 수 있도록 만들었다. 하원

---

2 [옮긴이] 워터게이트 사건은 재임 중 대통령이 쫓겨나는 미국 정치사상 초유의 사건이었다. 이로 인해 권력 핵심부의 부패와 비리를 어떻게 방지할 것인지가 사회적 화두가 되었다. 닉슨 대통령이 사임한 1974년에 치러진 총선을 통해 의회에 대거 진출한 민주당의 신진 의원들은 권력 부패를 방지하기 위한 의회 내부의 개혁을 추진하는데, 개혁 방향의 핵심은 권력의 분산과 의사 진행 과정의 투명성으로 요약할 수 있다. 이 개혁 프로그램에 따라 상임위원회 위원장의 권한이 축소되고 소위원회들이 설치되었다. 가령 통상 정책과 관련해 막강한 권한과 영향력을 행사하던 하원의 '세입세출위원회'가 개혁의 핵심 대상으로 지목되어, 위원장의 권한을 축소하고 산하에 무역소위원회를 설치했다. 그리고 소위원회의 의사 진행 과정을 공개하고 일반 국민의 의견을 반드시 청취하도록 했다. 이런 개혁 프로그램은 미국 통상정책 결정 과정에 중대한 변화를 초래했다. 그런데 개혁안은 애초 기대했던 것과 달리 일반 국민보다 조직력과 로비력이 월등히 우수한 거대 기업들의 특수이익에 의회가 포획되는 엉뚱한 결과를 낳았다.

에서는 의회 내 권력의 탈중심화와 입법 과정의 개방화를 골자로 하는 제도적 변화를 이뤘고, 이를 통해 통상 정책 결정이 더 투명하게 이뤄졌다. 새로운 하원 규칙은 법안의 심의 과정을 일반에 공개하도록 했고, 그 결과 "특수한 이해 관계자들이 자신들의 요구를 관철할 수 있는 새로운 기회를 얻게 되었다"(Destler 1992, 69).

1979년 통상법에 조문화된 301조의 개정에 따르면 "현행 국제통상조약이 집행되도록 하기 위해, 민간 당사자가 공개적인 절차(그래서 이 절차는 상당히 의미가 있다)를 밟을" 수 있다(Fisher and Steinhardt 1982, 575). 정부의 구제 조치를 요청할 권리를 민간에 부여한 301조는 "외국의 무역 관행에 불만을 품은 기업들에 강력한 잠재적 무기"가 되었다(Fisher and Steinhardt 1982, 599). 1979년 개정법의 가장 중요한 특징은 연방 정부가 "손해를 본 산업계의 의견을 반드시 고려하도록 해, 공공 부문과 사적 부문이 협력할 수 있도록 기여했다"는 점이다(Fisher and Steinhardt 1982, 605). 즉, 1979년 개정법은 301조에 따른 협의 과정과 분쟁 해결 절차에서 "미국무역대표부는 구체 신청인은 물론 사건과 관련된 민간 영역 대표로부터도 '의견을 들어야 한다'고 규정했다"(Fisher and Steinhardt 1982, 605, 각주 176). 이에 따라 미국무역대표부는 301조 조사의 전 과정에 걸쳐 구제 신청인, 관련 민간 부문 행위자들과 지속적인 협의를 해야만 했다. 따라서 1979년 개정법을 통해 민간 부분이 통상 정책에 참여할 수 있는 기회가 크게 늘어났다.

1970년대 후반에 서로 다른 유형의 행위자 즉, 포괄적인 통상법을 선호하는 사적 부문 행위자와 특정 분야에 특화된 통상법을 선호하는 행위자가 등장했다(Odell and Destler 1987). 포괄적인 통상법이란 특정 분야에 특화된 무역 보호보다는 외국의 불공정한 관행이라는 전체 방어막을 제거하도록 고안된 법을 말한다. 역사적으로 미국에는 유력한 반보호주의 동맹이 있었는데, 이 동맹은 "① 수입 상품을 이용하거나 판매하는 미국 회사들, ② 수출 이윤이 큰 기업들, ③ 사상적인 이유나 실용주의적 근거로 보호무역에 반대하는 의원들이나 행정 부처 관료들"로 구성되었다(Bayar 1990, 326). 수출 기업이 증가하면서 무역 구제에 대한 새로운 태도가 나타났다. 자그디시 바그와티Jagdish Bhagwati는 이를 다음과 같이 설명한다.

> 만약 초국적 기업들이 여러 나라 시장에서 영업을 하고 있는 경우 이들은 경쟁 업체에 대한 수입 장벽을 높이라고 요구하는 것이 아니라 해당 국가의 수입 장벽 자체를 낮추라고 요구함으로써 자신들에 대한 경쟁 압박을 줄일 수 있다. …… 이렇게 하는 것이 좀 더 자유로운 세계 무역 체제를 달성하려는 일반적인 초국적 기업의 기질이나 이해에도 더 적합한 태도다. 또한 이를 상품과 기업 그리고 산업 차원으로 확대하면, 초국적 기업들의 주장을 '불공정한 무역' 체제[당시의 무역 체제 자체를 '불공정한 무역 체제'라고 봄·옮긴이]에 그대로 적용할 수 있다는 또 다른 장점이 있다(Bhagwati 1989, 454).

1970년대 후반 농화학 기업들(몬산토 농업회사, FMC, 스타우퍼Stauffer)은 미국 정부가 헝가리 정부와의 쌍무 협상을 통해 농화학품의 해적질을 중단시키고 헝가리의 지재권법을 강화하도록 요구했다(Enyart 1990, 54). 이 협상을 기점으로 농화학 산업계 내의 사적 부문의 결집이 조심스럽게 시작되었다. 초기 작업은 화이자, FMC, 아이비엠, 듀폰과 같은 기업들 내부에서 시작되었다. 당시 몬산토 농업회사의 국제 담당 이사였던 제임스 엔야트James Enyart와 같은 열성파들은 기업 내부에서 경영진을 설득해 외국의 지재권법을 변경하는 데 자원을 투자하도록 했다(Enyart 1990, 54). 이런 결집 과정은 농화학 산업이 미국계 국제위조상품방지연합(고가 유행 상품의 상표권 보호를 위해 조직된 단체) 및 저작권연맹과 힘을 합쳐 미국 통상 정책 변경에 압력을 가하면서 탄력을 받게 된다.

1982년이 되면, 지적 재산의 비율이 전체 자산에서 높은 비율을 차지하는 많은 미국 기업들의 요청으로, 미국은 헝가리, 한국, 멕시코, 싱가포르, 타이완과 이들 나라의 특허법, 상표법, 저작권법에 대한 일련의 쌍무 협상에 착수했다. 이 협상들은 미국의 새로운 정책의 전개에서 중요한 발걸음이었다. 헝가리와 타이완, 싱가포르가 더 강력한 지재권 보호를 약속하자 미국 정부는 쌍무 협상을 통한 압력이 효과적이라고 여기게 되었다. 미국무역대표부의 부수석자문관인 앨리스 잴릭Allice Zalik은 외국 정부와 이런 협상을 하는 데 있어서 미국의 (지재권 관료들 대신) 통상 관료들이 더 효율적이었다고 평가하는데, 그 이유는 외국의 정책을 바꾸는 데에는 통상 관료들의 수완이 더 좋았기 때문이다(Zalik 1986, 200). 이런 초기의 노력이 성공을 거두자 미국 정부와 열성파 기업들은 통상과 지재권 보호를 연계하면 좋은 결과를 얻을 수 있다는 점을 깨달았다. 엔야트는 초기의 쌍무 협상들이 미국계 첨단 기술 기업들로 하여금 지재권을 활용하고 지재권과 무역을 연계하면 소득이 많아진다는 점을 확신시켰다고 강조한다(Enyart 1990, 54).

1970년대 말과 1980년대 초의 여러 사건들을 거치면서 수출 부문에서 흑자를 내는 민간 영역이 미국 통상 정책에 미치는 영향력이 커졌고, 통상 문제에 대한 정부의 시각도 바뀌었다. 여기서 말하는 사건에는 거시 경제적 변화(세계 경쟁력에 대한 미국이 받는 압박과 미국의 무역 적자)와 레스터 서로Lester Thurow(Thurow 1985), 로버트 라이시Robert Reich(Reich 1983), 아이라 매거자이너 Ira Magaziner(Reich and Magaziner 1982), 존 자이스만John Zysman과 스티븐 코헨 Stephen Cohen(Zysman and Cohen 1987) 등이 대중화시킨 "탈산업화" 경제 이론 등이 포함되는데, 이제 이를 하나씩 살펴보자.

무역 적자가 커짐에 따라 미국은 통상 정책을 변화시켜야 한다는 요구가 생겨났다. 특히 일본에 대한 무역 적자가 심화되면서 의회에 불만이 생겼다. 새로운 통상 정책을 옹호하는 사람들은 미국과 일본 사이의 무역은 양국 모두에게 동일한 이익을 주지 못한다는 점을 강조하며, 미국의 해외 무역에서 발생하는 재앙에 비난을 퍼부었다. 이들은 미국이 일본과의 통상에서 현저하게 불이익을 보는 이유가, 일본의 시장은 폐쇄된 반면 미국의 시장은 더 개방되어 있기 때문이라고 주장했다. 97대 의회와 98대 의회(1981~83년)에서 무역 적자에 대한 불만이 커졌다. 특히 미주리 주 상원의원인 존 댄포스John Danforth는 "미국의 교역 상대국이 미국 수출업자에게 동등한 기회를 제공하도록 압박하는" 여러 법안을 발의했다. 이 법안에 따르면, "미국의 교역 상대국은 무역 장벽을 미국 수준으로 낮춰야 하며, 그렇지 않으면 미국의 무역 장벽을 더 높이는 보복 조치가 가능하도록 했다"(Lande and van Grasstek 1986, 38). 1980년과 1985년 사이에 미국 무역 적자는 363억 달러에서 1,485억 달러로 309퍼센트나 증가했다(Hughes 1991, 177). 이런 상황은 미국의 달러가 고평가되어 미국 수출 경쟁력이 더 떨어지면서 점점 악화되었다. 그러나 레이건의 첫 번째 임기 동안 행정부는 이런 상황을 대부분 무시했다. 레이건 행정부는 1985년이 되어서야 플라자 합의Plaza Accord를 통해 문제 해결에 나서기 시작했다.

그러나 1985년의 달러 재평가는 만병통치약이 아니었다. 바그와티는 정치적 관심이 통상 정책으로 이동한 계기는 플라자 합의가 무역 적자 해소에 실패했기 때문이라고 본다(Bhagwati 1989, 443). 갑자기 통상 정책이 미국의 세계 경쟁력을 회복시킬 수 있는 핵심 사안이 된 것이다. 수전 스트레인지에 따르면, 미국이 경쟁력 회복에 집착함에 따라 정부의 정책 형성에 끼치는 기업의 영향력이 증가했다(Strange 1991, 45).

미국이 "경쟁"에서 질 위험에 처했다는 인식이 확산되면서, 정치인과 학자들은 미국의 급속한 탈산업화의 위험을 강조했다. 예를 들면, 1984년 대통령 선거운동에서 "월터 먼데일Walter Mondale은 미국 산업계를 장악한 일본인과 맥도널드에서 햄버거나 뒤집는 신세로 전락한 미국인을 대비한 이미지에 호소했다"(Bhagwati 1989, 445). 국제경제학회의 버클리 회의에 참석했던 자이스만과 코헨은 후기 산업 경제의 신화를 폭로하고 미국은 제조업 기지를 잃지 않아야 한다고 강조한 유명한 책을 출판했다(Zysman and Cohen 1987, 297). 이 책은 제목『제조업의 중요성』*Manufacturing Matters*에서 알 수 있듯이 제조업 지원을 국익 차원의 문제로 보며, 핵심 경제 부문에 대한 선택적 보호를 골자로 하는 산업 정책을 해결책으로 제시했다. 노골적으로 얘기해, "이기지 못할 바엔 한패가 되라"는 식의 이런 주장은 미국이 선택한 자유무역과 경제적 자유주의가 쇠퇴했음을 의미한다.

무역과 지재권의 연계: 1984년 개정법

지재권 보호와 관련해 미국이 채택한 다른 여러 정책들은 미국 국내가 아니라 국제적 차원을 염두에 두고 있었다. 국제적 차원을 중시하는 이런 정책 변화는 1980년대 초를 시작으로 점차 탄력을 받았다. 미국은 새롭게 활기를 띤 친특허 방식을 확장해 국제무역까지 포괄하고자 했다. 미국무역대표부의 전직 부수석사무관이 얘기한 것처럼 "외국의 부적절한 지재권 법률로 말미암아 미국의 산업이 겪는 경제적 손실은 망연자실할 정도다. 우리 기업들은 '원본'을 만든 나라에서는 물론이고 다른 나라에서도 '무단 복제'와 싸워야만 한다는 점을 알게 되었다"(Zalik 1986, 199). 산업계가 고통을 느끼자 미국의 산업 대표들은 상황을 뒤집을 수 있는 일련의 조치를 모색하기 시작했다.

1980년에 사적 부문은 지재권 로비를 점차 강화했고 미국 통상 정책에 큰 영향을 미쳤다. 2장에서 살펴봤던 것처럼, 화이자 제약사의 대표이사 에드먼드 프래트와 아이비엠 대표이사인 존 오펠은 해외의 지재권 침해를 심각한 문제 국가로 인식해야 한다고 미국 정부를 오랫동안 설득했다. 프래트와 오펠은 가트 협상의 도쿄 라운드가 끝날 무렵 미국계 국제위조상품방지연합에서 활발한 활동을 하고 있었다. 프래트는 원래 의약품의 특허권 보호에 관심이 있었고, 오펠의 주요 관심사는 컴퓨터 소프트웨어의 저작권 보호였다.

1981년부터 프래트는 민간 기업인들이 대통령에게 자문을 하는 공식적 통로인 무역협상자문위원회의 의장을 맡았다. 대통령이 임명하는 이 위원회의 위원들은 무역 기반 지재권 전략을 조언하면서 미국의 통상 정책 결정 과정에서 핵심적인 역할을 한다. 무역협상자문위원회는 투자 장벽, 특히 외국의 약한 지재권 보호와 같은 투자 장벽을 통상 분야의 의제로 삼아야 한다고 주장했다. 또한 이 위원회는 미국무역대표부에 새로운 자리 즉, 투자 담당 부대표를 만들어야 한다고 주장했는데, 이 자리는 실제로 1981년에 만들어졌다(Ryan 1998b, 68). 프래트와 오펠은 그들 각각의 관심사를 행정부에 개진하기 위해 1983년과 1984년 공동 노력을 펼쳤다. 이들의 노력 덕에 첨단 기술과 경쟁력에 대한 미국 정부의 관심이 되살아났고, 더욱 커지게 되었다.

1983년 의회 연설에서 레이건 대통령은 미국의 기술적 우월성을 21세기에도 유지하겠다는 약속을 했다.

> 그러나 이를 위한 구체적인 내용을 물었을 때, 백악관은 대통령의 약속은 구체적인 실천 계획 없이 연설의 마지막을 장식하기 위한 것이었음을 시인했다. 하지만 이런 공백은 오래가지 않았다. 사적 부문이 미국의 기술적 우위

에 대한 정치적 관심을 불러일으킬 수 있는 일련의 제안들을 새롭게 들고 나왔기 때문이다. 제안된 거의 모든 계획에서 무역과 지재권 문제가 현저한 쟁점이었다(Gadbaw 1989, 234).

대부분 사적 부문에서 나온 제안을 기초로, 휴렛패커드의 대표이사이자 지재권위원회 창립 회원인 존 영이 위원장으로 있는 '산업 경쟁력에 관한 대통령 직속 위원회'는 1983~84년 보고서를 내놓았다. 여기에는 해외의 약한 지재권 보호가 미국의 경쟁력에 미치는 영향에 관한 내용을 담은 부록이 포함되어 있었다.

    미국 행정부가 지재권을 국제 통상과 공식적으로 연계한 것은 1984년이다. 당시 미국무역대표부에 있던 에머리 심슨Emery Simson의 표현을 빌리면, "무역과 지재권은 1984년에 합병"되었다(D'Alessandro 1987, 433, 각주 116). 상무부 차관이자 특허청장인 제럴드 모싱호프Gerald J. Mossinghoff는 1984년 1월 특허와 상표 그리고 국제 통상 사이의 관계를 정리한 강력한 성명을 발표했다. 모싱호프는 지재권 보호와 혁신, 그리고 미국 기업의 국가 경쟁력을 연계하는 것이 매우 중요하다고 역설했다. 그는 "지재권의 세계적인 보호가 첨단 기술 제품의 무역을 확대하는 데 필수적이라는 초당적 합의가 있으며, 이에 따라 특허청은 미국의 무역 정책, 산업 정책의 일환으로 지재권 보호를 강화하는 데 헌신하겠다"는 말로 결론을 맺었다(Mossinghoff 1984). 그 후 모싱호프는 특허청장을 그만두고 1985년에 미국제약협회의 회장 자리를 맡는다. 이 제약협회는 지재권과 무역을 연계하려는 가장 적극적인 압력 단체 가운데 하나다. 모싱호프의 사례에서 보는 것처럼 정부와 사적 부문 사이에는 회전문 관계가 형성되어 있다.[3]

    앞에서 인용한 모싱호프의 성명은 그동안 유기적으로 연계되지 못했던 해외 지재권 관련 정책들이 이제 큰 전환점을 맞을 것임을 예고했다. 1984년 말까지 미국 행정부는 사안별 처리 방식으로 지재권 문제에 대응했기 때문에 기업들은 문제가 발생하고 나서야 미국 대사로부터 도움을 받을 수 있었다(Zalik 1986, 200). 이런 사안별 처리 방식과는 달리 해외 지재권 정책들을 연계한 새로운 통합 방식에 대한 의회의 초당적 지원은 10년에 걸쳐 부상하는데, 이 기간은 사적 부문이 정부가 지재권 보호에 관심을 갖도록 하는 데에 점차 더 많은 역할을 수행하게 된 기간과 일치한다.

사적 부문의 로비는 1983년과 1984년에 집중되었다. 당시 사적 부문은 첨단 기술과 경쟁력에 관한 논의를 주도하고 있었다(Gadbaw 1989, 235). 예를 들면, 화이자의 프래트는 지재권을 무역 현안에 통합시키려는 운동에 다른 이들을 규합하기 위해 워싱턴에서 활동하고 있었으며, 미국제약협회와 화학제조사협회의 회원사에 지재권을 더욱 확고하게 보호하기 위한 강력한 로비를 펼칠 것을 요청했다. 미국제약협회는 해외에서 지재권을 강력하게 보호하기 위해 무역을 지렛대로 활용하려는 가장 강력하고 가장 조직이 잘된 정치 운동 단체로 부상했다. 미국제약협회와 화학제조사협회가 특허와 영업

3 회전문 관계의 또 다른 예로는 앨런 홀머(Alan Holmer)와 주디스 벨로(Judith H. Bello)를 들 수 있다. 홀머는 무역대표부의 대표로 있다가 모싱호프의 뒤를 이어 1996년 말 미국 제약 연구 및 제조사 협회(PhRMA: Pharmaceutical Research and Manufacturers of America)[미국제약협회의 명칭이 1994년에 바뀜-옮긴이]의 회장이 된다. 홀머는 무역대표부의 수석자문관으로 일했던 벨로를 집행부회장으로 지명해 이 협회의 정책과 전략 업무를 맡긴다. 1987년에 무역대표부를 그만 둔 하비 베일(Harvey Bale)은 12년 뒤에 미국제약협회의 부회장이 된다(Kosterlitz 1993, 398). 에머리 심슨도 무역대표부를 그만둔 다음 소프트웨어혁신지원연맹(APSI: Alliance to Promote Software Innovation)의 사무총장이 되었으며 1996년에는 상업소프트웨어연맹(BSA: Business Software Alliance)(마이크로소프트와 같은 최대 보호주의자를 대표하는 단체)의 정책위원회 자문위원으로 지명된다. 무역대표부 수석자문관실의 선임변호사였던 톰 로버트슨(Tom Robertson)은 홍콩에 있는 마이크로소프트 아시아 지역 책임자가 된다. 행정부와 제약 산업 사이의 회전문 관계에 대해서는 Novak(1993)과 Engelberg(1999, 특히 각주 56) 참조.

비밀 보호에 주력하는 동안, 저작권 산업계도 강력한 저작권 보호를 위한 작업을 시작했다.

잭 발렌티Jack Valenti가 이끄는 미국영화산업협회는 특히 치열하게 로비를 펼쳤다. 1980년대 초 발렌티는 외국의 저작권 해적질을 노골적으로 비난했다. 그는 미국 동영상을 광범위하게 해적질하는 국가에 대한 쌍무적인 통상 압력을 주장했다. 미국동영상산업협회는 1983년의 카리브연안경제복구법CBERA: Caribbean Basin Economic Recovery Act에 지재권 조항을 집어넣어, 카리브 해 연안 국가가 미국의 저작물을 해적질하는 경우에는 수입품에 대한 일반특혜 관세제도에 따른 비상호적인 관세 유예를 거부할 수 있도록 했다. 미국동영상산업협회의 전략에 영감을 얻은 미국 서적 출판업자들 또한 카리브 지역의 서적 복제에 재갈을 물릴 방법을 찾기 위해 카리브연안경제복구법을 검토했다. 엔터테인먼트 산업과 출판 산업이 공조해 무역 정책에 지재권 보호를 집어넣도록 행정부를 압박했고, 이들의 압박은 1984년 무역 및 관세법에 대한 개정을 통해 제도화되었다(Ryan 1998b, 70). 이런 산업 간 동원 작업은 국제지재권연맹이 탄생하면서 더욱 확대되었다.

1984년에 국제지재권연맹은 저작권 기업들의 이권을 강화하기 위해 설립되었다. 설립되자마자 국제지재권연맹은 "매출 규모가 미국 국내총생산의 5퍼센트를 넘는" 1,500개 이상의 기업들을 대표하는 강력하고 실질적인 로비 부대로 등장했다(Liu 1994, 102). 이들은 회원사들의 관심사에 따라 정책 입장을 조정했고, 외국의 저작권 정책을 조사했으며, 외국의 저작권 관행과 침해에 관한 상세한 정보를 제공하고, 의회에서 진술하며, 영향 평가 보고서를 의회와 미국무역대표부에 전달했다. 미국출판인협회 회장이면서 국제지재권연맹 창립 회원인 니콜라스 벨리오츠Nicholas Veliotes는 국제지재권연맹의 회원 조직들에게 다음과 같이 요청했다.

연맹의 이름으로 뭉친 다음 먼저 의회와 행정부를 압박해 지재권 보호에 의존하고 있는 상품과 서비스에서의 무역이 미국에 얼마나 중요한지를 인식하도록 하자. 그다음으로는 미국 최고의 창의성을 나타내는 미국 상품을 의도적으로 대량 위조하는 행위를 외국 정부가 근절하도록 할 법적 수단을 미국 통상 관료에게 주어야 한다(Senate 1986a, 162, 164).

지재권에 대한 관심은 계속 높아졌다. 1984년 6월 미국 협상단은 타이완과 싱가포르의 정부 관료들과 상업적인 상품 위조 문제를 협의하는 데에만 2주를 투자했다(US Department of Commerce 1984, 1-2). 여기에는 미국무역대표부와 국무부, 특허청, 저작권청 그리고 10개의 산업 협회를 대표하는 20명의 기업인이 참석했다. 참석자들은 의약품, 화학품, 저작물과 상표의 위조 문제를 논의했다. 보도에 따르면, 미국 협상단은 별다른 성과를 거두지는 못했지만 저작권과 특허와 관련된 이권을 대표하는 지재권 옹호자들이 동참했다는 점에서 중요한 의미가 있었다. 미국영화산업협회와 국제위조상품방지연합은 타이완 저작권법 개정안에 대한 논의에도 참여했고, 구체적인 쟁점에 대한 지속적인 논의를 위해 타이완 관료들을 만나기로 약속했다. 상무부의 메모에는 "향후 모든 활동에 산업 협회들의 지속적이고 긴밀한 결합"을 기대한다는 점이 강조되어 있다(US Department of Commerce 1984, 2). 엔야트의 평가에 따르면, 타이완과의 협상은 여러 다양한 산업계가 깊숙이 개입했다는 점에서 파격적인 경험이었고, 이 경험을 토대로 사적 부문은 1984년 통상법에 지재권 조항을 집어넣기 위한 협력을 더 강화할 수 있었다(Enyart 1990, 54). 협상단의 일원으로 참여했던 사적 부문 대표들은 정부 참가자에게 앞으로 지재권 보호를 일반특혜관세제도 적용의 선결 조건으로 하는 법률을 만들도록 미국 행정부와 의회를 좀 더 열심히 압박하겠다는 의사를 표시했다(US Department of Commerce 1984, 2). 사적 부문들은 완강하게 저항하는 두 국가가 모두 일반특혜관세제도 혜택을 받고 있다는 점에서 일반특혜관세제도가 매우 좋은 협상 카드라는 점을 알고 있었다.

의회는 1984년에 무역 및 관세에 관한 법률을 다시 개정, 사적 부문의 요구를 그대로 수용하고 무역과 연계된 지재권 보호라는 관점을 도입했다. 1984년 법 개정은 주로 서비스와 투자 산업계가 로비를 벌인 덕분이지만(Hughes 1991, 184), 지재권과 관련된 조항은 특허권과 저작권의 이권 집단들의 단합된 노력의 힘이 컸다.

1984년 개정법은 지재권을 적절히 보호하지 못한 경우 301조를 발동할 수 있도록 한 첫 번째 법이었다. 이 법은 비록 외국의 법률, 정책 또는 관행이 "국제법상 보호받는 미국의 권리"를 침해하지는 않았더라도, "지재권의 적절하고 효과적인 보호를 공정하고 균등하게 제공"하지 못하는 법률이나 정책, 관행은 "불합리한"unreasonable 것으로 규정했다. 또한 지재권을 적절히 보호하지 못하는 외국의 법률, 정책, 관행이 정당화될 수 없는 경우에도 301조를 발동할 수 있도록 했는데, 여기서 "정당화할 수 없는"unjustifiable은 지재권의 보호를 거부하는 일체의 모든 조치를 포함할 정도로 광범위한 것이었다(Hughes 1991, 184-185).[4] 이 조항에 해당하면, 산업체, 무역 연합들, 개별 기업들은 미국무역내표부에 외국 정부의 조치에 대한 조사를 요청할 수 있다. 또

---

4 [옮긴이] 미국의 통상제도 중 '반덤핑 제도'와 '세이프가드 제도'는 미국으로 들어오는 수입을 견제하는 제도인 반면, 301조는 미국의 해외시장 개방을 목표로 하는 제도다. 미 통상법 301조(일반 301조)는 외국 정부에 대해 협상과 제도 수정을 요구할 수 있고, 만약 미국이 만족할 만한 타협을 얻어내지 못하면 미국무역대표부가 반드시 보복 조치를 취해야 하는 강제 조치를 포함하고 있다. 외국의 법이나 정책 혹은 관행이 미국의 통상에 부담을 주거나 제한을 가하는 것을 정당화할 수 없는 경우에는 강제 조치가 적용된다. 이처럼 301조는 '정당화할 수 없는'과 같은 애매한 용어를 사용해 일방적인 조치를 취할 수 있도록 하기 때문에, 국제사회로부터 공격적 일방주의의 대명사란 비판을 받는다.

한 미국무역대표부는 기업들의 요청이 없는 경우라 하더라도 직권으로 301조 조사를 개시할 권한을 가진다. 이처럼 직권 조사가 가능하게 한 이유는 301조 청원을 한 기업이나 산업이 외국 정부로부터 보복 조치를 당할 가능성을 줄이려는 것이었다. 또한 1984년 개정법에는 일반특혜관세제도에 따른 비상호적인 무역 양허에 개도국이 해당되는지 여부를 평가하는 새로운 기준에 지재권 보호를 포함시켰다. 이것은 카리브연안경제복구법의 경험을 반영한 것으로, 엔터테인먼트, 출판, 제약 산업 협회가 로비를 벌인 덕분이었다.

백창재가 주장한 것처럼, "미국의 지재권 보호가 지배적인 의제가 된 것은 몇몇 기업들과 산업체 연합이 지재권 로비를 시작한 직후였다. 자신들의 요구를 교활하게 포장함으로써 기업 공동체로부터 광범위한 지지를 획득했고, 자유무역을 옹호하는 의원들의 지지까지 얻을 수 있었다"(Baik 1993, 147 각주 56). 지재권 로비를 벌인 사적 행위자들은 무역 흑자를 내는 강력한 수출 산업을 대표했기 때문에 유리한 입장에 있었다. 예를 들면, 국제지재권연맹이 미국 하원의 에너지·통상위원회에 제출한 문서에서 비코 헨리큐스Vico Henriques는 "미국이 1982년에 전체 상품 무역수지에서 적자를 보이고 있지만, 저작권 산업은 미국에 12억 달러 이상의 무역 흑자를 선사했다. 그러나 이 정도의 무역 흑자는 저작권이 적절하고 효과적으로 보호되었을 때 얻을 수 있는 흑자의 일부에 지나지 않는다"고 지적한 바 있다(IIPA 1985, 80-81).

지재권 산업계는 자신들이야말로 미국의 무역 적자 문제를 해결할 수 있는 적임자라는 점을 설득할 충분한 역량이 있었다. 이들은 로열티를 외국의 해적 국가, 특히 동아시아와 라틴아메리카가 훔쳐 가고 있다는 주장을 펼쳤고 이 주장은 먹혀들었다. 이들은 지재권 보호를 무역의 문제로 접근해야 한다고 강하게 밀어 붙였다. 또한 적절한 지재권 보호가 매우 중요하다고 외국 정부를 힘들게 설득하고 있지만 미국 정부의 지원과 "강제적 조치"가 없다면 자신들의 노력은 성과를 거두기 어렵다고 호소했다.

1984년 개정법에 대한 불만

사적 부문 로비스트들이 1984년 개정법에서 상당한 승리를 거두었음에도, 지재권 로비 활동은 더욱 강화되었고 지재권은 여전히 통상 정책 결정에서 우선 과제였다. 이들 로비스트들은 지재권의 중요성과 이것이 통상 및 경쟁력과 갖는 관계에 대해 의회와 행정 부처를 계도할 필요가 있다고 생각했다. 통상 및 관세법이 특히 지재권에 관한 더 많은 '법률적 이빨'을 가지게 되자 지재권 로비스트들은 행정부에 실제 행동을 취할 것을 주문했다. 1985년 국제지재권연맹을 대표한 의회 진술에서 헨리큐스는 "해적질을 허용하는 외국이 저작권법을 개정하고 개정한 저작권법을 제대로 집행하려는 실질적이고 구체적인 노력을 하지 않는 한" 일반특혜관세제도와 카리브연안경제복구법에 따른 무역 특혜를 줄이거나 철폐해야 한다고 주장했다(House 1985, 75). 헨리큐스는 1984년에 통상법이 개정된 다음에도 미국 정부가 강력한 조치를 취하지 않는다고 비판했다. 미국 정부가 문제의 심각성을 인정하고는 있지만, 아직 멀었다는 것이다. 헨리큐스의 이런 진술에 대해 론 와이든Ron Wyden 하원의원은 다음과 같이 답변했다.

> 자유무역에 관한 한 본인은 하원 내 누구에게도 뒤지지 않는다. …… 그러나 본인이 당신과 다른 진술인들로부터 얻은 인상은 우리 정부 협상단이 문제가 얼마나 심각한지 아직 이해하지 못하고 있다는 것이다. 정부 협상단은

아직도 법의 취지를 파악하지 못하고 있다. 본인이 느끼기에는 협상단이 자신에게 주어진 도구들을 사용하지 않는다면, 보호주의식 입법이라는 완전히 새로운 법안을 행정부가 요청하는 꼴이다. 본인은 당신의 훌륭한 활동과 이 자리의 진술을 통해 행정부가 법의 취지를 파악하게 되기를 바란다. ······ 우리는 우리에게 필요한 공정 무역을 행정부가 보장하겠다는 적절한 답변을 기대한다. ······ 당신은 특히 우리 의원들에게 진정한 교육을 시켜 주고 있다(House 1985, 128).

와이든 의원의 답변은 헨리큐스의 진술이 얼마나 효과적이었으며, 그가 헨리큐스의 주장을 과도한 보호주의식 통상 정책에 대한 정치적으로 실현 가능한 대안으로 받아들였음을 시사한다.

전직 미국 특허청장인 모싱호프는 1985년 미국제약협회 대표 자격으로 하원의 에너지·통상위원회에 참석해 "미국제약협회는 외국이 통상 협정을 위반했을 때 민간 기업들이 청원을 할 수 있도록 만든 통상법의 일등 지지 자"라고 진술했다(Liu 1994, 107). 모싱호프는 미국이 보유한 지재권을 침해하는 국가를 상대로 일반특혜관세제도라는 지렛대를 이용하는 방안을 의회가 진지하게 고려해 달라고 촉구했다. 그는 "아르헨티나, 멕시코, 브라질, 한국, 타이완, 유고슬라비아는 일반특혜관세제도 특혜의 50퍼센트 이상을 차지하지만, 이들은 모두 의약품에 대한 지재권 보호가 턱없이 부족하므로 이를 개선하면 미국 제약사들의 시장점유율이 크게 높아질 것이다"고 진술했다(House 1985, 189). 그는 위원회에 제출한 문서에서 미국 기업이 외국에서 겪는 어려움을 상세하게 설명하면서, 일반특혜관세제도 적용을 갱신할 때 미국제약협회가 우려하고 있는 사항을 고려해 줄 것을 주문했다. 미국제약협회는 이미 이 문서를 미국무역대표부와 일반특혜관세제도 소위원회에도 제출한 상태였다. 모싱호프는 지재권 보호가 일반특혜관세제도 갱신의 새로운 전제 조건이 되었음에도 불구하고, 일반특혜관세제도 수혜국들은 여전히 미국이 보복 조치를 취하지 않을 것이라고 믿고 있다는 점을 강조했다(House 1985, 220).

미국영화산업협회의 회장인 발렌티도 1986년 5월 상원 재무위원회에서 헨리큐스와 모싱호프의 진술을 되풀이했다. 발렌티는 과거의 양자 회담 결과가 형편없었다고 비판하면서, 일반특혜관세제도 갱신 정책의 수정을 요구하는 국제지재권연맹 보고서를 진술서와 함께 제출했다. 국제지재권연맹은 10개국을 조사했는데, 이 가운데 일반특혜관세제도 수혜국인 9개 국가에 대해 "상당한 진전이 없으면 일반특혜관세제도 혜택이 위기에 처할 수 있다는 점을 미국무역대표부가 통보해야 한다"고 주장했다(IIPA 1986, 159). 이 보고서에 따르면, "10개월 전 통상법 개정안이 통과된 이후, 타이완을 제외하고는 기껏해야 앞으로 진전된 조치가 있겠다는 조짐을 본 것이 전부다. 지재권 해적질 국가들의 미적거리는 태도를 용인해서는 안 되며, 해적질에 맞서 미국이 싸우겠다는 결의가 명명백백해야만 한다"(IIPA 1986, 158). 발렌티를 "통해 지재권 문제에 눈을 뜨게 되었다"는 댄포스 상원의원의 질의에 답변하면서, 발렌티는 "1984년 법은 확실한 위협이 되지 못한다"고 지적했다. 이에 대해 댄포스는 일반특혜관세제도 문제를 끄집어내면서 발렌티에게 "1984년에 우리는 [일반특혜관세제도를 철회하겠다는] 엄포를 놓는 데 그쳤고, 지금은 이마저도 하지 않고 있다. 지재권 해적질을 일삼는 외국에 대해서는 일반특혜관세의 혜택을 받는 지위를 실제로 박탈해야 하지 않는가?"라고 물었다. 발렌티의 대답은 분명했다. "그렇다"는 것이다(Valenti 1986, 170-171).

실제로 발렌티는 1985년 지재권의 적절한 보호가 미흡하다는 이유로 한국과 가진 장시간의 협의에 깊게 관여했다. 발렌티의 말을 옮기면, "한국은 15억 달러에 달하는 일반특혜관세제도 혜택을 보고 있지만 우리는 한국에서 고통을 겪고 있다. …… 한국을 상대로 301조 조사를 하는 길고 험난한 협의를 다 마친 후에야 한국 협상단은 내가 무슨 말을 하는지 알아들었다"(Valenti 1986, 170-171). 그는 미국이 침해국과 의절할 의지를 가져야 하며, 미국무역대표부는 용인할 수 있는 지재권 보호 수준을 위반한 국가들에 대한 목록을 발표해야 한다고 주장했다. 마지막으로 발렌티는 시한을 확정하고 협상 절차 없는 보복 조치를 의무화하는 법안을 지지했다. 미국출판인협회 회장인 벨리오츠도 상원재무위원회에서 이와 비슷한 문제를 지적했다(Senate 1986a, 162, 164). 이런 식으로 사적 부문 행위자들은 개도국들이 미국의 지적 재산을 보호할 의무를 부과할 또 다른 형태의 지렛대를 만들기 위해 노력했다.

이들의 속내는 통상 협상자문위원회의 지재권특수작업반의 보고서에 좀 더 공식적으로 표현되어 있다. 이 특수작업반은 해외의 지재권 보호 수준을 높이려는 사적 부문을 대표하는 거물급 인사들로 구성되었다. 작업반의 18명 위원에는 아이비엠의 최고경영자 존 오펠, 미국영화산업협회의 부회장 프리츠 애터웨이, 머크의 국제 담당 대표 에이브러햄 코헨이 포진해 있었다. 1985년 10월 자문위원회에 보낸 특수작업반의 보고서는 미국이 무역에 기반을 둔 접근 방식을 추구해야 한다고 권고했다. 이 보고서에 따르면, "지재권의 경제적 가치가 모든 산업 영역에 걸쳐 점차 중요해지는 반면, 현행 지재권 제도는 적절하기 않기 때문에 미국의 사적 부문은 무역에 기반을 둔 접근 방식을 택하게 되었다"(USTR 1985, 2). 이 보고서는 지재권을 가트의 틀에 포함시키려는 미국의 노력을 지지했다.

1986년 3월 특수작업반은 또 다른 보고서를 작성했는데, 이 보고서는 미국의 일방적 조치와 양자 협상 문제를 집중적으로 다뤘다. 외국의 관료들에게 지재권 문제를 전문적으로 교육하고, 이와 동시에 협상에 비협조적인 외국 정부에 대해서는 미국의 무역 지렛대를 강화하는 이른바 당근과 채찍 전략이 보고서에 포함되어 있었다. 물론 채찍 가운데는 지재권의 보호를 전제로 일반특혜관세제도 혜택을 갱신하는 것과 통상법 301조의 강화가 포함되어 있었다.

특수작업반은 또한 사적 부문이 무역 관련 접근법의 확대에 중대한 역할을 했음을 강조했다. 특수작업반의 보고서에 따르면, "미국의 지재권 기반 산업들은, 지재권을 무역 문제로 정의하고 미국 통상 관료들이 지재권을 국가 의제로 받아들이게 하는 촉매제 역할을 함으로써 고무적인 기여를 했다"(USTR 1986, 8). 또한 특수작업반은 무역 기반 접근 방식에 대한 미국 내의 합의를 견고하게 유지하려면 사적 부문과 정부 간의 지속적인 대화가 중요하다고 강조했다.

1984년과 1988년 사이 사적 부문의 활동은 단순히 의회에서 진술하고 미국의 지재권을 무단 이용해 득을 보는 외국 정부 관료들과 회의를 하는 정도가 아니었다. 일례로 미국영화산업협회는 1984년부터 여러 라틴아메리카 국가에 대표단을 보내 비디오 가게를 급습, 불법 테이프를 폐기했으며 해당 국가 정부에게 강력한 집행 조치를 취하도록 촉구했다(D'Alessandro 1987, 432). 또한 사적 부문은 외국 정부들을 상대로 부지런히 301조 청원을 했다.

1985년의 301조 사건에서는 한국을 상대로 미국의 지적 재산에 대한 부적절한 보호를 문제 삼았으며, 이에 따라 한국과 미국은 양자 협상을 했다. 그 결과 1986년에 한국 정부는 미국의 요구에 굴복해 의약품에 대한 물질 특허 보호와 집행 절차의 강화를 입법한다.[5] 이를 두고 미국제약협회 회장 모

---

5 [옮긴이] 1986년 한국과 미국 사이의 협상(한미지재권협상)은 양국이 1986년 8월 28일 양해 각서를 체결하면서 일단락된다. 이 양해 각서에서 한국은 외국 저작물의 보호, 저작권 보호 기간 연장(30년에서 50년), 컴퓨터 프로그램 보호법 제정, 음반에 대한 저작인접권 보호, 물질 특허 인정, 특허 기간 연장, 특허침해에 대한 벌칙 강화 등의 조치를 약속했다. 한국 지재권 관련 법령들

싱호프는 "한국의 사례는 지재권에 관한 목표를 달성하기 위해 무역이란 수단을 이용했을 때 우리가 무엇을 얻을 수 있는지를 보여 주는 중요한 사례이며 상당히 진전된 성과"라고 평했다(Mossinghoff 1991, 76). 국제지재권연맹과 미국제약협회는 한국의 이행 상태를 계속 감시했다. 같은 해에 미국영화산업협회는 한국을 상대로 301조 청원을 했으며, 이 청원 후에 이어진 한국 정부와의 후속 협상에도 미국영화산업협회의 회장인 발렌티는 매우 적극적으로 개입했다.

1987년 미국제약협회는 브라질을 상대로 의약품 특허 보호가 미흡하다며 301조 조사를 청원했다. 이 사건은 미국이 301조에 따른 실제 보복 조치로 이어진 첫 번째 사건이다. 미국의 조사 개시에도 불구하고 브라질이 정책 변경을 거부하자, 미국은 브라질산 수입 의약품에 대해 3,900만 달러의 보복 관세를 때렸다. 브라질은 보복 관세를 매긴 미국을 상대로 가트에 분쟁을 제기했으나, "브라질이 의약품 특허 보호를 약속하고 미국이 보복 관세를 철회하면서(1990년 여름) 제소를 취하했다"(Mossinghoff 1991, 77).

미국이 1984년 통상법에 따라 일반특혜관세제도 조항을 처음 발동한 것은 1987년 멕시코를 상대로 한 사건이었는데, 멕시코가 의약품의 지재권을 보호하지 않는다는 이유로 미국은 일반특혜관세제도 혜택을 거부했다. 오랫동안 멕시코 정부는 저렴한 가격의 의약품 공급은 공익의 문제로 취급해 왔다. 이에 따라 멕시코는 미국의 조치에도 불구하고 의약품을 물질 특허로 보호하지 않았으며 일반특혜관세제도 혜택 거부로 인한 5억 달러의 손해를 감수했다(Mossinghoff 1991, 76).

은 모두 1986년 말에 전면 개정되었는데 이것만 보더라도 당시 한미지재권협상의 결과를 쉽게 확인할 수 있다.

1988년 종합통상법

미국의 경제 위기를 통상 정책으로 해결해야 한다는 요구는 1986~88년의 게파트Gephardt 개정 법안에서 극에 달했다. 게파트 법안은 미국을 상대로 무역 흑자를 내는 국가에 대해 연간 무역 흑자를 10퍼센트 줄이도록 강제하려는 의도에서 만들어졌다. 이에 저항하는 국가에는 강제적인 관세와 쿼터를 적용할 수 있다. 이 중대한 시점에서 미국의 통상 정책은 "공정 무역"이냐 아니면 철저한 보호무역주의를 추구하느냐의 갈림길에 있었다. 보호무역주의에 대한 정치적으로 실행 가능한 대안을 찾던 산업 협회들은 무역에 대한 미국의 전후(제2차 세계대전 후) 경향과 좀 더 양립할 수 있는 방안을 제시했다.

많은 사람들이 게파트 법안의 보호주의적 성격에 대해 경고했으며, 초국적 기업들은 무역 전쟁의 위험이 있다며 법안에 격렬히 반대했다. 미국의 수출 기업들은 무역 자체를 제한하려는 시도를 반기지 않았다. 게파트 법안을 둘러싼 이런 갈등은 "슈퍼 301조 제정의 자극제"가 되었다(Ashman 1989, 149). 게파트 법안과 같은 보호주의 망령이 등장하자 이에 반대하는 산업체들의 결집이 촉발되었고 1988년 종합통상법과 301조의 개정[이것이 슈퍼 301조의 제정이다-옮긴이]으로 귀결되었다.[6] 이런 점에서 종합통상법은 보호주의자의 요구를 진정시키기 위한 타협안이었던 셈이다. "301조는 자칫하면 의회가 더 극단적인 정책을 채택하게 만들 수도 있는 요구들을 진정시켰다는

---

[6] [옮긴이] 흔히 '301조'라고 부르는 미국 통상법 301조에는 세 가지가 있다. 이를 일반 301조, 스페셜 301조, 슈퍼 301조라고 부른다. 원래 301조는 1974년 미국 통상법(Trade Act of 1974)의 특정 조문을 지칭하는 것이었지만 지금은 법조문과 정확히 일치하지 않는다. 일반 301조는 미국 성문법전(US Code) 제19호(Title 19)의 2411조 및 관련 조문(원래는 301~310조)을 말하고, 스페셜 301조는 2242조를 말한다. 슈퍼 301조는 한시적 규정으로 1990년 만료되었으나 1994년 클린턴 행정부가 행정명령으로 부활시켰다가 2001년까지 연장된 후 현재는 효력이 없다. 스페셜 301조와 슈퍼 301조는 일반 301조를 근간으로 해 만들어졌기 때문에 붙은 이름이다.

점에서 통상 정책을 민주적으로 결정할 안전밸브 역할을 했다"고 평가하기도 한다(Fisher and Steinhardt 1982, 579).

1988년에 지재권 보호를 위한 무역 기반 접근법은 통상법의 개정으로 더욱 강화된다. 1985년 이래, 사적 부문과 이들로부터 설득당한 의회는 301조를 좀 더 활발하게 활용하도록 행정부를 압박해 갔다. 의회는 행정부가 "무역 쟁점을 무역과 관련 없는 다른 쟁점과 거래하려고 하기 때문에" 무역 보복을 꺼린다며 비판했다(Bello and Holmer 1988, 1).

1988년 8월 23일 미국 의회는 법안 제4848호인 '종합 통상 및 경쟁력 법안'Omnibus Trade and Competitiveness Act[종합통상법의 정식 명칭-옮긴이]을 통과시켰다. 외국 시장을 강제로 개방하고 미국의 지재권에 대한 높은 보호 기준을 확보하기 위해 고안된 이 법안은 "보호주의에 반대하는 세력의 수출 지향적 성향을 직접 지원했다. 미국 정부가 301조를 실제로 발동해 외국 시장을 개방하는 조치를 취한 것은 미국의 수출업계가 자유무역을 지지한 데 대한 일종의 보상이었다"(Bayard 1990, 326). 슈퍼 301조로 불리는 개정 301조는 영역별로 세부적인 법률이 아닌 포괄적인 법률이었다. 개정 전의 법에 따르면, "외국 정부는 자국의 무역 규제 정책 전반을 수정할 압력을 받지 않았지만, 슈퍼 301조는 특정 영역에 한정된 제재 조치가 아니라 전반적인 무역 장벽을 제재 대상으로 한다"(Ashman 1989, 148). 이 외에도 종합통상법안은 사적 부문의 구체적인 요구를 노골적으로 수용한 여러 수정안을 포함하고 있었다.

우선, 이 법안은 실질적인 권한을 대통령으로부터 미국무역대표부로 이관했다. 뉴멕시코 주 하원의원 빌 리처드슨Bill Richardson에 따르면 이런 권한 이관은 "미국무역대표부를 주도적 통상 담당 기관으로 격상시켜, 외교정책이나 국방과 같은 통상 이외의 요소들을 고려해 무역 보복 조치가 보류되는 것을 방지할 목적이었다"(Bello and Holmer 1988, 3, 각주 10에서 재인용). 이 법안은 통상 정책이 미국의 외교정책에서 확고한 지위를 차지하고 있던 당시의 상황, 즉 전통적으로 "상위 정치"로 인식되었던 사안에 통상 문제가 종속되어서는 **안 된다**는 현실을 조문화했다. 1988년 개정법은 "외국 정부의 관행이 불공정한지를 판단하는 것뿐만 아니라 조치를 취할지 말지를 결정할 301조에 따른 권한"을 미국무역대표부로 이관했다(Bello and Holmer 1988, 8). 줄리아 블리스Julia Bliss에 따르면, 이런 권한 이관은 절차를 엄격하게 제한하고 하나의 조치만 취할 수 있도록 강제하려는 추세를 따른 것이었다(Bliss 1989, 514). 이는 사적 부문이 바라던 바로 그것이었다.

또한 이 법안은 1984년 개정법에 들어 있던 지재권 조항을 더 강화했다. 이제 미국무역대표부는 지재권 분야의 우선협상대상국(침해국)을 매년 지정하고, 지정 후 30일 이내에 자체 조사를 해야만 한다. 또한 미국무역대표부는 조사 개시 후 6개월 이내에 대응책을 정해야 하며, 보복 조치를 취할 사안인지 아닌지를 결정해야 한다. 보복 조치가 가능한 경우에는 30일 이내에 301조 조치를 취해야만 한다. 우선협상대상국 지정에 대한 요건과 시한을 이처럼 엄격하게 변경한 이유는 미국의 입장을 더 강경하게 만들려는 사적 부문의 요구를 반영했기 때문인데, 블리스에 따르면 "이제 미국무역대표부가 조치 발동을 결정한 바로 그날 외국 정부와 협의를 시작해야만 한다"(Bliss 1989, 518). 이 개정법은 보복 조치를 취하든 아니든 미국무역대표부가 모든 사안에 대해 결정을 내려야만 하도록 했다.

외국의 무역 장벽에 대한 보고서를 미국무역대표부가 만드는 과정에는 민간 영역의 자문위원회로부터 정보를 취합하는 과정이 포함된다. 또한 미국무역대표부는 외국의 무역 장벽으로 인한 경제적 손실을 산정할 때, 이로 인해 영향을 받은 미국 산업계의 추정치에 전적으로 의존한다. "다시 말하면 외국의 무역 장벽을 적발하거나 과장함으로써 직접 혜택을 보는 위치에 있는 개인이나 기업들이 무역 장벽의 존재, 이로 인한 영향을 판단하는 근거 정보를 제공한다"(Lash 1992, 14).

외국 정부와 맺은 협정의 이행과 집행을 감시하는 데에 활용되는 협의 절차도 306조에 의해 수정되었다. 개정된 절차는 사적 부문의 참여를 제도화했다. 이 개정에 따르면, "미국무역대표부는 조치를 취하기 전에 청원인과 미국 산업계의 의견을 들어야 하며, 공개적인 의견 제공 기회를 부여해야 한다"(Bliss 1989, 519). 이로 인해 산업협회의 참여는 더 제도화되어 갔다.

337조 개정에서는 지재권의 집행 강화가 중요한 사항이다. 미국영화산업협회, 미국제약협회, 컴퓨터 및 비즈니스 장비 제조협회Computer & Business Equipment Manufacturers Association, 지재권소유자협회Intellectual Property Owners, Inc.는 337조를 개정하도록 의회에 강력한 로비를 펼쳤다. 이들은 미국무역대표부에 조사를 요청할 때 지재권으로 인한 실제 손해의 발생을 입증해야 한다는 요건을 삭제하도록 했다. 따라서 개정된 337조에 따르면 손해를 입증할 필요가 없다. 앤드루 뉴먼Andrew Newman은 다음과 같이 평가한다.

> 손해의 발생을 입증하지 않도록 변경하면 청원인이 과거 337조에 따른 손해를 입증해야 한다는 요건이 사라진다. 337조 사건의 소송에 드는 비용 중 절반이 손해와 기타 경제적 요건을 입증하는 비용이다. 지재권 위반을 이유로 한 조사에서 손해 발생 요건을 삭제함으로써, 청원인은 커다란 이점을 새로 챙기게 되었다(Newman 1989, 575-577).

1988년 개정법으로 인해 청원인들은 그들의 사업이 "유효하고 경제적으로 활동하는 국내 산업"이라는 점을 입증할 필요가 없게 되었다. 미국영화산업협회는 과거의 법제에서는 국제무역위원회가 "단순한 시판이나 판매, 라이선싱, 지재권 보유"라는 형태의 활동을 청원인이 하고 있다는 사실만으로는 청원을 잘 받아 주지 않았기 때문에, 이런 법 개정이 추진되었다. 미국영화산업협회의 해외 사업 대부분은 앞에서 열거한 활동들이었고, 따라서 개정법 하에서 미국영화산업협회의 지재권 관련 청원이 상당히 늘어났다. 마지막으로, "신속 절차가 청원인에게 더 유리하다"는 점에 근거해 임시 구제 절차의 기간을 단축했다(Newman 1989, 574). 실제로 과거의 337조에 대한 주요 불만 가운데 하나는 처리 절차가 지연되어 청원인에게 손해를 끼치는 지재권 침해가 줄지 않고 계속된다는 것이었다. 이런 개정안을 통과시키면서 의회는 지재권 위반에 대한 국제무역위원회의 조사가 "비용이 적게 들고 수고가 줄도록" 했다(Newman 1989, 587).

정리하면, 1988년은 지재권 보호를 무역 중심으로 접근하는 태도를 강화하려는 노력에서 분수령이 되는 해였다. 사적 부문은 자신들이 추구했던 변화를 달성했고, 특히 신흥 공업국들을 상대로 신속한 보복과 좀 더 확실한 위협이라는 새로운 무기를 활용했다.

사적 부문은 미국이 무역 관련 지재권 정책을 채택하도록 하는 데 큰 성과를 올렸다. 미국 통상법 개정을 통한 일방적 조치에 만족하지 못한 지재권 기반 산업계의 대표들은 양자 간 방식과 다자간 방식을 동시에 추진했다. 예를 들어, 양자 간 전선에서 미국제약협회는 멕시코를 포함한 북미자유무역협정에 엄격한 지재권 보호 기준을 넣도록 했다. 미국 제약사 화이자의 공보 담당 이사인 마이크 프리바테라Mike Privatera는 "멕시코는 우리가 원하는 것은 무엇이든 다 주었다"고 평가한다(Neuman 1992, 127에서 인용).

여기에 제시한 증거들이 전부는 아니지만, 미국이 무역을 중심으로 지재권 문제에 접근하는 방식을 채택한 기원을 보여 주기에는 충분하다. 무역 기반 접근 방식의 추진은 지구 자본주의의 구조 변화 및 이에 수반된 국가 경쟁력이라는 정책 과제에 배태된 것이었다. 제도적 변화 예컨대, 통상 정책 결정 기구에 사적 부문의 참여를 높인 것은 지재권 소유자 특히, 조직적 행위자들이 사적 이익을 추구할 수 있는 길을 닦아 주었다. 여기서 주목할 점은, 제도는 지구 자본주의의 구조 변화와 지재권 행위자의 사적 이익 사이에서 조정된다는 사실이다.

미국이 무역 관련 지재권 정책을 선택한 것은 여러 산업 협회의 권력과 이들이 추구했던 특정 관념과 정책 처방의 결과였다. 무역 연계 개념의 배후 세력은 미국의 무역 문제에 대한 해결책으로 자신들을 내세울 역량을 가진 강력한 산업 협회 그룹이었다. 이 협회들은 보호무역주의 식의 통상 정책을 미연에 방지하고자 했던 미국 정책 결정자들의 마음을 사로잡을 수 있었다.

지재권 보호를 무역의 문제로 접근하려는 태도는 미국의 법 개정과 양자 조약의 개정에 반영되었다. 미국의 산업협회들은 민간 부문의 정책 참여를 확대한 통상 정책의 변화, 그리고 무역 적자에 대한 우려가 커지면서 발생한 정치적 기회를 적극 이용했다. 자신들의 요구를 기민하게 선전한 이들 산업 협회들은 미국 정책 결정자의 관심을 얻었고 외국의 지재권 보호를 강화하기 위해 통상 정책을 활용하는 것이 효과가 있다는 논거를 설득력 있게 제시했다.

사적 부문 행위자들의 활동은 우루과이 라운드의 다자간 협상의 향방에 결정적인 영향을 미쳤다. 세계적 차원의 강력한 지재권 보호를 주창하는 미국은 갑자기 나타난 것이 아니다. 사적 부문 행위자들이 노고를 아끼지 않고 집요하게 작업해 지재권에 대한 사고방식을 바꾸었고 미국 정부로 하여금 새로운 방식을 제도화하는 구체적인 조치를 취하도록 한 결과였다. 산업협회의 지지와 서로 긴밀하게 연계된 소수의 기업 활동가들은 믿기 힘들 정도로 짧은 기간에 무역 관련 지재권 개념의 지지를 이끌어내는 결정적인 역할을 했다. 그러나 무역 관련 지재권 개념을 다음 단계 즉, 우루과이 라운드로 끌고 간 것은 훨씬 더 소수의 집중된 주모자 그룹인 지재권위원회였다. 이들의 이야기는 5장에서 이어진다.

5장
지재권위원회와 초국적 결집

비스마르크Bismarck가 말한 것처럼, 전쟁이 장군에게 맡겨 둘 수 없을 정도로
중요한 문제라면, 국제 통상 규범도 정부 관료에게만 맡겨 둘 수 없을 만큼
매우 중요한 문제다.

- 제임스 엔야트, 몬산토의 국제담당이사

가트 우루과이 라운드 협상 개시를 위한 푼타델에스테 회의를 6개월 앞둔
1986년 3월, 미국계 초국적 기업의 대표 12명이 지재권위원회를 만들었다.[1]
지재권위원회는 지재권(특허, 저작권, 상표, 영업 비밀)의 국제적인 보호를 강화
하기 위한 국제적인 지원을 조직하기 시작했다. 지재권위원회는 유럽과 일
본에 있는 동료들과 협력해 당시 선진국 법률에 기초한 제안서를 작성, 가트
사무국에 제출했고, 1994년 우루과이 협상에서 트립스 협정이라는 목표를
성취했다. 미국은 지재권위원회가 명료하게 제시한 특정 관점을 수용했고,
결국 가트 협상의 당사국들도 이를 수용했다. 여기서 새로운 사실은 무엇이
무역과 관련된 문제인지를 정하고, 해결책을 고안했으며, 이 해결책을 구체
적인 제안으로 만들어 각국 정부에 제시한 주체가 산업계였다는 점이다. 사

---

1 1986년에서 1996년에 걸쳐 이 위원회의 회원사는 11개와 14개 사이에서 왔다 갔다 했다.
1994년에는 CBS, 듀폰, 제너럴 모터스가 이 위원회에 참가하지 않았고, 디지털 이큅먼트(Digital
Equipment), FMC, 프록터앤갬블(Procter & Gamble, P&G), 로크웰 인터내셔널(Rockwell
International), 타임워너(Time Warner)가 참가했다.

적 부문 행위자들은 이제 국제법의 성문 법전이 되어 버린 지재권 협정을 통해 자신들이 얻으려고 했던 것들을 대부분 얻는 데에 성공했다.

다시 말하면 전 세계에 적용되는 공적 법률을 12개의 기업이 만든 것이다. 이것이 가능했던 것은 미국의 제도가 민간의 참여를 확대하는 방향으로 변경되었고, 세계경제에서 차지하는 미국의 구조적 지위가 변했기 때문이었다. 그러나 이것은 트립스라는 결과물에 대한 필요조건은 되지만 충분조건은 되지 못한다. 마크 미즈루치Mark Mizruchi가 말한 것처럼, "기업집단은 막대한 자원을 가지고 있기 때문에 충분한 잠재력이 있지만, 정치적으로 단결된 세력으로 결집할 수 있을 때에야 비로소 정치적으로 강력한 행위자가 된다"(Mizruchi 1992, 34). 그들 사이에서도 강력한 기업 조직체들은 그들의 산업 협회를 통해, 그리고 유럽과 일본의 동료들과 협력해 강압적인 다자간 지재권 규칙을 선호하는 초국적 연맹을 구축했다.

일국 차원에서 가장 적극적인 사적 부문 참여자는 산업 협회를 통해 활동하는 기업들이다. 이에 비해 초국적 차원에서는, 가트에 트립스를 집어넣기 위해 미국 기업 대표들이 산업 협회를 거치지 않고 유럽과 일본의 동료 기업가들을 직접 선동했다. 이런 미국계 기업들의 초국적 차원에서의 주도적인 활동이 트립스 협정이 성립되는 네 결정적이었다.

이번 장에서는 사적 부문과 국가의 관계를 먼저 살펴보고 나서 지재권위원회의 형성 과정을 다룰 것이다. 그다음, 유럽과 일본의 동료들을 결집하고 합의를 도출해 낸 지재권위원회의 노력들을 살펴보고, 마지막으로 가트의 협상 경과와 트립스 협정의 성과에 대해 논의한다.

사적 부문 행위자들과 국가정책 사이의 관계는 상당히 유동적이다. 스트레인지에 따르면 "국가는 법적 권리와 의무로 이뤄진 틀을 제공할 수 있는데, 행위자들은 이 틀 안에서 결과에 영향을 미친다. 반면, 국가는 단순히 행

154

위가 펼쳐지는 활동 무대 또는 경기장만을 제공할 수도 있다"(Strange 1996, 70). 개념상 국가와 사적 행위자 사이의 관계는 매우 다양한데, 사적 행위자는 국가를 적으로 여기거나 동반자로 여길 수도 있고, 자신의 이해를 추구하는 데에 아무런 영향을 미치지 않는 존재로 여길 수도 있다. 또한 국가의 이익을 자신의 사적 이익과 일치하도록 변경시켜 국가를 동반자로 만들 수도 있다. 그들은 "국가를 움직여 법적 권리와 의무로 구성된 구조 자체를 확장할 수도 있고(여기에는 다른 이들을 설득해 사회와 경제에 대한 기본적인 믿음을 공유하는 전략이 사용된다), 국가를 동원해 어떤 지식을 추구하고 획득할 것인지 그리고 누가 지식을 추구하고 획득할 것인지를 결정할" 수도 있다(Strange 1996, 70). 지재권의 경우, 기업들은 국가가 무역에 기반을 둔 지재권 개념을 일단 수용하자 국가를 동반자로 보기 시작했다. 사적 권력들은 지재권을 관장하는 국제 규범을 확장하려는 그들의 전략에서 미국 정부, 더 넓게는 가트라는 국제기구를 미래의 동반자로 간주했다. 그들은 자신들의 목표를 진전시키고 정당화하며 규정의 준수를 감시하고 정책을 집행하기 위해 국제적인 기구가 필요했다. 이 행위자들이 지재권 보호를 추진한 이후 가트는 결국 그들의 목적 달성을 도왔고 정반대 입장에 선 자들을 희생하면서 이런 초국적 동맹에 힘을 실어 주었다.

사적 행위자들은 제도화된 통로를 통해 그들의 이익을 추구했다. 그들은 지재권 보호를 지구화하기 위해 입법 기구와 행정 기구 모두에 호소했다. 국가는 중립적인 이해 조정자가 아니었으며, 사적 부문의 참여를 구조화했다. 국가는 "사적 부문에 종속적이면서 동시에 사적 부문에 개입하는 역할을 하며, 국가의 주도권은 사적 기업의 선호에 따라 지속적으로 변한다"(Lipson 1985, 256). 그런데 기업은 다른 이해 집단과는 다르다. 활동 무대의 수준에서부터 큰 차이가 난다(Lipson 1985, 222). 지재권위원회를 만든 기업들은 대부분의 다른 기업들보다 훨씬 더 특권층이었는데, 예를 들면 지재권위원회의 8개 회원사는 미국의 상위 50대 수출 기업에 속했다(Aley 1995, 73-76). 이들이 접근할 수 있는 자원의 규모는 다른 이해 집단과는 비교가 되지 않을 정도로 크다.

지재권위원회 기업들의 사적 권능의 원천은 다양하며 복합적이다. 생산 구조와 지식 구조 양쪽에서 이들의 역할은 압도적이었고, 권력이 국가에서 시장으로 이동함에 따라 이들의 목소리가 더 커졌다. 국가는 이들 기업의 막강한 경제적 힘을 인정했고, 국가는 기업에 정책 결정권을 부여함으로써 기업들에게 권위를 부여했다. 지재권 분야에서 선도적인 기업들이 가진 사적 권위는 "일부는 기술의 지배에서 나온 것이며 일부는 기업들이 가진 재원과 선진적인 마케팅, 판매 방식에서 나온 것이다. 그러나 이들의 권위는 재산권 개념을 확대하는 데에 국가가 얼마나 지원하느냐에 따라서도 달라진다"(Strange 1996, 97). 정보와 전문가의 확보는 이들이 자신들의 권위를 강화할 수 있는 또 다른 자원이다.

기업들은 국가에 정보를 제공하는 최소한의 역할 이외에도 정부를 위한 다양한 핵심적 기능을 수행한다(Lindblom 1977, 175). 이들의 구조적으로 특권화된 지위는, 찰스 린드블롬Charles Lindblom의 표현을 빌리자면, 사상의 자유 시장the marketplace of ideas에 "장애"impairment를 초래한다. 지재권 분야에서, 초국적 기업과 그들의 산업협회들은 외국정부의 적절치 못한 지재권 보호에 관한 정보들을 끊임없이 제공해 왔다. 이들은 외국의 민간 로펌과 같은 사적 정책 네트워크를 활용해 지재권 법률과 실무, 지재권 위반 행위에 대한 구체적이고 실질적인 정보를 제공했다. 이들은 표적 국가의 규범 준수를 감시하는 불침번이었고, 로펌과 계약을 맺어 정보를 얻었다. 기업들은 외국에서 지재권 침해가 광범위하게 일어난다는 점을 드러내기 위해 막대한 자원을 투자했다. 외국에서 일어나는 침해의 규모와 범위를 파악하기 위해 정부는 관련 기업들이 산출한 피해에 의존하지 않을 수 없다. 정부가 이처럼 이기적인 사적 부문이 제공하는 정보에 의존하기 때문에 사적 부문은 자신들이 게임에서 이길 수 있는 카드 패를 미리 준비할 수 있었다.

사적 부문이 정부에 제공할 수 있는 또 다른 자원은 매우 난해한 쟁점에 대한 전문 지식이었다. 지재권법은 성경이 라틴어로 되어 있을 당시의 성당을 떠올리게 한다. 지재권 변호사들은 라틴어 교육을 받은 성직자가 그랬던 것처럼 전문 지식을 전파하는, 특별히 허가받은 자들이었다. 지재권법은 매우 전문적이고 복잡해 대부분의 일반 변호사조차 이해하기 어렵다. 이런 지재권의 불가해한 특성으로 말미암아 미국의 지재권 로비는 또 다른 혜택을 누렸다. 전문적이고 법률적인 지식의 보유 그 자체가 사적인 권능의 중요한 원천이었던 셈이다. 정부는 지재권 전문가들에게 의존해야 했는데, 지재권 옹호론자인 이 전문가들은 지재권과 국제 통상이 서로 연결되어 있음을 분명히 했고, 복잡한 쟁점들을 정치적 담론으로 번역했다.[2] 지재권 변호사들은 서로 교류하면서 국제적인 재산권의 '보호'에 힘쓰고 사적 소유권이라는 개념을 지지했다. 그래서 미국 상무부와 특허청에 있는 지재권 변호사들도 지재권 보호가 필요하다는 인식을 같이했다. 이 맥락에서 볼 때, 사적 요구에 대항해 균형을 맞출 중립적이고 객관적인 공무원 집단은 존재하지 않았다.

사적 행위자들이 그들의 이익을 추구하기 위해 국가를 필요로 할 때, 그들은 국가의 목표를 추진하는 정책 결정자들이 수용할 수 있는 방식으로 자

---

2 어떤 면에서 이 개념은 인식 공유체(epistemic community) 문학에서 제기한 쟁점과 흡사하지만, 이 책의 논의가 더 광범위하다. 전문가들의 관련 공유체는 객관적인 결과를 설득력 있게 제시하는 과학자의 이미지와는 거리가 멀다. 전문가와 지지자, 로비스트, 그리고 우월적 지위를 통해 많은 이득을 챙길 기업들이 전문가 공유체를 구성한다.

신들의 이해를 표현해야만 한다. 이것은 특히 사적 행위자들이 아닌 국가들이 공식적인 지위를 갖는 다자 협상에서 더 그렇다. 다자 협상은 지재권 로비가 사적인 이해를 공익의 문제로 전환하는 데 성공한 대표적인 사례다. 미국의 급증하는 무역 적자와 국제경쟁력에 대한 미국의 관심이 더 커지고 있다는 점을 알아챈 지재권 로비스트들은 재빨리 그들의 요구를 미국 무역 문제의 해결책으로 포장했다. 지재권 옹호자들은 자신들의 산업을 해결책의 하나로 제시했고 경쟁력 있는 수출 기업으로서 자신들의 역량을 강조했다. 21세기 미국에 새로운 역할을 부여할 미래 산업이 바로 자신들이라고 강조하면서, 자신들은 특별한 취급이나 보호를 요청하는 것이 아니라 좀 더 공정한 세계 무역 질서를 만들기 위해 정부의 도움을 요청하는 것이라고 주장했다. 이들은 미국의 뿌리 깊은 자유무역 사조에 주로 호소했고, 미국의 정책 담당자들이 정치적으로 실현 가능하다고 믿도록 그들의 주장을 포장함으로써 성공할 수 있었다. 지재권 로비스트들이 그들의 담론을 의회와 행정기관에 제시한 방식을 보면, 관념과 이해 사이의 관계가 얼마나 중요한지 알 수 있다. 이들의 노력으로 미국 정부는 지재권에 관한 미국의 이해를 재규정했고, 무역을 기반으로 해 지재권의 세계화를 추진하는 정책을 수용했다. 이 과정에서 몇몇 개인들의 일치된 노력이 없었다면 트립스와 같은 다자간 협정은 성립되지 못했을 것이다. 1986년의 푼타델에스테 회의 이전까지 미국 이외에는 그런 협정을 위한 열의가 전혀 없었다.

지금부터 하는 이야기는 국내 영역과 국제 영역, 공공 부문과 사적 부문, 관념과 이해관계 사이에 일종의 삼투성porousness의 경계막이 있음을 보여 준다. 이 삼투성은 새로운 형태의 외교, 지구 규제, 국제화를 주도하는 행위자 역할을 초국적 기업이 하고 있는 세계의 복잡함을 반영한다.

다자 틀을 통한 지재권 공략: 지재권위원회

조용히 시작된 사적 부문의 결집은 일련의 입법 조치를 달성하고 난 다음부터 점차 탄력을 얻었다. 1984년에 새로 결성된 국제지재권연맹에는 참여자들의 범위가 확장되었다.3 국제지재권연맹 결성의 배후에는 영화산업과 미국영화산업협회의 열정적인 대표인 잭 발렌티가 있었다. 국제지재권연맹은 1984년부터 301조 절차에서 저작권 기업의 이해를 증진하고, 통상 협상가들을 교육하며, 전 세계적인 저작권 침해의 규모와 이로 인한 손해를 알리는 데에 주력했다(휴렛패커드의 CEO인 존 영도 국제지재권연맹의 창립자로 참여했고 나중에는 지재권위원회의 설립에 참여했다). 그전까지 별도로 로비를 벌여 왔던 특허 기업, 저작권 기업, 상표 기업들은 국제지재권연맹이 결성된 다음부터는 의회에서 각자 서로에게 이익이 되는 진술을 하기 시작했다. 지재권 행위자들은 모든 형태의 지재권 보호가 강화되어야 한다는 주장이 자신들의 이해에 도움이 되는 환경을 조성할 수 있다는 점을 깨닫고 공통의 대의 하에서 서로 동맹하고 연합했다.

오펠과 프래트가 이끄는 무역협상자문위원회는 지재권이 가트 라운드에 포함되어야 한다고 미국무역대표부를 설득했다. 특허 기업들과 달리 저작권 산업계는 가트와 같은 다자 틀을 활용하는 전략에 대해 처음에는 그렇게 열성적이지 않았다. 아이비엠과 같은 컴퓨터 소프트웨어 기업들은 베른협약에 컴퓨터 소프트웨어를 포함시키려는 안에 반대하지는 않았지만, 개정된 베른협약을 개도국이 이행할 것인지 우려했다. 음악 산업과 서적, 영화 산업들은 통상법 301조를 활용해 해외에서 저작권법의 집행을 달성하고자 했다. 미국

---

3 지재권위원회와 국제지재권연맹은 긴밀하게 협력했고, 많은 지재권위원회 회원사들은 그들의 관련 산업체 연합에서 맹활약을 했다. 그러나 여기서는 지재권위원회를 주로 다룬다.

영화산업협회의 발렌티는 통상법 301조와 같은 양자 방식을 절대적으로 신봉했으며, 여러 개도국 특히 한국과의 성공적인 협상에 깊게 관여했다. 국제 지재권연맹 역시 상대적으로 빠른 결과를 얻는 데에 양자 방식이 더 적합하다고 여겼다. 가트 라운드는 복잡하기로 악명이 높았고, 저작권 기업들은 그들의 의제가 다른 의제를 얻기 위해 맞교환되거나 완화되지 않을까 염려했다. 저작권 기업들이 가장 염려했던 것은 그들이 그렇게 힘들게 쟁취했던 301조를 통한 일방 조치가 폐지되는 것이었다. 따라서 다자간 틀을 활용하는 데 저작권 기업들을 동참시키려면 이들을 확실히 안심시켜야 했고, 미국 무역대표부는 여러 차례 열띤 회의를 주관해야 했다(Ryan 1998a, 562).

1984년, 가트 라운드 협상을 앞둔 미국무역대표부는 지재권을 포함한 여러 사안에 관한 의견을 사적 부문에 요청했다. 아이비엠의 오펠은 재키 골린에게, 미국무역대표부에 제출할 무역 기반의 지재권 접근에 관한 핵심 사항을 문서로 정리해 달라고 의뢰했다. 골린은 무역협상자문위원회와 지재권위원회에 자문을 했던 경제학자로, 그의 1985년 9월 문서 "컴퓨터 소프트웨어에 관한 국제 저작권 보호를 위한 무역 기반의 접근"A Trade-Based Approach for the International Copyright Protection for Computer Software(Gorlin 1985)은 그 후 기업들이 추구하는 다자간 지재권 전략의 기초가 되었다.[4]

---

4 [옮긴이] 재키 골린은 한국에서 3개 시민단체(건강사회를 위한 약사회, 인도주의실천의사협의회, 평등사회를 위한 민중의료연합)가 2002년 1월 30일 백혈병 치료약인 글리벡(Glivec)의 특허에 대한 강제 실시를 청구했을 때, 특허권자인 스위스계 다국적 제약사 노바티스(Novartis)를 옹호하는 전문가 진술서를 작성한 바 있다. 골린은 진술서에서 위 본문의 문서가 세계무역기구 트립스 협정의 모델이 된 문서라고 하면서, 스스로를 지재권과 무역에 관한 공인된(recognized) 전문가라고 소개했다. 당시 재키 골린은 글리벡 특허를 한국에서 강제 실시하면 국제무역 규칙에 어긋나고 트립스 협정을 위반하는 결과가 초래된다고 진술했는데, 그 근거는 특허권자가 자신의 특허를 상업적으로 사용할 수 있다는 '기대'가 강제 실시로 인해 무너진다는 것이었다. 골린의 주장은 강제 실시로 인해 소위 '비위반 제소'의 원인이 되는 '기대 이익'의 무효화 또는 침해가 발생

무역 기반 지재권 보호라는 개념을 세계화하자는 주장은 1985년에 중대한 전환점을 맞는다. 여기에는 골린이 큰 기여를 했는데, 그는 1980년 초 의회와 행정부에 기업들과 산업 협회가 의견서를 제출하고 특정 사안을 중심으로 펼쳤던 로비들을 통합했다. 골린의 이 문서는 어떻게 하면 가트에서 다자간 협정이 가능한지를 정리했을 뿐만 아니라, 합의에 도달하기 위한 전략도 제시했다. 1985년 10월에 무역협상자문위원회의 지재권 특수작업반이 무역협상자문위원회에 제출한 보고서에 골린의 문서를 그대로 딴 권고안이 들어 있었던 것은 놀랄 일이 아니었다(USTR 1985).

골린은 여러 가지 전략을 주창했는데, 지재권 전문가들에게 사안의 경제적 측면을 교육하는 캠페인을 벌이고, 어문 저작물의 보호를 위해 미국이 베른협약에 가입해야 하며, "최빈국들의 의사 진행 방해 작전을 막기 위해" 경제협력개발기구 내에서 비슷한 생각을 가진 선진국들과 지재권 조약을 논의하거나, 가트 내에서 복수국 간 논의를 진행해야 한다는 등의 전략을 제안했다(Gorlin 1985, iv). 그리고 세계지재권기구와 협의해 가트에서 지재권 조약을 만드는 데 세계지재권기구가 반대하지 않도록 해야 하며, 해외에서 일어나는 해적 행위와 집행 조치가 약한 국가에 대처하기 위한 보완적인 쌍무 협상과 일방적인 조치를 지속해야 한다고 제안했다. 골린에 따르면, 다자간 통상 체제에 지재권을 집어넣는 것에는 여러 장점이 있다. 통상 체제의 분쟁해결 방식을 활용할 수 있고, 다른 통상 문제나 투자 문제와 지재권을 연계

해 분쟁이 생긴다는 것이지만, 이런 주장은 잘못되었다. 왜냐하면, 비위반 제소를 지재권에 대해서는 적용하지 않도록 한 트립스 협정 제64조에 정면으로 어긋나기 때문이다. 또한 세계무역기구 분쟁해결기구(DSB)의 분쟁 해결항소기구 보고서(인도 메일박스 사건 항소기구 보고서 AB-1997-5)나 트립스 이사회의 문서(IP/C/M26, 25 May 2000)의 취지에도 맞지 않는 주장이었다. 골린의 진술서는 http://www.cptech.org/ip/health/gleevec/gorlin05282002.html에서 볼 수 있다.

할 수 있으며, 통상 관료들의 정치적 협상력을 이용할 수 있다는 것이다. 골린이 정리한 것처럼, 무역 기반 지재권 조약을 성사시키면 "법성 기준 이하의 보호나 집행과 같은 외국 정부의 조치로 인한 해적질 문제를 해결하는 데에 도움이 된다. 왜냐하면 가시적 성과를 내기에 알맞은 법정이 만들어지고 외국 정부를 비난하는 전통이 만들어지며 분쟁으로 끌고 갈 기회가 생기기 때문이다"(Gorlin 195, 43). 이에 필요한 합의를 위해 골린은 경제협력개발기구와 가트 내에서 복수국 간 협상들을 병행하라고 충고했다.

1986년 2월과 3월, 미국무역대표부의 클레이턴 유터^{Clayton Yeutter}는 오펠과 프래트에게 지재권을 우루과이 라운드의 협상 의제로 포함시키는 데에 협력해 달라고 요청했다.[5] 유터는 유럽과 일본, 캐나다 정부가 지재권과 관련해 어떤 압박도 받지 않는 것이 사실이지만, 우루과이 라운드에서 지재권 협상이 가능하려면 4대 강국(미국, 캐나다, 유럽, 일본)이 모두 한 배를 타야 한다는 점을 지적했다. 프래트와 오펠은, 지재권 조약을 성사시키기 위해서 결속력이 강하고 국제적인 연결망을 가진 핵심 기업들을 통해 미국 정부와 외국 정부의 지원을 받아 낼 필요가 있었다(Enyart 1990, 54). 이런 이유로 오펠과 프래트는 그들의 동료 CEO들에게 연락해 1986년 3월에 지재권위원회를 결성하자고 설득했다. 당시 몬산토 농업회사의 국제 담당 이사였고 지재권위원회 창립 회원인 엔야트에 따르면, 동료 CEO들은 지재권 작업에 충분한 자금과 인적 자원을 공급했고, 그들의 동료들에게 직접 연락을 취함으로써 추진력을 실어 주었다(Enyart 1990, 54).

지재권위원회는 신속한 합의를 끌어내기 위해 산업 협회를 우회하는 방

---

5 이 단락의 내용은 저자가 1996년 1월 22일 워싱턴 D.C.에서 재키 골린과 가진 면담에 기초한 것이다.

식을 채택했다. 그만큼 지재권위원회는 결과를 빨리 내고 싶어 했다. 자신들의 영향력을 극대화하기 위해 지재권위원회는 회원 자격을 엄격하게 제한했고, 회원사 내부의 복잡한 논의를 피하기 위해 회원사는 최고 경영진이 대표하도록 했다. 지재권위원회는 전원全院 위원회로 운영했고, 일을 신속히 처리할 수 있도록 능률적 구조로 조직을 꾸렸다. 지재권위원회는 화학, 컴퓨터, 저작권 산업, 전자, 소비재 산업, 제약 등 여러 미국 산업계를 대표했다. 엔야트는 "당시 미국의 어떤 무역 단체나 연합도 이런 조건을 충족하지 못했지만, 우리는 그런 단체를 만들어야만 했다"고 한다(Enyart 1990, 54).

이들이 맨 처음 맞닥뜨린 어려움은 여러 산업계가 일치된 합의에 도달하는 것이었다. 제약사, 영화사, 컴퓨터 기업들을 대표하려면 이들 사이에서 이해관계를 조정하는 것이 난제였다. 프래트에 따르면, "속마음을 알 수 없는 동료들"로 이뤄진 이 집단에는 목적과 전략을 매우 명확하게 정해 줄 필요가 있었다(Edmund Pratt, Ostry 1990, 23에서 인용). 이들은 국제 지재권 조약에 필요한 세 가지 핵심 사항을 우선적으로 결의했는데, ① 저작권, 특허, 상표, 원산지 명칭에 대한 최소 보호 기준에 대한 조항 ② 집행 조항, ③ 분쟁해결 절차가 그것이었다.

같은 달인 1986년 3월, 무역협상자문위원회의 지재권 특수작업반은 미국의 일방 조치와 쌍무 협상에 대한 2차 보고서를 발표했다(USTR 1986). 골린의 1985년 보고서와 마찬가지로, 이 보고서는 '채찍과 당근 전략'을 제시했다. 외국 관료들에게 지재권 문제를 교육할 것, 이와 동시에 지재권 문제해결을 주저하는 외국 정부에 대해서는 미국의 통상 정책을 지렛대로 사용하는 전략을 강화할 것 등이 권고 사항에 포함되었다. 보고서는, 일반특혜관세제도의 특혜를 갱신할 때 지재권의 효과적인 보호를 조건으로 내걸고, 통상법 301조를 더욱 강화하는 것을 채찍 전략으로 제시했다. 또한 특수작업반은 무역 기반 접근에서 보여 준 사적 부문의 역할이 중요함을 강조했다. 이 보고서에 따르면, "미국의 지재권 기반 산업은, 지재권을 무역의 문제로 정의하고 미국의 통상 관료들이 지재권을 그들의 의제 가운데 하나로 수용하도록 하는 데 중요한 촉매제 역할을 이미 하고 있었다"(USTR 1986). 또한 특수작업반은 무역 기반 접근에 대한 미국 내의 합의를 견고히 하기 위해서는 사적 부문과 정부 간의 지속적인 대화가 중요하다고 강조했다.

미국 내에서도 지재권위원회는 부지런히 활동했다.[6] 지재권위원회는 미국 상무부와 여러 산업체 연합과 접촉해 무역 관련 지재권 접근의 장점을 설득했다. 산업계는 지재권위원회의 입장을 받아들였고, 다자간 전략에 완전히 동의했다. 예를 들어, 1986년 7월 국제상공회의소의 "지재권과 가트에 관한 합동작업단"Joint Working Party on IP issues and GATT은 새로운 가트 라운드에 지재권을 포함시켜야 한다고 권고했다(US Senate 1986, 149). 지재권위원회 회원사들은 과거에 그랬듯이 해당 산업체 연합에서 가장 활발한 활동을 하고 있었기 때문에, 산업계 설득은 어렵지 않은 일이었다.

지재권위원회: 초국적 동맹의 결성과 합의 도출

지재권위원회는 시간이 없었다. 앞으로 9월에 있을 푼타델에스테 회의가 불과 6개월밖에 남지 않았다. 3월에 결성된 이후, 이 단체는 유럽 및 일본과 사전 합의를 이끌어 내기 위한 작업을 서둘렀다. 지재권위원회 회원사들은 유

---

6 이 단락의 내용은 저자가 1996년 1월 22일 워싱턴 D.C.에서 재키 골린과 가진 면담에 기초한 것이다.

럽과 일본 산업계 동료들에게 즉각 연락을 취했다. 1986년 6월 지재권위원회는 영국산업연맹, 독일경제인총연합회, 프랑스경영자협회를 만났고, 이들을 통해 유럽경영자연합을 만났다.[7] 7월에 지재권위원회는 일본으로 날아가 일본경제단체연합회를 만났다.[8] 지재권위원회는 미국과 유럽, 일본의 공동 합의가 개도국의 지재권 "도적질"에 재갈을 물리는 데 긍정적인 효과가 있기를 바랐다.

처음에 유럽경영자연합과 일본경제단체연합회의 반응은 기껏해야 미온적이었고, 지재권위원회의 활동에 동참하는 데 난색을 표했다. 프래트가 지적한 것처럼, 이들 단체는 "지재권은 가트의 일부로 삼기에는 너무 새로운 주제이며 우루과이 라운드에 어울리지 않는다고 생각했다"(Edmund Pratt, Ostry 1990, 23에서 인용). 유럽과 일본 기업은 농업과 같은 민감 사안을 포함해서 그렇지 않아도 난해한 협상 주제를 미리부터 걱정했던 것이다. 이들은 또한 지재권을 가트에 포함시키자는 제안에 개도국이 반대한다는 점을 알고 있었다. 지재권위원회는 유럽과 일본의 동료들과 일련의 회의를 열어 이들의 태도를 바꾸려 노력했다.

이 회의에서 지재권위원회는 지재권 문제가 정부에만 맡기기에는 너무나 중요하다는 점을 강조했다.[9] 이들은 산업계가 최적의 행동 경로에 따라 판단을 하고 정부에 무엇을 해야 하는지 알려야 한다고 강조했다. 지재권위원회는 당시 여러 지재권 조약을 담당하고 있는 세계지재권기구가 개도국의

---

7 유럽경영자연합은 유럽의 경제계와 산업계를 대변하는 유럽 제도 하의 공식 기구로서, 22개국의 33개 회원사 협회로 구성되고 브뤼셀에 사무국을 두고 있다.
8 일본경제단체연합회는 민간 비영리 경제 기구로 일본에서 활동하는 거의 모든 경제 주체를 대표한다. 이 기구는 일본과 해외에 있는 공공 부문과 사적 부문과 긴밀한 관계를 유지하고 있다.
9 달리 표시하지 않는 한, 다음 세 단락은 저자가 골린과 가진 면담에 기초한 것이다.

특수 이해에 지나치게 매몰되어 있기 때문에, 지재권 문제를 담당하기에 적합하지 않다고 강조했다. 유엔 기구의 하나인 세계지재권기구는 일국 일표 방식이기 때문에 "지재권의 도적질을 부추기는"(Edmund Pratt, Ostry 1990, 24에서 인용) 대다수 개도국의 이해를 지지할 수밖에 없는 운명이라는 것이다. 지재권에 관계된 전문기구라는 세계지재권기구의 가치는 인정하면서도 지재권위원회는 지재권이 본질적으로 무역과 투자의 문제이기 때문에 지재권을 가트가 관장하는 것이 타당하다고 주장했다.

지재권위원회는 또한 "당신들도 브라질에서 골치를 앓고 있지 않느냐?"는 질문을 던지거나, 공통으로 겪는 어려움을 부각시켜 무역에 기반을 둔 지재권 접근 방식이 유리하다며 유럽과 일본의 동료들을 설득했다. 지재권위원회는 지재권 해적질로 인한 막대한 손해와 양자 협상을 통해 거둔 성과를 부각했다. 지재권위원회는 지재권 "도둑질"이 얼마나 심각한지 구체적인 자료를 통해 설명했으며, 지적 재산의 무단 이용이 선진국의 향후 번영에 큰 위협이 될 것이라는 점을 강조했다. 미국 기업들이 만들어 준 국제무역위원회 자료를 이용해, 지재권위원회는 미국 기업들이 입은 손실이 238억 달러로 매출의 2.7퍼센트에 달한다고 주장했다. 지재권위원회는 외국의 부적절한 지재권 집행으로 말미암아 1986년 한해에만 미국 산업계 전체가 430억 달러에서 610억 달러의 손실을 입었다는 국제무역위원회 자료를 인용했다 (IPC, Keidanren and UNICE 1988, 12-13).

마지막으로 지재권위원회는 가트 내에서 성사될 수 있는 최소 보호 기준, 집행 조항, 분쟁 해결 절차에 관한 광범위한 합의안을 제시했다. 자신들이 제안한 가트에 기반을 둔 방식을 채택하면, 지재권 위반을 좀 더 투명하게 해결할 수 있고 지재권 침해에 대한 직접적인 협의와 조정 절차를 활용할 수 있으며, 집행 체계를 도입할 수 있기 때문에 세계지재권기구의 문제점을 해결할 수 있다는 것이다. 또한 지재권위원회는 가트를 통한 지재권 협정은 "일방적 보복 조치의 필요성을 줄여 주기 때문에, 좀 더 평온한 무역 관계를 복원하는 데에도 큰 기여를 할 것"이라고 주장했다(Edmund Pratt, Ostry 1990, 24에서 인용).

마침내 지재권위원회는 유럽과 일본의 산업계 동료들의 합의와 동참을 이끌어 냈고 이들은 우루과이 라운드 협상 개시에 맞추어 자국 정부를 설득하기로 약속했다. 프래트는 미국과 유럽, 일본 기업 공동체의 이런 공동 행동은 국제 기업 공동체의 무역 협상 참여에서 획기적인 전기를 보여 준 사건이라고 평가한다(Drahos 1995, 13). 유럽경영자연합과 일본경제단체연합회는 얼마 남지 않은 짧은 기간 동안에 자국 정부에 자신들의 요구를 관철하는 데 성공했다. 9월에 새로운 무역 협상이 시작되기 전에 이미 미국, 일본, 유럽은 가트에 지재권 협정을 포함시킬 단합된 배후 세력이었다.

그러나 푼타델에스테 회의가 시작되었을 때 몇몇 서방 대표들은 여전히 지재권위원회가 주장하는 것보다 완화된 방식의 지재권 조항을 지지했다. 이들은 가트 도쿄 라운드의 결과로 나온 1982년의 위조상품방지조약에 대한 초안을 부활시키는 것을 더 선호했고, 지재권에 관한 포괄적인 제안은 추후의 협상 라운드로 넘기자고 했다. 실제로, 지재권위원회의 노력에도 불구하고 유럽과 일본의 산업 협회들과 이들 정부는 처음부터 광범위한 지재권 협정에 동의하려고 하지는 않았다. 이들은 가트가 지재권 문제를 다룰 가장 적절한 기구인지 확신하지 못했으며, 협상을 위기로 몰아간 민감 쟁점들이 많이 있었다. 그러나 시간이 지나면서 유럽과 일본 기업들은 이런 제한적인 전략을 포기하는데, 그 이유는 "오히려 모든 것을 포함하는 더 광범위한 조약에 대한 협상을 전개함으로써 위조상품방지조약이 동력을 얻을 수 있겠다"고 봤기 때문이다(Emmert 1990, 1939).[10]

미국에서 지재권위원회는 국제지재권연맹과 긴밀히 협조해 서로의 입장을 조율하고 정부를 설득했다. 미국 특허청과 무역대표부도 긴밀히 협조해 미국의 지재권 의제를 추진했다. 미국의 트립스 협상 수석대표였던 마이크 커크Mike Kirk는 "열성적인 지지자"였다.[11] 협상의 전 과정에 걸쳐 지재권위원회는 미국 행정부, 의회와 협의를 했는데, 1988년 지재권위원회 보고서에 따르면 지재권위원회와 상무부 및 미국무역대표부의 긴밀한 관계를 통해 협상의 전 과정에서 미국의 입장과 구체적인 제안을 만들 수 있었다고 한다(Drahos 1995, 13). 실제로 지재권위원회의 여러 회원 기업들이 무역협상자문위원회에 위원으로 참여하거나 지재권 문제에 관한 미국무역대표부의 공식자문관이었다(미국 제약 연구 및 제조사 협회, 화이자, 다우Dow, 존슨앤드존슨, 머크, 듀폰, 몬산토, 프록터앤갬블의 고위 임원들)(Kosterlitz 1993, 398; Weisman 1996, 1076). 제네바에 있는 동안 미국의 협상단은 지재권위원회, 국제지재권연맹, 미국 제약 연구 및 제조사 협회와 자주 접촉했는데, 이들은 꼼꼼하고 구체적인 분석과 제안을 준비해 주었다(Ryan 1998a, 564; Ostry 1990, 23). 미국의 산업계, 특히 지재권위원회는 우루과이 라운드에서 강력한 동반자를 가지고 있었다. 바로 무역협상자문위원회의 의장 자격으로 우루과이 라운드 미국 공식 대표단의 자문관이었던 에드먼드 프래트였다. 사적 부문은 가트에서 공식적인 지위가 없기 때문에 이것은 행운이었다. 유럽경영자연합과 일본경제단체연합회는 협상 전 과정에 걸쳐 제네바에서 유럽과 일본의 기업들을 대표했다.

---

10 개도국의 반대를 염려한 독일이 "멕시코와 같은 나라들이 트립스에 반대하지 않도록 어떻게 설득할 것이냐"고 묻자, 국제지재권연맹은 멕시코의 무역 의존도를 언급하면서 "멕시코는 걱정하지 말라. 그들은 이미 우리 손아귀에 있다"고 대답했다(Braithwaite and Drahos 2000, 215).
11 저자와 골린의 면담.

지재권위원회, 유럽경영자연합, 일본경제단체연합회는 지속적인 협력 작업을 통해 가트의 지재권 조약을 총의 방식으로 추진하기로 했다. 산업계 대표들은 1986년 10월과 11월에 회동해 합의 문서를 작성하고 이를 자국 대표와 가트 사무국에 전달했다. 가트 조약에 관한 구체적인 제안서를 만드는 과정에서 참가자들은 다양한 형태의 지적 재산과 관련된 여러 산업계를 골고루 대표하기 위해 노력했다(Enyart 1990, 55). 1987년 10월 미국무역대표부는 제네바에서 지재권 협정의 협상 목적을 달성하기 위한 제안서를 제출했으며, 1987년 11월에 유럽과 일본은 지재권 협정을 위한 구체적인 제안을 상정했고 이에 따라 트립스를 달성하려는 노력은 상당한 동력을 얻었다 (Damschroder 1988, 398).

1988년 6월 이 "삼두 그룹"은 '지재권에 관한 가트 조항의 기본 골격'Basic Framework of GATT Provisions on Intellectual Property을 담은 문서를 발표했다(IPC, Keidanren and UNICE 1988). 최종 트립스 협정의 기초가 된 이 문서는 지재권 보호의 최소 기준과, 집행 및 분쟁 해결 조항을 다룬 골린의 1985년 문서와 놀라울 정도로 닮아 있었다. 한편 이 문서는 일종의 타협안이 포함된 합의 문서였다. 예를 들면 미국의 제약 업계는 강제 실시와 관련된 조항에 완전히 만족하지 않았지만 지재권위원회는 유럽과 일본을 한 배에 태우기 위해 양보했다. 또한 지재권 협정에 가능한 한 많은 참여를 유도하기 위해 유럽의 산업계는 개도국을 위한 기술 지원과 유예기간과 같은 특혜 조치를 두자고 주장했다(IPC, Keidanren and UNICE 1988, 27). 이런 과정을 거쳐 합의 문서를 만든 지재권위원회와 일본경제단체연합회, 유럽경영자연합이 해야 할 다음 과제는 자국의 다른 산업계와 기업들을 설득하는 것이었다(Enyart 1990, 55). 지재권위원회에게 이 과제는 매우 쉬웠다. 왜냐하면 미국 정부가 지재권위원회의 요구를 그대로 수용했고 1988년 6월의 '기본 골격 문서'를 미국 정부의 입장인 것처럼 배포했기 때문이다.[12] 또한 미국의 그것과는 차이를 보이는 일본, 유럽의 정부-기업 관계는, 이 삼두집단이 자신들의 제안에 대해 정부 차원의 지원을 보장받는 데에는 큰 문제가 되지 않았다.

가트 협상과 트립스 협정

1986년에서 1989년 4월 사이, 통상 협상에서 지재권 문제는 교착 상태에 있었다. 인도와 브라질이 주도한 소위 "10개국 그룹"의 개도국들은 지재권을 가트에 포함시키는 것에 격렬히 반대했고[13] 미국은 통상법을 다시 개정해 압박 수위를 높였다. 1988년 미국은 통상 기반의 지재권 접근 태도를 강화했다. 산업계의 로비를 받은 의회는 301조를 좀 더 공격적으로 활용할 수 있는 개정법을 통과시켰다. 민간 영역은 자신들이 추진했던 변화를 개정법을 통해 확보했고, 이 개정법이 제공한 새로운 무기 즉, 신속한 보복과 더 강력한 응징이라는 무기를 특히 신흥 산업국가들을 상대로 활용하기에 이른다. 이런 미국의 공격적인 전략에 브라질이 즉각 정면으로 맞섰다는 점은 의미심장하다. 미국제약협회는 브라질이 의약품에 대한 특허를 보호하지 않는다는 이유로 301조 청원 작업에 착수했다. 브라질이 자국의 지재권 법을 바꾸지 않겠다고 하자, 1989년 미국은 브라질의 의약품과 제지품, 가전제품에 대한 100퍼센트 보복 관세(총 3,900달러)를 부과했다.[14]

---

12 저자와 골린의 면담.
13 10개국 그룹에는 아르헨티나, 브라질, 쿠바, 이집트, 인도, 니카라과, 나이지리아, 페루, 탄자니아, 유고슬라비아가 포함되어 있었다.
14 n.a. "Differences Over Code on Patents," Latin American Regional Reports - Brazil,

1988년 12월 협상가들은 라운드의 중간 점검을 위해 몬트리올에 모였다. 그러나 이 회의는 농업 분야의 장기적인 개혁 문제와 지재권 문제를 둘러싼 교착으로 공식 결론 없이 막을 내렸다. 무역협상위원회TNC: Trade Negotiation Committee는 지재권 협정의 골격과 구체적인 기준의 협상 양허에 대한 합의에 노력했다. 무역협상위원회는 협상국 사이의 견해차를 좁히는 데에는 상당한 성과를 거두었지만, 브라질과 인도가 끝까지 강경한 반대 입장을 고수하면서 중간 평가 회의의 목적은 달성하지 못했다(Stewart 1993, 2268-2269).

트립스 협상이 진전 없이 제자리걸음을 하는 동안에도 지재권위원회는 다방면의 노력을 계속 이어갔다. 지재권위원회는 산업 동맹과 협력 관계를 유지했고, 가트 사무국을 설득하는 데에 집중했다. 지재권은 가트 사무국에는 낯선 사안이었다. 사무국의 몇몇 직원들은 공정 무역과 특권적 독점(지재권) 사이에는 본질적으로 긴장이 존재하는 점을 알고 있었지만, 트립스를 이런 관점에서 체계적으로 분석하지는 못하고 "'협상의 긴요함'에 끌려갈" 뿐이었다(Drahos 1995, 14). 지재권위원회가 유럽 및 일본의 동료들과 협상할 때 그랬던 것처럼, 협상가들은 1985년의 골린 문서를 인용하며 소수만 참가하는 고립된 위원회에서 복수국 간 합의를 도출하기 위해 노력했다. 지재권위원회는 가트 내의 합의 도출 방식을 모방했고, 두 개의 소그룹 즉, "지재권 친구" 그룹과 4개국 그룹Quad countries15(가장 강력한 고립 위원회)이 트립스 협정 문안의 작성에 결정적인 기여를 했다(Drahos 1995, 14).

1989년 4월이 되면, 개도국의 주도 국가들은 가트가 지재권을 관장할 수도 있으며 무역 관련 지재권 문제를 모두 포괄하는 종합적인 협정을 논의할

RB-91-04 (London: Latin American Newsletters, May 2, 1991), p. 4.
15 [옮긴이] 미국, 유럽연합, 일본, 캐나다를 말하며, '쿼드국'이라고도 함.

수도 있다는 점을 수용하기에 이른다. 4월의 제네바 회의에서 각국 대표단은, 가트 규범이 지재권 문제에 적용될 수 있다는 점을 승인하고 협상 라운드를 계속할 것을 확인하는 선언을 채택한다(Emmert 1990, 1374). 계속 반대하던 인도는 9월 12일 우루과이 라운드 틀 내에서 무역 관련 지재권의 국제적인 이행을 원칙적으로 받아들인다고 발표했다. 이런 돌파구가 마련되자 협상은 좀 더 집중적인 국면으로 접어들고 많은 개도국들이 논의에 참여하게 되었다(Evans 1994, 170).

비타협적이었던 개도국이 협력하게 된 데에는 여러 이유가 있었다. 첫째, 개도국들은 미국으로부터 301조와 일반특혜관세제도 조치에 따른 압박이 점점 커지고 있음을 경험했다. 브라질뿐만 아니라, 미국은 한국도 301조의 표적으로 삼았다. 많은 개도국들은 트립스에 협조하면 301조 압력이 줄어들 것이라고 기대했다. 동아시아 신흥 개발국들은 1988년 5월 미국의 개도국 명단에서 공식적으로 제외되면서 일반특혜관세제도 혜택을 더는 받지 못하는 처지에 놓였으며 인도는 미국으로부터 트립스 협정에 대한 반대를 철회하라는 압력을 강하게 받고 있는 상황이었다. 가트의 지재권 논쟁을 접한 개도국들은 처음에는 세계지재권기구와 가트 가운데 하나를 선택해야 하는 것으로 이해했으나, 실제로는 가트와 미국무역대표부 가운데 하나를 선택해야 한다는 것을 깨달았다(Ryan 1998a, 556). 또한 미국과 캐나다, 멕시코의 자유무역협정 체결에서는 강력한 지재권 조항이 포함되어 있었다.[16] 가트의 지

---

16 지재권위원회는 어김없이 북미자유무역협정에도 긴밀하게 개입했다. 당시 지재권위원회가 미국무역대표부에 보낸 서한이 캐나다에서 발각되었는데, 여기에는 "북미자유무역협정에 포함되어야 할 미국 기업이 원하는 구체적인 요구와 협상 지침이 포함되어 있었다. …… 북미자유무역협정에서 미국 기업이 특허 조항을 획득하는 데에 성공한 얘기는 엘리 릴리(Eli Lilly and Company) 제약사의 부대표이사였던 에드거 데이비스(Edgar G. Davis)가 요약한 바 있다. …… 데이비스는 북미자유무역협정에 특허 조항을 집어넣은 것은 '산업계가 통일된 행동을 취하면 무엇을 달성

재권 제안에 결국에는 동의한 많은 라틴아메리카 국가들은 지재권에 대한 양보는 일종의 입장료라고 생각했다(Drahos 1995, 15). 301조의 대상이 아니었던 작은 나라들은 북미자유무역협정과 이와 유사한 무역 블록들이 등장하기 시작하자 다른 차원의 우려를 했고 결국 트립스와 라운드를 전체적으로 지지하게 되었다. 어떤 지역 협정에도 끼지 못했던 이들 나라는 광범위한 시장 접근이 경제 부흥에 필수적이라고 판단했고, 그 결과 여러 지역 블록으로부터 생긴 차별적인 무역 관행에 대처하기 위한 방편으로 강력한 자유화 조치를 받아들였다(Whalley 1995, 305-326). 또한 개도국들은 강력한 지재권 보호의 대가로 농업과 섬유에 대한 매우 폭넓은 시장 개방을 약속받았다.

개도국이 지재권 조약에 타협한 또 다른 이유는 지재권에 대한 경험과 전문 지식이 매우 불일치했다는 점이다. 인도와 브라질은 협상 중에 여러 역제안을 만들어 지재권자가 자신의 발명을 개도국 내에서 "실시"하도록 의무를 부과하는 문제를 제기하고, 공공의 이익, 특허 기간의 단축 등을 강조했다. 그러나 지재권에 관한 전문적인 경험을 가진 미국 기업의 자문단은 이런 역제안을 비판했다. "개도국의 역제안이 가트 내의 고립된 위원회로 회부되면, 지재권위원회와 국제지재권연맹과 같은 단체와, 3인조 기업집단 및 선진국들은 서로 협조해 이 제안을 비판하고 기각시켰다"(Drahos 1995, 15). 드라호스는 역제안의 수용 거부는 단순한 역학 관계만으로는 설명할 수 없으며, 개도국 대표들이 지재권과 지재권 라이선싱 분야의 풋내기들이었다는 사실을 강조한다. 기술적이고 법률적인 전문성에서 나오는 권위로 말미암아 선진국 협상가들은 개도국 협상가들을 압도했고 전문 지식의 훈육 효과에 지배되게 만들었다(Drahos 1995, 15).

할 수 있는지를 보여 주는 멋진 조치였다"고 자랑한다(Weismann 1996, 1082).

1989년이 되면 개도국의 저항은 마침내 진압된다. 1989년 말 협상단들은 지재권 협정에 합치하는 조치를 취하는 개도국에 대해서는 유예기간을 둔다는 합의에 도달했다. 이제부터 트립스 협정은 남북 대립의 교착 상태에서 벗어나 구체적인 조항을 둘러싼 미국과 유럽, 미국과 일본 사이의 힘든 흥정으로 변했다.

지재권위원회, 유럽경영자연합, 일본경제단체연합회는 이들이 만든 3자 합의문에 반영된 다자간 지재권 협정의 본질에 대해서는 큰 틀에서 합의했지만, 구체적인 조항의 문구를 둘러싼 입장에는 차이가 있었다. 그래서 이른바 "북-북" 문제가 남은 협상을 지배하기 시작했다. 유럽은 기본적으로 유럽의 지재권 정책의 특성들을 미국이 수용하라고 요구했고, 미국은 미국과 일본 간의 실무 관행의 차이점에 대해 문제를 제기했다(Stewart 1993, 2313). 유럽공동체는 1990년 1월부터 미해결 차이점을 해소하기 위한 주도적인 역할을 했고 새로운 협상 국면에서 포괄적인 초안 문서를 맨 먼저 내놓았다(Evans 1994, 171).

1990년 내내 미국과 유럽은 특허 보호 대상의 예외를 둘러싸고 충돌했다. 미국과 일본, 스칸디나비아 국가, 스위스는 특허 보호 대상에 어떤 예외도 두지 말자고 제안했다. 유럽공동체와 개도국의 제안 문서에는 "공공 정책과 공중 보건에 반하는 발명이나, 식물 또는 동물의 품종이나 이들을 생산하는 생물학적 방법"이 특허 대상의 예외로 포함되어 있었다(Stewart 1993, 2273). 유럽공동체와 개도국이 열거한 예외들[트립스 협정 제27(3)조에 반영됨]은 급속히 발전하는 미국의 생명 공학 산업에 대한 직접적인 도전으로 간주되었다. 미국의 생명 공학 기업들은 그들의 기술에 대한 특허 보호가 없다면 사업을 위해 투자한 모험 자본을 회수하기 어렵다고 주장했다. 미국의 법률은 생명체에 대한 특허를 인정하고 있는데(예를 들면, 악명 높은 "하버드 마우스"),[17] 생명체에 특허를 부여한다는 생각은 많은 유럽 국가들의 도덕적 기준에 어긋나는 것이었고, 여러 유럽 국가에서 막강한 영향력을 가진 성당은 미국 법의 태도를 경멸하고 있었다.[18] 또한 생명체에 대한 특허 그 자체는 발명에 관한 논쟁, 발명의 신규성에 관한 논쟁, 자연물에 대한 특허 인정이 과연 적합한지에 관한 논쟁을 불러일으켰다. 트립스 협정은 1973년 유럽 특허 조약 European Patent Convention을 따랐는데, 이것은 '미시 생물학적 방법'micro-biological process에 대해서만 특허를 인정하고 '거시 생물학적 방법'macro-biological process에 대해서는 특허를 인정하지 않는다. 따라서 '생물학적 방법이 아닌 미생물학적 방법'과 '미생물'은 특허 보호를 받을 수 있으나, 고등 생명체는 특허를 보호받을 수 없다(Reichman 1993, 192-193).

유럽공동체와 스위스는 또한 원산지 명칭을 포함한 지리적 표시에 대한 강력한 보호를 요구했다. 프랑스와 이탈리아, 에스파냐, 스위스에 있는 포도주와 증류주 기업들의 요구로 유럽은 "지리적 표시"를 좁게 정의해 예컨대, 보르도Bordeaux[19]에서 재배한 포도로 만든 포도주에만 "보르도"란 명칭을 사용할 수 있게 하려고 했다. 미국은 원산지 명칭 중 "보통 명칭이 아닌"non-ge-

---

17 다이아몬드 사건(Diamond v. Charkrabaty)(447 US 303 (1980))에서 미국 대법원은 유전적으로 변형된 살아 있는 미생물도 특허를 받을 수 있다는 판결을 한다. 미생물 특허에 관한 최초의 선례를 확립한 이 판결은 생명체로 특허권이 확장되는 결과를 낳았다. 1987년 하버드(Harvard) 연구원인 필립 레더(Philip Leder)와 티머시 스튜어트(Timothy Stewart)는 생쥐의 난자에 암 유전자를 이식해 암 연구를 위한 변종 생쥐를 개발해 이식유전자 생쥐(하버드 마우스)에 대한 특허권을 취득했다.
[옮긴이] 하버드 마우스에 대해 캐나다 대법원은 2002년 12월 특허를 인정할 수 없다는 판결을 한 바 있다.
18 유럽과 일본의 생명 공학 회사들은 미국 기업들과 제휴해 미국에서 제품의 연구 개발을 함으로써 자국의 엄격한 법적 환경에 대처했다. 많은 독일 기업들은 법적 환경과 정치적 분위기가 우호적인 미국으로 연구 시설을 이전했다(Tancer 1995, 159).
19 [옮긴이] 포도주 산지의 중심지인 프랑스 남부 항구도시의 이름.

neric 것만 보호하자고 했는데, 예를 들면 "샴페인"은 보편적으로 사용되고 있기 때문에 보통 명칭이라는 것이다. 유럽은 지리적 표시가 보통 명칭으로 되는 것을 방지하는 각국의 조치를 협정문에 포함시키자고 했다. 이 문제에 관해 미국과 유럽이 합의를 보려고 했던 1990년 중반까지 트립스 협상은 교착 상태에 있었다.

협상 라운드를 종결짓기로 되어 있던 1990년 12월의 브뤼셀 각료 회의를 준비하던 1990년 내내 트립스 협상 그룹은 회의를 이어 갔다. 1990년 5월, 미국과 유럽공동체, 일본, 스위스, 인도(14개 개도국을 대표함)는 각자의 초안을 협상 테이블에 올려놓고 5개 협정안을 논의했지만 협정 이행을 위한 제도적 장치에 대해 합의하지 못했다(Evans 1994, 171). 협상 그룹 의장이던 스웨덴 대사 라르스 아넬Lars Anell은, 1990년 7월 협상 진행 경과에 대한 명백한 청사진을 제시하는 문서를 직접 작성해 배포하기도 했다. 1990년 후반기에는 협상 강도가 높아졌다. 트립스 협정의 브뤼셀 초안은 1990년 11월 22일까지의 논의를 반영했으며 상당한 진전을 보여 주었다. 미해결 쟁점은 저작 인격권 문제,[20] 컴퓨터 프로그램에 대한 저작권 보호 문제, 실연자[21]와 방송 사업자의 보호 문제, 음반의 보호 기간, 식물 품종을 보호할 것인지, 보호를 한다면 특허로 보호할 것인지 다른 권리로 보호할 것인지의 문제, 트립스의 가트 적용 문제, 분쟁 해결 절차를 어느 정도로 적용할 것인지의 문제 등이었다(Stewart 1993, 2276).

그러나 1990년 12월 7일 유럽공동체와 농업 수출국인 케언스 그룹Cairns

---

[20] [옮긴이] 저작권에는 저작 재산권과 저작 인격권이 있다. 저작 인격권은 저자의 인격적 권리를 보호하는데, 작품을 공개할 것인지 결정할 권리, 작품에 저자로 표시될 권리, 작품의 내용이 훼손되지 않도록 할 권리(동일성 유지권) 등은 저작 인격권이다.
[21] [옮긴이] 실연자란 가수, 연주자, 연기자를 말한다.

Group,22 미국 사이의 농업 보조금 논의가 교착 상태에 빠지면서 우루과이 라운드 협상은 브뤼셀에서 결렬되었다. 트립스 논의는 협상 라운드의 전체 진행과 연계되어 있었기 때문에, 농업 문제의 교착으로 트립스 논의도 추진력이 약해졌다. 이것은 35개국 또는 그 이상이 막후 협상에 참가하는 소위 '그린룸'green room23 협상이 끝났음을 의미한다.24 1991년 4월 라틴아메리카가 퇴장했다. 이 시점에서 가트 사무총장인 아서 던켈Arthur Dunkel이 협상 진행을 떠맡았다. 그는 각국의 당초 우려를 해소할 목적으로 초안 검토를 위한 "10대 10"(10개의 선진국과 10개 개도국) 비공식 작업반을 만들었다(Evans 1994, 173). 이제 더 이상 막후 협상은 없었지만, 던켈은 쟁점 사안에 대해 당사국들이 대응하고 답변을 하도록 하는 태도를 취했다. 라운드가 재개되고 트립스 협상 그룹은 1991년 6월 말에 회의를 다시 열었다. 골린에 따르면 1991년은 협상의 팽팽한 긴장감이 도는 해였다. 지재권위원회는 의도적으로 로비 활동을 중단했고 공식적인 미국 협상단에게 모든 진행을 맡겼다. 지재권위원회는 미국 협상 팀의 배후에서 비밀리에 작업한다는 인상을 주지 않으려고 했다. 농업과 서비스가 특히 가시밭길이었다. 1991년 하반기에 트립스 협

---

22 [옮긴이] 케언스(Cairns)는 오스트레일리아 동북부에 있는 도시로, 농업 무역자유화를 위해 로비 활동을 하는 농산물 수출국들의 모임이 우루과이 협상이 시작되기 직전에 오스트레일리아의 케언스에서 형성된 데서 유래한다. 케언스 그룹의 회원으로는 오스트레일리아, 아르헨티나, 브라질, 캐나다, 칠레, 콜롬비아, 피지, 인도네시아, 말레이시아, 뉴질랜드, 파라과이, 필리핀, 남아프리카, 타이 및 우루과이 등 15개국이다.
23 [옮긴이] '그린룸'은 스위스 제네바에 있는 세계무역기구 사무국 건물 3층 사무총장실 바로 옆방 회의실을 말하는데, 이 회의실의 벽지 등이 초록색이어서 붙여진 별칭이다. 10명 정도가 앉을 수 있는 이 방은 세계무역기구 사무총장이 합의가 어려운 현안에 대해 이해가 대립하는 국가의 대표들을 불러 막판 합의를 자주 이끌어내 그 중요성이 부각됐다['함께하는 시민행동' 시민사회운동 자료실(http://feed.action.or.kr) 참조].
24 저자와 골린의 면담.

상 과정 대부분은 이제 공식적인 협상에서 비공식적인 "4자" 그룹(미국, 유럽 공동체, 일본, 캐나다)과 양자 간 회의로 이동했는데, 그 이유는 당시 주요 이견 이 유럽과 미국, 일본 사이에서 있었기 때문이다(Stewart 1993, 2280).

주요 현안에는 저작권 쟁점이 포함되어 있었으며, 국제지재권연맹과 미 국영화산업협회는 비디오에 부과되는 이용료[25]에 대한 프랑스의 제도에 관 심이 많았고, 음반사들은 일본의 음반 대여 산업에 반대를 표명했다. 지재권 위원회의 프래트는 일본의 실무에 대해 의회에서 진술할 때, 일본의 대여 사 업은 "실질적으로 해적판을 만드는 라이선스"라고 비판했다(Edmund Pratt, Stewart 1993, 2281-2282에서 인용). 미국의 산업계는 상업적인 대여를 금지할 권리를 음반사에 부여할 것을 원했다.

일본, 특히 일본경제단체연합회는 베른협약에 따른 컴퓨터 소프트웨어 의 저작권 보호를 훨씬 더 강화하려는 미국과 유럽의 제안을 경계했다. 이런 일본의 우려는 일본의 소프트웨어가 미국이나 유럽의 소프트웨어에 비해 정 교하지 못하다는 견해를 반영한 것이었다. 일본은 소프트웨어에 대한 저작 권 보호가 '아이디어'나 '프로그램의 처리 절차'에 대한 보호로 확장될 수 없 다는 점을 명확히 해야 한다고 주장했고, 특히 알고리즘에 대한 저작권 보호

---

25 집중 관리 이용료(collective licensing)라고도 하는 비디오 이용료는 저작물의 저자를 위한 보상 차원으로 징수하는 배포료를 말한다. 프랑스에서는 예컨대 공비디오테이프나 비디오 레코 드를 구입하는 소비자는 소액의 로열티를 지불해야 한다. 이 로열티는 4개 부분으로 나누어, 4분 의 1은 가정용 녹음이나 녹화로 생기는 손실에 대한 보상 차원으로 저자에게 지급된다. 국제지재 권연맹과 미국영화산업협회는 프랑스의 이런 제도에 반대했는데 외국 기업들은 저자로부터 보상 금을 받아야 한다는 것이 이유였다. 국제지재권연맹과 미국영화산업협회는 이런 프랑스의 제도 는 외국의 저작권자를 차별하기 때문에 내국민대우 원칙에 어긋난다고 주장했다(Stewart 1993, 2280-2281).
[옮긴이] 여기서 기업은 주로 음반사나 연예 기획사를 말하는데, 이들은 미국에서는 저작권자로 취급되지만 프랑스에서는 저작 인접권자로 취급 받는다. 이러한 프랑스 제도에 따르면 저작 인접 권자인 기업은 집중 관리 이용료의 로열티를 받을 수 없다.

를 반대했다(Matsushita 1992, 94; Correa 1994, 545). 이런 논의 절차를 거쳐, 최종 협정문은 저작권 보호가 '표현'에는 적용되지만, 사상이나 절차, 운용 방법 또는 수학적 개념 그 자체에는 적용되지 않는다고 규정했다(1994, TRIPS, Art. 9(2)).

가트 협상이 1991년 9월에 재개되었지만 당사국들은 합의에 도달하지 못했다. 11월에 무역협상위원회 의장인 던켈은 협상에 관한 자신의 생각을 담은 문서를 배포했다.[26] 던켈은 합의가 필요한 세 가지 쟁점을 지목했는데, ① 지재권 보호 기준의 수준과 성격, 예를 들면, 특허 보호 기간, 포도주나 증류주에 대해 지리적 표시를 통한 추가 보호 여부, 저작권의 경우에는 컴퓨터 프로그램의 보호 성격과 대여권의 문제, ② 개도국에 대한 이행 유예기간, ③ 국제적인 집행을 위한 제도적 틀이 그것이었다.

라운드를 유지하고 협상을 진전시키려 노력했던 던켈은 12월에 각 분야의 협상 결과를 담은 초안을 내놓았다. 이 초안에는 "미결정 쟁점에 대한 중재 해결책을 협상단에 제공하는" 새로운 트립스 문안이 포함되어 있었다(Stewart 1993, 2282). 던켈은 이 초안을 협상국에게 제시하며, 소위 '던켈 초안'[27]을 다 받든지 다 거부하든지 선택하라고 요구했다. 다음 2년 동안, 던켈 초안은 지재권을 제대로 취급하지 못했다는 호된 비난을 받았다. 미국에서는 지재권위원회, 국제지재권연맹, 미국 제약 연구 및 제조사 협회, 미국영화산업협회 모두가 의회에서 던켈 초안의 문제점을 진술했고, 미국무역대표부를

---

26 "Progress of Work in Negotiating Groups: Stock-Taking" GATT Doc. No. MTN. TNC/W/89/Add. 1(November 7, 1991).

27 Draft Final Act Embodying the Results of the Uruguay Round of Multilateral Trade Negotiations, GATT Doc. No. MTN.TNC/W/FA (December 20 1991)의 Agreement on Trade-Related Aspects of Intellectual Property Rights, Including Trade in Counterfeit Goods (Annex III).

통한 공격적인 301조 전략을 계속 추구했다. 이들의 불만은 뒤에서 자세히 언급하겠지만, 모두 개도국에 대한 과도기 조항 즉, 유예기간에 대한 반대였다. 그러나 이런 불만은 전체 맥락에서 이해해야 한다. 로버트 와이스먼Robert Weissman은 제약 산업을 지목하면서 "제약사들이 10년간의 유예기간을 떠들썩하게 반대하는 것은 그들이 얼마나 많은 것을 얻었는지를 감추려는 것이다. 제약사들은 논쟁 지점을 완전히 장악했고, 이제 논란이 되는 것은 세계의 나머지 국가들이 엄격한 특허 규정을 채택해야 하느냐 마느냐가 아니라 **언제** 채택하느냐다"(Weissman 1996, 1084-1085, 강조는 추가). 한편 게일 에번스 Gail Evans의 설명에 따르면, 협상의 피로감과 매몰비용sunk cost, 침체된 세계경제, 갑자기 나타난 보호주의에 대한 두려움 등이 겹치면서 협상단들은 라운드를 서둘러 종결지으려 했다(Evans 1994, 174). 협상 당사국들은 결국 '던켈 초안'에 합의를 했고 우루과이 라운드는 1994년 4월 15일에 성공적인 막을 내린다.

지재권위원회는 가트 우루과이 라운드의 트립스 협정에서 그들이 원했던 대부분을 얻었다. 골린에 따르면 개도국에 대한 장기간의 유예기간만 제외하면 지재권위원회는 애초에 바랐던 95퍼센트를 가져갔다.[28] 지재권위원회가 특별히 만족했던 것은 이행 조항이었다. 최종 협정문에 산업계 대표들의 요구가 분명하게 반영되었던 것이다. 예를 들면, 트립스 협정은 내국민대우와 협정 제33조를 강제 조항으로 만들어 특허권의 보호 기간을 특허출원일로부터 최소 20년으로 정했다.[29] 또한 트립스 협정은 방법 특허의 침해 사

---

28 저자와 골린의 면담.

29 Office of US Trade Representative, The 1994 General Agreement on Tariffs and Trade, Annex 1(c), "Agreement on Trade-Related Aspects of Intellectual Property, Including Trade in Counterfeit Goods," August 27, 1994, Articles 3(1), 27(1), and 33 of

건에서 입증 책임을 침해자에게 전환했는데, 이로 인해 화학 기업과 제약사들은 이득을 보게 되었다. 즉, 예전에는 특허침해에 대한 입증 책임을 특허권자가 부담했으나, 이제는 침해자로 지목된 피고가 자신이 사용한 방법은 특허된 방법과 실질적으로 다른 방법이란 점을 입증해야 한다(Kent 1993, 179; 트립스 제34조). 또한 트립스 협정은 강제 실시권을 독점적인 실시권이 되지 못하도록 하였고 강제 실시의 조건과 범위를 제한해 강제 실시의 발동을 어렵게 만들었다(트립스 제31조). 이것은 중대한 변화다. 왜냐하면 과거에는 여러 개도국이 독점적 강제 실시를 발동할 권리를 가지고 있었는데, 제3자에게 독점적 강제 실시권이 부여되면 특허권자도 자신의 발명을 이용할 수 없었기 때문이다. 당시 개도국의 정책 담당자들은 외국 기업들이 개도국에 특허를 출원하는 목적은 오로지 개도국이 특허 발명을 이용하지 못하도록 막고 개도국은 특허품의 수입만 할 수 있게 하려는 것이라고 우려하고 있었다. 이처럼 외국 기업이 특허품의 수입을 독점하면 시장가격 이상의 가격을 특허 기술에 지불해야 하는데 이를 피하려면 개도국들이 외국 기업을 상대로 독점적 강제 실시권을 발동할 권한을 가져야 하고, 이 독점적 강제 실시는 외국 기업이 특허 기술을 개도국 내에서 생산적으로 사용하고 특허 독점권을 남용하지 못하게 막는 강력한 정책 수단이라고 믿었다. 그러나 트립스 협정으로 인해 개도국들은 이제 이런 수단을 더는 활용할 수 없게 되었다. 트립스 협정의 강제 실시 조항은 철저한 제재 방식에 비해 다소 완화된 유럽의 방식을 따랐으며 이는 미국의 제약 기업들이 원했던 바였다.

미국 협상단이 특별히 관심을 기울였던 쟁점 가운데 하나는 "저작 인격

---

the TRIPS Agreement를 참조할 것. 이 특허 보호 기간은 삼두 그룹의 1988년 7월 합의에도 포함되어 있던 것이다(IPC, Keidanren and UNICE 1988, 36).

권"이었다. 저작권에 관한 베른협약은 "경제적 권리"와 "인격적 권리"를 모두 다룬다. 유럽 대륙법은 저자가 경세적 권리를 다른 이에게 양도한 후에도 작품에 대한 저자의 인격적 권리를 인정하고 저자의 명예나 명성에 불리한 어떤 왜곡이나 손상에도 반대할 저자의 권리를 인정한다(Correa 1994, 543-544). 이에 비해 미국 법은 경제적 권리만 인정하고 있다. 미국이 1989년 3월 베른협약에 가입했을 때, 미국의 베른협약 이행법에는 저작인접권에 관한 조항(베른협약 제6조의 2)은 제외되었다. 미국은 트립스 협정 논의에서 저작 인격권에 관한 주장을 관철시켰고, 그 결과 트립스 제9(1)조는 저작 인격권을 이행할 의무를 각국에 부여하지 않도록 규정했다.

트립스가 완전히 미국이 만든 협정문이 아니라는 점을 부각하기 위해 유럽과 일본은 그들에게 특히 중요한 몇 가지 사안에서 자신들의 주장을 관철시켰다. 지리적 표시 조항과 원산지 명칭 조항에 포도주와 증류주에 대한 추가 보호가 최종 협정문에 규정되었던 것이다. 프랑스의 비디오 이용료 제도와 일본의 음반 대여 관행에 대해서는, 미국영화산업협회가 "한골을 먹어" 협정 제3조에 비디오 이용료를 인정했고, 음반 대여 문제는 음반사에 상업적 대여를 허용할 것인지 **아니면** 금지할 것인지를 각국이 선택할 수 있도록 타협하는 선에서 해결을 보았다.

의약품의 소위 "파이프라인 보호"에 대한 유럽공동체와 미국의 입장 차이는 파이프라인 보호 조항을 최종 협정문에서 삭제하는 것으로 정리되었다.[30] 협정문 제70(1)조는 파이프라인 보호를 명백히 부인한다. 유럽공동체

---

30 "파이프라인 보호"란 제1국에서 특허 보호를 제공하기 시작한 시점부터 특허권자를 보호하는 제도를 말하는데, 보호 기간은 제2국의 보호 기간과 동일하다. 원래 외국인에 대한 특허 보호는 그 특허가 제1국에서 여전히 새롭고 알려지지 않은 경우에만 가능하다. 그러나 제2국에서 등록된 특허권을 제1국에서 동시에 취득하는 것은 불가능하다. 왜냐하면, 제1국은 아직 의약품을 특허로

는 북미자유무역협정에 들어 있는 파이프라인 보호 조항에 매우 비판적이었다. 북미자유무역협정의 파이프라인 보호 조항에 따르면, "다른 나라에서 의약품 특허 제도를 도입하는 시점에서 의약품이 실제로는 '새로운' 의약품이 아닌 경우에도 제약사가 특허권을 취득할 수 있다"(Tancer 1995, 156). 유럽의 제약 업계는 이 조항은 "이전에는 존재하지 않았던 새로운 장벽을 만들어" 유럽 제약사들이 멕시코 시장에서 진출할 기회를 제한한다며 반대했다(Tancer 1995, 155-156).

또한 트립스 협정은 개도국을 위한 몇 가지 중요한 양보안을 포함하고 있다. 협정 제65조와 제66조는 개도국과 최빈국에 각각 5년과 10년간의 유예 기간을 설정, 이 기간 동안에는 협정을 이행하지 않아도 되도록 했다. 협정 제65조는 의약품과 농화학품에 대한 5년의 추가 유예기간을 인정하고, 개도국과 최빈국에 특히 중요한 품목에 대해 장기간의 과도 기간을 부여했다. 또한 협정 제27(2)조는 다음과 같이 규정한다.

회원국은, 자국 영토 내에서 발명의 상업적 이용을 금지하는 것이, 사람이나

보호하지 않고 있기 때문이다(Tancer 1995, 166).

[옮긴이] 파이프라인(pipeline)의 사전적 의미는 '석유나 가스의 수송관'을 말하지만, 의약품과 관련해 '파이프라인 제품'이란 완제품으로 생산하기 전의 제조 단계 또는 준비 단계에 있는 의약품을 말한다. 그러나 트립스 협상에서 논의된 파이프라인 제품의 보호는 이것과 의미가 다르다. 의약품을 구성하는 물질에 대한 특허권 보호는 나라마다 다르고, 트립스 협정도 선진국과 개도국, 최빈국별로 의약품 특허 제도의 도입 시기를 다르게 정했다. 이렇게 되면 선진국에서 의약품 특허를 받은 다국적 제약사가 개도국이 의약품 특허 제도를 도입한 후에 개도국에 특허를 출원하더라도 권리를 취득할 수 없는 상황이 발생한다. 왜냐하면 개도국에 특허를 출원했을 때에는 이미 그 의약품은 이미 알려진 상태이기 때문이다. 그래서 선진국에서는 이미 특허를 받았고 개도국에서는 특허 보호가 준비 단계에 있는 의약품을 '파이프라인 제품'이란 용어로 포장해, 특별한 보호를 요구했던 것이다. 파이프라인 제품에 대한 특허 보호를 하지 않는 개도국이라 하더라도 5년간의 독점 판매권은 인정해야 한다.

동물 또는 식물의 생명이나 건강을 보호하기 위해 필요한 경우를 포함해, **공공질서**나 공중도덕을 유지하기 위해 또는 환경에 미치는 심각한 피해를 회피하기 위해 필요한 경우에는, 그 발명을 특허 대상에서 제외할 수 있다. 다만, 발명의 상업적 이용을 자국 법률에서 금지한다는 이유만으로 특허 대상에서 제외할 수는 없다(TRIPS 1994; art. 27, para. 2).

협정문 제27(3)(a)조는 동물이나 사람의 치료를 위한 진단 방법, 치료 방법, 수술 방법은 특허 대상에서 제외했고, 제27(3)(b)조는 식물이나 동물 그리고 이들의 생물학적 방법을 특허 대상에서 제외하면서, 다만 식물을 특허 보호에서 제외하는 국가는 보호를 위한 별도의 제도를 두어야 한다고 규정했다. 일부 전문가들은 개도국이 이 조항들을 이용해 의약품 특허 면제 정책을 의도적으로 계속할 것이라고 주장한다(Kent 1993, 176).[31] 농화학품도 "이것의 상업적 활용을 금지하는 것이 더 높은 차원의 공서양속公序良俗 즉, 국민에 대한 적절한 식품의 공급 등과 관련된 경우에는" 이런 예외 적용을 받을 수 있다(Kent 1993, 177). "공서양속"이란 기준은 다양한 해석이 가능하기 때문에, 특허 요건을 판단하는 각국의 재량권을 높여 준다.

최종 협정문의 집행 규정은 미국과 유럽공동체, 스위스의 합의를 반영해 지재권 침해자에 대한 형사 절차를 포함했다. 집행 규정에는 형사, 민사, 행정 절차와 구제에 관한 내용이 포함되었다. 트립스 협정 제64조에는 분쟁해결양허DSU: Dispute Settlement Understanding를 따르도록 명시되어 있는데 이것은 스위스의 제안을 기초로 한 것이고(Stewart 1993, 2312-2313), 구체적인 제도는 협의 절차와 자발적인 중재에서부터 무역 상의 양허 중지까지 포함한다.

우루과이 라운드 협상에서 미국 사적 부문의 주요 목표 가운데 하나는 가

---

31 이런 잠재적인 '허점'의 범위와 한계에 대한 추가 분석은 Weissman(1996, 1100-1101) 참조.

트의 분쟁 해결 절차를 강화하는 것이었다. 이것은 지재권위원회의 의제뿐만 아니라 삼두 그룹의 제안서에서 가장 중요한 사안이었다. 가트의 분쟁해결체계가 약하다는 점은 미국이 301조를 통해 공격적인 일방주의를 추구하게 된 핵심 원인이었다. 과거의 가트 체제에서는 분쟁에서 패소한 국가가 분쟁해결기구의 결정을 수용할 수 없다고 판단하면 이를 거부할 수 있었고, 분쟁을 수년 동안 오래 끌 수 있었으며 '법정 고르기'가 가능했다. 미국의 사적 부문은 좀 더 신속하며 구속력이 강한 결정을 추구했다. 세계무역기구의 분쟁해결체계(DSM: Dispute Settlement Mechanism)에서 미국의 사적 부문은 중대한 승리를 일궜다. 협상단은 분쟁 해결 절차를 관장하는 분쟁해결기구를 설립해 '법정 고르기'를 불가능하게 만들 것에 합의했다. 세계무역기구는 분쟁을 처리하는 엄격한 일정을 정하고, 결정을 기각하겠다는 분쟁해결기구의 만장일치 투표가 없는 한 모든 결정이 강제력을 가지게 했다. 결정에 대한 불복은 세계무역기구에서 새로 만든 항소 기구에서 담당한다. 항소 기구의 결정은 분쟁해결기구가 만장일치로 기각하지 않는 한 강제력을 가진다. 따라서 이제는 "어떤 결정을 기각하려는 다른 국가의 시도를 분쟁에서 이긴 국가가 거부할 수 있게 되었다"(Shell 1995, 850). 또한 분쟁해결체계에 따르면 교차 보복이 가능하게 되어, 예를 들면 지재권이나 서비스 조항을 위반한 국가를 상대로 상품에 대한 제재를 가할 수 있다. 세계무역기구는 패소국이 일정한 기간 내에 의무를 이행하도록 감시할 권한을 가진다. 만약 패소국이 의무를 이행하지 않으면, 세계무역기구는 제소국의 요청에 따라 보복성 무역 제재를 가할 권한을 제소국에 부여한다. 그래서 이런 새로운 분쟁 해결 절차는 사적 부문 행위자들에게 상당한 성과로 평가를 받는다. 사적 부문 행위자들은 이 새로운 규칙의 집행을 도울 새로운 기구를 로비했고, 이들은 다음 장에서 보는 것처럼 이 기구를 실제로 활용할 의지가 충분했다.

트립스 협정에도 불구하고 미국은 지재권을 보호하지 않는 국가를 상대로 한 301조와 일반특혜관세제도 조치를 취할 권한을 여전히 보유하고 있었다. 무역 정책을 위한 지재권에 관한 산업 기능 위원회Industry Functional Advisory Committee on Intellectual Property Rights for Tade Policy Matters는 미국이 여전히 이런 조치를 취할 수 있다는 입장을 취하면서 다만 미국 법에 따라 가능한 제재의 범위는 세계무역기구에 의해 더 제한된다는 점을 인정했다(Shrader 1994b, 13). 트립스에 따르면, 미국은 세계무역기구의 분쟁해결기구에 분쟁신청서를 제출하고 세계무역기구의 규칙을 따라야 한다. 트립스 이행 법률을 만들면서 미국의 하원은 "이행 법률의 어떤 규정도 달리 규정하지 않는 한 미국 법률에서 부여하는 권리를 제한하는 것으로 해석할 수 없다"는 점을 분명히 했다(Morrison 1994, 3). 따라서 미 통상법 301조와 스페셜 301조는 세계무역기구 규율을 따르지 않는 관행을 제재하는 수단으로 계속 활용할 수 있게 되었다. 실제로 미국은 우루과이 라운드 이행법URAA: Uruguay Round Agreement Act32을 만들면서 스페셜 301조를 오히려 강화해, 어느 국가가 트립스를 준수하는 것만으로는 "적절하고 효과적인" 보호 요건을 충족하지 않는다고 명시했고, 또한 미국무역대표부는 해당 국가가 스페셜 301조 리스트에 등재된 이력과 후속 정책 수정의 추적 기록을 반드시 검토하도록 했다.[33] 다음 장에서 설명하겠지만, 미국은 스페셜 301조를 통해 개도국이 트립스 플러스를 받아들이도록 강요했다. 세계무역기구 분쟁 해결 절차는 트립스의 이행을 위해 사용되었던 것이다.

---

32 Uruguay Round Agreement Act, tit. III, 315, Pub. L. No. 103-465, 108 Stat 4809 (1994).
33 국제지재권연맹 회장인 에릭 스미스(Eric Smith)의 미국 하원 세입세출위원회의 무역소위원회 진술(1996년 3월 13일) http://www.ilPa.com/html/pn_021897_press_release_html. (1998년 10월 26일 다운로드).

이것이 중요한 이유는 미국의 많은 산업계 대표들이 트립스나 북미자유무역협정에 완전히 만족하지 못했기 때문이다. 이들이 그동안 301조 조치와 일반특혜관세제도 중지를 가장 강한 압박의 수단으로 이용했음을 감안하면, 이런 행동이 계속될 것이라는 짐작이 가능하다. 예를 들어, 산업 협회들은 북미자유무역협정을 지금까지 협상했던 것 중 가장 포괄적인 지재권 협정이라고 찬양했지만, 상업소프트웨어연맹은 "북미자유무역협정에도 불구하고 멕시코는 지재권의 침해에 대한 효과적인 조치를 취하지 않으며 침해자를 효과적으로 저지할 수 있는 '신속한 구제 조치'를 제공하지도 않는다"며 불평했다(BSA 1995, 4). 다른 비판가들은 북미자유무역협정을 통한 적절한 보호를 기대하지 말라며 첨단 기술 기업에 경고했다. "멕시코의 지재권 제도가 집행되지 못하는 것은 과거의 정책에서 물려받은 유산이고 '적절한' 집행을 구성하는 요소가 무엇인지 이해가 부족하기 때문이다. …… [교육과 집행] 노력은 단순히 법의 문구를 바꾸는 것보다 훨씬 더 많은 시간이 필요하다"(Einstein 1995, 29).

산업계 대표들은 트립스가 북미자유무역협정보다 실질적으로 더 약하고 덜 포괄적이라는 이유로 불만이 많았다. 산업 협회들은 개도국에 대한 유예 기간과 병행 수입[34] 금지 조치가 미흡한 점, '공서양속' 규정을 통해 회피가 가능한 점, 애초에 원했던 것보다 침해 물품의 국경 조치가 약화된 점 등에 대한 불만을 표시했다.[35]

---

34 병행 수입이란 암거래 시장품이라고도 하는데, 수입국에서 수입 상품의 배포가 권리자로부터 허락을 받지 않은 경우에도 배포를 적법한 것으로 취급하는 제도를 말한다.
35 병행 수입과 국경 조치에 대해서는 Shrader(1994a, 20) 참조.
[옮긴이] 국경 조치는 국경에서 지재권 침해품의 유입을 단속하는 행정 조치를 말한다. 세관에서 상표 침해품을 통관 보류하는 조치가 대표적인 예다.

이것은 공적 권한과 사적 권한 사이, 국내 정치와 국제 정치 사이, 그리고 국내 규제와 국제 통상 사이의 삼투성이 서로 다르며 이 차이가 증가하고 있음을 말해 준다. 미국에서 조직적 행위자들은 국내 제도에 참여할 수 있는 수단을 활용해 그들의 주장을 관철하고 입법부와 행정 부처와 긴밀한 작업 관계를 가졌다. 트립스의 사례에서는 조직적 행위자들이 국내와 해외에 있는 그들의 사적 부문 동료들을 규합해 해외 정부와 가트가 지재권 조약의 성립을 지지하도록 압박했다.

미국과 유럽, 일본의 사적 부문 행위자들은 몇몇 세부 쟁점에서는 입장이 달랐지만, 이들의 구체적인 협상안은 다자간 지재권 협정에 대한 광범위한 산업계의 합의를 반영했다. 삼두 그룹의 작업은 트립스로 향한 중대한 돌파구였으며, 누구도 예상하지 못했던 추진력을 지재권 협상에 제공했다. 6장에서는 트립스가 체결된 이후의 상황, 특히 사적 부문 행위자들의 계속된 행위와 트립스에 대한 저항의 등장을 살펴본다.

6장
트립스 협정 이후의 사건들: 침략과 저항

트립스 협정으로 이야기가 끝난 것이 아니다. 여러 측면에서 트립스 협정은 이야기의 시작에 불과했다. 사건이 전개될 무대가 이제 설치된 셈이다. 국내 기구와 국제기구들이 트립스 협정의 집행에 동원되기 시작했고, 이로 인해 사적 부문의 권력이 미치는 범위는 원래 기획했던 것보다 훨씬 더 커졌다 (Cutler, Haufler and Porter 1999, 358). 트립스 협정에 서명한 대부분의 국가들이 적어도 단기적으로는 손해를 보기 때문에, 지재권에 관한 새로운 전 지구적 규범에는 특별한 '감시망'이 필요했다(Braithwaite and Drahos 2000, 87). 이 감시망은 여러 층위에서 작동할 필요가 있는데, 왜냐하면 지재권 기반 상품과 서비스를 전적으로 수입해야 하는 국가들은 대부분 트립스 협정의 체결로 더 많은 비용을 지불해야 하기 때문이다. 사적 부문 행위자들은 협정의 이행과 집행 노력을 감시하는 핵심 역할을 지속적으로 했다. 이제 개별 국가 내의 기구들은 트립스에 합치되는 정책을 채택하고 집행할 책임을 지며, 국제기구인 세계무역기구도 지재권의 전 지구적 규범을 위한 또 다른 핵심적인 자원을 제공한다. 이런 점에서 볼 때 지재권 규범의 감시망은 이제 구조의 일부분이라고 할 수 있다. 이런 구조에서 협정의 이행과 집행 과정이 계속되면서 새로운 논쟁 영역이 등장한다. 이 장의 앞부분에서는 감시망에 대해 살펴볼 것이고, 뒷부분에서는 점차 더 많은 결집이 이뤄지고 있는, 트립스에 대한 적극적인 저항을 살펴볼 것이다.

트립스 협정이 체결된 이후 협정의 입안자들은 세계적으로 트립스의 이행과 준수를 감시하는 불침번 역할을 계속하고 있다. 이들은 미국 통상법 301조를 이용해 지재권 정책을 바꾸도록 개도국에 지속적으로 압력을 넣었다. 또한 미국무역대표부를 통해 세계무역기구의 분쟁 절차를 이용, 트립스에 관한 분쟁을 제기했다. 동시에 트립스의 영향이 점차 명백해짐에 따라 트립스에 도전하는 새로운 저항과 사회운동 진영이 등장했다. 지재권 문제를 세계지재권기구에서 가트로 이관하는 것을 반대했던 초기 개도국의 저항을 제외하면, 트립스에 대한 반대는 협정문의 잉크가 다 마른 뒤에야 뒤늦게 등장했다. 이것은 트립스 그 자체를 "철회"할 수는 없지만, 협정의 허점을 둘러싼 투쟁이나 애매한 문구에 대한 대안적 해석론, 좀 더 중요하게는 지재권의 지구적 확장에 대한 효과적인 저항들이 임박했음을 암시한다.

산업계의 전략

2000년 1월 지재권위원회 옹호자인 찰스 레비는 미국변호사협회의 '국제법 실무' 분과에서 트립스 이후 지재권위원회가 추진할 전략을 제시했다. 워싱턴 주 변호사이자 재키 골린과 긴밀하게 협조하고 있던 레비는 지재권위원회로부터 로비 자금을 받은 인물이다. 한 예로, 1998년 지재권위원회는 재키 골린의 "골린 그룹" 로비 회사에 16만 달러를 주었는데 이 가운데 골린 그룹의 등록 로비스트인 윌머 커틀러 앤드 피커링Wilmer, Cutler & Pickering 사 소속 찰스 레비에게 8만 달러가 지급되었다(Center for Responsive Politics 1998a, b).

190

레비는 트립스 협정의 위반이 심각한 상황임을 지적했다. 그는 트립스 지지 자들이 이길 만한 사건을 골라 분쟁을 제기하는 전략(Levy 2000, 789, 790)을 제시하면서 분쟁 해결 절차를 최대한 활용해 회원사들의 의지를 보여 줘야 트립스가 최대한의 수준으로 준수될 것이라고 주장했다. 레비의 전략이 노리는 점은, 결론이 명확한 판정들을 끌어내 협정을 제대로 준수하지 않는 국가들이 따라야 하는 강력한 선례로 만드는 것이었다. 레비는 또한 정부 간 외교와 사적 부문의 외교 역량을 잘 활용해야 한다고 강조했다. 기업들 특히 "어떤 국가에서 주도적인 역할을 하는 기업들은 트립스가 요구하는 법제도를 완벽하게 이행하는 것이 국가적으로 득이 된다는 점을 교육하는 역할을 수행해야 한다"는 것이다(Levy 2000, 794).

이와 마찬가지로, 국제지재권연맹 회장인 에릭 스미스도 트립스 이후의 여러 전략을 강조했다. 스미스는 세계무역기구 분쟁 해결 절차를 활용하는 것 이외에도, 트립스 이사회[1]에서 협정의 이행과 의무를 검토하는 절차를 이용해 개별 국가의 법률의 부족한 부분을 지적해야 한다고 제안했다. 트립스 이사회는 세계무역기구의 모든 회원국으로 구성되며, 트립스 이행을 감시하는 역할을 한다. 트립스 이사회의 검토 절차에 따르면, 회원국은 트립스 이사회에 트립스 협정의 이행을 위해 어떤 조치를 취했는지 통보해야 하고, 다른 회원국이 조치에 대한 질의를 할 경우 이에 답변해야 한다.[2] 국제지재권

---

1 정식 이름은 "무역 관련 지재권 이사회"(Council for Trade-Related Aspects of Intellectual Property Rights).
2 [옮긴이] 트립스 협정 제65조는 협정 이행 시기를 선진국, 개도국, 최빈국으로 나누었다. 선진국은 1996년부터, 개도국은 2000년부터, 최빈국은 10년의 과도기를 거쳐 2005년부터 이행 의무를 진다. 이행 시기가 되면 회원국은 자국의 법령을 트립스 이사회에 통보하고 트립스 이사회는 이를 검토하는 절차를 밟는다(협정 제63조). 한국은 개도국 지위를 인정받아 협정 이행 시기가 2000년부터였지만, 한국 정부는 트립스 협정 이행을 위한 국내법 제·개정 작업을 조기에 추진하고 법령

연맹은 트립스 이사회의 검토 절차를 위해 다른 이해관계 단체들과 함께 질의서와 구체적인 집행 관련 정보를 준비, 미국무역대표부에 제출한다. 스미스에 따르면, "이 검토 절차는 협정 의무를 완전히 이행하지 않는 국가에는 상당한 압력으로 작용했다. 협정 의무를 빨리 이행하지 않으면 정식 분쟁 해결 절차가 개시될 것이기 때문이다"(Smith 1996, 5). 실제로 1998년 미국무역대표부 보고서에 따르면 "협정 조항들을 국내법에 어떻게 이행해야 하는지"에 대해 개도국을 교육하는 데 미국무역대표부가 트립스 이사회 회의를 활용하고 있었다(USTR 1998b, 60). 미국무역대표부는 개도국을 지속적으로 압박하는 데, 그리고 미국식의 트립스 해석이 공식적인 지위를 갖도록 하는 데에 트립스 이사회 회의가 유용한 도구였다고 지적했다(USTR 1998b, 60).

미국은 일반특혜관세제도와 같은 여러 지역별 특혜 제도를 통해 외국에 부여되는 혜택을 유보할 권리를 법에 명시했다. 강력한 지재권 보호를 위한 양자 간 외교를 적극 지원하는 국제지재권연맹의 회장 에릭 스미스가 이 점을 높이 평가한 것은 당연하다. 또한 미국은 개도국이 트립스 이행의 과도 기간이 끝나기 전에 협정을 앞당겨 이행하게 만들고자 노력했는데, 이것은 과도 기간을 둔 협상 결과에 대한 미국 산업계의 불만 때문이었다. 또한 스미스는 "저작권이 구현된 미국 상품의 세계적인 보호 수준을 높이는 데에는 미국 통상법의 스페셜 301조가 가장 큰 기여를 했다"(Smith 1996, 3)며 스페셜 301조의 중요성을 강조했다(Smith 1996, 3). 스페셜 301조[3]는 지재권에 관한

통보 작업도 1996년부터 시작했다. 이에 따라 1998년에 한국 법령을 트립스 이사회에 통보하고 1999년 중에 검토를 받겠다는 의사를 전달했으나, 개도국의 조기 검토에 대한 일부 회원국의 반대로 무산되고 2000년 6월에 한국의 지재권 법령에 대한 검토를 받았다(외교통상부 세계무역기구과, "2000 세계무역기구/트립스 지재권법령 검토회의 결과 보고서," 2000. 12. 3-4면).
3 보통 '스페셜 301조'라고 부르지만, 정확한 조항은 1974년 통상법 제182조와 1988년 통합 무역 및 경쟁력 법(Omnibus Trade and Competitive Act) 제1303조를 말한다.

우선감시대상국을 지정하도록 한 조항을 말하는데, 미국은 법 개정을 통해 스페셜 301조를 강화했다. 이에 따라 미국무역대표부는 스페셜 301조에 따라 지정국을 정할 때, 개별국가의 과거 지정국 이력과 이 국가를 상대로 미국이 스페셜 301조에 따른 어떤 조치를 취했는지 그리고 미국의 조치에 대해 그 국가가 어떤 대응을 했는지 등을 고려해야 한다. 지재권에 열성적인 산업계는 이런 법 개정을 열렬히 환영했다. 또한 미국무역대표부는 정보 수집 요건을 변경했는데, 이것은 자료 수집과 분석 과정에서 사적 부문에 더 많이 의존하게 만들었다. 법을 이렇게 개정한 이유는 스페셜 301조의 압력에 맞서 말을 듣지 않고 반항하는 국가를 한눈에 파악하려는 것이었다. 다자 협상 틀에서 지재권 보호 기준을 더 높이기로 합의해 주었던 많은 나라들은 이제 301조 압력이 사라지기를 바랐지만, 〈표 6-1〉에서 보는 것처럼 이는 헛된 희망이었다. 한편 유럽연합EU: European Union은 미국의 301조가 세계무역기구에 위반된다며 분쟁을 제기했지만, 세계무역기구 패널은 미국이 301조를 활용하는 것은 세계무역기구 의무에 일치하는 행동이라고 판정했다. 유럽연합은 이에 대해 항소를 하지 않아 패널 판정 보고서는 2000년 1월 27일 채택되었다(USTR 2000b).[4]

사적 부문의 핵심 그룹들은 개도국이 트립스 협정을 이행하도록 강제하기 위한 미국의 전략으로 첫째, 세계무역기구 분쟁 해결 절차를 이용할 것,

---

4 United States, Sections 301-310 of the Trade Act of 1974 (WT/DS152).
[옮긴이] 유럽연합이 미국 통상법 301조를 세계무역기구로 끌고 간 이유는 가운데 하나는 "일방주의"를 금지하는 세계무역기구 규정(DSU 제26조)에 위반된다는 것이었다. 이 분쟁 절차에는 한국을 비롯해 캐나다, 일본, 중국, 인도, 브라질 등 16개국이 참여했다. 분쟁 사건을 담당한 패널은 미국 통상법은 미국무역대표부가 일방적인 조치를 취하도록 할 심각한 위험이 있고 따라서 DSU 제26조를 일응(prima facie) 위반했다고 하면서도, 미국 통상법의 다른 법률 규정이나 미국무역대표부가 실제로 취한 조치들을 고려할 때 세계무역기구 협정 위반이 아니라는 애매한 결정을 했다.

둘째, 트립스 이사회 절차를 활용할 것, 셋째, 통상법 301조를 이용할 것을 명백히 했다. 사적 행위자들은 세계무역기구에서 공식적인 지위를 갖지 못하기 때문에, 미국무역대표부에 요구 사항을 전달하고 미국무역대표부가 자신들을 위해 행동하고 자신들이 지정한 주장을 수용하기를 원했다. 〈표 6-1〉이 보여 주는 것처럼, 미국무역대표부는 사적 부문의 이런 요청에 만족스럽게 응했다. 이 표는 인과 관계를 설명하지는 못하지만, 지재권 행위자의 공개적인 요청과 행정부의 감시, 집행 사이에 강한 연관성이 있음을 뚜렷이 보여 준다. 전 미국무역대표부 법률 고문이었고 지금은 미국 제약 연구 및 제조사 협회의 부사장으로 있는 주디스 벨로는 "행정부에서 일하는 변호사들은 사건과 직접 관련된 사적 부문과 긴밀하게 협조하며 이들에게 의존한다. 사적 부문이 제공하는 정보는 또 다른 자원으로 사용되며 따라서 세계무역기구 소송에서 행정부의 부담을 덜어 준다"고 지적했다(Bello 1997, 360-361).

1996년 미국무역대표부는 이행 감시 및 집행국Office of Monitoring and Enforcement 을 설립해 자신들의 전략을 실행에 옮길 의도를 드러냈다. 이행 감시 및 집행국은 세계무역기구 협정과 북미자유무역협정, 기타 지역 협정과 양자 협정의 "이행을 강제"하기 위해 "공격적으로" 분쟁을 제기, 집행 조치를 취하도록 하며 무역협정의 이행을 감시하는 역할을 한다(USTR 1998b, 235). 또한 다자간 조약이나 양자 협정의 틀에서 벗어난 사안은 통상법 301조와 스페셜 301조를 통해 해결하는 기능을 한다. 이행 감시 및 집행국이 설립된 바로 다음 해인 1997년에 스페셜 301조에 지명된 교역국이 1996년에 비해 25퍼센트나 증가한 것은 우연이 아니다.

〈표 6-1〉은 선진국에서 트립스 협정이 완전히 발효되고 미국이 지재권 분쟁 사건을 세계무역기구에 처음 제기했던 1996년과 2000년까지 5년 동안의 통계를 보여 준다. 스페셜 301조에 따르면 미국무역대표부는 매년 4월

30일까지 외국의 지재권 관행에 대한 조사 결과를 발표해야 한다. 미국무역대표부는 "적절하고 효과적인" 지재권 보호를 거부하거나 지재권에 의존하는 미국민의 "공정하고 차별 없는" 시장 접근을 거부한 국가를 지정해야 한다. 매년 2월이면 이해관계가 있는 사적 부문 단체들은 그들의 요구를 미국무역대표부에 제출, 여러 나라에서 겪는 문제점을 강조하고, 그들이 평가한 지정국 현황과 피해 추계를 제시한다. 여기에는 광범위한 정보와 분석, 그리고 정책 제안이 포함된다(Bello 1997, 360).[5] 〈표 6-1〉은 국제지재권연맹이 저작권 기업들을 대표해 매년 2월에 제출한 자료와 특허 기업들을 대표해 미국 제약 연구 및 제조사 협회가 제출한 자료를 바탕으로 했다. 국제지재권연맹과 미국 제약 연구 및 제조사 협회의 자료는 지재권위원회 회원사들이 준비 작업에 참여해 만든다. 이를 위해 여러 제약 회사들은 재키 골린의 "골린 그룹"에 로비 자금을 제공했다(Center for Responsive Politics 1998a; 1998b).[6]

〈표 6-1〉의 맨 왼쪽 열은 미국무역대표부가 매년 4월에 발표한 지정국을 말한다. "세계무역기구/트립스" 분쟁은 트립스 위반을 이유로 미국무역대표부가 세계무역기구에 제소한 분쟁 사건을 말하고, "306조 감시"는 구 통상법 301조 조치의 결과에 따른 조치의 이행이나 협정의 이행을 감시하는 것을 말한다(US House of Representatives 1995). 만약 미국무역대표부가 '불이행'이라고 판단하면, 무역협정 위반 국가로 간주되어 강제적인 301조 조치의 대

---

5 국제지재권연맹 역시 저작권 산업이 미국 경제에 기여한 바를 달러로 환산한 추계액을 제출하는데 1996년에는 GDP의 5.69퍼센트에 달하는 3조 6,255억 달러를 기여했다는 추계액을 제출했다.
6 예를 들면 1998년에 미국 제약 연구 및 제조사 협회는 골린 그룹에 2만 달러를 주었고, 지재권위원회는 16만 달러를 지급했다. 1997년에는 브리스톨 마이어스 스퀴브(BMS: Bristol Myers-Squibb)가 6만 달러, 화이자가 10만 달러, 지재권위원회가 14만 달러를 주었다. 1997년 자료는 웹 사이트(Center for Responsive Politics 1998a, b)의 링크(1997 DATA)에서 인용했다.

표 6-1 미국무역대표부의 지재권 감시 및 집행 (1996~2000년)

미국무역대표부 지정국	연도	민간의 청원[a]	
		IIPA[b]	PhRMA[c]
세계무역기구/트립스 분쟁			
아르헨티나	99/00		O
브라질	00		O
캐나다	99		O (pwl)[f]
덴마크	97	O	
유럽연합	99		O
에콰도르	97	O	O
그리스	98	O	
인도	96		O
인도네시아	96	O	
아일랜드	97	O	
일본	96	O	
파키스탄	96		O
포르투갈	96		O
스웨덴	97	O	
터키	96	O	
306조 감시			
중국	97/98/99/00	O (98[h])	O (wl99/00; pwl97/98)
파라과이	99/00	O	
우선협상대상국(pfc)			
없음	97/99/00		
중국	96	O	O (pwl)
파라과이	98	O	
우선감시대상국(pwl)			
아르헨티나	96/97/98/99/00	O (wl96)	O (pfc)
불가리아	98	O (pfc)	
도미니카 공화국	98/99/00	O (gsp)[d]	O (wl98/99)
에콰도르	97/98	O (wl97)	O (wl97)
이집트	97/98/99/00	O (wl)	O (pfc99[e])

196

유럽연합	96/97/98/99/00		O (wl96/97/98/99)
그리스	96/97/98/99/00	O (pfc97/98; wl00)	
과테말라	99/00	O (wl99)	
인도	96/97/98/99/00	O (97^h; wl)	O (pfc)
인도네시아	96/97/98/99	O (wl97/98/99)	O^e
이스라엘	98/99/00	O (pfc; pwl98)	O^e
이탈리아	98/99/00	O	
일본	96		O
한국	96/00	O	O
쿠웨이트	98/99	O	O (wl)
마카우	98/99	O	
말레시아	00	O (wl)	
파라과이	97	O (pfc)	
페루	99/00	O	O^e (wl00)
폴란드	00	O	O (wl)
러시아	97/98/99/00	O (pfc97)	O (wl97/98/00)
터키	96/97/98/99/00	O (pfc96; 98^h; gsp00)	O^e (pfc96; wl00)
우크라이나	99/00	O (pfc00)	
감시 대상국(wl)			
아르메니아	00	O (gsp)	
오스트레일리아	96/97/98/99	O (96^h; pwl98)	O
아제르바이잔	00	O	
바레인	96/97/98	O	O
벨로루시	00	O	
볼리비아	97/99/00	O; (00^e)	O^e (pwl99)
브라질	96/97/99/00	O (pwl)	O (pwl96/00)
불가리아	97	O (pwl)	
캐나다	96/97/98/99/00	O (96/98/99/00)^h	O^f (96/97^h; pwl99/00)
칠레	96/97/98/99/00		O
콜롬비아	96/97/98/99/00	O (96^h; pwl98)	O^e (pwl98/99)
코스타리카	96/97/98/99/00	O (96/97/98)^h	O (pwl96/97; (99/00)^h
체코	98/99/00	O (pwl99/00)	O (98^h)

덴마크	97/98/99/00	O^g (97/98/00)^h	
도미니카 공화국	97	O	O (pwl)
에콰도르	96/99/00		O^e (pwl99)
엘살바도르	96	O (pwl)	O (pwl)
이집트	96		O
과테말라	96/97/98	O (96^h; pwl98)	O (pwl96/97)
온두라스	97/98		O (pwl97)
홍콩	97/98	O (pwl97)	
헝가리	99/00	O	O (pwl00)
인도네시아	00	O (pwl)	O^e
아일랜드	97/98/99/00	O (pwl99; 98/00)^h	
이스라엘	97	O	O (pwl)
이탈리아	96/97	O (pwl)	O
자메이카	98/99/00		
일본	97/98/99		O (97^h)
요르단	97/98/99	O (pwl98)	O (pwl98/99)
카자흐스탄	98/00	O (98^h; gsp00)	
한국	97/98/99	O (pwl97)	O (pwl97/98; pfc99)
쿠웨이트	96/97/00	O (96^h; pwl97)	O
라트비아	00	O	
레바논	99/00	O	O
리투아니아	00	O	O
룩셈부르크	97		
마카우	00	O (pwl)	
멕시코	99	O (pwl)	O
몰도바	00	O (gsp)	
오스트레일리아	99	O	O^e (pwl)
오만	96/97/98/99/00	O (96^h)	O
파키스탄	96/97/98/99/00	O	O^e (pwl97/98/99/00)
파나마	97	O	O (pwl)
페루	96/97/98	O (pwl; 96/97^h)	O (pwl98)
필리핀	96/97/98/99/00	O (pwl97/00)	O (96^h)

폴란드	96/97/98/99	O (pwl99)	O
카타르	98/99/00	O (98[h])	O
루마니아	99/00	O	O
러시아 연방	96	O (pfc)	O
산 마리노	97	O	
사우디아라비아	96/97/98/99/00	O (pwl96/97/00)	O (96/97)[h]
싱가포르	96/97/98/99/00	O (97[h]; pwl98)	O
남아프리카공화국	98		O (pfc)
에스파냐	99/00		O
스웨덴	97/98/99		
타이완	99/00	O	O[e] (pwl)
타지키스탄	00	O	
타이	96/97/98/99/00	O (pwl99)	O[e] (pwl96/97/98/99)
투르크메니스탄	00	O	
우크라이나	98	O	
아랍연맹	96/97/98/99	O (99[h])	O
우루과이	99/00	O	O
우즈베키스탄	00	O (gsp)	
베네수엘라	96/97/98/99/00	O	O[e] (pwl98/99)
베트남	97/98/99/00	O (pwl97/98)	O

a = 지정국 요청 중 미국무역대표부가 실제 지정한 것과 다른 국가
b = 국제지재권연맹(IIPA)
c = 미국 제약 연구 및 제조사 협회(PhRMA)
d = 일반특혜관세제도(GSP)
e = 1999년에 PhRMA가 "트립스 위반으로 2000년에는 분쟁이 가능하다"고 지목한 국가
f = 1999년에 PhRMA가 "트립스 위반으로 당장 분쟁이 가능하다"고 지목한 국가
g = 1999년에 IIPA가 세계무역기구 분쟁 제기를 권고한 국가
h = 해당 연도에 청원 목록에 없는 국가
출처: USTR 1996; 1997; 1998a; 1999; 2000a; IIPA 1996; 1997; 1998; 1999; 2000a; PhRMA 1996; 1997a; 1997b; 1998a; 1998b; 1999; 2000.

상이 된다. 이 경우 미국은 곧바로 무역 제재를 취할 수도 있다. "우선협상대상국"Priority Foreign Country으로 지정된 국가는, 관련된 미국 상품에 가장 부정적인 영향을 미치는 법률을 가진 국가와, 법·정책·관행이 가장 "부담스럽거나 지독한"onerous or egregious 국가를 말한다. 어떤 무역 상대국이 우선협상대상국으로 지정되면, 미국무역대표부는 조사에 착수할지 여부를 30일 이내에 결정해야 한다. "우선감시대상국"Priority Watch List은 우선협상대상국 기준의 일부에 해당하는 국가를 말한다. 우선감시대상국으로 지정된 국가에 대해서는 미국의 일대일 관찰과 "활발한 해결 작업과 긴밀한 감시"가 진행된다. "감시대상국"Watch List은 지재권에 의존하는 미국민을 위한 지재권 보호와 집행 및 시장 접근에 관한 정책과 관행에 문제가 있는 국가를 말한다.

트립스 분쟁 사건: 세계무역기구

미국이 지재권 분야에서 가장 공격적이라는 점은 조금도 놀랄 일이 아니다. 트립스 위반을 이유로 미국이 세계무역기구에 제기한 분쟁은 다른 나라들이 제기한 분쟁을 모두 합친 것보다 더 많다. 레비가 제시했던 전략 그대로, 미국이 제기한 14건의 분쟁은 모두 트립스 조항을 국내법에 반영하지 않은 국가를 상대로 한, 쉽게 이길 수 있는 위반 제소 사건이었다(Samahon 2000, 1059). 벨로 역시 초기의 지재권 분쟁 사건은 쉽게 승소할 수 있는 사건일 것이라고 예견했는데, 이렇게 해야 제도 자체의 기반을 다질 수 있었다(Bello 1997).

미국은 첫 여섯 건을 1996년에 제기했다. 첫 번째 트립스 분쟁 해결 절차는 1946년과 1971년 사이에 제작된 음반에 대한 보호가 미흡하다는 이유로

1996년 2월에 일본을 상대로 제기한 사건이었다. 국제지재권연맹 회원사인 미국음반산업협회RIAA: Recording Industry Association of America는 피해 추산액을 미국무역대표부에 제출했고, 미국무역대표부를 이를 토대로 분쟁을 제기했다. 미국과 일본이 수개월 동안 세계무역기구 협의 절차를 가진 후 일본은 트립스 협정에 맞도록 음반을 소급 보호(1946년과 1971년 사이에 제작된 음반의 보호)하기로 합의했다.

1996년 5월 미국은 미국 제약 연구 및 제조사 협회의 청원에 따라 인도를 상대로 분쟁을 제기했다. 이것은 세계무역기구 분쟁 해결 절차에 따라 패널 결정까지 간 첫 번째 지재권 사건인데, 이 사건에서도 미국이 이겼다. 분쟁 해결기구는 인도에 트립스에 합치하도록 인도 법률을 개정하라고 결정했고, 항소 기구Appellate Body도 패널 결정을 지지했다. 오랫동안 인도는 개도국의 특허 보호 수준을 트립스 기준 이상으로 상향 조정[하향 조정은 트립스에서 금지함-옮긴이]하려는 미국 제약 연구 및 제조사 협회의 주요 표적이었다. 미국 제약 연구 및 제조사 협회의 주장에 따르면, "인도의 특허 제도는 특허와 관련된 우루과이 라운드 협상에서 미국이 공을 들이게 된 가장 핵심적인 동인이었고, 만약 인도가 트립스 의무를 이행한다면 이는 가장 극적인 개혁이 될 것이라고 트립스 협상가들이 한결같이 기대하고 있었다"(PhRMA 1999b).

미국은 의약품과 농화학품에 대한 특허출원을 처리하는 일명 "우편함" 제도를 인도가 만들지 않는다고 불평했다. 인도와 같은 개도국들은 협정 제65조에 따라 의약품과 농화학품에 대해서는 특허를 인정하지 않아도 되는 과도 기간을 인정받았지만, 그 대신 협정 제70(8)조에 따라 물질 특허[7]에 대한 신규성과 우선일[8]을 보존하기 위한 장치를 마련해야 한다. 이 장치를 우

---

7 [옮긴이] 의약품과 농화학품에 대한 특허를 물질 특허라 한다.

편함 제도라고 부르는데, 이를 둔 이유는 간단하다. 특허를 받기 위한 가장 기본적인 요건 즉, 특허가 새로운 기술이어야 한다는 요건은 특허를 신청한 출원일을 기준으로 판단하기 때문이다. 개도국에서 의약품 특허를 받기 위해서는 과도 기간이 지난 다음에 특허를 신청해야 하는데, 이때는 개도국에 이미 의약품이 시판되고 있는 상황이기 때문에, 새로운 기술로 취급될 수 없다. 그래서 트립스 협정에는 우편함 제도를 두어 출원 서류를 일단 접수해 출원일을 보존해 준다. 한편 우편함 제도를 운영하는 국가는 과도 기간 동안, 특허출원이 접수된 해당 의약품이나 농화학품에 대해 독점 판매권을 부여해야 한다. 독점 판매권은 다음 세 가지 조건에 해당하면 인정된다. ① 해당 국가에서 시판 허가를 받았을 것, ② 세계무역기구의 다른 체약국에서 시판 허가를 받았을 것, 그리고 ③ 유효한 특허권이 세계무역기구의 다른 체약국에서 존속하고 있을 것(Evans 1998, 87).

인도의 특허법은 독점 판매권이나 특허출원을 접수하는 '우편함' 조항을 두지 않았지만, 대통령령을 통해 특허를 출원할 수 있는 장치를 두고 있었다. 인도는 이 대통령령이 폐기된 다음에는 트립스 협정 제70(8)조에 맞도록 특허출원을 접수하고 보관하는 특허청의 규정을 두고 있었다. 세계무역기구 분쟁을 제기한 미국에 대해 인도는 협정문을 이행하기 위해 특허법 대신 행정청의 규정을 두는 것은 주권 사항이라고 주장했다. 그러나 세계무역기구 분쟁 패널은 인도의 주장을 받아들이지 않았다. 패널은 협정을 어떻게 이행

---

8 [옮긴이] 특허를 받기 위해서는 특허를 신청하는 발명이 새로운 기술이어야 한다. 이를 특허법에서 신규성이라 부른다. 발명이 새로운 기술인지 아닌지는 특허를 신청한 날(출원일)을 기준으로 판단하는데, 특허를 한 나라에만 신청하지 않고 여러 나라에 신청하는 경우는 여러 개의 출원일이 생기는 문제가 있다. 그래서, 가장 먼저 특허 신청을 한 출원일을 '우선일'로 정하고, 우선일보다 늦은 출원일은 신규성을 판단할 때 우선일로 소급해 주는 제도가 있다.

할 것인지 선택하는 것은 인도의 권리라고 인정했지만, 인도는 신규성과 우선일을 적절하게 보존하기 위한 장치를 두지 않았고, 독점 판매권 부여에 관한 협정 규정을 이행하지 않았으며, 협정 제63조 1항과 2항에 따라 법령이나 판결, 행정부의 결정에 대한 정보를 고시하고 공개할 의무도 준수하지 않았다고 결정했다. 이 결정에 대해 인도는 항소했고, 항소 기구는 협정 제70(8)조와 제70(9)조에 대한 패널 결정은 인정했고, 다만 협정 제63조에 대한 결정만 기각했다(Evans 1998, 88).

트립스 이사회의 법률 검토 절차는 미국무역대표부가 인도와 파키스탄에 우편함 제도를 이행하라고 압박하는 수단이었다(USTR 1998b, 60). 1996년에 미국무역대표부는 우편함 제도와 독점 판매권에 대해 파키스탄과 세계무역기구 분쟁 해결 절차에 따른 공식 협의를 신청할 것이라고 발표했다. 미국이 세계무역기구 분쟁 패널 구성을 요청한 후 파키스탄은 협정 제70(8)조와 제70(9)조의 요건을 이행했다. 그래서 일본 분쟁 사건과 마찬가지로 파키스탄 사건도 협의 단계에서 해결이 되었다.

이와 유사하게, 미국이 포르투갈을 상대로 제기한 사건도 미국이 세계무역기구 분쟁 해결 절차에 따른 공식 협의를 시작한 후 불과 몇 달 만에 해결되었다. 미국 제약 연구 및 제조사 협회는 1996년 2월에 미국무역대표부에 제출한 보고서에서 포르투갈이 트립스 협정 제70(2)조와 제33조를 이행하지 않는다고 강조했다. 이 보고서에 따르면, 포르투갈은 트립스 협정을 명백히 위반했기 때문에 협정 제64조의 분쟁 해결 조항이 적용된다(PhRMA 1996, 76-77). 이 사건에서 미국이 문제 삼은 것은 포르투갈의 특허 보호 기간이었다. 트립스는 협정 발효 이전의 특허건 이후의 특허건, 모두 20년의 보호 기간이 적용되도록 정하고 있는데 포르투갈은 이 조항이 1995년 6월 1일 이후에 부여된 특허에만 적용된다고 해석했다. 미국은 1996년 4월에 공식 협의를 요청했고, 포르투갈은 미국의 요구를 수용해 1996년 8월에 법을 개정했다. 그해 10월 양국 정부는, 양자가 만족할 만한 해결책을 도출했다고 세계무역기구 분쟁해결기구에 통보했다. 미국무역대표부는 트립스를 미국에 유리하게 해석하고 이를 공식화하기 위해 트립스 이사회를 전략적으로 활용했는데, 포르투갈 사건이 좋은 본보기였다. 1996년 세계무역기구 싱가포르 각료 회의에서 트립스 이사회는, 미국-포르투갈 분쟁 사건에 대해 "양 당사국은, 협정 제33조와 관련된 제70.2조는 1996년 1월 1일 당시 존속하고 있던 특허권과 1996년 1월 1일 당시 계류 중인 특허출원으로부터 발생한 특허권에 대해서는 출원일로부터 20년보다 짧지 않은 보호 기간을 정하고 있다는 양해를 했다"고 언급했다(USTR 1998b, 60).

미국무역대표부는 국제지재권연맹의 청원에 따라 1996년에 또 다른 두 건의 세계무역기구 분쟁을 제기했다. 하나는 터키의 영화표에 대한 차별적인 세금 부과였고 다른 하나는 인도네시아의 차별적인 저작권 관행이었다. 터키 사건은, 외국 영화에 대해서 영화표에 세금을 매기는 터키 극장의 사례에 대해 국제지재권연맹의 회원사인 미국영화산업협회가 청원한 데 따른 것이었다. 터키 사건은 1997년 12월에 터키가 국산 영화와 외국 영화에 대한 세금을 동등하게 하는 규정을 마련하면서 종결되었다. 이 결과를 발표하면서 미국무역대표부는 "터키의 조치로 인해 미국의 영화사들은 내년에 수백만 달러를 벌 수 있을 것"이라고 했다(USTR 1998a, 5). 인도네시아 사건은 국제지재권연맹의 회원사인 상업소프트웨어연맹(대부분 마이크로소프트가 자금을 댐)[9]에 매우 중요한 컴퓨터 소프트웨어의 저작권 보호와 관련된 것이었다. 국제지재권연맹이 1996년 2월 미국무역대표부에 보고서를 제출하면서 발

---

9 상업소프트웨어연맹은 1988년에 설립되었으며 회원사는 http://www.bas.org 참조.

표한 보도 자료에서 상업소프트웨어연맹은 "미국의 컴퓨터 소프트웨어 업계는 인도네시아의 협정 이행 제도가 세계에서 최악이라는 것을 알게 되었다"고 지적했다(IIPA 1996). 1997년 5월 인도네시아는 법 개정안을 통과시켜 저작권법을 트립스 협정에 합치되도록 했다(USTR 1998a, 28).

1997년 4월 미국무역대표부는 덴마크, 스웨덴, 아일랜드, 에콰도르를 상대로 세계무역기구 분쟁 해결 절차를 개시한다고 발표했다. 상업소프트웨어연맹이 주도하는 소프트웨어 산업계는 덴마크와 스웨덴이 해적질의 혐의가 있는 시설이나 기관을 민사소송에서 조사(예고 없는 조사)할 수 있는 권한을 주지 않기 때문에 분쟁을 제기한다고 주장했다. 이들에 따르면, 트립스 협정은 침해 행위가 일어나고 있는지 판단하기 위해 예고 없는 조사를 명령할 권한과, 원고가 주장하는 침해품을 증거로 압류할 권한, 원고가 주장하는 침해 행위의 중단을 명령할 권한을 법원이 가지도록 규정하고 있다는 것이다.[10] 스웨덴은 신속하게 자국법을 개정했고, 상업소프트웨어연맹 회장인 로버트 홀리먼Robert W. Holleyman은 미국무역대표부와 스웨덴을 칭송하면서, 예고 없는 조사권은 "소프트웨어의 경우 클릭 행위만으로도 증거가 소멸될 수 있기 때문에, 소프트웨어 해적질과의 싸움에서 매우 중요하다"는 말을 덧붙였다(BSA 1998). 덴마크 사건은 2001년에 종결되었다(USTR 2001, 1, 9).

국제지재권연맹은 아일랜드를 저작권에 관한 문제 국가로 지목했다. 아일랜드의 법률은 음반의 대여권을 인정하지 않았고, "불법 음반 금지"anti-

---

10 [옮긴이] 상업소프트웨어연맹의 이런 주장은 옳지 않다. 트립스 협정 제47조에 따르면, 권리침해가 상당히 심각한 경우, 체약국은 침해자로 하여금 침해 물품의 제조·배포에 관여한 제3자에 관한 정보를 제공할 것과, 침해 물품의 유통 경로 등에 관한 정보를 권리자에게 제공할 것을 사법 당국이 명령할 수 있을 뿐이다. 또한 트립스 제47조는 의무 규정이 아니라 권고 규정에 지나지 않으며, 상업소프트웨어연맹이 주장하는 '예고 없는 조사 명령'을 체약국에게 의무화하려는 것이 아니다. 또한 트립스 협정 제43조(정보 제출 명령)도 예고 없는 조사와는 관련이 없다.

bootlegging 조항11도 두지 않았다. 또한 국제지재권연맹이 보기에 아일랜드 법률에서 정하는 저작권 침해에 대한 형사 처벌도 침해 행위를 억제하기에는 너무 가벼웠다. 1998년 7월 아일랜드는 미국이 만족할 수준으로 저작권 침해의 형사 처벌을 강화했고, 분쟁은 2000년 11월에 종결되었다(USTR 2001, 8).

  에콰도르 사건은 특허와 저작권, 상표 분야 등 트립스 조항의 전체적인 위반이 문제였다. 국제지재권연맹은 여러 개도국에 트립스 65조의 과도 기간 혜택을 포기할 것을 종용해 왔는데, 에콰도르가 여러 해 동안 미국과 양자 간 지재권 협정을 협상하고 있었던 것도 그 영향이었다. 이 두 나라는 트립스 플러스 조항에 거의 합의해 트립스의 과도 기간을 줄이고 식물 신품종을 특허로 보호하거나 국제식물신품종보호동맹UPOV: International Union for the Protection of New Varieties of Plants에 준하는 제도로 보호하기로 했다. 그런데 1996년 7월 한 환경 시민 단체가 에콰도르 국회를 점거해 협정의 비준을 저지했다.12 국제지재권연맹은 1997년에 제출한 보고서에서 에콰도르가 "과도 기간 없이 트립스 의무를 이행하겠다"는 약속을 어겼다며 비난했고(IIPA 1997), 미국무역대표부 역시 세계무역기구에 분쟁을 제기하면서 에콰도르는 양자 간 협정 조인 후 7개월 내에 트립스를 이행할 것을 약속했다고 주장했다(USTR 1997, 3). 미국 제약 연구 및 제조사 협회는 1996년에 제출한 보고서를 통해 에콰도르의 지재권 부서는 제 기능을 하지 못하며 1994년 이후에 출원된 약 160건의 특허출원을 지금까지 승인하지 않고 있다며 문제를 제기했다

---

11 [옮긴이] '불법 음반 금지' 조항은 미국의 '형사 및 형사소송법' 제2319A조를 말한다. 이 조항에 따르면, 실연자(가수나 배우를 말함)의 동의를 받지 않고 라이브 음악 공연을 유형물에 고정하는 행위로서, 상업적 이득이나 개인의 금전적 이득을 얻을 목적의 행위를 고의로 하는 자는, 유형물에 고정하는 행위가 미국 내에서 일어난 행위인지를 묻지 않고, 벌금형이나 징역형에 처한다.
12 이 사례는 223쪽에서 자세히 다룬다.

(PhRMA 1996, 44). 또한 미국 제약 연구 및 제조사 협회는 미국무역대표부에 제출한 보고서에서 에콰도르가 가입한 안데스 공동체 협정Andean Pact의 관할을 둘러싼 복잡한 문제들을 제기했다(PhRMA 1997a). 에콰도르가 미국과 양자 협상을 통해 트립스와 트립스 플러스 조항을 이행하기로 약속했던 사항에는 의약품의 파이프라인 보호 조항(트립스 협정에는 명백하게 배제된 조항)이 포함되어 있었다.[13] 그러자 아르헨티나, 칠레, 콜롬비아(미국 제약 연구 및 제조사 협회는 이들을 "다국적 해적"이라 불렀다)가 파이프라인 보호 조항에 대해 에콰도르 법정에 소송을 제기했다. 이들은 에콰도르가 가입한 안데스 공동체 협정에 따른 1994년의 결정 제344호에는 파이프라인 보호가 포함되어 있지 않다고 주장했다. 이에 대해 에콰도르 대법원은 비록 안데스 공동체 결정 제344호가 파이프라인 보호 조항을 포함하고 있지는 않지만, 에콰도르가 파이프라인 보호 제도를 둘 수 있다고 판결했다. 다시 말하면, 에콰도르 대법원은 에콰도르가 안데스 공동체 결정 제344호보다 보호 기준을 더 강화한 조항을 채택할 권리가 있다고 판단한 것이다. 에콰도르 대법원이 이런 판결을 하자, 카르타헤나협정위원회JUNAC: Junta del Acuerdo de Cartagena는 1996년 3월 안데스 공동체 심판소에 에콰도르를 제소해 파이프라인 보호는 세계무역기구 논의 과정에서 기각되었다는 점을 지적했다. 안데스 공동체 심판소는 에콰도르에 패소 결정을 했고, 이에 따라 에콰도르는 파이프라인 보호와 관련된 규정을 완화했던 것이다.

미국 제약 연구 및 제조사 협회는 제약 "해적" 집단들이 안데스 공동체 심판소를 설득해 지재권 보호 수준을 높이지 못하게 방해했다고 결론을 내렸

---

13 한편, 북미자유무역협정에는 파이프라인 보호 조항이 들어 있다. 미국 제약 연구 및 제조사 협회가 왜 북미자유무역협정을 표준으로 선호하는지를 짐작하게 하는 대목이다.

다. 미국 제약 연구 및 제조사 협회가 보기에 안데스 공동체 심판소의 결정은 파급 효과가 너무 커서 "다른 안데스 공동체 국가가 지재권 제도를 현대화하려는 어떤 노력도 중단시킬 수" 있는 위험이 있었다(PhRMA 1997a, 62). 파이프라인 보호 조항 이외에도 미국 제약 연구 및 제조사 협회는 특허권의 "실시" 요건과 강제 실시 조항, 특허 대상 축소에 반대했다. 미국은 에콰도르를 상대로 제기한 세계무역기구 분쟁 사건에서, 특허권의 국내 실시 요구와 (트립스는 특허품을 수입하는 행위는 특허권의 국내 실시 요건을 충족한다는 명시적인 규정을 두고 있음), 강제 실시 조항, 특허 예외 조항(특정 물품을 특허 대상에서 제외하는 조항)에서 트립스를 위반했다고 주장했다. 한편 저작권과 관련해 에콰도르는 컴퓨터 프로그램을 어문 저작물로 보호하지 않았고(트립스는 베른협약을 수정하는 방식으로 어문 저작물 보호를 요구함), 상표에 대한 내국민대우를 인정하지 않았다(USTR 1997, 3). 이처럼 미국이 문제 삼았던 특허와 저작권, 상표의 보호 수준을 크게 강화한 법률은 1998년 5월 에콰도르 국회를 통과했고 대통령도 여기에 서명했다(USTR 1999, 27).

1998년에 미국무역대표부는 그리스의 텔레비전 해적질을 이유로 그리스와 유럽연합을 세계무역기구에 제소했다. 미국영화산업협회는 미국 영화를 그리스 방송에서 광범위하게 해적질한다며 문제를 제기했고 1997년 국제지재권연맹은 이 문제로 그리스를 우선협상대상국 명단에 포함시킬 것을 미국무역대표부에 권고했다. 국제지재권연맹은 1998년 미국무역대표부에 제출한 문서에서 그리스를 트립스 위반 국가로 지목했다. 국제지재권연맹은 미국영화산업협회가 수년 동안 문제를 제기했지만 "그리스는 세계에서 가장 심각하고 광범위한 텔레비전 해적질을 줄이지 못했고, 그리스 정부가 일 드라크마[14]라도 벌금을 부과한 텔레비전 해적은 하나도 없다. 그리스의 저작권 집행 제도는 모든 저작권 산업에 악영향을 미치는 서유럽의 불명예"라고 주장했다(IIPA 1998, 4). 1998년 9월 그리스는 해적 방송사를 엄벌에 처하는 법률을 통과시켰는데, 미국의 산업계는 그리스에서 소송을 제기해 이 법률을 시험해 보기에 이른다. 이 시험 소송 대부분은 미국 산업계가 만족할 만한 결과로 끝났고, 미국무역대표부는 1999년에 그리스의 텔레비전 해적질이 크게 줄었다고 평가했다(USTR 2000b, 5). 2001년 3월 양국 정부는 분쟁이 해결되었다고 세계무역기구에 통보했다(USTR 2001, 8).

1999년에 미국무역대표부는 캐나다, 유럽연합, 아르헨티나와 분쟁을 일으켰다. 캐나다 사건은 미국 제약 연구 및 제조사 협회가 제기했는데, 트립스의 특허 보호 기간을 문제 삼아 포르투갈에 분쟁을 제기해 미국이 이겼던 사건과 거의 같은 사안이었다. 캐나다 법에 따르면 특허를 출원한 날부터 20년간 특허를 보호한다는 트립스 규정은 1989년 10월 1일 이후에 출원된 특허에만 적용된다. 포르투갈 사건에서 세계무역기구는 트립스 협정 33조와 70(2)조는 과거의 특허에 대해서도 20년의 보호 기간이 적용된다고 결정한 바 있다. 미국은 캐나다 사건에서도 이겼다(USTR 2001, 7). 유럽연합은 농산품과 식품의 지리적 표시를 등록하는 절차에서 내국민대우를 하지 않았다는 이유로 제소되었다. 제소 후에 미국무역대표부는 미국의 상표가 제대로 보호되지 못한다는 주장을 추가했다(USTR 1999, April 30, 6). 그동안 미국 제약 연구 및 제조사 협회는 유럽연합에서 생기는 이런 문제에 계속 문제를 제기해 왔었다. 2002년 5월 현재 이 사건은 진행 중이다(USTR 2002).[15]

----

14 [옮긴이] 그리스의 화폐단위.
15 [옮긴이] 이 사건은 2005년 3월 15일 패널 보고서로 종결되었다. 패널 보고서는 유럽연합은 유럽연합과 대등한 지리적 표시 제도를 갖추지 않은 국가의 국민에 대해서는 지리적 표시를 보호하지 않기 때문에 트립스 협정의 내국민대우 원칙을 위반했다며 미국의 손을 들어 주었다. 이에 따라 유럽연합은 2006년에 지리적 표시에 관한 규정을 개정했으나, 미국은 이 규정이 패널 결정에 합치되지 않는다며 규정을 다시 고칠 것을 요구한 바 있다.

아르헨티나를 상대로 한 분쟁은 미국 제약 연구 및 제조사 협회에 있어 가장 감격적인 사례 중 하나다. 미국 제약 연구 및 제조사 협회는 1985년부터 특허 제도 문제로 아르헨티나 정부와 씨름해 오고 있었다. 미국 제약 연구 및 제조사 협회의 청원에 따라 미국무역대표부는 1989년에 아르헨티나를 스페셜 301조 목록에 올렸고 이를 1993년까지 유지했다. 당시 대통령이었던 카를로스 메넴Carlos Menem은 아르헨티나의 특허법을 강화하겠다고 약속해 미국의 무역 제재를 피할 수 있었다. 그러나 아르헨티나 국내 제약사들의 정치적 영향력 때문에 아르헨티나 의회는 의약품의 특허 보호를 강화하려는 메넴의 시도를 무산시켰다.[16] 아르헨티나 의회는 국내 제약사의 요구를 반영한 법률을 내놓았고, 메넴은 이것이 미국의 기준에 맞지 않는다며 거부권을 행사했다. "1995년 4월 미국으로부터 강한 압력을 받은 메넴은 '행정명령'을 발동해 의약품 특허를 1996년 1월 1일부터 보호하도록 했고, 파이프라인 제품에 대한 소급 보호를 인정했다"(Vicente 1998, 1106-1107)(파이프라인 보호는 명백히 "트립스 플러스"이다). 그러나 아르헨티나 상원은 곧바로 메넴이 미국 제약 연구 및 제조사 협회를 위해 발동한 행정명령의 핵심 조항 16개 가운데 10개를 무효화시켰고, 이렇게 상원에서 수정된 내용의 법률 제24481호가 아르헨티나 의회를 통과했다. 메넴 행정부와 아르헨티나 의회의 힘겨루기는 메넴이 "의약품 보호 이행의 유예기간을 10년에서 5년으로 줄이는 수정 법률"을 제출할 때까지 계속되었다(Vicente 1998, 1007). 아르헨티나 의회는 5년의 과도 기간은 유지하되 강제 실시 조항을 포함하는 타협안을 냈고 1996년 3월 메넴은 이 타협 법안을 공포했다.

1996년 12월 "아르헨티나 의회는 혁신 제약사의 경쟁사가 의약품의 품목

---

16 이하의 요약은 Vicente(1998)에 기초한 것이다.

허가를 받을 때 혁신 제약사의 임상 시험 자료를 이용할 수 있도록 하는 놀라운 법률(특허와 무관한 법률)을 통과시켰다"(Vicente 1998, 1107). 미국에서는 임상 시험 자료를 경쟁 제약사가 이용하는 것이 5년 동안 금지되며, 이 기간이 끝나야 경쟁사가 임상 시험 자료를 이용할 수 있다[이를 자료 독점권 제도라 한다 -옮긴이]. 미국 제약 연구 및 제조사 협회는 "이제 겨우 통과된 의약품 특허 보호를 무력화하려는 서투른 위장 술책"이라고 아르헨티나의 시험 자료 조항을 비난했다(Vicente 1998, 1107에서 인용).

미국 제약 연구 및 제조사 협회의 청원에 따라 미국무역대표부는 1997년 아르헨티나 수출의 거의 절반에 가까운 2억 6,000만 달러 상당의 일반특혜관세제도 혜택을 취소했다. 미국무역대표부는 "특허와 관련된 이 제재 조치가, 미국 제약 연구 및 제조사 협회가 제공한 정보와 자료에 전적으로 의존해 결정되었음을 인정했다"(Vicente 1998, 1108). 제재 조치는 대부분 자료 독점권 문제 때문이었다. 트립스 협정 제39(3)조는 자료를 불공정한 상업적 이용으로부터 보호하도록 규정하고 있다. 미국의 제약사들은 이를 엄격하게 해석하는 반면 대부분의 개도국은 허용 범위를 넓게 해석한다. 아르헨티나의 법률 제24766호 4항과 11항은 적용 범위가 좁은 "부정한 상업적 관행"의 경우에만 시험 자료를 보호하고, 자료가 학회지나 논문에 공개된 경우에는 보호하지 않는다(Vicente 1998, 110-111). 무역 제재를 당하자 아르헨티나는 트립스에서 보장하고 있는 5년의 과도 기간을 활용하겠다고 미국을 협박했다. 미국 제약 연구 및 제조사 협회는 아르헨티나를 "서반구에서 미국의 제약 발명을 가장 악랄하게 도용하는 국가"로 수차례 선언했고(PhRMA 1998a, 3), 강하게 버티는 아르헨티나의 '해적' 제약 산업에 대해 쉬지 않고 청원을 제기했다. 미국은 아르헨티나가 독점 판매권을 인정하지 않는다는 이유로 아르헨티나와 세계무역기구 분쟁 해결 규정에 따른 협의 절차를 1999년 5월에 개시했고, 아르헨티나의 현행 보호 수준을 약화시키지 못하게 했다. 2000년 5월 미국무역대표부는 분쟁 사유를 추가했는데, 여기에는 자료 독점권 문제가 포함되어 있었다(USTR 2000b, 1).

아르헨티나 사건의 미래는 불확실하다. 미국이 2000년에 제기한 브라질 사건과 아르헨티나 사건은 모두 엄청난 관심을 끌었다.[17] 이 사건들이 트립스를 명백하게 위반한 것이든 아니든, "의약품 접근권 운동"의 핵심 사안으로 떠올랐다. 2000년에 미국은 아르헨티나에 대한 분쟁 사유를 추가했고, 브라질을 상대로는 트립스 협정 제27(1)조(특허 관련 조항) 위반을 이유로 새로운 분쟁을 제기했다. 이 사건도 미국 제약 연구 및 제조사 협회가 제기한 것이다.[18] 미국 제약 연구 및 제조사 협회는 브라질이 수십 년 동안 제대로 된 보호를 하지 않았던 특허권에 대해 보호를 강화하는 산업재산권법을 1996년 5월에 마련했을 때 환호를 보냈다. 실제로 미국 제약 연구 및 제조사 협회는 브라질에 대한 신뢰 회복의 징표로 2000년까지 브라질에 대한 회원사의 투자 20억 달러를 약속했다(PhRMA 2000a). 그러던 미국 제약 연구 및 제조사 협회가, 특허권을 유지하려면 특허를 '국내 실시'해야 하도록 요구하는 브라질 특허법 조항을 반대하도록 미국무역대표부를 압박하기 시작했다. 트립스 협정은 특허품이 어느 국가로 수입되면 해당 국가에서 특허가 '실시'되는 것으로 정하고 있다. 이 조항은 트립스 협상 내내 제약사들에게는 매우 중요한 사안이었다. 브라질은 자국 특허법에 특허권의 유지를 위한 요건 중 하나로

17 [옮긴이] 1999년과 2000년 두 차례에 걸쳐 미국이 아르헨티나를 상대로 제기한 세계무역기구 분쟁은 2002년 3월 31일 분쟁해결기구(DSB)에 양국이 합의를 했다는 통보를 함으로써 종결되었다.

18 브라질 사건은 머크가 듀폰으로부터 허락을 받아 브라질에서 판매하고 있던 의약품 스토크린(Stockrin)의 특허에 대한 강제 실시 때문이었다(제임스 러브의 전자우편, 2002년 3월 26일, 필자 보관).

'국내 실시'를 요구하는 조항을 그대로 두었다. 이 조항은 수입을 제외한 국내 실시만 '실시' 요건을 충족한다고 분명하게 못 박았던 것이다. 수입과 달리 국내 생산이 이뤄진다면 해당 기술이 이전될 가능성이 훨씬 더 높다. 또한 브라질 특허법에 따르면, 특허를 받은 후 3년 내에 국내에서 특허품이 제조되지 않으면 해당 특허를 강제 실시할 수 있고, 여기서 수입은 '고려 대상'이 아니다.

미국 제약 연구 및 제조사 협회 입장에서 브라질 특허법의 조항은 다른 개도국이 따라 할 우려가 있고, 수입을 통해 향유해 오던 권리를 트립스 협정 27(1)조의 해석을 통해 제한받을 염려가 있었다(USTR 2000a, 7). 미국 제약 연구 및 제조사 협회는 이 사안에 대해 브라질이 고집을 부린다면서, "세계무역기구 분쟁을 통해 문제를 해결할 수밖에 없다"고 주장했다(PhRMA 2000a). 브라질은 강제 실시를 발동하겠다는 위협은 다국적 제약사와 합리적인 의약품 가격을 협상하는 데에 도움이 된다는 입장을 유지했는데, 실제로 브라질은 에이즈 치료약을 적정한 가격에 공급하기 위해 로슈F. Hoffman-La Roche와 머크를 상대로 강제 실시 카드를 활용해 성공을 거둔 바 있다. '국경 없는 의사회'MSF: Médecins Sans Frontières[19]와 같은 활동가 시민 단체들은 브라질이 택한 방식은 생명을 구하는 의약품의 제네릭[20]을 생산하고 가격을 낮게

....

19 국경 없는 의사회(Doctors Without Borders)라고도 알려져 있음.

20 [옮긴이] 제네릭(generic)은 적당한 우리말이 없어서 그냥 '제네릭'으로 표기했다. 의약품과 관련하여 '제네릭'은 원래 의약품의 명칭에 대해 상표 등록을 받지 않은 의약품을 가리키는 용어였다. 이에 비해 상표 등록을 받은 의약품은 브랜드 의약품이라 하여 제네릭 의약품과 구분하는 것이 전통적인 구분이었다. 그러나 이런 브랜드/제네릭 의약품의 구분은 이제 그 의미가 많이 달라졌다. 보통 브랜드 의약품에는 특허가 걸려 있는데, 이 특허가 만료된 의약품 또는 특허가 걸려있지 않는 의약품(특허가 처음부터 없는 의약품일 수도 있고 특허가 도중에 무효로 된 의약품일 수도 있다)을 제네릭 의약품이라 부른다. 제네릭 의약품을 '복제' 의약품 또는 '카피' 의약품이라 부르기도 하지만 이는 잘못된 표현이다. 왜냐하면, 특허가 만료되었다는 말은 그 의약품 기술은

유지할 수 있도록 하기 때문에 에이즈 사망률을 줄이는 데에 매우 훌륭한 정책이라고 평가했다. 2001년 6월 25일 미국무역대표부는 브라질을 상대로 한 세계무역기구 분쟁 사건을 취하한다고 공식 발표를 했다. 미국무역대표부의 로버트 졸릭Robert Zoellick은 "세계무역기구 분쟁을 계속하는 것은 양국 간의 차이를 해소하는 가장 건설적인 방법이 되지 못하며, 특히 브라질은 강제 실시를 실제로 발동한 적이 없다"고 말했다(Yerkey and Pruzin 2001). 이처럼 정치적으로 곤란한 사건을 미국이 취하한 것을 보면 아르헨티나 사건도 재검토할 것이라는 예상이 가능하다. 미국 제약 연구 및 제조사 협회는 아르헨티나를 "서반구에서 미국 산업계의 지적 재산을 가장 많이 침해하는 세계 최악의 국가라고" 지목하면서 사건을 계속 밀고 갔다(PhRMA 2001a, 179). 2002년 미국무역대표부에 제출한 보고서에서 미국 제약 연구 및 제조사 협회는 아르헨티나의 정책으로 인해 산업계의 손실이 연간 2억 6,000만 달러에 이르고, "세계무역기구의 분쟁 패널 결정 하나면 아르헨티나의 정책 변화를 유도할 수 있다"고 주장했다(PhRMA 2001a, 181). 2002년 4월 미국과 아르헨티나는 독점 판매권과 같은 일부 분쟁 사안이 해결되었다고 세계무역기구에 통보했고(USTR 2002) 자료 보호 문제에 대해서는 미국이 세계무역기구의 후속 조치를 요구할 권리를 계속 보유했다. 그러나 미국은 2002년 초 아르헨티나 외환 위기 때문에 권리 행사를 당분간 보류할 것으로 보인다.

누구나 이용할 수 있는 자유 기술이 되었음을 말하고, 이런 자유 기술을 이용한 제품을 '복제' 또는 '카피' 제품이라고 하기는 어렵기 때문이다.

301조에 따른 기타 조치

산업계는 통상법 301조에 따른 도구들도 활용했다. 국제지재권연맹과 미국 제약 연구 및 제조사 협회는 1980년대에 왕성한 로비를 벌여 미국 법의 특혜 조치와 교역국의 지재권 보호를 연계하는 제도를 확보했다. 따라서 미국은 세계무역기구 의무를 파기하지 않고도 일반특혜관세제도와 카리브연안특혜제도에 따른 특혜를 자유로이 유보할 수 있게 되었다. 미국은 이런 양자 교역상의 지렛대를 계속 활용했다. 예를 들면 1998년 3월에 미국무역대표부는 텔레비전 위성 방송 신호의 해적질을 이유로 들어 온두라스에 대한 일반특혜관세제도와 카리브연안특혜제도 혜택 가운데 일부를 중지했다. 미국영화산업협회가 1992년에 온두라스를 상대로 "해적판 비디오의 광범위한 무단 방송과 미국 위성 방송의 무단 재방영"을 이유로 일반특혜관세제도 제도에 따른 청원을 했기 때문이다(USTR 1998c, 1). 아르헨티나 역시 1997년에 약 2억 6,000만 달러의 수출 손실에 달하는 일반특혜관세제도 혜택을 상실했다. 2000년 2월에 국제지재권연맹은 미국무역대표부의 일반특혜관세제도 소위원회에 6개국(아르메니아, 도미니카 공화국, 카자흐스탄, 몰도바, 우크라이나, 우즈베키스탄)의 저작권 정책을 조사해 달라는 청원을 했다(IIPA 2000b). 이들 국가 대부분이 미국의 요구를 수용했으나, 우크라이나는 2001년 3월에 불법 시디와 시디롬을 생산, 수출한다는 이유로 우선협상대상국(미국무역대표부가 가장 위험하다고 보는 국가)으로 지정된다(USTR 2001, 2). 이에 따라 미국무역대표부는 2002년 1월에 우크라이나 제품에 대해 7,500만 달러에 달하는 제재를 가했다. 우크라이나는 2002년에 또다시 우선협상대상국으로 지정되어 제재 조치가 유지되었다(USTR 2002).

전체적으로 보면 산업계의 전략은 미국무역대표부를 압박해 301조 조치를 취하고 세계무역기구 분쟁을 제기하도록 하며 무역 지렛대를 활용하고 트립스 이사회를 통해 트립스 협정의 최대한의 이행을 달성하는 것이다. 이처럼 산업계는 전 세계의 지재권 보호를 밀착 감시해 왔다. 지재권위원회 변호사인 레비는 "법치"rule of law라는 개념의 힘은 "매우 파급력이 높아서 개도국들이 효과적인 지재권 보호를 자발적으로 이행하게 만든다"는 자신의 지론을 밝힌 바 있다(Levy 2000, 790).

> 트립스 이후에 선진국들이 열성적으로 이런 감시 활동에 전념하자 권리자들과 이들을 대표하는 조직들은 높은 기대감을 갖게 되었다. 이 기대감은 힘이 센 선진국들이 개도국을 찍어 누르기 식으로 압박하고 사적 권리자들을 보호하기 위한 전략적 소송을 제기하는 방법으로 개도국을 충분히 통제할 수 있다는 확신에서 나온 것이다(Reichman and Lange 1998, 13-14).

그러나 트립스에는 "흥정거리"가 많이 존재한다는 점에서 권리자들의 지나친 기대감은 성급한 것이었다.

위에서 열거했던 많은 감시 노력에도 불구하고, 트립스에는 고의적인 지연이나 소위 수동적 공격passive aggression, 느릿느릿한 이행 등의 여지가 많다는 점에는 의심의 여지가 없다(Sell 1998). 많은 개도국들은 트립스와 같은 복잡한 협정을 이행하는 데 필요한 행정 재정이 부족해 시간이 더 걸린다는 것을 주된 이유로 내세우며, 협상에서 합의했던 여러 유예기간의 연장을 요청했다(Knapp 2000, 191-192). 또한 트립스 협정에 허점과 애매모호한 조항이 많다고 지적하는 학자들도 여럿 있다(Geller 1994, 216; Oddi 1996, 415, Reichman 1997b, 17-21; Sherwood 1997, 491, 493). 다음 절에서는, 이런 허점을 이용해 트립스의 구속에서 빠져나가는 것이 아니라 트립스 조항에 대해 적극적이고 조직적으로 저항한 사례들을 살펴보자.

저항

트립스 협정에 대한 가장 두드러진 저항은 생명체 특허와 의약품 특허를 중심으로 등장했다. 이 두 영역의 시민사회 운동은 활동을 전개하면서 동력을 얻어 갔고, 협정의 가혹한 내용을 부분적으로 보완해 나갔다. 트립스 협정을 폐기하기에는 너무 늦은 상황이었지만, 이 운동을 통해, 앞으로 벌어질 일—이를테면 세계무역기구 내에서 트립스 플러스 보호를 추진하는 시도가 격렬한 저항에 부딪힐 것은 분명하다—을 충분히 예견할 수 있었다. 또한 이들 단체는 트립스 협상 전이나 협상 도중에 이뤄져야 했지만 그러지 못했던 논의를 공론화하기 시작했다. 유엔개발기구UNDP: United Nations Development Program 가 지적한 것처럼, 지재권 협정들은 "대부분의 정부와 사람들이 생명체 특허의 사회적·경제적 함의를 알기 전에 체결되었다. 또한 지재권 협정들은 이제는 그들의 사회에 미치는 영향을 알게 된 많은 개도국의 참여가 전무한 상태에서 논의되었다"(UNDP 1999, 66-76).

농업과 식물 신품종

생명체에 대한 특허 인정은 수많은 쟁점을 둘러싼 뜨거운 논란을 불러 일으켰다. 이 논란의 당사자들은 과학 연구와 공중의 접근은 말할 것도 없고 세계의 식량 공급에 대한 통제까지도 위험에 처했다고 주장한다. 이 사안은 경제적, 정치적 그리고 철학적으로도 매우 중요했다. 논쟁의 한편에는 예외 없는 특허 인정이라는 승리를 일구었던 미국의 유전공학 업계와 제약 업계, 농화학 업계, 종자 업체가 있었으며, 또 다른 한편에는 "생명 특허 폐지"no patents on life 운동을 전개해 가는 민중 운동가와 농민 단체, 소비자 단체들이 있었다. 이 논쟁의 몇몇 쟁점들은 새로운 것이 아니었지만, 미국 기업들이 점점 더 공격적으로 지재권을 강화하는 데에 반대하는 단체들의 조직화는 새로운 것이었다.

트립스 협상이 진행되고 있던 1993년 초에 벌써 수만 명의 인도 농민들은 종자를 보존하고 재생산하며 개량할 권리가 위험에 빠진다며 트립스 협상에 반대하는 시위를 벌였다(Sutherland 1998, 293). 인도의 민중 운동가인 반다나 시바Vandana Shiva는 "생명 해적질"biopiracy21에 반대하는 운동을 조직하고 있었다(Shiva 1997).22 생명 해적질은 초국적 종자 기업과 제약 기업들이 개도국의 전통 지식과 생물 다양성을 약탈하는 서구 제국주의의 새로운 행태를 가리키는 용어다. 유전자원과 전통 지식을 보상 없이 무단으로 이용하는 행위를 생명 해적질이라고 한다. 이 주장에 따르면, 기업들은 "발견"을 과학과 바꿔치기해 특허를 받은 다음, 맨 처음 발견을 빼앗긴 매우 가난한 민중들에게 터무니없이 높은 가격으로 제품과 제조 공정 기술을 되판다. 이것은 트립스와 미국 통상법 301조 조치에서 사용되던 해적질이란 담론을 완전히 뒤집어 놓았다. 많은 활동가들은 생명 해적질이란 표현을 사용함으로써 미국이야말로 지구상의 최대 "해적"임을 드러내 보이려고 했다.

두 건의 인도 사례, 심황turmeric 사건과 님 나무neem tree 사건은 "생명 해적질" 운동에서 특히 주목을 끈 사건이었다. 1995년 미국 특허청은 두 명의 미시시피 대학교 연구원에게 심황을 치료제로 이용하는 방법에 대해 특허권을

---

21 "생명 해적질"이라는 용어는 캐나다에 기반을 둔 국제 NGO 단체인 라피(RAFI)의 팻 무니(Pat Mooney)가 처음 사용했다.

22 [옮긴이] 반다나 시바의 책은 국내에 소개되어 있다. 『자연과 지식의 약탈자들』(한재각 외 옮김, 당대, 2000), 『누가 세계를 약탈하는가』(류지한 옮김, 도서출판 울력, 2003) 등 참조.

부여했다. 뉴델리 과학·산업연구회New Delhi Council of Scientific and Industrial Research
는 인도 사람들은 심황을 민간 치료 요법으로 수백 년 동안 사용해 왔다는
점을 근거로 이 특허에 문제를 제기했다. 특허를 받은 연구원들은 특허출원
서에서 심황이 전통 치료로 널리 이용되어 왔다는 점은 인정하면서도 다음
과 같이 항변했다. "인도 전역에는 수많은 민간 치료법이 있으나 이것이 과
연 과학적으로 유효한가? 아니면 단순히 영문 모를 말에 불과한가? 핵심은
여기에 있다. 우리는 심황을 환자들에게 사용했고 임상학적으로 시험을 했
다"(Hari Coyly, Shulman 1999, 144에서 인용). 미국 특허법에 따르면, 특허출원
된 발명이 이미 공개된 다른 문헌에 기재되어 있는 경우에는 특허를 받을 수
없다. 인도 정부는 심황의 치료 효과를 기술한 인도의학협회학회지*Journal of
the Indian Medical Association*의 1953년 논문을 제출해 결국에는 특허를 무효로 만
들었다(Shulman 1999, 145). 심황 사건은 입으로 전승되는 전통적인 방법과
관행(민간전승folklore이라고도 함)의 지위에 대한 의문을 불러일으켰다. 소위 "과
학적 발견"으로 불리는 것들 대부분은 민간전승물 그 이상도 그 이하도 아니
다. 과학자들은 민간전승물과 우연히 마주쳤거나 원주민, 농민, 주술사 또는
민간요법으로부터 민간전승물을 얻었을 뿐이다. 그런데 서구의 특허 제도는
이런 민간전승물은 혁신으로 취급하지 않으며, "오로지 '과학적'으로 달성된
구체적인 혁신만 인정하고 개도국의 공동체에서 전승되어 온 '전통' 지식은
배제한다"(Marden 1999, 292).

악명 높은 님 나무 사건은 1990년대 초에 시작되었다. 님 나무는 문화적
으로 매우 중요한 인도의 자원으로, 용도의 일부만 나열하더라도 피임약, 화
장품, 농업 등 많은 용도로 사용되었다. 인도의 농민들은 오랫동안 님 나무
씨앗 추출물을 작물의 천연 살충제로 사용해 왔다. 그런데 이 추출물은 금방
분해되어 추출물을 자주 뿌려야 제대로 효과를 볼 수 있다. 1990년대 초 농

화학 기업 그레이스 사W. R. Grace & Company는 유효 성분(아자디라흐틴azadirachtin)을 안정화시켜 이를 저장하고 자주 뿌리지 않아도 되는 방법을 알아냈다. 1992년 6월 미국 특허청은 님 나무 씨앗 추출물을 안정화하는 방법과 이 방법으로 얻은 화학 용액에 대해 그레이스 사에 특허권을 부여했다. 그레이스 사의 특허는 개도국의 유전자원과 지식 자원을 서방국가들이 수탈하는 것에 반대하는 운동 진영의 공격 대상이 되었다. 농민들은 그들이 수세기 동안 이용해 왔던 자원을 이용하기 위해 엄청난 사용료를 강제로 지불해야 할지도 모른다며 불안해했다. 1995년 9월 "225개의 농민 단체, 과학 단체, 무역 단체들과 10만 명이 넘는 농민들이 경제동향재단Foundation on Economic Trends[제러미 리프킨이 1977년에 만든 비영리단체-옮긴이]의 주도로 작성한 청구서"를 미국 특허청에 제출해 그레이스 사의 특허는 "새롭지도 않고 부도덕"하기 때문에 특허를 취소해야 한다고 주장했다(Marden 1999, 286). "생명 특허 폐지" 운동의 활동가이자 미국 변호사인 제러미 리프킨Jeremy Rifkin은 님 나무 특허의 재심사 청구에 동참해 문제의 핵심을 다음과 같이 지적했다. "진정한 싸움은 지구의 유전자원을 공유재로 보존할 것이냐 아니면 이 공동의 유산을 소수 거대 기업들이 상업적으로 전유할 수 있도록 지적 재산으로 인정해 줄 것이냐이다"(Marden 1999, 292에서 인용). 님 나무 사건은 아직 해결되지 않았지만, 그레이스 사는 한 술 더 떠 인도에 처리 공장을 세우고 님 나무 관련 제품의 시장점유율을 높일 계획을 추진했다(May 2000, 103).

농업 분야에서 활동가들은 식물 변종을 특허 제도나 이와는 별도의 제도로 보호하면 과거 수십 년 동안의 경제 집중을 강화하는 결과가 된다고 주장했다. 실제로 육종 회사, 농화학 기업 및 식품 가공 회사들은 수직 통합을 통해 현재 "상위 10대 종자 회사가 230억 달러에 달하는 전 세계 상업적 종자 시장의 30퍼센트를 장악"하고 있다(GAIA/GRAIN 1998a, 13). 게다가 기업형 육종자들은 광범위한 특허를 취득하고 있는데 이는 엄청난 결과를 초래한다. 육종자들은 모든 종(목화), 경제적 특징(유질oil quality), 식물의 번식성(단위생식), 유전공학의 기초 기술(유전자 이식 툴)에 대해 특허를 얻고 있다(GAIA/GRAIN 1998a, 13). 이처럼 경제적 집중에 더해 특허권을 광범위하게 확장하면, 소수의 초국적 기업들이 세계의 식량 공급을 통제할 수 있는 거대한 진출로를 얻게 되고, 농민과 토착민들은 매우 복잡하게 얽힌 라이선싱과 로열티의 그물망에 걸려들게 된다.

전통적으로 농민들은 종자를 저장해 다시 사용해 왔다. 이들은 종자를 서로 교환하거나 팔기도 하고, 새로운 종자를 만들거나 시험해 왔다. 이런 방식으로 농민들은 지구의 생명 다양성에 기여했다. 과거에 식물 품종에 대한 미국 법은 농민의 권리라는 개념을 수용해 이들에게 전통적이고 중요한 행위에 참여할 자유를 인정했다. 그러나 1994년 8월 미국 의회는 식물 품종 보호법을 개정해 "농민의 권리를 없앴다. 그래서 육종자의 허락을 받지 않거나 로열티를 지불하지 않고 재산적 권리의 대상인 농작물 품종으로부터 종자를 저장하거나 파는 농민을 범법자로 만들었다"(Shulman 1999, 90). 민중 활동가들은 미국의 산업계가 트립스에서도 같은 목표를 추구하고 있다고 여긴다. 미국 산업계가, 트립스 협정 제27.3(b)조에서 말하는 '별도의 제도에 따른 보호'sui generis protection를 미국의 식물 품종 보호법과 같은 것으로 주장한다는 것이다.

트립스는 식물 신품종의 특허에 대해—미국의 생명 공학 산업에게는 실망스러운 일이지만—제한을 두었다. 협정 제27조는 식물과 동물을 특허 대상에서 제외할 수 있도록 했으나, 식물의 **신품종**에 대해서는 협정 제27.3(b)조에서 특허로 보호하거나 아니면 "별도의 효과적인" 제도로 보호하도록 정했다. 그러나 '별도의 제도'가 무엇인지에 대해서는 합의를 하지 못했다. 조

안나 서덜랜드Johanna Sutherland가 지적한 것처럼 협정 제27조의 협상 이력은 무엇이 '별도의 제도'인지에 대해 거의 아무런 지침을 제공하지 못하는데, 왜 나하면 기록 자체가 매우 빈약할 뿐더러 '별도의 제도'에 관해서는 아무런 기록도 없었기 때문이다(Sutherland 1998, 295). 미국의 지재권 산업계 행위자들은 국제식물신품종보호동맹을 '별도의 제도'를 위한 모델이라고 주장해 왔다. 50개의 주요 산업국이 가입해 있는 국제식물신품종보호동맹(UPOV 2002)은 1991년에 최종 개정되었다. 1978년의 국제식물신품종보호동맹은 식물 육종자의 독점권에 대한 두 가지 제한을 두고 있었다. 첫째, 연구 목적으로는, 국제식물신품종보호동맹으로 보호받는 신품종을 다른 육종자가 자유롭게 이용할 수 있다. 둘째, 농민은 특정 조건 하에서 다음해의 파종을 위해 씨앗을 다시 사용할 수 있다. 그런데 1991년의 협약은 "경쟁 육종자를 위한 제한 규정의 범위를 축소했고 이른바 '농민의 권리'를 삭제했다. …… 이것은 육종자의 '독점권'을 농민의 수확물까지 포함하도록 확대했다"(GRAIN 1999d, 2). 그래서 국제식물신품종보호동맹은 농민이 씨앗을 보존하는 행위를 형사 범죄로 만들었다. 이제 국제식물신품종보호동맹에 가입하려는 국가는 기업형 식물 육종자에게는 관대하며 농민의 권리는 크게 제한한 1991년 협약에 서명해야 한다.

미국무역대표부는 양자 협정에 트립스 플러스 조항을 넣어야 한다고 고집해 왔다. 적절한 사례로 1996년에 최종 중단된 미국과 에콰도르 사이의 지재권 협정을 들 수 있다. 미국은 에콰도르를 설득해 식물 신품종에 대해 특허 보호 또는 국제식물신품종보호동맹에 따른 보호를 하도록 했다. 트립스는 국제식물신품종보호동맹 보호를 요구하지 **않는다**. 다시 말하면, 이 협약은 별도 제도의 보호와 관련해 선택할 수 있는 유일한 방법이 아니다. 국제 NGO 단체인 라피RAFI: Rural Advancement Foundation International를 중심으로, 활동가들은 쟁점이 될 만한 특허권의 소유 문제를 찾기 위해 미국 특허 데이터베이스를 조사했다. 이 조사에서, 아마존 사람들이 전통 의식에 사용하는 환각성 음료의 주성분 식물인 아야와스카ayahuasca에 대해 미국인이 특허를 취득한 사실을 밝혀냈다(Shulman 1999, 127).[23] 라피 활동가들은 이 정보를 환경단체인 액션 이콜로지카Action Ecologica에 전달했고 이 단체는 반대 운동을 조직해 1996년 7월 에콰도르 국회의 회의장을 점거함으로써 미국과 에콰도르의 지재권 협정의 비준을 저지했다(Sutherland 1998, 292). 한편, 개도국과 NGO들은 식물 신품종에 대한 '별도의 제도' 보호를 다른 방식으로 추구했다.

이들이 추구하는 방식의 기본 원칙은 1997년 탐마삿 선언Thammasat Resolution24에 포함되었다.[25] 1997년 12월 바이오타이BIOTHAI(Thai Network on Community Rights and Biodiversity)와 유전자원국제행동GRAIN: Genetic Resources Action International은 아프리카, 아시아, 라틴아메리카의 40명이 넘는 NGO 대표들을 불러 생명 특허에 맞설 전략을 논의했고 이 논의를 바탕으로 원칙과 전략을 담은 '탐마삿 선언'을 발표했다. 탐마삿 선언은 트립스 협정을 개정해 생명체와 생물 다양성과 관련된 지식을 지재권 독점에서 제외할 것을 주장하며, 환경 단체를 비롯한 농업, 소비자, 보건 의료, 식량 안보, 여성, 인권 단체들의 세계적인 결집을 요청했고, 1993년 생물다양성협약CBD: Convention on

---

23 세스 슐먼(Seth Shulman)은 이 행동이 '토착민 생물다양성연대'(Indigenous People's Biodiversity Network)의 공헌이라고 주장하지만, 이 문제를 집중적으로 추적한 연구원에 따르면 이 단체는 규모가 매우 작아 미국 특허를 조사할 인력이 없다고 한다. 대신 아야와스카 특허는 라피에서 활동하는 누군가가 발견했다고 한다[저자와 그레이엄 더트필드(Graham Dutfield)의 전자우편, 2002년 2월 15일].

24 [옮긴이] 탐마삿은 타이 방콕 근교의 대학 이름이다. 1997년 12월 1~6일 탐마삿 대학에서 열린 세미나에 참석한 19개국의 대표 45명이 채택한 선언을 말한다.

25 이 선언은 GRAIN(1997)에서 볼 수 있다.

Biological Diversity이 트립스보다 우선한다는 점을 천명했다.

1985년 라피의 팻 무니는 식물 육종자의 권리에 대항하는 개념으로 농민의 권리란 개념을 고안했다. 라피는 1980년대의 소위 "종자 전쟁" 당시, 식물 유전자원에 대한 유엔 식량농업기구 회의에서 이 개념을 소개했다(Braithwaite and Drahos 2000, 572; Fowler 1994; Sutheland 1998, 292). 농민의 권리는 결국 생물다양성협약에 포함되었고, 생물다양성협약은 개도국이 트립스 협정 제27.3(b)조를 다루는 핵심적인 표준이 되었다.

인도는 트립스 협정 제27.3(b)조보다 생물다양성협약의 우월성을 옹호한 첫 번째 국가였다. 생물다양성협약은 트립스와 달리 지식과 자원을 보존하려는 전통 문화를 인정한다(제8j조). 생물다양성협약 제8j조는 공동체의 지식을 인정하는데, 이 조항은 소위 "민간전승"("과학"에 대비되는)을 인정하지 않는 서방 특허법과 트립스 협정에 구현되어 있는 개인주의적인 개념에서 보면 매우 이상한 것이다. 이 조항은 "생물 다양성의 보존 및 지속가능한 이용과 관련된 전통 생활양식을 구현한 토착 지역공동체의 관행과 혁신 및 지식을 유지·보존하며, 이런 관행·지식·혁신을 보유한 자의 승인과 참여 속에서 이의 광범위한 활용을 증진하고, 이런 관행·지식·혁신의 활용을 통해 생긴 이익을 평등하게 나누어야 한다"고 규정하고 있다(UN Convention on Biological Diversity 1992, 제8j조). 또한 생물다양성협약은 유전자원을 국가의 주권 자원임을 강조하는 반면, 트립스는 유전자원에 대한 사적 재산권을 강요한다. 인도는 생물다양성협약에 맞게 트립스 협정을 고쳐야 한다고 주장했다(Tejera 1999, 981). 동시에 생명 해적질 반대 활동가들이 제기한 우려를 해소하기 위한 법률을 제안함으로써 독자적인 '권리 운동'에 동참했다. 케냐, 인도, 니카라과, 코스타리카, 잠비아, 짐바브웨, 타이, 방글라데시, 파키스탄과 아프리카통일기구Organization for African Unity 등은 모두 위에서 제기한 우려를 해소하는, 국제식물신품종보호동맹과는 별개인 독자적인 입법화를 위해 협력했다(GRAIN 1999a, 1998b).

트립스 협정을 논의할 당시 참가국들은 협정 발효 4년 후(1999년)에 협정 제27.3(b)조를 재검토하기로 합의했었다. 1998년 12월 트립스 이사회에서 재검토의 방식을 논의했지만, 회원국이 협정의 '이행' 문제만 검토할 수 있는지, 아니면 실체 '조항'까지 검토할 수 있는지를 둘러싼 논쟁만 이어졌다. 미국은 협정의 이행 문제만 한정해 논의하자고 주장한 반면, 인도와 동남아시아국가연합ASEAN: Association of Southeast Asian Nations 국가들은 실체 조항의 재검토 권한이 분명히 포함된다고 주장했다. 결국 트립스 이사회 참가국들은 실체 조항까지 검토하기로 합의했다. 미국의 의도는 생명 특허에 대한 예외조항을 삭제하고 1991년 국제식물신품종보호동맹을 트립스에 포함시키는 것이었다. 생물다양성협약과 트립스 간의 대립과 독자적 입법화에 대한 동력을 이미 확보한 개도국들은 탐마삿 선언을 밀고 갈 기회의 하나로 실체 조항의 재검토를 열정적으로 추진했다. 개도국들은 '별도의 제도'를 위한 "대안"으로 1991년 국제식물신품종보호동맹을 트립스에 편입시키려는 움직임에 저항할 준비가 되어 있었고, 이행 연기를 요청했으며, 생물다양성협약과 트립스가 충돌하는 경우에는 생물다양성협약이 우선한다고 주장했다.

1999년 12월의 시애틀 각료 회의를 위한 트립스 이사회는 논의를 협정의 이행 문제로 제한하려는 4개국과 좀 더 실질적인 논의를 요구하는 개도국 사이의 마찰로 1999년 내내 논의의 진척을 보지 못했다. 1999년 6월에는 국제식물신품종보호동맹과 관련해 세계무역기구가 개도국에 이 협약을 보호하도록 강요해 왔다는 유전자원국제행동의 보고서가 발표되기도 했다(GRAIN 1999d). 이렇게 입장차가 큰 상태로는 협정 27.3(b)조를 수정하거나 의미를 명확히 하는 실질적인 진전은 기대할 수 없었다. 1999년 시애틀 각료 회의는 농업 문제에 대한 미국과 유럽연합의 교착으로 거의 성과를 내지 못했고, 광범위한 국제 NGO들의 조직적인 반대로 회의 자체가 곤경에 처했다.

의도한 대로 논의가 진행되지 못하는 것에 실망한 지재권위원회의 변호사 레비는, 그러나 시애틀의 먹구름 속에도 희망이 있다고 평가했다. 레비는 "이제 회원국이 트립스를 어설프게 뜯어 고칠 기회를 잃었다는 점에서 희망적이다. 각료 선언이 채택되지 않았기 때문에, 지재권이라는 물결 위에 덮쳐오는 역류를 다룰 필요가 없어졌다"고 적었다(Levy 2000, 794-795). 하지만 이런 "역류"가 금방 사라지리라고는 기대하기 어렵다. 트립스 플러스 방식의 다자간 논의를 위한 협상은 이제 저항에 부딪히게 된다. 다만 트립스 플러스 기준을 도입하고 1991년 국제식물신품종보호동맹의 채택을 강제하는 양자간 조약이 확산되는 현실은, 자신들의 지재권 기준을 개도국에 강요하는 미국과 유럽의 압력이 여전히 굳건하게 살아 있음을 보여 준다(Drahos 2001; GRAIN 2001a 2001b).

의약품 특허

트립스에 대한 강력한 반대를 형성한 것은 의약품 특허 영역이다. 공중의 건강보다 상업적 이익을 더 중요하게 취급하는 트립스 협정과 미국의 지재권 정책에 반대하는, 필수 의약품 접근권에 대한 광범위한 운동이 등장했다. 이 운동은 지금까지 트립스에 반대하는 운동 중 가장 성공한 것이므로 자세히 살펴볼 가치가 있다. 트립스 논의에서 "권리 논쟁"은 지재권이 실제로는 특권을 부여한다는 사실을 감춘다(Weissman 1996, 1087). "특권 논쟁"은 어떤 특권이 부여되었을 때 이 특권이 다른 중요한 가치와 충돌하는 경우 그 특권을 빼앗을 수 있다는 사실을 부각시킨다. 여기서는 바로 공중 보건이 특권과 충돌하는 중요한 가치다. 만약 트립스 협정을 공중의 건강과 관련된 사안으로 틀을 짰더라면, 이에 대한 미국이나 다른 서방국가 대중의 분노는 미국의 기업 엘리트가 트립스를 중심으로 형성한 합의를 약화시켰을 것이다(Braithwaite and Drahos 2000, 576). 실제로 여기서 보는 것처럼 공중 건강 활동가들은 미국 정부가 지금까지 해왔던 세계적 제약 기업에 대한 무조건적 지원을 축소시키는, 중요한 승리를 쟁취했다.

미국의 소비자단체 활동가인 랠프 네이더Ralph Nader와 그의 동료이자 CPTechConsumer Project on Technology26의 대표인 제임스 러브James Love는 보건 의료와 의약품의 가격 상승 문제를 중심으로 트립스 이후의 반대 운동을 개시했다. 이들의 전략 가운데 하나는 의약품 개발 과정에서 정부와 납세자가 얼마나 많이 기여했는지 알리는 것이었다. 의료법 개혁이 미국 내의 핵심 과제였던 클린턴 집권 초기에 의약품 가격의 폭등은 미국인들이 크게 반감을 갖는 사안이었다. 실제로 1994년 미국제약협회PMA: Pharmaceutical Manufacturers of America는 명칭을 미국 제약 **연구** 및 제조사 협회PhRMA: Pharmaceutical Research and Manufacturers of America로 바꾸어 자신들이 의약품의 기술혁신에 기여한다는 점을 강조했는데 이것은 영리하면서도 방어적인 조치였다. 트립스 논쟁이 지구상의 모든 이에게 실질적으로 영향을 미치는 정책임에도 불구하고, 가트 사무국이 협상 중에 소비자단체로부터 어떤 비판도 듣지 못했다는 것은 흥미로운 일이다.

1995년 10월 네이더와 러브는 당시 미국무역대표부 대표였던 미키 캔터

---

26 [옮긴이] CPTech는 2007년부터 KEI(Knowledge Ecology International)로 명칭을 바꾸었다(www.keionline.org).

Mickey Kantor에게 서신을 보내, 보건 의료에 대한 합리적이고 다양한 관점들이 있는데, 미국무역대표부는 미국계 제약사들의 이익 보호라는 관점에만 너무 집착하고 있음을 지적했다(Nader and Love 1995). 이들의 주요 관심사는 의약품의 가격이었다. 납세자가 자금을 댄 의약품이 어떻게 다국적 제약사들에게 가장 돈이 되는 재산이 될 수 있는가? 1995년과 1996년에 네이더와 러브는 그들의 정보와 서신들, 성명서를 인터넷 소식지인 〈제약 정책〉 Pharma-policy 에 실었고, 이를 접한 인도의 정책 담당자들은 1996년에 뉴델리에서 열리는 대규모 특허 관련 회의에 네이더를 초대했다. 이 회의는 케알라B. K. Keayla와 인도 의회의 특허작업반이 개최했다.[27] 인도인들로부터 시작해 다른 그룹들도 〈제약 정책〉을 알게 되었는데, 이 소식지(지금은 IP-Health라는 이름으로 운영되고 있음)는 의약품 가격과 특허 정책에 관한 관심을 주도하는 중요한 통로가 되었다.

1996년 암스테르담에 본부를 둔 HAIHealth Action International28가 이 운동에 결합한다. 이 단체는 이제 막 싹트기 시작한 이 운동에 결합한 최초의 보건 의료 단체였다. HAI의 초기 관심사는 의약품 사기(예컨대, 위약placebo과 나쁜 약)를 폭로하는 것이었지만 점차 의약품의 지재권 문제에 관심을 가지게 되었다. HAI는 1996년 10월 독일 빌레펠트Bielefeld에서 처음으로 대규모 NGO 회의를 개최했다. 여기서 러브는 의약품 가격과 강제 실시에 관한 논문을 발표했는데, 국경 없는 의사회의 엘렌 또엔Ellen 't Hoen에 따르면 이것은 모든 참석자의 눈이 번쩍 뜨일 만큼 새로운 사실이었다.[29] 이 회의는 초기 의약품 접

---

27 이 회의를 조직한 사람들은 대부분 인도 정부 관료와 인도의 제네릭 제약사들이었다(제임스 러브의 전자우편, 2002년 3월 26일, 필자 보관).
28 HAI는 건강권과 의약품 문제에 결합한 150개 이상의 소비자 단체, 보건의료 단체, 개발 단체, 기타 공익 단체 사이의 열린 네트워크다.

근권 운동의 핵심을 형성한 활동가들을 불러 모았다.[30] CPTech는 1997년 미주자유무역지대FTAA: Free Trade Area for Americas 논쟁에 대한 입장을 정리한 문서를 이런 NGO 공동체를 통해 전파했다.[31] 미주자유무역지대 협정 초안은 지적 재산 보호를 위해 트립스 플러스를 제안했고, 이것은 라틴아메리카의 HAI 활동가와 그 지역의 제약업체를 포함한 라틴아메리카 보건 의료 활동가들의 격렬한 반대를 불러왔다.

의약품 접근권 운동은 1998년 1월에 있을 세계보건총회WHA: World Health Assembly에서 다룰 의약품 전략 수정안을 작성하는 데에 힘을 쏟았다(2002년의 '도하 선언문'은 바로 이런 초기 노력에 힘입은 바가 크다). 세계보건기구의 '필수 의약품 정책'은 공공 부문의 공급에 필수적이고 긴요하다고 인정되는 약 250개의 의약품의 공급과 이용에 초점을 두었다. 짐바브웨의 보건복지부 장관인 티머시 스탬스Timothy Stamps 박사는 HAI의 하이데에게 세계보건기구의 "수정 의약품 정책"에 관한 결의문을 급히 작성해 달라고 요청했다.[32] HAI는 이미 CPTech와 협력해 미주자유무역지대 협상에 관한 의견서를 작성한 적이 있었고(CPTech and HAI 1998), 이 의견서에 있던 강제 실시와 병행 수입을 지지하고 상업적 이익보다 보건 의료 문제가 우선한다는 점을 강조하는 문구들을 결의문에 포함시켰다. 세계보건기구의 집행 이사회는 당시 미국이

....

29 엘렌 또엔의 전자우편, 2002년 3월 22일, 필자 보관.
30 러브나 또엔 외에도 국제건강행동의 빌버르트 바넨베르흐(Wilbert Bannenberg)와 바스 반 데어 하이데(Bas van der Heide)도 참석했다. 바넨베르흐는 세계보건기구(WHO: World Health Organization) 소속으로 남아프리카에서 활동했다. 또엔은 국제건강행동과 함께 활동하면서 세계보건총회를 로비했고, 나중에 국경 없는 의사회에 들어가 의약품 접근권 운동에 결합했다(제임스 러브의 전자우편, 2002년 3월 26일, 필자 보관).
31 제임스 러브와 워싱턴 D.C.에서 가진 인터뷰, 2001년 4월 6일.
32 제임스 러브의 전자우편, 2002년 3월 26일, 필자 보관.

이사회의 회원국이 아니었기 때문에 결의안을 승인할 수 있었다.[33] 세계보건기구가 승인한 수정 의약품 정책은 미국 제약 연구 및 제조사 협회가 미국 무역대표부를 통해 없애려고 해왔던 바로 그 관행들을 명시적으로 승인했고, 개도국들을 위한 지침을 제공했기 때문에, 미국 제약 연구 및 제조사 협회에는 비상이 걸렸다.[34]

1998년 5월의 세계보건총회가 열리기 일주일 전에, HAI와 CPTech는 시민사회 단체의 입장을 지지하는 협상 대표 약 70명을 초청해 회의를 열고 총회를 준비했다. 수정 의약품 정책을 논의하기 위해 세계보건총회가 1998년 5월 제네바에서 열렸을 때, 미국은 이 보건 의료 회의장에 통상 협상가를 보낸 상황이었다. 남아프리카공화국의 보건복지부 장관인 올리브 시사나Olive Shisana 박사는, 회의장에서 아프리카 대륙을 대표해 미국의 강제 실시 사례에 관한 수많은 증거들을 발표했다.[35] 시사나 박사는 미국이 했던 조치들을 다른 나라들은 하지 못하게 하는 미국의 위선적인 태도를 폭로했다. 미국으로서는 뒤통수를 한방 맞은 셈이다. 시사나 박사는 1998년 7월 세계보건기구의 '가족 및 지역 보건 서비스'Family and Community Health의 책임자로 임명되었다.

1998년 여름 파리에 본부를 둔 저명한 인권 단체인 국경 없는 의사회의 베르나르 페쿠르Bernard Pécoul는 CPTech와 HAI에 연락해 의약품 접근권 운동에 동참할 뜻을 전했다. 이때부터 국경 없는 의사회는 이 운동의 강력한 동반자가 되었다. 이 단체는 1999년 10월에 인권 활동을 인정받아 노벨 평화상을 수상했는데, 수백만 달러의 상금을 의약품 접근권 운동에 기부했다.

---

33 집행이사회는 나라별로 돌아가며 이사국을 맡는데, 미국은 3년에 한 번씩 집행이사회에서 제외된다(Love 2001).
34 제임스 러브의 전자우편, 2002년 3월 26일, 필자 보관.
35 Love and Palmedo(2001) 참조.

이런 과정을 거쳐 의약품 접근권 운동에는 유엔개발기구, 세계보건기구, 세계은행 등이 지원을 했다(Vick 1999, A18). 1998년 10월에 협상 대표들은 공중 보건을 지지하는 수정 의약품 정책에 대한 합의에 도달했다. 개발도상국과 NGO 활동가들은 이것이 "거의 완벽한 승리"라고 생각했다.[36] 1998년 12월 국경 없는 의사회, HAI, CPTech는 제네바에서 만나 수정 의약품 정책을 진전시킬 방안을 논의했고, 강제 실시와 트립스 협정 제30조, 제31조에 관한 회의를 개최하기로 했다. 1999년 3월에 3일간 열린 이 회의는 수정 의약품 정책 채택의 틀을 짜기 위한 것으로, 강제 실시에 찬성하는 국민투표가 하나의 방안이었다.[37]

1999년 5월 세계보건총회는 1998년 10월의 합의에 기초해 세계보건총회 52.19 결의안[38]을 만장일치로 채택했다. 이 결의안은 필수 의약품에 대한 평등한 접근을 보장할 것을, 그리고 필수 의약품에 대한 접근을 보호하는 국제조약상의 조항들을 검토해 줄 것을 회원국에 호소했다. 의약품 접근권 운동은 세계무역기구 회원국에 보내는 공개서한에서, 필수 의약품의 접근권을 높일 수 있도록 트립스 협정의 의무와 관련된 여러 조치를 고려해 줄 것을 각국 정부에 요청했다. 이들은 세계무역기구 회원국이 트립스 협정을 이행할 때 공중 보건을 최우선으로 고려할 것, 개발도상국에 대한 유예기간 연장, 공중 보건과 공공의 이익을 고려한 제7조와 제8조 조항을 적극적 활용할 것을 촉구했다.

의약품 접근권 운동은 또한 트립스 협정 제39조를 자료 독점권으로 해석

---

36 제임스 러브의 전자우편, 2002년 3월 26일, 필자 보관.

37 제임스 러브의 전자우편, 2002년 3월 26일, 필자 보관.

38 World Health Assembly, Resolution 52.19, "Revised Drug Strategy" (May 24 1999) http://www.who.int/gb/EB_WHA/PDF/WHA52/e19.pdf (2001년 11월 1일 접속).

하는 미국의 입장에 반대했다. 자료 독점권은 미국 제약 연구 및 제조사 협회의 청원을 통해 미국무역대표부가 취한 수많은 조치에서 문제가 되었던 사안이다. 제39조는 의약품의 허가를 받기 위해 제약사가 제출한 자료를 불공정한 상업적 이용으로부터 보호하도록 규정하고 있다. 미국은 이 조항을, 제네릭 제약사가 자료의 소유자에게 허락을 받지 않을 경우 의약품 허가 당국은 공개된 과학 논문이나 외국 정부의 시판 허가 여부에 의거하는 것조차 금지한다고 해석해 왔다. 자료 독점권이 없으면, 의약품의 안전성과 유효성에 대한 비용과 시간이 많이 드는 임상 시험을 반복하지 않고 간단한 생물학적 동등성 시험만으로 제네릭 의약품이 시장에 나올 수 있다. 공분을 불러온 사건은 브리스톨 마이어스 스퀴브가 판매하는 탁솔Taxol(성분명: 파크리탁셀Paclitaxel)이었다. 탁솔은 HIV/AIDS 감염인이 잘 걸리는 카포시 육종Kaposi's Sarcoma을 포함한 여러 암의 치료에 사용되었다. 탁솔은 원래 미국 국립보건원NIH: National Institutes of Health에서 일하는 과학자들이 발견했는데, 브리스톨 마이어스 스퀴브는 이 약에 대한 독점 판매권을 얻었고 의약품 시판 허가 자료에 대한 미국 법에 따른 보호를 주장했다. "브리스톨 마이어스 스퀴브는 탁솔 하나로 매년 120억 달러 이상을 벌었지만, 최초 의약품의 허가에 필요한 임상 시험에는 어떤 후원도 하지 않았다. 그럼에도 탁솔에 높은 가격을 매겼기 때문에, 악성 질환에 시달리는 환자들이 탁솔을 살 수가 없었다"(MSF, HAI and CPT 1999a, 6-7 각주 III).

의약품 접근권 운동은 또한 제네릭 의약품의 경쟁을 적극 지지했다. 필수 의약품 중 하나인 플루코나졸Fluconazole 역시 HIV/AIDS 감염인이 잘 걸리는 효모균성 뇌막염의 치료에 사용되었는데, 의약품 접근권 운동은 화이자가 독점권을 가지고 있는 곳에서는 하루 한 알에 14~25달러 하던 것이 제네릭 경쟁이 있는 곳에서는 0.75달러에 팔린다는 점을 부각시켰다. 이들은 미국

무역대표부의 관행을 언급하면서, 필수 의약품에 관한 정책에 트립스 플러스를 적용하지 않는 나라를 상대로 세계무역기구 회원국이 무역 제재를 가해서는 안 된다고 주장했다.

통상 압력에 대한 반발과 고어 선거운동

이런 초창기 노력도 중요했지만, 트립스에 대한 비판이 실질적인 힘을 받은 계기는 남아프리카와 타이에 미국이 통상 압력을 가한 사건이었다. 악화되는 HIV/AIDS 위기에 직면한 남아프리카와 타이는 심각한 보건 위기인 경우 강제 실시를 인정하는 트립스 협정의 조항을 활용하기로 했다. 협정 제30조와 제31조는 엄격한 절차를 전제로 특허의 강제 실시를 인정한다. 이 두 조항은 다국적 제약 산업이 트립스 협상에서 잃은 것들이다. 정부가 강제 실시를 허용하면, 의약품을 생산할 권리는 특허권자의 허락과 관계없이 제3자에게 넘어간다. 즉, 강제 실시가 발동되면 가격이 좀 더 적절한 제네릭 의약품을 국가가 생산할 수 있다. 그런데 제31조에 따른 강제 실시의 조건 중 하나는, 강제 실시가 국내 수요를 위해서만 사용되어야 하고 수출을 하지는 못한다는 것이다(Maskus 2000, 178).[39] 그래서 HIV/AIDS 위기에 직면한 국가들은 강제 실시에 따라 생산된 의약품의 수출이 가능하도록 트립스 협정을 개정해 내수시장이 작은 나라들도 규모의 경제 혜택을 받을 수 있도록 해야 한다

---

39 [옮긴이] 트립스 협정 제31조를 문맥 그대로 해석하면, "국내 수요를 위해서만" 강제 실시가 가능한 것이 아니라, "국내 수요를 주목적으로" 강제 실시를 할 수 있다. 다시 말하면, 수출이 완전히 금지되는 것이 아니라 강제 실시의 목적이 국내 수요를 주목적으로 하는 한 일부 수출도 가능하다.

고 주장했다.

미국무역대표부는 당연히 1997년과 1998년에 미국 제약 연구 및 제조사 협회를 위해 타이에 압력을 넣었다. 타이가 에이즈 의약품인 '디다노신'dida-nosine, DDI의 제네릭 의약품을 강제 실시를 통해 생산하기로 한 직후, 미국무역대표부 관료들은 타이의 주력 수출품에 통상 보복을 하겠다며 위협했다. 이에 따라 타이는 강제 실시 계획을 철회했다. 트립스 협정에서 허용하고 있는 강제 실시는 "생명줄 같은 것으로 생각되었지만, 현실에서는 이런 생명줄을 잡은 나라들의 손은 미국 통상 협상가들에 의해 잘려 나갔다"(Vick 1999, A1).

1997년 12월 남아프리카공화국 대통령인 넬슨 만델라Nelson Mandela는 '의약품·의료기기 허가에 관한 법률'South African Medicine and Medical Devices Regulatory Authority Act에 서명했다. 이 법은 의약품에 대한 특허를 무효로 할 권한과, HIV/AIDS 의약품의 제네릭 의약품을 생산할 수 있는 광범위한 강제 실시 권한을 보건복지부 장관에게 주었다. 이 법의 제15(c)조는 남아공이 가격 차별 정책의 이점을 활용하고, 입수 가능한 가장 값싼 특허 의약품을 수입할 수 있도록 병행 수입 제도를 인정했다. 이에 격분한 미국 제약 연구 및 제조사 협회는 미국무역대표부 대표인 샬린 바셰프스키Charlene Barshefsky와 미국 상무부의 윌리엄 데일리William Daley에게 남아공의 법을 비난하는 서한을 보냈다(Gellman 2000). 이어서 39개의 남아공 제약사들(미국 제약 연구 및 제조사 협회로부터 라이선싱을 받아 남아공에서 활동하는 제약사)은 프레토리아Pretoria 고등 법원에 이 법의 위헌 소송을 제기했다.

미국 제약 연구 및 제조사 협회의 청원에 따라 미국 정부는 다국적 제약 사들을 분노케 한 법 조항을 남아공이 철폐하도록 뒤에서 온갖 압력을 넣었다. 1998년 2월 미국 제약 연구 및 제조사 협회는 미국무역대표부에 제출한 청원서에서 남아공을 "우선감시대상국"에 포함시키라고 권고했고, 남아공의 법률은 우루과이 라운드에서 미국이 성취한 것에 정면으로 도전한다고 주장했다(PhRMA 1998a, 10-11). 또한 남아공은 자료 독점권을 인정하지 않으면서 약가 통제 제도를 도입했다고 지적했다. 이에 따라, 미국무역대표부는 남아공을 미국 통상법 301조의 "감시대상국"으로 올리고 남아공 정부에 법의 폐기를 촉구했다. 1998년 내내 미국의 압력은 더 커져 갔다. 1998년 6월 백악관은 남아공의 최혜국대우MFN: Most Favored Nation를 유예한다고 발표했다(Bond 1999, 771).

미국무역대표부의 압력에도 불구하고, 남아공은 법의 폐기를 거부했는데, 이 과정에서 남아공은 든든한 지지 세력을 얻게 되었다. 도나 샬레일라Donna Shalala가 수장으로 있는 미국 보건복지부에서 국제의료팀장으로 일하던 그레그 파파스Greg Pappas는 에이즈 활동 단체인 액트업ACT-UP을 결합시키자고 제임스 러브에게 제안했다.[40] 파파스의 주선으로 액트업 필라델피아는 러브를 1999년 1월 회의에 초청했다. 폴 데이비드Paul David와 에이저 러셀Asia Russell은 제약사들의 약가 정책에 항의하기 위한 행동을 계획하고 있었다. 처음에 그들의 전략은 모피 반대 활동가들처럼, 군중 속에 숨어 있다가 제약사 대표들에게 케첩을 뿌려 창피를 주는 방식이었다. 러브는 제약사 대표들만 문제가 아니라 미국 정부도 여기에 깊이 관여하고 있으며, 다가오는 대선 예비선거가 호기라고 이들을 설득했다. 당시 앨버트 고어 Albert Gore는, 그의 경쟁자인 민주당 후보 지명자 빌 브래들리Bill Bradley가 다국적 제약사들의 본거지인 뉴저지New Jersey 상원의원이었기 때문에, 미국 제약 연구 및 제조사 협회와 가까운 관계를 유지하고자 했다. 고어는 이 협회로부터 선거 자금을 받

---

40 제임스 러브와 워싱턴 D.C.에서 가진 인터뷰 2001년 4월 6일.

고 싶어 했으며, 이 협회의 로비스트들인 그의 전직 수석 보좌관, 민주당 수석 정책 자문위원, 앤서니 포데스타Anthony Podesta41와 긴밀한 관계에 있었다 (Gellman 2000; James Love, Bond 1999, 782에서 재인용).

미국 활동가 단체인 액트업은 남아공 사건을 집중 부각했다. 이 단체 회원들은 1999년 여름의 앨 고어 선거 유세장에 나타나 "고어의 탐욕이 죽음을 부른다"고 외치며 플래카드를 내걸었다. 이것이 텔레비전 생방송을 타면서 큰 효과를 내었고, 그 결과는 금방 나타났다. "클린턴 행정부는 그해 6월 남아공의 새로운 법에 대한 2년간의 반대를 접었고, 같은 주에 고어는 대통령 선거 출마를 선언했으며, 에이즈 활동가들은 고어의 선거운동을 방해했다"(Gellman 2000). 그 직후 고어는 남아공 대통령인 타보 음베키Thabo M. Mbeki를 비공식으로 만났고, 미국은 1999년 9월 17일 남아공을 미국무역대표부의 "우선감시대상국"에서 삭제했다(Vick 1999, A18). 랠프 네이더와 제임스 러브, 로버트 와이스먼은 미국무역대표부 대표 바셰프스키에게 남아공에 대한 압력 중단에 기쁨을 표하는 서신을 보내면서 남아공에 대한 이런 태도를 다른 개도국에도 적용하라고 촉구했다(Nader, Love and Weismann 1999). 또한 이들은 서신을 통해 타이의 강제 실시와 병행 수입, 자료 독점권에 대한 미국무역대표부의 입장을 재검토할 것을 요구했다.

---

41 [옮긴이] 포데스타는 미국 제약 연구 및 제조사 협회의 핵심 로비스트 중 한명으로 미국 생명공학제약사 제넨테크(Genentech, 나중에 로슈에서 인수)에 근무한 후 미국 제약 연구 및 제조사 협회의 로비스트로 활동하고 있었다.

시애틀과 행정명령

1999년 11월 말 미국 시애틀에서 세계무역기구 각료 회의가 열리기 전날 밤 의약품 접근권 운동 활동가들은 암스테르담에서 회의를 가졌다. 그들은 회의의 결과물로, 각료 회의에서 다뤄야 할 안건을 담은 암스테르담 선언을 세계무역기구 회원국에 발송했다. 이 선언은 세계무역기구가 의약품 접근권에 관한 작업반을 구성하고, 트립스 협정 제31조에 따른 특허의 강제 실시 사용을 인정하며, 의약품이 강제 실시가 발동된 나라로 수출될 경우에는 수입국뿐만 아니라 수출국에서도 특허의 강제 실시가 가능하도록 하기 위해서는 제30조에 따른 특허의 예외가 허용되어야 한다고 주장했다. 이 특허의 예외는 국내 생산이 가능하지 않을 정도로 시장이 작은 나라를 돕기 위한 것이었다. 암스테르담 선언은 또한 의약품 허가 자료에 관한 제39조를 지나치게 제한적으로 해석하지 말 것(다시 말하면 제39조를 자료 독점권으로 해석하지 말 것)을 요구했다(MSF, HAI and CPT 1999b). 암스테르담 선언은 보건 의료 운동가들의 활동을 이끌었다('t Hoen 2002, 35).

시애틀에서 클린턴 대통령은 HIV/AIDS 치료약에 대한 아프리카인들의 접근권을 지지하고 미국이 필수 의약품의 접근권을 지원하도록 통상 정책을 변경하겠다는 발표를 함으로써 미국 정책의 중대한 변화를 예고했다. 미국 무역대표부의 바셰프스키와 보건복지부의 샬레일라는 이 두 기관이 협력해 통상과 지재권을 다룰 때 공중 보건 문제를 고려하겠다는 제도 개혁안을 발표했다. 클린턴은 앞으로 가난한 나라들이 절박하게 필요한 의약품을 공급조차 하지 못하는 일이 없도록 미국의 보건 의료 및 통상 정책을 집행하겠다고 약속했다(MSF 2000).

2000년 5월 유엔 산하의 에이즈 전담 기구인 '유엔에이즈계획'UNAIDS: Joint

United Nations Program on AIDS은 다섯 개의 다국적 제약사[베링거잉겔하임Boehringer Ingelheim, 브리스톨 마이어스 스큅브, 글락소 웰컴Glaxo Wellcome(글락소 스미스클라인 GlaxoSmithKline), 머크, 로쉬와 특정 아프리카 국가를 위해 에이즈 약 가격을 대폭 삭감하는 계획을 발표했다. 국경 없는 의사회는 곧바로 이 계획을 맹렬히 비난했는데, 이 계획이 아프리카 국가들이 강제 실시나 병행 수입과 같은 수단을 활용하지 못하도록 하려는 다국적 제약사들의 기만적인 시도라고 봤기 때문이다. 국경 없는 의사회의 의약품 접근권 운동 책임자인 페쿠르는 이에 대해 "제약사들이 에이즈 의약품의 가격을 대폭 낮추겠다고 진지하게 검토하기 시작한 것은 분명 우리에게 승리다. 그러나 이것은 마치 코끼리가 생쥐를 낳은 것처럼, 기대에 못 미치는 결과다. …… 이들의 합의는, 필수 의약품의 접근권 확보를 위한 장기적이고 지속가능한 해결책의 중요한 요소인, 값싸고 품질 좋은 제네릭 의약품을 생산하고 수입하는 개도국의 권리를 활용하지 못하게 하려는 것뿐이다"라고 평가했다(MSF 2000, 1).

5월 10일 클린턴 행정부는 다국적 제약사들의 심기를 건드리는 행정명령을 발동했다. 이 명령은 유엔에이즈의 계획보다 더 과감했다. 클린턴은 사하라사막 이남의 아프리카 국가들이 값싼 HIV/AIDS 의약품에 대한 접근권을 높일 목적으로 특허의 강제 실시나 특허 의약품의 병행 수입과 같은 합법적인 전략을 채택하는 것에 대해 미국무역대표부가 방해 압력을 행사하지 못하도록 하겠다고 발표했다.[42] 이 행정명령은 아프리카의 에이즈에 관해서는

----

[42] 이 행정명령은 일리노이 주 하원의원 제시 잭슨 2세(Jesse Jackson Jr.)와 버몬트 주 하원의원 버니 샌더스(Bernie Sanders)가 제안했던 법안(HOPE for Africa bill, H.R. 772, ⟨http://thomas.loc.gov/cgi-bin/query /D?c106,1:./temp/~c106fBtsPI:e74695:⟩, 2002년 4월 18일 접속["HOPE는 Human rights, Opportunity, Partnership and Empowerment의 약자이다-옮긴이])에 기초한 것이었다. 아프리카에 대한 "트립스 플러스"의 금지를 골자로 하는 이 법안은 CPTech의 와이스먼이 기초 작업을 했다. 법안의 제601조는 "사하라 사막 이남 아프리카의 지재

트립스 플러스를 금지한 것으로, "미국은 사하라사막 이남의 아프리카 국가가 채택한 HIV/AIDS 의약품이나 관련 기술과 관련된 어떤 지재권 법률이나 정책도, 협상이나 기타 수단을 통해 폐기 또는 개정하려고 시도할 수 없다"고 명시했다.[43] 이것은 통상 정책에서 보건 의료를 중시했다는 점에서 과거 미국의 정책과는 사뭇 다른 것이었고, 통상 문제에 관한 비제네릭 산업의 명시적인 요구에 반하는, 수년 만에 처음 나온 행정부의 조치였다. 2001년 2월 부시|George W. Bush 행정부의 미국무역대표부 대표인 로버트 졸릭은 클린턴 행정명령을 따를 것이라고 발표하기에 이른다.

예상한 것처럼, 미국 제약 연구 및 제조사 협회의 대표인 앨런 홀머는 클린턴 행정명령에 대해 불만을 표했다. 그는 클린턴이 사안을 처리한 방식은 "지재권을 차별하고 의약품을 지나치게 부각함으로써 바람직하지 않고 부적절한 선례를 남겼으며, 이로 인해 현행 지재권 보호에 관한 예외를 발동할 길이 열렸다. 에이즈가 중대한 사안인 점은 인정하지만 지재권을 약화시키는 것이 해결책은 아니다"고 주장했다(PhRMA 2000b).

2000년 10월에 영국 옥스팜Oxfam UK이 의약품 접근권 운동에 합류해 국경 없는 의사회, CPTech와 협력했다. 시민운동을 해오던 옥스팜은 의약품 접

권 및 경쟁 법률과 관련된 요건"을 다룬다. 법안은 하원을 통과하지 못했으며, 상원에서 캘리포니아 주 상원의원 다이앤 페인스타인(Dianne Feinstein)과 위스콘신 주 상원의원 러셀 페인골드(Russel Feingold)가 유사한 법안을 추진했다(〈http://thomas.loc.gov/cgi-bin/bdquerytr/z?d106:SN01636@@@D&summ2=m&〉 2002년 4월 18일 접속). 'HOPE for Africa' 법안은 좀 더 보수적인 'African Growth and Opportunity Act'에 의해 대체되었지만, 지재권 관련 조항은 클린턴 행정명령에 다시 등장했다.

43 전문은 "Text of the Africa/HIV/AIDS Executive Order 13155" [Pharm-policy] (〈http://lists.essential.org/pipermail/pharm-policy/2001-January/000613.html〉 2001년 11월 1일 접속)에서 볼 수 있다. Executive Order No. 13155, 65 Federal Register 30521 (2000).

근권 운동으로부터 환영을 받았다.

약값에 대한 압력

제약사들은 HIV/AIDS 위기와 보건 의료 활동가들이 제기한 도전에 대응하지 않을 수 없는 상황에 놓였다. 유엔에이즈 프로그램 이외에도, 2000년 4월 화이자는 플루코나졸 약제를 남아공에 무료로 공급하는 프로그램을 시작했다. 제약사들은 개도국에 공급된 값싼 의약품이 다시 선진국 시장으로 몰려들어 이윤이 줄어들지 모른다고 걱정했다. 그러나 에이즈 위기를 해결할 방법을 알고 있는 대중들의 압력으로 인해 제약사들은 어떤 조치를 취하지 않을 수 없었다. 제약사들은 자신들의 동료들이 약가 인하에 대응해 줄 것을 기대했고, 이에 따라 경제협력개발기구 정부들은 아프리카 정부가 약을 사는 것을 돕기 위해 자금을 제공했다. 또한 제약사들은 의약품이 강제 실시되는 사태를 미리 차단하기를 원했다.

　　2000년 5월에 CPTech의 대표인 제임스 러브는 타이 제약연구 개발원 Pharmaceutical Organization's Research and Development Institute의 크리사나 크라이신투 Krisana Kraisintu와 접촉했다. 러브는 에이즈 칵테일 요법44으로 얼마가 가장 적당한 가격인지 물었고, 크라이신투는 1년에 240달러(다국적 제약사의 가격은

----

44 [옮긴이] '칵테일 요법'은 단백 분해 효소 억제제를 포함하는 세 가지 이상의 약물을 병용해 치료하는 요법을 말한다. 현재 국내에서 칵테일 요법으로 사용되고 있는 약물로는 뉴클레오사이드 역전사효소 억제제인 지도부딘(AZT), 라미부딘(3TC), 디다노신(ddI), 잘시타빈(ddC)와 단백 분해 효소 억제제인 크릭시반, 비라셉트 등이 있고, 비뉴클레오사이드 역전사효소 억제제로는 스토크린이 있다. 에이즈정보센터(www.kaids.or.kr) 참조.

1만 2,000~1만 5,000달러) 정도라고 추정했다.[45] 그다음 러브는 미국의 제네릭 제조자이며 제네릭 산업의 옹호자인 윌리엄 해더드William Haddad를 만나 HIV/AIDS 의약품의 원료 물질 가격에 대해 물었다. CPTech는 항레트로바이러스 스타부딘stavudine, d4T을 강제 실시를 통해 생산하고 이를 가능하면 싼 값으로 개도국에 공급하는 데에 관심이 있었다. 해더드는 인도 제약사인 시플라Cipla의 대표 유수프 하미에드Yusuf Hamied 박사를 소개해 주었다. 러브와 와이스먼이 하미에드 박사를 만났을 때 하미에드 박사는 세 가지 약물 칵테일을 만드는 데 필요한 모든 화학물질의 킬로그램당 가격에 대한 자료를 주었다. 당시 시장 상황으로 원료 물질의 가격은 폭락하고 있었다. 원료 물질의 가격은 3년 만에 킬로그램당 1만 달러에서 750달러로 떨어졌는데, 이는 대부분 브라질의 대량 구매 때문이었다(브라질은 1억 5,000만 달러에서 2억 달러 가량의 원료 물질을 구입했다). 하미에드 박사는 러브에게 한 알당 하루 1달러 가격의 약을 생산할 수 있다는 답을 주었다.[46] 러브는 인도적 차원의 지원의 일환으로 파격적인 제안을 요구했고, 하미에드 박사는 국경 없는 의사회에 연간 350달러로 약을 공급하겠다고 약속했다. 하루 1달러는 매우 상징적인 가격이었다. 국경 없는 의사회에는 곧바로 이 약에 대한 주문이 쇄도했다. 이에 대해 2001년 2월 7일 『뉴욕타임스』New York Times는 "아프리카의 HIV 치료 문제에 관한 논쟁을 완전히 바꾸어 놓은, 세계를 놀라게 한 사건이다. 의약품 접근의 장애물을 제거하는 조치를 취하지 않으면 많은 이들이 불필요하게 죽게 된다는 점을 분명히 보여 준 가격"이라는 표지 기사를 실었다.[47]

---

45 제임스 러브의 전자우편, 2002년 3월 26일, 필자 보관.

46 [옮긴이] 옮긴이도 하미에드 박사를 인도에서 만난 적이 있다. 백혈병 치료약(글리벡)을 강제 실시를 통해 생산할 계획으로 인도 제약사를 방문했던 2002년 8월의 일이다. 당시 하미에드 박사가 한국의 백혈병 환자들을 위해 한 알에 1달러 정도의 가격을 제시했던 기억이 새롭다.

대중의 압력이 커지면서 2001년, 운동이 들불처럼 번져 나갔다. 시플라는 15개 항HIV 의약품 중 8개 제네릭에 대해 남아공 정부에 시판 허가를 신청했다(Stolberg 2001, A1). 시플라는 국경 없는 의사회와 함께 "다국적 제약사들이 남아공에서 적절한 가격으로 의약품을 판매하려고 하지 않는다는 점을 근거로 다국적 제약사들이 남아공에서 특허권을 가지고 있는 모든 항레트로바이러스 의약품에 대해 특허 라이선싱을 요청했다"(McNeil 2001, A3). 그러자 머크 사는 항레트로바이러스 서스티바Sustiva와 프로테아제 억제제인 크릭시반Crixivan을 각각 연간 500달러와 600달러에 여러 국가에 제공하겠다고 발표했다.

의약품 접근권 운동은 2001년에 예일 대학교를 압박해 또 다른 중요한 전과를 올렸다. 예일 대학은 항레트로바이러스 스타부딘에 대한 특허권을 가지고 있었는데, 남아공이 스타부딘의 제네릭 의약품을 수입할 수 있도록 해줄 것을 예일 대학에 요청했다. 예일 대학은 브리스톨 마이어스 스퀴브 사와 특허 계약을 맺어 특허 이용료로 일 년에 4,000만 달러의 수입을 올리고 있었다(McNeil 2001, A3). 처음에 예일 대학은 브리스톨 마이어스 스퀴브가 특허의 독점적 사용권을 가지고 있으므로 결정권은 제약사에 있다며 남아공의 요청을 거절했다. 그러자 예일 대학의 법대 학생들이 교내 항의 집회를 조직했고, 약을 개발했던 교수 중 한 명인 윌리엄 프루소프William Prusoff도 학생들을 지지했다. 2001년 3월 14일 브리스톨 마이어스 스퀴브는 스타부딘의 가격을 하루 15센트(미국 환자가 지불하는 가격의 1.5퍼센트)로 인하하겠다는 발표를 했다. 이 발표 후 프루소프 박사는 언론 기고에서 사하라사막 이남의 아프리카에서 HIV에 감염된 사람의 놀랄 만한 수치를 인용하며 다음과 같

---

47 제임스 러브의 전자우편, 2002년 3월 26일, 필자 보관.

이 말한다. "감염인의 수는 납득하기 어려울 정도로 많아 보이지만 그렇지 않을 수도 있다. 보기에 따라서는 이 수치는 15센트만큼이나 납득하기 쉽다. 이처럼 납득하기 쉬운 일들이 브리스톨 마이어스 스퀴브 사에서 일어나고 있는 것 같다"(Prusoff 2001, A19). 그는 또 이렇게 썼다. "내가 이 사건에서 발견할 수 있는 유일한 패턴은 여러 사람들이 도덕적인 조치를 요구했다는 점뿐이다. 이런 도덕적 촉구는 계획된 것이 아니었지만 의미 있는 성과를 낼 수 있었다"(Prusoff 2001, A19).

미국 제약 연구 및 제조사 협회는 남아공을 상대로 3월 5일에 소송을 개시할 예정이었다. 이 소송은 항의자들, 죽어 가는 엄마와 아이의 잔인한 이미지, 거리 시위, 대대적인 언론 보도 등으로 상징되는, 이목이 집중된 사건이 되었다. 이 사건을 상징했던 강렬한 묘사들은 인종차별정책의 기억을 떠올리게 만들었고, 제약사들과 일반 대중의 관계가 악화되었음을 보여 준다. 소송이 진행되는 동안 문제의 제15(c)조는 세계지재권기구 전문위원회가 작성한 법안에 기초했다는 점이 밝혀졌다('t Hoen 2002, 32). 그래서 남아공의 법 개정으로 인해 남아공이 국제법상의 의무를 저버렸다는 제약 회사들의 주장은 근거를 잃게 되었다. 그리고 남아공 활동가 단체인 '치료 접근권 운동'Treatment Access Campaign은 HIV/AIDS 치료약을 개발하는 데에 들어간 실제 비용에 관한 증거를 제시하겠다고 발표했는데, 이 비용은 제약 회사들이 제출한 것보다 훨씬 작았다.[48] 국경 없는 의사회는 인터넷을 통해 제약 회사들이 소송을 취하할 것을 촉구하는 서명 운동을 개시해 약 25만 명의 서명을 받았다. 이 숫자는 전년도 남아공의 에이즈 사망자 숫자와 비슷한 것이었다.[49] 대중들의 강력한 항의에 직면한 제약 회사들은 결국 남아공 정부를 상

---

48 제임스 러브의 전자우편, 2002년 3월 26일, 필자 보관.

대로 한 소송을 취하했다. 이것은 제약 산업에 맞선 개도국과 시민사회단체 운동의 중대한 성과로 환영받았다.

이 성과로 운동은 더욱 힘을 얻었다. 개도국들은 의약품 접근권과 관련해 더 강하게 결속했고 단호한 입장을 취했다. 아프리카 국가들은 의약품 접근권 문제를 주도적으로 밀고 갔다. 2001년 여름 짐바브웨 대사인 보니파세 치다우시쿠Boniface Chidyausiku50는 의약품 접근권에 관한 트립스 이사회의 특별 회기를 요청했다. 제네바에 있는 퀘이커 유엔 사무소Quaker United Nations Office 가 개도국 대표들을 지원했고,51 수많은 법학자와 경제학자, 활동가들 역시 전문적인 지원을 아끼지 않았다.52 치다우시쿠가 의장을 맡은 6월의 트립스 이사회 회기에서 회원국들은 의약품 접근권에 대해 결론을 내렸다. 유럽연합이 포함되어 만들어 낸 합의는 트립스 협정이 공중의 건강 보호를 방해해서는 안 된다는 것이었다. 그럼에도 불구하고 미국은 자국계 초국적 제약사들을 계속 옹호했다(Boseley and Capella 2001). 개도국들은 공중의 건강을 지키기 위한 조치를 빌미로 개도국들을 세계무역기구의 분쟁 해결 절차에 회부할 수 없다는 점을 공식화하기를 원했다. 트립스 이사회는 트립스 협정에 보장되어 있는 제도적 융통성을 공중 보건 측면에서 계속 검토하기로 결의하고, 이 사안에 대한 후속 회의를 계획했으며, 2001년 9월에는 무역과 의약품에 대한 또 다른 특별 회기를 개최하기로 약속했다(Capdevila 2001). 이 6월

---

49 제임스 러브의 전자우편, 2002년 3월 26일, 필자 보관.
50 그의 공식 직함은 짐바브웨의 상임대표, 유엔 및 세계무역기구 주재 대표대사였다.
51 이들의 입장 문서와 추가 정보는 〈http://www.afsc.org/quno.htm〉(2000년 4월 25일 접속) 참조.
52 아르헨티나의 경제학자인 카를로스 코레아(Carlos Correa), 미국 법학자인 프레더릭 애벗(Frederick Abbott), 제롬 라이히만, 오스트레일리아 법학자인 피터 드라호스, 활동가인 제임스 러브, 엘렌 또엔 등이 지원했다.

회의에서 브라질 대표는 HIV/AIDS 치료약을 매우 싼 값으로 또는 무상으로 환자들에게 공급하려는 브라질의 계획이 극적인 성공을 거두었다는 점을 강조했다. 브라질의 의약품 접근권 계획은 에이즈 관련 사망자를 절반으로 줄였고 기회감염으로 인한 입원 환자를 80퍼센트나 줄였다. HIV/AIDS 위기를 극복하려는 개도국들에게 이제 브라질은 희망의 등불이 되었다. 브라질의 정책은 유명 언론으로부터 긍정적인 조명을 받았는데, 『뉴욕타임스 선데이 매거진』*New York Times Sunday Magazine*에 실린 표지 기사가 대표적인 예다(Rosenberg 2001).

남아공 소송이 취하된 직후, 브라질은 에이즈 프로그램을 성공적으로 추진해 브라질을 상대로 제기한 미국의 세계무역기구 분쟁을 점차 부도덕한 것으로 만들었다. 미국은 공중 보건 사안에 대한 유엔 총회의 특별 회기가 시작하는 날 브라질에 대한 분쟁을 포기한다고 발표했다. 이 특별 회기는 2001년 6월 27일 HIV/AIDS에 관한 "양해 선언"Declaration of Committment으로 끝이 났다. 필수 의약품 접근권 운동을 주도했던 국경 없는 의사회의 환영을 받은 이 선언은 공중 보건 문제를 "정치적인 위협, 인권에 대한 위협, 그리고 경제적인 위협"으로 규정했다(Steinhauer 2001, A1). 유엔 총회는 국제 기금의 설립을 결의했는데, 당시 유엔 사무총장이었던 코피 아난Kofi Annan은 국제 기금으로 1년에 70~100억 달러를 요청했다. 2002년 4월 에이즈, 결핵, 말라리아 퇴치를 위한 국제 기금은 2년간 31개 개도국의 질병 퇴치를 위해 3억 7,800만 달러를 우선 기부하겠다고 발표했다. 또한 추가로 2억 3,800만 달러의 기부를 승인할 것이라고 발표했다(*Washington Post* 2002). 여기서 중요한 사실은, 이들 프로젝트가 개도국과 의약품 접근권 운동의 목표를 반영해, 질병의 예방에만 그치지 않고 치료를 목표로 했다는 점이다.

2001년 9월 트립스 이사회가 열려 의약품 접근권 문제를 논의했다. 아프리카 그룹은 "트립스 협정의 어떤 조항도 회원국이 공중 건강을 위해 채택한 조치를 방해할 수 없다"는 점을 강조한 '트립스 협정과 공중 보건에 대한 각료선언문' 초안을 제안했다('t Hoen 2002, 41). 이런 사전 작업의 결과로 세계무역기구 사무총장 마이크 무어Mike Moore는 11월의 도하 회의를 시작하면서 "트립스 협정과 건강 문제는 새로운 통상 라운드의 협상을 결렬시킬 수 있는 요인이 될 수 있다"고 지적했다('t Hoen 2002, 45).

카다르 도하, 그리고 도하 선언문

2001년 11월의 세계무역기구 도하 각료 회의를 준비하면서 미국 제약 연구 및 제조사 협회는 특허권과 의약품 접근은 서로 무관하다는 주장을 담은 두 개의 보고서(아타란 보고서)를 배포했다(Attaran and Gillespie-White 2001). 이 보고서들은 특허는 의약품 접근에 장벽이 되지 않으며, 가난이나 부족한 의료비 지출과 같은 문제들이 의약품 접근에 가장 중요한 장벽이라고 주장했다. 의약품 접근권 논쟁이 있은 후부터 미국 제약 연구 및 제조사 협회는 강력한 특허권 보호를 탓하지 못하게 하려고 노력했다. CPTech는 이들의 문서를 인터넷 소식지에 실었고 이로 인해 격렬한 논쟁이 붙었다.[53] 10월에 CPTech, 에센셜 액션Essential Action, 옥스팜, TAC Treatment Access Campaign, 헬스 갭Health GAP

---

[53] 논쟁의 예로는 IP-Health Digest, vol. 1, no. 662, 2001년 10월 20일 목요일 오후 8시 59분 메시지 2 "Re: Attaran & Gillespie-White-JAMA paper is now published" (Richard Jeffreys); IP-Health Digest, vol. 1, no. 660, 오후 2시 31분 메시지 1 "MSF and Amir's paper" (Ellen 't Hoen); IP-Health Digest, vol. 1, no. 654, 메시지 1 "Donnelly on Attaran/IIPI" (James Love) 등이 있다.

은 보고서의 주장을 세세히 반박하는 문서를 발표했다. 의약품 접근권 활동가들은 가난과 부족한 의료비가 중요하다는 사실은 누구도 부인하기 어렵지만, 그렇다고 하여 의약품 접근권에 미치는 특허권의 영향을 간과해서는 안 된다고 역설했다. 이 문서는 아타란 보고서의 파급력을 약화시켰고 미국 제약 연구 및 제조사 협회가 보고서의 연구를 지원했음을 암시해 아타란 보고서의 학문적 객관성까지 훼손시켰다. 이 논쟁에 참가한 대부분의 정책 결정자들이 CPTech 소식지에 가입해 있었기 때문에, 그들은 아타란 보고서가 출간되기 전에 이미 이 보고서와 관련된 연구, 논쟁 그리고 반대 주장을 알게 되었다. 그래서 미국 제약 연구 및 제조사 협회가 기대했던 효과는 반감되었다.

도하 회의가 있기 전의 또 다른 중요한 사건은 미국에서 발생한 9·11 테러 공격이었다. 이 사건 직후에 미국은 탄저균이 묻은 우편물을 취급하는 여러 우체부와 기자들이 감염되어 죽으면서 생화학 테러의 공포에 휩싸였다. 탄저병 치료에 효과적인 항생제 시프로플락신ciproflaxin(시프로)을 충분히 확보하기 위해 캐나다는 특허권에 우선해 강제 실시권을 발동하고 제네릭 제약사를 통해 의약품을 생산하겠다고 협박했다. 미국 역시 뉴욕 주 민주당 하원의원 찰스 슈머Charles Schumer와 보건후생부 장관 토미 톰슨Tommy Thompson의 주도로 강제 실시 여부를 신속하게 검토했다. 결국 캐나다나 미국 누구도 강제 실시 위협을 끝까지 밀고 가지 않았지만 이들 국가는 시프로 제조사인 바이엘과 엄청난 가격 인하에 합의할 수 있었다.

이 사례는 두 가지 함의를 갖는다. 첫째, 만약 미국이 국가 비상사태(몇 명의 죽음으로 인한 것이지만, 얼마나 큰 위협인지는 불확실한 사태)를 해결하기 위해 강제 실시에 적극적인 의지를 가졌다면, 수천 명의 죽음, 그것도 막을 수 있는 죽음을 매일같이 목도하는 개도국에게는 그런 권리가 없다고 부인하는 것이 도대체 어떻게 가능할까? 둘째, 강제 실시를 위협한 다음 약값을 대폭 떨어뜨리는 공략법은 브라질이 HIV/AIDS 프로그램에서 채택해 성공한 바로 그 전략인데, 이에 대해 미국은 브라질을 세계무역기구에 제소하려고 한 바 있다. 이런 일련의 사건은 의약품 접근권 운동가들과 개도국 협상가들의 주목을 받았고, 도하 회의에 참가한 모든 이들이 이 사건을 염두에 두었다. 도하 회의장에서 브라질 대표가 말한 것처럼, "세계무역기구에서 논의하지는 않았지만, 우리 모두가 이 사건을 알고 있다. 이로 인해 우리의 주장은 많은 힘을 얻었다"(Pruzin 2001에서 인용).

아프리카 그룹과 브라질, 인도가 이끄는 8개국 그룹은 트립스 협정과 공중 보건에 관한 선언을 제안했다. 이들이 원했던 것은 법적으로 구속력이 있는 선언으로, 개도국들이 필수 의약품의 접근권 보장을 위한 정책을 추진하더라도 다른 세계무역기구 회원국으로부터 보복 조치와 같은 위협을 받지 않는다는 트립스 협정에 대한 확정적인 해석을 받고자 했다. 미국과 스위스는 아타란 보고서의 주장을 인용하며 "특허는 필수 의약품의 접근을 방해하지 않는다는 이유로" 선언문 채택에 반대했다(Pruzin 2001). 전체 협상 전의 비공식 협상에서 미국은 최빈국에 대한 유예기간을 연장하고 HIV/AIDS 정책과 관련해 사하라사막 이남 아프리카 국가에 대한 세계무역기구 분쟁을 일시 정지(모라토리엄)한다는 내용의 제안서를 돌렸다. NGO 그룹과 개도국 대표들은 이 제안서를, 개도국 블록을 분열시키고 인도나 브라질과 같이 제네릭 의약품을 제조·수출할 능력이 있는 중진국을 고립시키려는 비열한 시도라고 비난했다.

미국의 방해에도 불구하고 개도국 블록의 연대는 변함없이 유지되었고 결국 주목할 만한 승리를 일구었다. 2001년 11월 14일에 채택된 선언(WTO 2001)은 "우리는 트립스 협정이 공중의 건강을 보호하려는 회원국의 조치를 방해하지 않으며 방해해서는 안 된다고 합의한다"고 하면서, 다음과 같이 천명했다.

> 회원국은 강제 실시를 부여할 권리를 가지며 강제 실시를 허여할 요건 grounds54을 결정할 자유가 있다. 회원국은 무엇이 국가 비상사태인지 결정할 권리를 가지며 …… HIV/AIDS, 결핵, 말라리아, 기타 유행병과 관련된 공중 건강의 위기가 국가 비상사태에 해당한다는 점에 양해한다(WTO 2001).

이 선언은 공중의 건강을 지키고 "모두를 위한 의약품 접근권을 증진할" 회원국의 권리를 확인했다(WTO 2001). 그러나 법적으로 구속력이 있는 합의를 도출하기 위해 미국의 지지를 받는 데에는 실패했다. 도하 선언문은 제6항에서 의약품 접근권 운동의 핵심 과제 중 하나의 해결 즉, 의약품 제조 능력이 없거나 부족한 국가들이 트립스의 강제 실시 조항을 효과적으로 활용할 수 있도록 하려는 과제의 해결은 뒤로 미루었다(자세한 분석은 Abbott 2002 참

---

54 [옮긴이] 트립스 협정의 강제 실시와 관련해 '요건'(grounds)과 '조건'(condition)은 엄청난 차이가 있다. '요건'은 강제 실시를 발동할 수 있는 상황을 정하는 반면, '조건'은 상황은 정하지 않고 강제 실시를 발동할 때 지켜야 하는 절차만 정한다. 트립스 협상 과정에서 미국을 비롯한 선진국들은 '요건'을 협정문에 명시해야 한다고 주장한 반면, 개도국들은 '조건'만 명시하자고 주장했다. 결국 개도국의 입장이 반영되어 협정문에는 '조건'만 규정되어 있는데, 유일하게 반도체 기술의 강제 실시에 대해서는 '요건'이 정해져 있다. 도하 선언문은 '강제 실시를 허여할 요건을 결정할 자유'가 각 회원국에 있다고 선언했기 때문에, 협정문에 원래 있던 내용을 재확인했다고 볼 수 있다. 그러나 도하 선언은 당시 강제 실시를 둘러싸고 벌어졌던 사건들을 통해 생생한 의의를 재평가할 필요가 있다. 도하 선언문은 어떤 경우에 강제 실시를 발동할 것인지는 각국의 주권 재량에 속하는 것이라고 확인했다. 따라서 개도국의 강제 실시를 방해하기 위해 미국이 통상 압력을 가하는 것이 더 이상은 어려워졌다. 실제로 도하 선언 이후 아프리카와 동남아시아 국가들이 의약품 특허에 대해 강제 실시를 발동하기 시작했는데, 그동안 남반구에서는 한 건도 없던 특허 강제 실시가 이처럼 현실화된 계기가 바로 도하 선언이다.

조). 아프리카 그룹과 지지자들은 트립스 협정의 어떤 조항도 회원국이 제네릭 의약품을 가난한 나라에 수출하는 것을 금지하지 못한다는 확인을 선언문에 포함시키려고 했다. 선언문은 2002년 말까지 트립스 이사회가 이 문제를 해결하도록 지시했고 최빈국들에 대한 트립스 협정 이행 의무는 2016년까지 더 유예되었다.

개도국 블록의 연대와 탄저병 공포, 의약품 접근권 운동은 모두 도하의 승리에 기여한 요인이었다(Banta 2001; 't Hoen 2002, 45-46). 그러나 이 선언에 대한 평가는 엇갈렸다. 이미 트립스에 들어 있는 내용을 다시 선언한 것에 불과하다는 평가가 있는 반면, 의약품 접근권 운동과 공중 건강 활동가들의 완벽하지는 않지만 중요한 승리라는 평가도 있다. 아타란 보고서를 작성했던 리 질레스피 화이트Lee Gillespie-White는 활동가들이 승리라고 주장하는 것은 "철없고 한치 앞도 못 보는 소리"라고 평가하면서 산업계의 입장을 다음과 같이 정리했다.

> 특정 상품의 판매를 위한 시장이 존재하는 곳에서 재산권이 침해되었을 때는 언제나, …… 그리고 재산권을 폐기하는 국가의 조치가 무분별한 재량권 행사라고 판단될 때 권리자는 그 결정에 이의를 제기할 수 있다. 이런 이의 제기는 도하 선언이 있든지 없든지 가능하다. …… 국가의 조치가 얼마나 과도했는지에 따라 상황은 달라진다(Gillespie-White 2001).

이런 주장에도 불구하고, NGO 활동가들과 개도국들은 각국 정부의 지재권에 대한 정치적 태도를 바꿔냈다. 공중 건강 문제는 이제 무역 및 지재권과 연계되어 버렸다. 이것은 트립스 협정에 이르게 한 구조적 동화structural elaboration를 추진했던 산업계의 지재권 신념과 상당히 동떨어져 있다. 이처럼 무역과 지재권을 공중 건강의 문제로 재구성함으로써, 보건 의료 운동가들은 지재권과 관련된 사익과 공익의 불균형을 바로잡는 데 실제로 상당한 영향력을 행사할 수 있었다. 싸움이 계속되고는 있지만, 의약품 접근권 운동은 단기간에 놀라운 전과를 올렸다.

전체적으로 볼 때 트립스 이후의 상황은 복합적이다. 트립스는 산업계에 힘을 실어 주어 외국의 정책을 트립스 플러스 방식으로 바꾸도록 압력을 더 많이 행사할 수 있도록 했다(Drahos 2001, GRAIN 2001a; 2001b). 한편 트립스는 시민사회 운동을 결집시키고 이들이 더 큰 목소리를 내도록 자극해, 그 이전에는 검증 과정도 없이 지재권 사안을 독식했던 산업계의 힘을 약화시켰다. 어쨌든, 트립스 이후의 경향은 새로운 논쟁 지점을 드러냈고, 산업계가 훨씬 더 까다로운 정치적 환경에 처할 것임을 예고한다.

7장
결론: 구조화된 행위자의 재검토

트립스의 등장과 뒤이어 나타난 트립스에 대한 강력한 저항은, 하나의 완성된 변화 주기와 두 번째 주기의 시작에 걸쳐 구조화된 행위자를 보여 준다. 트립스를 탄생시킨 첫 번째 주기에서 구조적 변화는 필요조건이기는 했지만 충분조건은 아니었다. 구조적 변화는 트립스 입안자들이 세계 무역 질서의 최선봉에 나서는 계기가 되었지만, 트립스를 구축하고 달성하는 데에는 행위자가 필요했다. 두 번째 주기가 되면 트립스는 이제 행위자가 맞서야 하는 구조가 된다. 따라서 트립스는 행위자가 어떤 행위를 하는 결정적인 맥락을 형성했다. 이를 일반화하면, "특정 조건에 맞도록 생성된 사회적 과정은 반드시 다른 구성원에게 장애물이 된다"(Archer 1982, 476)고 설명할 수 있다. 요컨대, 트립스는 행위자를 지지자와 반대자로 양분했고 새로운 조직적 행위자들을 자극해 트립스의 영향에 저항하도록 만들었다. 트립스 이후 저항이 일어났던 초기 국면에서, 특히 의약품 접근권 운동에서는 행위자가 중요했지만, 트립스를 둘러싼 싸움의 궁극적인 결과는 행위자보다 더 크고 깊은 구조적 요인에 의해서 결정될 것이다. 이번 장에서는 세계무역기구의 다른 새로운 쟁점들과 트립스를 비교하고, 준수성compliance과 정당성legitimacy을 평가하며, 트립스 이후의 제약과 기회를 논의함으로써, 구조화된 행위자의 개념을 살펴볼 것이다. 이론과 정책 양 측면에서 논쟁의 함의를 살펴보는 방식으로 진행한다.

행위자가 만든 차이점: 비교의 관점에서 본 사적 부문의 권력

트립스 협정만 놓고 보면, 전 세계에 적용되는 지재권 규칙을 만들고 국가와 국제기구들이 이 규칙을 집행하는 데에 동원되었다는 점에서 사적 부문이 놀라운 승리를 거두었다고 평가할 수 있다. 그러나 하나의 사례를 일반화하지 않도록 주의해야 한다. 사적 자본의 세계 지배력이 높아지고 있다는 주장은 트립스에 의해 더 설득력을 얻는 것이 사실이다. 또한 트립스 협정은 권력이 권력을 낳는다는 구조주의적 관점을 강화한다. 국가가 약해지지는 않았지만, 사적 부문이 특정 의제들을 정하고 있다. 그러나 아래에서 비교해 보는 것처럼, 구조 하나만으로는 결과를 결정할 수 없다.

미국의 사적 부문은 우루과이 라운드에서 큰 역할을 했다. 그들은 트립스 협정과 금융 서비스 협정financial services agreement, 서비스 무역에 관한 일반 협정, 무역 관련 투자 조치 협정을 추진한 배후 세력이었다. 세계 정치경제의 구조 변화, 기술과 시장의 변화로 인해 새로운 행위자들은 투자와 서비스에 대한 더 큰 자유화와, 강력한 지재권 보호를 추진할 힘을 얻었다. 여기서 사적 부문 행위자란 지구에서 경쟁력이 가장 뛰어난 산업과 가장 강력한 초국적 기업 행위자를 의미한다. 서비스와 지재권 보호를 무역과 연계하기 위해 사적 부문은 수십 년에 걸친 노력을 했고 미국 정부는 이에 화답했다. 이들 행위자들은 1970년대와 1980년대에 미국 통상법을 개정하면서 서비스와 지재권 보호를 무역과 연계하는 작업에 성공을 거뒀고, 미국무역대표부가 일반 301조, 슈퍼 301조, 스페셜 301조를 발동하고 "공격적 일방주의"에 전념하도록 함으로써 자신들의 목표를 달성했다. 세계무역기구의 부속 협정으로 포함된 새로운 협정들은 국가가 서비스와 지재권 보호를 무역 관련 사안으로 취급하도록 했는데, 이는 다자간 협상에서 서비스와 지재권 보호를 최우선 순위에 두려는 사적 부문의 수십 년에 걸친 노력의 결정판이었다. 만약 사적 부문의 이런 노력이 없었다면 서비스와 지재권 협정들도 존재하지 못했을 것이다. 그러나 이런 공통분모에도 불구하고 사적 부문이 다자 틀에서 추구했던 노력의 결과는 달랐다.

협정은 당사국을 구속하며 특정인에게 유리하도록 결과를 변경한다는 점에서 강압적이다(Strange 1996, 184). 트립스, 금융 서비스 협정, 서비스 무역에 관한 일반 협정, 무역 관련 투자 조치 협정을 하나의 스펙트럼으로 보면, 트립스와 금융 서비스 협정이 가장 강압적이고, 서비스 무역에 관한 일반 협정은 중간 정도이며, 무역 관련 투자 조치 협정이 가장 덜 강압적이다. 트립스 협정과 금융 서비스 협정을 이끈 결정적인 요인은 강경한 반대 없이 경제협력개발기구 합의에 도달한 초국적 기업들의 동원력이었다. 이에 비해 덜 강압적인 협정인 서비스 무역에 관한 일반 협정과 무역 관련 투자 조치 협정 역시 초국적 기업들의 상당한 동원이 있었지만, 경제협력개발기구의 합의에 도달하지도 못한 채 강경한 반대에 부딪혔다. 무역 관련 투자 조치 협정은 두 가지 요인 즉, 투자 유치국이 상당한 협상력을 가졌다는 점과 국가 안보를 이유로 미국 정부가 사적 부문의 요구에 반대했다는 점 두 가지 요인이 더해져 난관에 부딪혔다.

지재권의 보호: 트립스 협정

1970년대와 1980년대 초 주로 산업체 연합을 통해 초기 활동을 펼쳤던 미국 기업들은 미국 정부가 좀 더 강력한 지재권 보호를 채택하고 집행하도록 외국 정부에 압력을 행사하라고 요구했다. 이들은 미국 통상법 301조와 337조의 개정을 추진해 이를 달성했다. 일군의 미국계 초국적 기업들은 지재권위원회를 만들어, 강력한 지재권 보호로 얻는 자신들의 이익을 법조문화한 다자간 제도를 확보하기 위해 노력을 확대해 나갔다. 이들은 다자간 무역 기반 제도를 위해 경제협력개발기구의 합의를 이루고자 작업했다. 이런 지재권위원회의 초국적 작업은 트립스의 성립에 결정적인 요인이었다.

개도국은 처음에는 지재권을 협상 의제에 포함시키는 데에 반대했지만 1989년 4월에 이런 반대를 접었다. 미국의 공격적 일방주의가 격심해지는 것을 목격한 개도국들은 트립스에 협력하는 대가로 이런 압력이 줄어들 것으로 기대했다. 또한 개도국들은 다자간 섬유협정의 단계적 종료나 농업과 같이 중단기적으로 더 중요한 것을 얻는 대가로 트립스에 협조하기로 했다. 경제협력개발기구의 합의를 이끌어 낸 초국적 사적 부문의 결집과 개도국의 반대 철회는 트립스라는 결과물의 결정적인 요인이었다.

서비스 무역에 관한 일반 협정

서비스 무역이 크게 늘고 거대 시장의 경쟁이 격화되면서 각국의 규제 정책의 차이에 대한 우려가 점차 커졌다. 서비스 무역은 연평균 성장률이 상품 무역보다 빠른 8.3퍼센트에 달하는, 세계경제에서 가장 역동적인 분야 중 하나다(Hoekman 1995, 329). 1993년 전 세계 서비스 무역량은 미화 9,300만 달러에 달했는데 이것은 상품과 서비스를 합친 전체 교역량의 22퍼센트나 된다(Hoekman and Kostecki 1995, 127). 사적 부문의 서비스업자들은 시장 접근을 확대하고, 자유무역에 방해가 되는 각국의 규제와 관행을 철폐하고자 했다. 상품 무역과 달리, 대부분의 서비스는 서비스 제공자와 소비자 사이의 물리적 거리에 의존한다. 그래서 서비스 무역에는 해당 국가에 사무소를 설립하기 위한 국제적인 직접투자가 필요하다. 그러나 외국인 서비스업자에 대한 국내 장벽이 높으면 국제적인 직접투자가 어렵다. 전 세계 소비의 60퍼센트에 달하는 서비스가 세계 무역에서 차지하는 비중이 20퍼센트에 불과하다는 통계(Julius 1994, 277)는 서비스 무역에 대한 국내 장벽이 높다는 점을 잘 보여 준다.

따라서 미국의 사적 부문 행위자들은 해외 서비스 시장의 장벽을 없애고 상당한 수준의 자유화를 이루는 것을 목표로 삼았다. 1970년대를 기점으로 보험사를 비롯한 금융 서비스 부문은 서비스 부문을 가트의 우산 아래에 두어 시장 접근 장벽을 제거하려고 로비를 벌였다. 지재권 로비와 마찬가지로, 서비스 부문의 행위자들은 미국 정부를 설득해 미국 통상법의 개정 내용에 서비스를 집어넣도록 했고, 미국은 서비스 무역의 장벽을 이유로 유럽과 일본에 통상법 301조를 적용했다. 미국의 사적 부문 로비스트들은 1980년대 중반부터 급증하기 시작한 무역 적자 문제에 골몰한 자국 정부가 자신들의 의견을 잘 수용한다는 점을 알게 되었다. 서비스 산업계는 자신들의 무역 혹자가 미국의 무역 문제를 해결할 열쇠라고 선전했다. 미국 정부 특히, 미국 무역대표부와 재무부가 서비스 산업계를 지지하기 시작했다. 시간이 지나면서 이들 범 산업계 단체는 다른 서비스 부문으로부터 지원을 받아냈고, 서비스산업연맹Coalition of Service Industries을 결성해 가트 논의에서 자신들의 요구를 관철시켰다. 이들의 첫 번째 공격 대상은 규제가 매우 심한 아시아의 서비스 시장이었다. 인도와 브라질이 이끄는 개도국들은 처음에는 서비스를 우루과이 라운드에 포함시키는 것에 반대했으나 결국 별도의 서비스 협정을 논의하는 데 타협했다.

서비스 무역에 관한 일반 협정이 존재한다는 것 자체만으로도 사적 부문의 요구가 상당 부분 달성되었다고 평가할 수 있다. 왜냐하면, 서비스가 다자간 무역의 취급을 받을 가치가 있다고 인정받은 것이기 때문이다. 그러나 사적 부문은 협상 결과에 실망했다. 첫째, 미국 사적 부문 로비스트들은 강력한 자유화 협정을 원했지만 개도국과 유럽의 반대에 부딪혀 목표 달성에 실패했다. 둘째, 서비스 무역에 관한 일반 협정은 가트가 상품 무역을 취급하는 것과는 상당히 다른 규정을 둔 소위 '약한 협정'이었다. 예를 들면, 가트의 비차별대우 원칙의 두 기둥에 해당하는 최혜국대우 원칙과 내국민대우 원칙이 서비스 무역에 관한 일반 협정에서는 약화되었다. 서비스 무역에 관한 일반 협정 체약국들은 최혜국대우의 원칙이 적용되지 않는 분야를 부록 형태로 자유롭게 추가할 수 있다(이를 "적용 배제 목록 열거 방식"negative list이라고 한다). 상대적으로 개방된 시장의 서비스 공급자들은 폐쇄된 시장에 근거를 둔 경쟁자들이 무임승차할 수 있다고 우려하면서 최혜국대우의 예외를 주장했다(Hoekman and Kostecki 1995, 132). 완벽한 시장이라면 미국의 서비스 공급자들은 시장 접근의 확대를 선호했겠지만, 그렇지 못한 시장에서는 시장 개방이 미흡한 국가에 대한 최혜국대우를 거부할 권리를 보유하는 것이 일종의 대비책이었다. 서비스 무역에 관한 일반 협정이 그들이 원하는 만큼 외국 시장을 개방하지 못했기 때문에, 미국의 민간 기업들은 분야별(또는 거울 반사형) 상호주의를 통해 폐쇄된 시장에 있는 경쟁자에게 최혜국대우 특권을 보류하는 협상 카드를 유지하는 전략을 택했다. 셋째, 내국민대우 원칙 또한 회원국의 양허표에 기재된 분야에 대해서만 내국민대우를 인정하는 "적용목록 열기 방식"positive list에 의해 효력이 줄어들었다(Hockman and Kostecki 1995, 131). 다시 말하면, "서비스 무역에 관한 일반 협정에서 내국민대우는 원칙에서 협상용 현찰로 변모했던 것이다"(Low and Subramanian 1995, 423). 그래서 서비스 무역에 관한 일반 협정은 사적 부문의 목표 중 일부만 반영하는 "차선"에 지나지 않았고 트립스와 비교할 때 매우 약한 협정이었다. 이 협정은 실질적인 자유화를 달성했다기보다는 여러 서비스 분야에 이미 존재하고 있던 제한 규정에서 한발도 더 나가지 못했고, 서비스 무역에 대한 장막을 제대로 걷어내지 못했던 것이다. 회원국들은 자기들이 선택해 열거한 서비스 분야에 대해서만 일반 의무를 지기 때문에 서비스 무역과 투자를 규율하는 규제 정책에 대한 상당한 재량권을 유지했다. 미국의 무역 관련 투자 조치 협정 협상단의 미국무역대표부 자문관이 내린 결론에 따르면, 서비스 무역에 관한 일반 협정은 "전 세계적 규모로 활동하는 기업들에 실제로 도움이 되는 보호가 충분하지 못한, 삐뚤어진 협정"이었다(Price 1996, 182).

금융 서비스 협정

서비스 무역에 관한 일반 협정 협상 과정을 통해, 협상가들은 금융 서비스가 특히 어렵고 매우 말썽이 많은 분야임을 깨달았다. 그래서 협상 참가자들은 우루과이 라운드가 끝난 다음 별도의 논의를 하기로 합의했다. 아시아 국가들은 자국의 금융 서비스 시장을 개방하지 않으려고 했는데 이것이 가장 어려운 지점이었다. 1995년 말 협상 진전에 실패한 데 실망한 미국 대표들은 자국 산업계의 요구에 따라 협상장을 퇴장했다. 한편 1995년과 1997년 사이에 두 가지 진전이 있었는데, 이것이 금융 서비스에 관한 강력한 다자간 협정에 유리한 분위기를 만들었다. 하나는 유럽연합의 협상 주도였고 다른 하나는 아시아의 통화 위기였다.

1995년 유럽연합은 "다른 세계무역기구 회원국과 연합"해 미국과 중간 협정을 논의했다.[1] 1995년과 1997년 사이 유럽연합은 논의를 주도하면서 회원국들 간의 진전된 합의를 이끌어내기 위해 노력했다. 처음에는 미국이 금융 서비스 협정을 가장 강력하게 추진한 반면, 1995년이 되자 유럽연합이 협정을 추진하기 시작했고 세계무역기구 회원국의 제안을 손질하거나 미국을 협상장으로 돌아오게 하려는 노력을 했다. 유럽공동체와 개별 유럽 국가 정부 그리고 사적 부문은 미국의 사적 부문이 대화에 계속 참여하도록 요청했다. 그 결과 1996년 초 스위스 다보스에서 초국적 사적 부문의 결집이 본격적으로 시작되었다. 이제 미국과 유럽의 서비스 제공자들은 금융 서비스 협정의 전망을 논의했다. 다보스 회의 이후에 미국과 영국, 유럽의 금융 서비스 산업계 대표들은 브리티시 인비져블British Invisible 사 건물에 모여 금융지도자그룹을 결성하고 금융 서비스 논의에 관한 업계의 통일된 목표를 제시했다. 금융지도자그룹은 미국과 영국의 입장을 많이 반영했으나 지지 기반을 크게 넓히고 공동 관심사를 끄집어내는 데에 상당한 성과를 올렸다.

다시 1995년으로 되돌아가서, 미국은 당시 동남아시아 국가들이 시장 접근에 양보하지 않은 것에 크게 실망했다. 그러나 1997년 7월에 발생한 아시아의 통화 위기는 우루과이 라운드 협상의 힘든 목표물이었던 아시아의 금융시장을 여는 예상치 못한 돌파구가 되었다. 경제협력개발기구 정부와 국

---

1 이 논의에서 보여 준 유럽의 역할은 Stephen Woolcock, "Liberation of Financial Services," *European Policy Forum*, London, October 1997에 기초한 것이다.

제통화기금IMF: International Monetary Fund은 통화 위기를 당한 국가에 "투자자에게 신뢰"를 주기 위한 시장 개방 조치를 취할 것을 촉구했다. 금융 서비스 협정이 결실을 맺게 된 것은 통화 위기 덕분이었다. 미국 협상가들은 시장 개방 약속이 향상된 점에 만족했고, 상호주의에 입각한 광범위한 최혜국대우 예외를 철회했다. 시티코프Citicorp, 골드만삭스Goldman Sachs, 메릴린치Merrill Lynch와 보험 산업계 등 미국의 사적 부문 대표들은 세계무역기구 근처에 지휘부를 만들고 마지막 협상 라운드 내내 미국 협상 대표들과 협의했다.[2] 금융 서비스에 관한 최종 협정은 1997년 12월 13일 제네바에서 서명되었는데, 살로몬 브라더스 인터내셔널Salomon Brothers International의 부회장은 이 협정이 "이미 효력을 발휘하고 있는 자유화 경향을 고착하는 데에 상당히 기여할 것이다. 이것은 마치 세상의 구조를 유지하는 보험 정책과 같은 것이다"라고 말했다.[3]

무역 관련 투자 조치 협정

최근 외국인 직접투자가 크게 늘었다. 1985년과 1995년 사이 외국인 직접투자의 연간 교역 규모는 600만 달러에서 3,150만 달러로 증가했고 1993년 외국 지사에 의한 매출은 60조 달러로 추정되는데, 이는 전 세계 상품 및 서비스 무역(47조 달러)보다 훨씬 더 큰 규모다(Walter 1997, 1). 미국의 사적 부문

2 "Accord is Reached to Lower Barriers in Global Finance," *The New York Times*, Saturday, December 13 1997, A1 and B2.
3 "National Reach Agreement on Financial Services Pact," *The Washington Post*, Saturday, December 13 1997, A17.

행위자들은 무역 관련 투자 조치 협정에서도 선봉에 섰지만 복합적인 요인으로 난관에 처했다. 개도국의 반대, 투자 유치국의 시장 지배력, 경제협력개발기구 회원국 사이의 의견 불일치가 있었고, 미국 내에서는 산업계와 정부 사이의 합의가 무산된 것이다. 구체적으로 첫째, 투자 문제를 협상에 포함시키자는 제안에 개도국이 반대했기 때문에 협상 대표들은 무역 관련 투자 조치 협정을 별도의 트랙으로 해결하기로 합의했다. 둘째, 거대한 보호 시장을 가지고 있는 인도나 브라질과 같은 국가들은 외국인 투자자를 상대로 막강한 협상 카드를 쥐고 있었다. 셋째, 경제협력개발기구 국가 사이의 근본적인 의견 불일치로 인해 최종 협정의 내용이 약할 수밖에 없었다. 모든 국가가 만장일치로 동의하는 내용의 협정을 도출하기로 협상 위원회가 합의했기 때문에, "현행 가트 조항을 명백하게 위반하는 가장 지독한 관행"(Graham 1996, 50)만이 최종 협정문에 포함될 수 있었다. 넷째, 미국의 사적 부문 행위자들은 안보 문제로 미국 정부와 사이가 나빠져 있었다.

미국의 사적 부문은 국제무역위원회, 서비스산업연맹Coalition of Services Industries, 증권산업협회Security Industry Association를 통해 투자 협정을 로비했다 (Walter 1997, 17). 무역 관련 투자 조치 협정 지지자들은 비차별대우(특히 설립권에 대한 비차별대우), 내국민대우, 무역을 왜곡하는 투자 조치(예를 들어, 국산 콘텐츠 의무화와 수출 실적 요구)의 철폐를 주장했다. 이들은 일본과 동남아시아의 외국인 투자 개방을 원했다. 유럽과 라틴아메리카 시장은 비교적 개방적이었다. 협상을 시작하자마자 미국은 투자를 가트에 포함시킬 야심찬 의제를 발의했으나, 개도국의 강력한 반발에 직면한 "미국은 트립스와 서비스를 안건으로 유지하기 위해 무역 관련 투자 조치 협정의 협상 범위를 축소하는 양보를 할 수밖에 없었다"(Low and Subramanian 1995, 416).

또한 많은 경제협력개발기구 국가들이 다자간 협정을 통한 투자 자유화라는 제도에 구속되지 않으려고 했다. "독과점 초국적 기업이 앞으로 어떤 행동을 할지 의문이 좀체 가시지 않았고, 자원에 대한 주권적 통제를 상실할 것이라는 우려 역시 정치적으로 여전히 효과가 있었다"(Low and Subramanian 1995, 421). 무역 관련 투자 조치 협정은 "투자자 기업의 무역 거래"만 보호하고(Price 1996, 182), 무역 거래에 직접 영향을 주는 투자 정책에 관해서는 두 개의 가트 규범, 내국민대우와 수량 규제 금지만 인정한다. 가맹국은 이런 가트 원칙에 위반되는 조치, 예컨대 국산 콘텐츠와 무역균형 정책과 같은 이행 요건을 취한 경우 이를 세계무역기구 사무국에 통지해야 한다. 그러면 이 가맹국은 유예기간(국가의 개발 수준에 따라 2년에서 7년) 내에 해당 조치를 제거할 의무를 진다. 무역 관련 투자 조치 협정은 투자 자유화를 위한 강력한 제도라기보다 법률 용어로 평가하면 "회원국이 가트 상의 의무를 위반했다는 점을 인정한 다음 일정한 시간을 주어 그 시간 내에 협정을 이행하도록 하기 때문에, 협정의 효력이 소급적인retrograde 협정이다"(Low and Subramanian 1995, 418). 더 중요한 점은 무역 관련 투자 조치 협정에서는 외국인 투자자에 대한 완전한 내국민대우나 설립권을 인정하지 않는다. 또한 수출 실적 요건을 무역 관련 투자 조치 협정에서는 다루지 못하게 했다는 점에서 사적 부문 행위자를 더 실망시켰다. 인도와 같은 투자 유치국들은 그들의 거대한 보호 시장에 들어오려는 투자자에게 수출 실적을 요구할 권리를 완전히 보유하는 데에 성공했다. 이처럼 투자 유치국의 시장력은 강력한 투자 협정을 성사시키려는 노력에 방해가 되는 중요한 요소였다(Walter 1997, 19).

기업들의 희망은 협상이 시작되면서 일그러졌고, 기업계는 무역 관련 투자 조치 협정 협상에 크게 실망했다. 이들이 다자간 틀에서 기껏해야 "최소한의 공통분모"[4] 방식을 얻는 정도일 것임이 금세 분명해졌다. 세계무역기구에서 실패를 본 사적 부문 행위자들은 재빨리 경제협력개발기구로 눈을 돌렸고 1995년 9월 경제협력개발기구에서 다자간 투자 협정MAI: Multilateral Agreement on Investment 논의를 시작했다. 투자 맹신자들은 경제협력개발기구에서 높은 수준의 협정이 만들어지면 의미 있는 다자간 협정을 위한 동력이 생길 것이고 비회원국 사이에 외국인 직접투자를 유치하려는 "일등을 위한 경주"를 유도할 수 있으리라고 기대했다. 이런 기대를 바탕으로 미국의 사적 부문이 처음부터 가장 강하게 추구했던 것은 좀 더 제한적인 세계무역기구의 투자자-국가 분쟁 해결 메커니즘과는 다른 투자자-국가 분쟁 해결 제도와 설립권이었다.

그러나 무역 관련 투자 조치 협정 협상과 마찬가지로, 다자간 투자 협정 협상은 겉으로는 "마음이 맞는" 국가들 사이에서도 매우 골이 깊은 차이점이 존재한다는 사실을 보여 주었다. 영국과 독일, 네덜란드, 일본은 미국의 목표에 전반적인 지지를 보냈지만, 다른 경제협력개발기구 국가(멕시코, 한국, 폴란드, 체코와 같은 신입 회원국과 프랑스, 캐나다, 오스트레일리아, 뉴질랜드)는 그렇지 않았다. 또한 미국 정부는 국가 안보를 이유로 특정 미국 기업들과 반대 입장에 섰다. 미국 정부는 쿠바에 대한 투자를 금지하는 헬름스-버튼 법Helms-Burton Act5과 이란-리비아 제재법6을 유지하려고 했다. 또한 노동단체와 환경 단체의 국경을 초월한 동맹은 기업계로부터 논의의 주도권을 가로챘다. 그러나 경제협력개발기구 국가의 다양한 이해관계를 고려할 때, 다자간 투자 협정은 NGO의 운동과 상관없이 실패할 운명이었다. 협상에 참여한 국

---

4 이 용어는 Walter(1997, 28, 38)에서 빌려 왔다.

5 [옮긴이] 쿠바에 대한 경제 봉쇄와 국제사회 고립을 목적으로 1996년에 제정되었으며 쿠바에서 정권 교체가 일어날 때까지 적용하도록 되어 있다. 물품에 대한 제재뿐만 아니라 정치체제에 대한 제재를 목표로 한 법률이다.

6 [옮긴이] 헬름스-버튼 법과 마찬가지로 1996년에 제정되었는데, 주로 원유 산업에 대한 통상 및 투자를 제재 대상으로 한다.

가들은 기본적인 의견 불일치로 최종 협정 마감을 계속 연기했다. 결국 1998년에 다자간 투자 협정 협상은 무기한 연기되었다.

사례 요약

〈표 7-1〉은 지금까지 설명한 네 가지 사례를 요약한 것이다. 트립스와 금융 서비스 협정은 사적 부문 행위자들이 가장 확실하게 목표를 달성한 사례다. 서비스 무역에 관한 일반 협정은 중간 정도인데, 사적 부문이 어느 정도의 목표는 달성했지만, 최종 협정문은 광범위한 국가의 재량권을 인정했기 때문에 자유화 목표에 상당히 미달했다. 무역 관련 투자 조치 협정은 가장 약한 협정인데, 사적 부문은 목표 달성에 실패했고 다른 자를 위한 선택권을 재규정한다는 의미에서 보면 이 협정은 아무 것도 한 게 없는 셈이다.

　트립스에서 사적 부문이 승리한 이유는 대부분 사적 부문의 초국적 동원이 있었기 때문이다. 다시 말하면 지재권위원회가 주도해 특정 협상 과제에 대한 경제협력개발기구의 합의를 도출했으며 경제협력개발기구 국가들 사이에 지속적인 반대가 없었다. 지재권을 협상 의제에 포함시키는 것을 반대한 개도국이 마지막에 가서 무너진 것이 지재권위원회의 목표 달성에 도움이 되었다. 개도국은 농업과 다자간 섬유협정에 대한 경제협력개발기구 국가의 양보를 얻는 대신 경제협력개발기구의 지재권 제안을 수용했다. 마찬가지로, 금융 서비스 분야에서도 사적 부문의 초국적 동원(이때는 영국과 유럽의 서비스 제공자들이 주도했다)과 아시아의 금융 위기(이것은 시장 접근 양허를 개선하는 막판 기회를 제공했다)가 사적 부문의 승리를 이끌었다. 트립스와 금융 서비스 협정에서는 능률적이며 조직적인 지재권위원회와 금융지도자그룹

표 7-1 사적 권력의 비교

	사적 부문의 초국적 결집	지속적인 반대 (남반구)	경제협력 개발기구 합의	미국 기업/ 미국 정부 합의	강압적인 결과
트립스	있음 [지재권위원회]	없음	있음	있음	예
금융 서비스 협정	있음 [금융지도자그룹]	없음	있음	있음	예
서비스 무역에 관한 일반 협정	있음 [산업협회]	있음	없음	있음	중간
무역 관련 투자 조치 협정	있음 [산업협회]	있음	없음	없음	아니오

이 초국적 규모로 사적 부문의 결집을 추진했다. 다른 사례에서는 이런 결집 내지는 동원이 좀 더 전통적인 통로, 예를 들면 산업 협회를 통해 추진되었다. 서비스 무역에 관한 일반 협정과 무역 관련 투자 조치 협정 논의에서는 경제협력개발기구 국가와 개도국 간의 입장 충돌에 더해 경제협력개발기구 국가들이 날카로운 의견 차이를 드러냈다. 투자 분야에서는 투자 유치국의 시장 지배력, 미국 사적 부문과 미국 정부 간의 안보 문제를 둘러싼 견해 차이가 사적 부문의 목표 달성 전망을 더욱 어둡게 했다.

전체적으로 보면, 이런 비교 결과는 구조적 결정론에 대한 경계를 불러일으킨다. 지구화에 대한 많은 이론들은 그것이 경제적 자유주의에서 나왔건 변종 마르크스주의에서 나왔건 앞의 비교 결과에 비추어 볼 때 다소 의문스럽다. 세계무역기구에서 논의된 여러 분야에서 다양한 결과가 나왔다는 사실은 행위자가 차이를 만든다는 점을 말해 준다. 지재권 협정과 금융 서비스 협정에서 행위자는 강력하고 통일된 조직을 구성했다. 이에 비해, 서비스 무역에 관한 일반 협정 옹호자들은 (대표적인 집단을 열거하면) 보험이나 은행, 법률 서비스, 여행 서비스와 같이 매우 다양한 집단들로 구성되었다. 이런 집단들을 조율하는 것이 훨씬 합리적으로 조직된 옹호 집단을 조율하는 것에 비해 더 어렵다는 점은 길게 설명할 필요가 없다.

구조 역시 협상에서 중요한 역할을 한다. 예를 들어 무역 관련 투자 조치 협정 사례에서는 안보라는 한편의 구조와, 생산과 금융이라는 다른 한편의 구조 사이에서 상충하는 요구가 정치적 논쟁으로 나타났다. 이로 인해 미국 정부의 무역 관련 투자 조치 협정에 대한 지원이 줄어들었다. 무역 관련 투자 조치 협정 협상의 가장 중요한 구조적 특징은 투자 유치국들의 시장 지배력 때문에 무역 관련 투자 조치 협정에 반대한 국가들이 상당한 협상 카드를 쥐고 있었던 점이다.

준수성, 정당성, 사적 권력 그리고 공적 법률

조약의 체결 과정은 최종 조약문보다 훨씬 더 많은 것을 알려준다. 많은 학자들은 국가들이 조약에 서명하는 이유는 서로 이익을 보기 때문이라고 생각한다. 국제법의 준수성compliance을 중시하는 학자들이 이런 견해를 강조한다(학자들의 견해에 대한 의견 조사 결과는 Raustiala 2000, 387-440 참조). 국제조약을 상호 이익이 구현된 "계약"으로 보면 조약은 "모두를 잘살게 하며" 본질적으로 유효하고 합의에 기반을 둔 것이 된다(Gerhart 2000, 371). 트립스를 "계약"으로 보면 합의 자체가 곧 정당성legitimacy을 부여한다는 의미가 된다. 국가들은 공통된 이익에 따라 협력할 수도 있고, 상호 거래에 따라 협력할 수도 있으며 강압에 의해 협력할 수도 있다(Archer 1995, 296). 또한 국가들은 초강대국이 현 상태를 일방적으로 변경했을 때 더 좋은 선택을 할 수 없기 때문에 협력할 수도 있다(Gruber 2001). 실제로 개도국은 자신들이 세계지재권기구와 가트(낡은 현 상태) 중 하나를 선택할 수 있는 것이 아니라 가트와 슈퍼 301조 중 하나를 선택해야 한다는 것을 알게 되었다. 트립스 사례에서는 경제협력개발기구 국가와 개도국이 지재권 보호의 확장과 관련된 공통된 이익에 따라 협력한 것이 아니었다. 세계무역기구 협정 차원에서 보면 지재권을 농업, 섬유와 교환한 상호 거래의 측면을 확인할 수는 있다. 그러나 중요한 것은 협정이 어떻게 만들어졌느냐를 이해하는 것이다. 협상국들은 "계약 이론"에서 강조하듯이 사안들을 연계하고 주고받기를 흥정했지만, 트립스 협상은 경제적 탄압과 불평등한 권력이라는 더 큰 맥락에서 일어났다. 이 책에서는 공적인 국제법을 형성하는 과정에서 민간 권력이 얼마나 큰 역할을 했는지를 강조한다. 트립스는 12개 미국 기업 CEO의 요구를 대부분 반영했다.

트립스라는 지구 체제의 기반이 이처럼 허약하기 때문에 신뢰성과 정당성에 대한 심각한 의문이 생긴다. 요컨대 협정의 절차가 협정의 궁극적인 정당성을 훼손했다. 만약 정당성과 상호 이익이 공적인 국제법의 제대로 된 척도라면, 트립스의 절차는 양쪽 모두에서 실패했다. 트립스가 개도국을 잘살게 할 것이라는 어떤 실증적이고 설득력 있는 증거가 없을 뿐만 아니라, 이와 마찬가지로 개도국의 농업과 섬유 수출에 대해 자국 시장을 더 넓게 열어준 선진국이 잘했다는 증거도 없다. 농업과 섬유는 세계무역기구 도하 라운드 협상에서 다룰 사안이므로 그 결과를 두고 보면 답을 알 수 있을 것이다. 그러나 트립스 찬성파의 수사와는 달리 특히 의약품 문제와 관련해 트립스와 공격적인 트립스 플러스의 시행은 개도국을 더 못살게 할 것이라는 증거가 많이 있다.

새로운 제약과 기회, 그리고 트립스 이후의 반발

이 책은 트립스가 어떻게 그리고 왜 탄생했는지를 보여 주고, 트립스가 이제는 구조가 되었으며, 행위자들이 이를 더 확장하거나 반대하려고 하는 제2주기가 현재 진행 중임을 밝혔다. 제2주기의 결말을 예측하기는 어렵지만, 구조화된 행위자라는 개념은 결과를 형성할 핵심 특징들을 강조한다. 지금까지 트립스에 대한 저항에서 가장 성공한 이들은 의약품 접근권 운동의 활동가들이었다. 여러 면에서 의약품 접근권 운동은 자유주의적 다원주의의 옹호, 행위자, 사상의 자유 시장에 대한 신뢰 등의 이야기로 들린다. 그러나 의약품 접근권 운동 그 자체는 더 크고 깊은 구조에 배태되어 있다는 점에 유념해야 한다. 이 구조는 공공 영역의 승리가 철저한 승리가 되지 못하도록 반작용을 한다. 트립스에서 출발해(제1주기의 T4, 제2주기의 T1) 의약품 접근권 운동은 광범위하고 복합적인 협정의 일부분만을 해결했다. 이 운동은 결코 협정 전체에 도전하지 않았다. 나는 이 책의 분석을 통해, 모든 행위는 구조 전체를 바꾸려고 한다고 주장하려는 것이 아니다. "행위의 상태 조절을 위한 중요한 변화에 해당하는 깊은 구조적 성격의 변화와, 행위의 기본 틀에 미치는 영향이 작은 미시적인 구조적 성격 변화 사이의 차이점을 구분"해야 한다(Bieler and Morton 2001, 10). 의약품 접근권 운동이 의약품 분야에서는 궁극적인 성공을 거두었을지 몰라도, 협정의 나머지는 여전히 타인을 배제하는 배타적 권리의 보호를 중심으로 한 지재권 제도에 고착되어 있다. 공공을 고려한 균형은 협정문의 사적 권리에 의해 대부분 무색하게 되었다.

트립스 그 자체는 다자간, 양자 간 지재권 협정이라는 훨씬 더 큰 구조에 배태되어 있다. 지재권의 정치 역학은 최대 보호주의 지재권 규범을 옹호하는 측과 지재권 보호에서 좀 더 공익을 고려한 균형을 추구하는 측 사이에 존재하는 권력과 자원의 불평등에 의해 형성된다. 이런 불평등이 발현된 사례로 트립스 플러스 기준을 반영한 여러 협정들을 채택하려는 사적 부문의 끊임없는 공격을 들 수 있다. 트립스 입안자들은 세계무역기구 바깥에서 양자 간 협정,[7] 지역별 협정,[8] 다자간 협정을 통해 트립스 플러스 방식의 지재권 협정을 추진하고 협정 불이행을 이유로 제소를 하며 현행 협정의 허점을 차단하려는 공격적인 방향으로 진로를 잡아왔다. 세계지재권기구가 특허 실체법 조약(SPLT: Substantive Patent Law Treaty)에 들이는 노력도 이런 경향을 반영한 것이다(WIPO 2002). 특허 실체법 조약은 특허법의 실체 규정들을 세계적으로 통일시키려는 계획을 말한다. 한편 세계지재권기구는 운영예산의 85퍼센트를 특허협력조약에서 얻는다(Doern 1999, 44). 특허협력조약 제도의 최대 이용자는 세계적 규모의 생명 공학기업, 제약사, 농화학사, 금융 서비스 산업계다. 따라서 특허 실체법 조약과 같이 세계지재권기구가 공을 들이는 분야는 이런 회사들의 선호를 반영하게 되어 있다. 또한 세계지재권기구는 개도국에 기술을 지원해 개도국이 트립스를 이행하도록 만든다. 이런 기술 지원은 최대 보호주의 지재권 규범을 옹호하는 자로부터 받은 자금에 전적으로 의존하기 때문에 편향적일 수밖에 없다. 세계지재권기구는 논의 장소를 세계지재권기구에서 가트/세계무역기구로 옮기려는 사적 부문에 세계지

---

7 "Agreement Between the United States of America and the Hashemite Kingdom of Jordon on the Establishment of a Free Trade Area," 참조. 〈http://www.ustr/gov/regons/eu-med/middleeast/ US-JordanFTA.shtml〉 (2002년 8월 5일 접속).

8 "Free Trade Area of the Americas, Draft Agreement, chapter on Intellectual Property Rights, FTAA. TNC/w/133/Rev.1 (July 3, 2001)" 참조. 〈http://www.ftaa-acla.org/ftaa-draft/eng/ngip_e.doc〉. 또한 The North American Free Trade Agreement 〈Http://www.mac.doc.gov/naftach17.htm〉 참조. http://www.phrma.org (for a statement of PhRMA's goals and aspirations in these agreements).

재권기구가 변함없이 의미 있는 기관이라는 점을 보여 주기 위해 열심히 일할 것이다.

권력과 자원의 불평등은 미국이 체결한 양자 간 협정이나 지역 협정에서도 명백하게 볼 수 있다. 예를 들면, 미국-요르단 양자 투자 협정에는 영업 방법 특허가 포함되어 있는데, 이것은 미국에서조차 논란이 되는 사안이다. 미국이 추진하는 대부분의 양자 협정은 트립스 플러스 방식으로, 지재권의 보호 수준을 계속 높이겠다는 미국의 입장을 반영한 것이다. 분명한 것은 반대론자들은 트립스를 천장으로 보는 데 비해 미국은 트립스를 바닥으로 본다는 점이다. 경제 제재는 여전히 미국 정책 결정자들이 활용할 수 있는 수단으로 남아 있다.

이런 양자 협정을 포함한 광의의 지재권 규범은 지구 자본주의와 미국의 패권이라는 더 깊은 구조에 배태되어 있다. 미국의 신념이 변하기 전에는, 또는 지구 자본주의의 변화가 광의의 지재권 규범과 구조적 패권 사이의 연결 고리를 약화하기 전에는, 반대론자들의 싸움은 점점 더 힘들어질 것이다. 이런 연결 고리에 도전하려면, "사회적 삶이란 여러 다양한 유형의 행위에 의해 정의되고 다방면에 걸친 것이며, 이 모든 것이 자본주의 **그 자체**만으로는 평등해질 수 없다"는 사실을 염두에 두어야 한다(Germain 2000, 71). 저메인은 지구 자본주의와 시장경제를 구분해 "사람들의 일상생활에 기초가 되는 대부분의 상품과 서비스가 생산, 교환, 구매되는 무대"를 시장경제로 본다(Germain 2000, 81). 지구화를 거부하면서 저메인은 "지구화가 지배하지 않는 사회조직의 경계선"을 찾아내고, "시장경제의 좀 더 안정적인 관계를 보호하고 증진하는 역동성과 제도를 방어하고 지원함으로써 "약탈적인 양상의 지구화를 저지하고 반대해야 한다"고 주장한다(Germain 2000, 88). 트립스 이후의 다양하고 강력한 저항운동을 이런 관점으로 볼 수 있다. 예를 들어, 농

270

업 부문의 투쟁은 자본주의(예컨대, 노바티스Novartis와 몬산토)와 시장 사회(소규모의 지속 가능하고 전통적인 농업)의 중간 지점으로 해석할 수 있다. 비자본주의적 측면(가령 공중 보건)을 강조하는 운동은 지구 자본주의의 약탈을 저지하거나 잔인한 효과의 일부를 누그러뜨리는 데에 도움이 될 것이다.

조약의 실체보다는 협력의 형태를 더 중시하는 학자도 있다(Koremenos et al. 2000). 이것을 지나치게 중시하면 정치 역학이 무균상태의 청결한 것으로 취급된다. 나는 단순히 협력의 형태가 아니라 조약의 실체 규정에 대한 싸움이 중요하다는 것을 주장하고자 한다. 법의 실체 규정에는 가치와 관계, 절차가 구현되어 있다(Finnemore and Toope 2001, 749-751). 조약의 실체 규정에 초점을 두면, 트립스의 시작부터 개도국들이 협정의 준수를 광범위하게 거부한 이유를 이해할 수 있다. 불평등한 권력관계와 합의되지 않은 가치가 트립스에 구현되어 있었기 때문이다. 예를 들어 "트립스를 수용한 것이 강요 때문이었다거나, 지적재산은 '서구의 것'이며 트립스의 목표는 부자를 더 부자로 만드는 것(사회적 혜택은 없으면서)이라고 믿는"다면 협정의 이행은 기대하기 어렵다(Gerhart 2000, 385). 만약 개도국이 트립스를 "양쪽이 다 유리한" 계약이라고 봤다면, 개도국들은 그들의 행정력이 허용하는 한 최대한 트립스를 준수할 것이라고 기대할 수 있다. 설사 개도국의 협정 이행률이 완벽하다고 하더라도 권력의 불평등을 감안하면 개도국이 이 규범을 정당하다고 여길 것이라고 보기는 어렵다(Gerhart 2000, 385).

트립스가 어떻게 만들어졌는지를 분석함으로써 나는 트립스를 어떻게 '만들어지지 않은' 상태로 할 것인지 또는 어떻게 트립스에 저항할 것인지를 제안하고자 한다. 공적 법률이 누구에 의해 어떻게 만들어지는지를 살펴보면, 저항하는 자들은 공적 법률에 도전하는 데에 더 좋은 위치를 차지할 수 있다(Bieler and Morton 2001, 26; Bernard 1997, 77; Cox 1987, 393; Murphy and

Nelson 2001, 405). 공적 법률은 오랜 과정을 거쳐 구축된다. 법은 '강 건너' 존재하지도 않고 하늘에서 떨어진 것도 아니다. 또한 트립스의 시작부터 "지재권 여물통에서 게걸스럽게 먹기 바빴던"(Merges 2000, 2233), 승리감에 도취된 사적 부문 행위자들은 결국 사회적·정치적 저항의 싹을 키웠다. 트립스에 저항하는 진정 핵심적인 행위자들은 "해적" 시디 제작사나 해적판 디즈니 비디오의 행상인들이 아니라, HIV/AIDS 위기와 농업 분야에서 트립스의 괴기스러운 본질을 파악하고 미국의 고압적인 트립스 플러스 요구의 "밑바탕"을 알았던 자들이다. 이들에게 미국의 고압적인 요구에 저항하는 것은 죽고 사는 문제였다.

지금까지 의약품 접근권 운동의 가장 효과적인 행동 중 두 가지는 위선을 폭로하고 사안을 재구성하는 것이었다. 트립스 반대자들은 지재권에 대한 새로운 사고방식을 추진해 왔다. HIV/AIDS 위기나 고어의 선거운동, 생화학 테러와 같은 정치적 기회를 절묘하게 활용한 트립스 반대자들은 단체와 부문 그리고 국가들 전반에 걸친 변화를 일궈 냈다. 또한 "자신이 처한 새로운 이념에 가장 민감한 사회집단이 항상 구조적으로 종속적인 집단이라고 가정할 이유는 없다"(Archer 1995, 317). 경제적으로 강력한 다수의 미국 기업들이 '저렴한 의약품 공급 사업'BAM: Business for Affordable Medicines9이란 운동을 시작했으며, 이 기업들은 의약품 접근권 운동의 취지에 공감하면서 자신들의 이해를 재규정했다. 대형 고용주인 이들 기업은 처방약 보장 계획prescription benefit plan에서 제네릭 이외의 의약품 가격이 가파르게 상승하는 것에 대처해 오고 있었다. 저렴한 의약품 공급 사업은 미국 법률을 개정해 제네릭 의약품의 공급을 늘리려고 했다. 놀랍게도 지재권위원회의 원년 회원사인 제너럴

---

9 http://www.bamcoalition.org.

모터스가 저렴한 의약품 공급 사업의 선봉에 섰고, 의약품 특허 보호에 관한 과거의 지재권위원회 동지들과 정면으로 대결했다. 이것은 여러 영역들에 처음에 존재했던 "중첩"superimposition이 붕괴되고 있음을 말한다. 모든 구조는 일시적이고 조건적contingent이다. 우리는 지재권을 찬성하는 많은 기업들이 의약품에 대한 예외를 지지할 것이라는 분명한 징후들을 보게 된다. 이들은 다른 상품과 서비스에 대해서는 지재권 규범의 최대 보호주의를 지지하면서도 의약품은 **이제** 다르게 취급한다. 남아공에서의 완패와 그 후의 논쟁이 있은 다음부터 지재권 찬성 기업들은 미국 제약 연구 및 제조사 협회에 엮여 함께 '악마'가 되는 것을 바라지 않는다. 이들은 지재권 보호의 (불)균형에 관한 더 크고 깊은 핵심 대화는 피하면서도 비난은 미국 제약 연구 및 제조사 협회가 감내하기를 원한다.

위선은 지재권의 정치적 논쟁에서 널리 회자되는 테마다. 의약품 접근권 운동가들은 결정적인 위선의 사례들을 폭로했다. 이들은 미국 제약 연구 및 제조사 협회가 주장하는 공식인, "이윤=연구=치료"를 조목조목 반박했다. 특히 CPTech는 주요 의약품 중 많은 것들이 실제로는 미국 제약 연구 및 제조사 협회가 개발하지 **않았다**는 사실을 밝혔다. 실제로는 미국 정부가 개발한 것이었다. CPTech는 특정 의약품들의 개발 비용을 미국 제약 연구 및 제조사 협회가 지나치게 부풀린 점도 폭로했다. 퍼블릭 시티즌Public Citizen은 미국 제약 연구 및 제조사 협회의 이윤 중 절반가량은 연구에 재투자되는 것이 아니라, 마케팅이나 광고, 관리 업무에 쓰인다는 연구 결과를 공개했다 (Public Citizen 2001). 액트업 파리ACT-UP Paris는 "카피=생명"이란 간결한 공식으로 역전포를 날렸다. 아타란 보고서는 이를 반대하는 논리를 폈지만, 의약품 접근권 활동가들이 또 다시 이를 조목조목 뒤집는 반대 논거를 제시했다. 특별히 효과가 있었던 것은 미국의 강제 실시 관행을 상세히 밝힌 자료였다.

이 자료는 수정 의약품 전략에 대한 세계보건총회 논의에 상당한 영향을 미쳤다. 의약품 접근권 운동가들은 광범위하고 자세한 전문적인 자료들을 수집하고 활용했는데, 이는 반대 진영의 전문가들을 제대로 상대하기 위해 필수적이었다.

역사적으로 미국은 느슨한 지재권 정책을 운영해 왔고, 아주 강하고 확대된 특허권 보호는 비교적 최근인 1982년에야 등장했다. 20세기 대부분 동안 미국 법원은 독점권의 남용을 우려했다. 법원은 1980년대 초에 와서야 특허를 "독점권"이라고 부르지 않게 되었다. 이런 역사적 검토에 따르면, 산업 발전의 초기 단계에 있는 국가들은 선진국과 다르게 취급해야 한다는 주장이 타당함을 알 수 있다.

2001년 가을에 있었던 생화학 테러와 탄저병 공포에 대한 미국의 대응은 트립스를 엄격하고 좁게 해석할 필요가 있다는 공감대와, HIV/AIDS 위기의 희생자를 위해 무엇을 할 수 있는지에 대한 공감대를 형성할 수 있는 좋은 기회였다. 몇 명의 우체부와 기자들의 죽음은 국가의 공중 보건 위기 상황으로 취급되었고 따라서 적절한 시프로(탄저병 치료약)의 공급 보장을 위한 강제 실시가 필요하다는 인식이 확산되었다. 만약 강제 실시가 몇 명의 죽음 앞에서 말이 된다면, 수천만 명의 죽음 앞에서도 똑같이 말이 되어야 한다는 점은 너무나 당연했다. 강력한 지재권 보호 때문에 생기는 의도하지 않은 결과, 다시 말하면 강제 실시를 제한했기 때문에 의약품의 적절한 공급이 어려워지는 결과가 생긴다는 대중의 절규를 받아들인다면, 지나치게 강한 특허 보호의 해악을 최소화할 수 있다.

지재권위원회는 다단계 전략을 추구했고 광범위하고 강력한 연맹을 조직했다. 재키 골린과 같은 자는 여러 진영의 입장을 종합하고 이들을 일관되고 설득력 있는 분석틀로 함께 결합시켰다. 부문 간의 차이점에도 불구하고,

지재권위원회 회원사들은 지재권 보호의 지속적인 강화라는 공통의 대의 아래 단합했다. 저작권 기업들은 특허 기업들을 위해 로비하기 시작했고 특허 기업들도 저작권 기업을 위해 노력했다. 이처럼 지재권위원회는 다수의 다양하고 흩어진 로비 운동들을 결합시켰다.

의약품 접근권 운동은 트립스 입안자들에게 통했던 전략을 모방해, 영향력 있는 수많은 NGO와 개도국들의 지원을 얻었고 이들의 지원을 확대했다. 그러나 화해하거나 타협해야만 하는 어쩔 수 없는 본질적인 견해 차이가 있었고 자원에도 한계가 있었다. 의약품 접근권 운동가들 사이에서조차 트립스를 넓게 해석해 수용할 것인지 트립스를 수정 가능한 것으로 볼 것인지 아니면 완전히 폐기해야 할 대상으로 볼 것인지 의견이 일치하지 않았다. 그러나 더 큰 정치적 지평에서 보면, 다수의 지재권 활동가들의 운동은 지재권 논쟁을 재구성하고 좀 더 공공을 고려한 개념을 지재권의 정치적 논쟁에 불어넣는 데에 얼마간의 성공을 거두었다.

의약품 접근권 운동과 마찬가지로, 공정 이용 지지자들도 세계지재권기구 디지털 조약을 트립스처럼 만들려는 시도를 무산시켰다.[10] 냅스터와 MP3, 오픈소스 운동은 지재권 보호가 어떤 제약을 초래하는지를 일반 대중에게 알리고, 지재권을 보호하는 목적과 보호의 정도, 보상의 역할에 관한 중대한 의문을 제기했다. 트립스를 그대로 닮은 '1998년 소니 보노 저작권 기간 연장법'[11](월트 디즈니 사가 추진했던 법)은 지재권의 과다한 확장의 악명

---

10 실제로 제임스 러브는 세계지재권기구 디지털 조약 논의에도 참석해 공정 이용 옹호론자로부터 많은 것을 배웠다고 말한다.

11 [옮긴이] '소니 보노 저작권 기간 연장법'[소니 보노(Sonny Bono)는 법안을 발의한 의원 이름]이 미국 헌법을 위반했다는 소송사건을 말한다. 이 사건을 맡은 미국 대법원은 2003년 1월 15일 합헌 판결을 했는데, 당시 위헌 여부의 쟁점은 첫째, 의회가 저작권자의 권리를 연장하는 입법 행위가 미국 헌법상 의회에 부여된 권리를 넘어서는가, 둘째, 저작권의 기간 연장이 헌법상 보장되

높은 사례로 혹독한 비난을 받았다(Merges 2000, 2233). 세계지재권기구 디지털 조약 논의에 참여했던 공정 이용 지지자들 대부분이 이 법의 반대 운동을 주도했다. 미국 대법원은 이 법의 위헌 여부를 검토하기에 이른다(Greenhouse 2002, C1). 유전자 변형 식품에 대한 시민 단체 운동 또한 지재권의 중요한 문제를 제기했고(Dutfield 2003a), 전통 지식과 민간전승의 옹호자들은 지재권에 관한 논쟁을 바꾸고 있다. 농업을 별도의 제도로 보호할지에 관한 논쟁과 생물다양성 협약을 둘러싼 논쟁은 최대 보호주의 규범에 도전해 왔다.

이런 운동의 공통점은 지재권 보호의 과도함에 대해 우려하고 있으며 공공 영역의 보존을 중시한다는 점이다. 다시 말해 이 운동들은 모두 지적 재산의 공공적 균형을 추구한다. 만약 농업, 의약품, 저작권 영역에서 지재권의 과도한 확장을 방지하기 위해 행동하는 활동가들과 정부 관료들, 기업들이 하나의 저항 대오로 단결한다면 어떤 일이 일어날지 쉽게 짐작할 수 있다. 이들의 기본적인 입장을 조율하려면 상상력을 발휘해야 하고 힘든 수고를 아끼지 않아야 하겠지만, 지재권에 대한 새로운 접근 방식을 이끌어 낼 수 있을 것이다. 트립스 옹호론자들은 서로 단합했고 제도적 기회와 구조적 기회(유일한 행운의 기회)의 장점을 제대로 활용함으로써 그들이 할 수 있는 최대한을 성취했다. 트립스의 저항 세력이 트립스 옹호자들의 전략을 모방하고, 지재권의 과도한 확장으로 초래된 의도하지 않은, 그리고 비용이 많이 들며 나쁜 영향을 미치는 다양한 사례들을 부각시킨다면 상당한 성과를 올릴 수 있을 것이다.

는 표현의 자유를 침해하느냐 두 가지였다.

구조, 행위자, 제도의 재검토

이 책은 구조화된 행위자를 중심으로 트립스의 "등장을 역사적으로 분석"하고(Archer 1995, 327), 제2주기의 시작을 규명했다. 구조가 어떻게 행위자를 만들어 내는지, 그리고 구조가 "기득권과 교섭력"이란 자원을 어떻게 분배하는지를 조사함으로써 구조적 요인이 행위자를 상태 조절conditioning하는 방식을 이해할 수 있는데, 이것이 곧 구조화된 행위자란 개념이다(Archer 1995, 327). 이런 구조적 효과를 정립한 다음에는 행위자의 역할과 "사회적 상호 작용"을 검토하는 것이 과제다. 사회적 상호 작용은 "교섭력bargaining power이 조직적 행위자들 사이에서 어떻게 협상력negotiating strength으로 변환되는가(또는 변환되는가 아닌가)"에 따라 구조적 변화를 초래할 수도 있고 그렇지 않을 수도 있다(Archer 1995, 327). 주기(T2 또는 T3)의 사회적 상호 작용 국면으로부터 변동 또는 평형이 생기지만, 모든 행위자가 구조화되어 있기 때문에 변동이나 평형은 사회적 상호 작용으로 환원되지 않는다(Archer 1995, 295-296). 어느 주기의 시작에서 구조가 만들어 낸 기득권의 분배는 기득권 획득을 정당화하는 또 다른 상황 논리로 행위자들과 적대적 관계가 된다. 이런 과정은 T2와 T3 사이에서 "교환 거래와 권력관계"에 의해 생긴다(Archer 1995, 296).

권력 하나만으로는 결과를 결정할 수 없다. 구조적 권력과 행위자는 논리적으로 서로 독립되어 있다는 점에서 이들의 관계는 조건적이다(Archer 1990, 81). 아처에 따르면, "제도적(또는 구조적) 요인들은 일정한 변화 잠재성을 결정할 수 있지만 ① 이 요인들은 그렇게 할 권력을 가진 자에 의해 이용되지 않을 수도 있고, ② 주어진 변화 잠재성의 활용이 반드시 권력의 사용을 동반하지 않을 수도 있으며, ③ 막강한 권력을 전개하더라도 실제로는 변화를 초래하지 못할 수도 있다"(Archer 1990, 81). 트립스 사건에서는 "요구를 하는 국가"가 마침 헤게모니를 쥐고 있었지만, 헤게모니가 없는 국가도 요구를 해원하는 규칙과 제도를 얻을 수 있다. 공중 건강과 지재권에 관한 도하 선언을 이런 사례의 하나로 해석할 수 있을 것이다.

다시 세계지재권기구 디지털 조약의 사례로 돌아가 보면, 조약이 제안된 때부터 권력, 행위자, 사안을 재구성하는 기교, 법적 규범 모두 중요한 역할을 했다. 이런 과정은 여러 면에서 트립스 이야기를 닮았다. 그러나 세계지재권기구 디지털 조약 사례에서는 디지털 환경에서 저작권 보호를 트립스 방식으로 지속적으로 강화하려는 지지자들이 이기지 못했다. 그 대신 이들은 사안을 또 다른 방식으로 재구성한 강력한 그룹의 조직적 행위자와 전문가들과 맞닥뜨렸다. 넷스케이프와 썬마이크로시스템즈와 같은, 경제적으로 의미 있는 기업들이 공익을 지향하는 저작권 NGO들과 한 팀을 이루었다. 이 그룹은 잘 발달된 법리인 "공정 이용"을 활용해 디지털 조약에 공익을 지향하는 요소를 포함시켰고 이를 보전할 수 있었다. 관념을 설득력 있는 대안적 방식으로 재구성하는 반대 그룹은 지적 재산의 최대 보호주의 규범을 추구하는 지구 자본 분파의 승리를 낙관할 수만은 없게 만들었다. 아직은 단언하기 이르지만, 에이즈 위기 상황에서 공중 건강에 대한 의약품 특허"권"의 재구성을 둘러싼 싸움은 경제적(즉, 구조적) 권력이 없는 행위자들이 발휘한 관념의 '옹호 기능'advocacy을 보여 주는 대표적인 사례다.

세계지재권기구 저작권 조약과 트립스 협정이 다른 또 다른 요인은 트립스가 세계지재권기구 저작권 조약 과정보다 2년을 앞선다는 점이다. 트립스를 옹호한 행위자들의 승리 그 자체가 반대를 조직했다고 볼 수 있다. 필자가 공익을 지향하는 저작권 활동가들에게 트립스 협상 당시 "어디에 있었느냐"고 물으면, 이들은 당시에는 "잠자고 있었"지만, 트립스 **때문에** "잠에서 깨었다"고 답한다.[12] 트립스의 존재가 새로운 이해관계를 창조했고, 이해관

278

계자들의 정치적 전략을 변경했던 것이다. 이런 점에서 이제 트립스는 구조의 일부분이 되었다.

여기서 분석한 두 개의 변화 주기에서는 우연성contingency['조건성'과 같은 의미로 사용함-옮긴이]과 의도하지 않은 결과가 중요한 역할을 했다. 예를 들어, 워터게이트 사건의 대응책의 하나로 채택된 미국 내 제도 변화는 원래 정책 결정 과정을 좀 더 민주적이고 투명하게 하려는 것이 목적이었다. 그런데 이 것이 정책 결정 과정에 사적 부문의 전례 없는 참여를 촉진하는 의도하지 않은 결과를 낳았고 이로 인해 사적 권력이 공적 법률을 형성할 수 있도록 만들었다. 트립스 이후의 주기에서는, 트립스 입안자들의 성공이 초래한 결과, 그리고 공격적인 분쟁 제기가 거꾸로 트립스에 저항하는 세력의 결집을 재촉했다. HIV/AIDS 위기 상황은 트립스의 부정적인 영향을 부각시키는 촉진제의 역할을 한 조건적 상황이었다.

이 책의 분석에서 구조, 행위, 제도는 모두 중요한 역할을 한다. 지구 자본주의라는 구조는 누가 가장 중요한 행위자가 될 것인지를 정하는 데에 도움을 준다. 다시 말하면, 주도적 경제 부문의 대표 기업들이 좀 더 강력한 정치력을 행사할 가능성이 크다. 이 정치적 권력은 이들이 가장 강력한 국가에 속해 있는 경우 더욱 심화된다. 그러나 이 장의 앞부분에서 비교한 것처럼, 구조가 결과를 형성하기는 하지만 결과를 지시하지는 않는다. 구조, 제도, 행위자와 같은 각각의 분석 요소들은 변할 수 있고 다른 결과를 초래할 수 있다. 예를 들면, 이 책에서 규명했던 지구 자본주의의 네 가지 구조적 요인들은 가변적이다. 금융은 지구화될 수도 있고 아니면 좀 더 지역화될 수도

---

12 '디지털 미래 연대'(Digital Futures Coalition)의 활동가와 워싱턴 D.C.에서 가진 인터뷰, 1998년 12월.

있다. 핵심 시장을 위협하는 기술이 구조의 핵심적인 면을 구성하지 않을 수도 있다. 국제적인 규제는 "완화"[13]되거나 자유화되지 않았을 수도 있다. 마찬가지로, 국제 체제도 상당히 변할 수 있다. 따라서 지구 자본주의의 네 가지 요인들을 다른 역사적 맥락에서 검토하면 구조가 만들어 내는 차이점을 더 잘 설명할 수 있을 것이다.

행위자와 이들의 이해를 규명한 다음에는 행위자들이 목표 달성을 위해 발휘한 기교skills를 검토해야 한다(Fligstein 1997). 사안 자체가 너무 난해하다는 점 때문에 국가는 사적 부문의 전문 지식에 의존했고, 그래서 트립스 사례에서는 행위자의 전문 지식과 정보가 결정적인 요소가 되었다. 티머시 싱클레어Timothy Sinclair는 민간 신용평가 기관인 무디스Moody's와 스탠더드 앤드 푸어스Standard & Poor's의 전문 지식에 대한 의존성을 증명한 바 있는데, 이를 트립스 사례에 유사하게 적용할 수 있다(Sinclair 1999, 153-167). 어떤 종류의 지식은 독점되고 집중되어 지식의 조달자에게 부가적인 권력을 준다. 필요한 지식이 입수 가능하고 확산된다면 권력은 좀 더 넓게 분산되거나 최소한 지식에 대한 특권적인 접근에 권력이 좌우되지는 않을 것이다.

관련 지식의 성격 이상으로 행위자의 의제 설정 기교 역시 중요하다. 어떤 사안이 국가의 목표와 합치되는 것처럼 꾸미고 정당성이라는 공적 개념과 일치하는 것처럼 꾸밀 수 있는 행위자는, 무엇을 호소하는지 알기 어려운 행위자에 비해 훨씬 더 큰 영향력을 발휘할 것이다. 정당하고 적절하며 올바르다고 간주되는 이데올로기는 우위를 점할 가능성이 더 크다. 예를 들어, 지재권 옹호론자들이 특정한 방식으로 설정했던 의제가 미국 법원이 특허권

---

13 Vogel(1996)과 Braithwaite and Drahos(2000)에서 지적하고 있듯이, 현재의 시대는 상당한 재규제(탈규제에 대비되는)가 특징이다. 그러나 대부분의 사례에서는 좀 더 자유로운 규칙을 채택하는 것으로 실질적인 결말이 났다.

을 의심의 눈초리로 보던 20세기 중반에 나왔다면 적대적인 분위기에 직면했을 것이다. 행위자가 옹호하는 논리가 법적 환경과 친할 수도 있고 그렇지 않을 수도 있다. 법적 규범이 존재하더라도 이것만으로 충분하지 않고 법적 규범이 어떻게 이행되었는지를 검토해야 한다. 따라서 제도에 초점을 맞춘 접근법이 필요하다. 이를 위해 다음과 같은 질문들을 던져 볼 수 있다. 특정한 법적 규범이 얼마나 현저한 규범인가? 이 규범이 얼마나 확고하게 확립되어 있는가? 규범이 제도에 구현되었는가 아니면 논쟁거리인가? 어느 규범과 경쟁하는 다른 규범이 제도에 구현되어 있는가? 트립스 사례를 중심으로 이 질문들에 답을 해보면, 재산권이라는 법적 규범은 자유무역에 대한 신봉처럼 확고하게 확립된 규범이었다. 재산권과 자유무역 규범은 지구 정치경제에서 미국의 정체성 중 일부를 구성할 정도로 굳건하게 확립되어 있었다. 트립스 바로 직전까지만 하더라도, 재산권 규범과 자유무역 규범 중 어떤 것도 논쟁거리가 되지 않았다. 실제로 지재권위원회가 재구성했던 의제가 그렇게 설득력을 확보할 수 있었던 이유 중 하나는 신성시될 정도로 굳게 확립된 재산권 규범과 자유무역 규범을 합성한 의제였기 때문이었다.

대항 의제와 부딪힐 위치에 있지 않은 행위자가 성공할 가능성은 더 높다. 트립스의 경우 대항 의제는 개도국이 맨 처음 들고 나왔지만, 권력과 전문 지식의 불균형 때문에 개도국의 도전은 큰 효과가 없었다. 이에 비해 1996년 세계지재권기구 저작권 조약의 경우에는, 권력은 권력과 호적했고 전문 지식은 전문 지식과 호적했다. 트립스 이후의 맥락에서, 특히 HIV/AIDS 맥락에서 등장한 대항 의제는 트립스의 성과에 대한 대중적 정당성을 약화시키기 시작했다. 실제로 트립스의 정당성은 협정이 발효되기 전에는 중요한 문제가 아니었다. 역설적으로 트립스 입안자들은 그들이 원하는 "95퍼센트"를 얻었지만, 과거의 동지들의 선호를 변경(예컨대, 제너럴 모터스와 저렴한 의약품 공급 사업 운동)했고 이들에게 힘을 실어 주었으며 새로운 저항을 초래했다.

행위자의 조직 형태도 중요하다. 우루과이 라운드에서 사적 부문이 가장 두드러진 성공을 거둔 두 개의 협정은 관련성이 가장 높으면서도 이해관계가 큰 조직적 행위자들을 특수한 목적의 정예 조직이 선도했다(Cutler, Haufler and Porter 1999, 343). 조직 형태를 능률화함으로써 차이를 만들어 냈던 것이다. 한편 이런 "순혈통" 집단의 승리 여부는 국가가 주도하는 더 큰 무역 체제와 어떤 관계를 갖느냐에 따라 결정된다(Cutler, Haufler and Porter 1999, 350). 행위자의 제도적 접근은 또 다른 잠재적 자원인데, 여기서도 이것은 확장될 수도 있고 부인되거나 무관할 수도 있다. 사실 이로부터 행위자가 다른 영역에서 얼마나 권력을 가지며 어느 정도로 중요한지를 가늠할 수 있다. 예를 들어 트립스 사례에서 본 것처럼 지재권위원회 회원사들의 정책 접근권은 매우 뛰어났는데, 이는 지재권위원회 회원사들이 막강한 경제적 권력을 가졌고 미국의 국가 경쟁력 목표에서 매우 중요한 지위를 차지하고 있었기 때문이었다.

행위자의 목표에 대한 국가의 관점이 차이를 만들 수도 있다. 국가는 행위자의 목표에 중립적일 수도 있고, 매우 긍정적이거나 부정적인 태도를 취할 수도 있다. 또한 국가가 행위자의 목표에 긍정적인 입장이라 하더라도 실제로는 행위자에게 아무런 지원을 하지 않을 수도 있다. 트립스 사례에서는 국가의 초기 태도는 중립적이었다가 지재권 행위자의 목표에 점차 긍정적으로 바뀌었다. 또한 시간이 지나면서 국가는 실질적인 면에서도 지재권 행위자에게 매우 협력적으로 변했다. 한편 국가가 행위자에게 의존하는 정도도 매우 다양할 수 있는데, 지재권 행위자에게는 국가가 정보나 전문 지식을 크게 의존했다. 이로 인해 정책 결정자에게 영향을 미칠 수 있는 행위자의 힘

282

이 크게 증가했다. 이와 달리 국가가 사적 부문에 적당히 의존하거나 완전히 독립적으로 되었을 수도 있는데, 이렇게 되었다면 지재권 분야의 결과는 지금과 달라졌을 것이다. 역으로, 행위자가 국가에 완전히 의존하거나 적당히 의존할 수도 있고, 아니면 국가가 행위자의 목표 달성에 전혀 무관할 수도 있었다. 그런데 트립스의 입안자들은 그들의 목표 달성을 위해 국가와 국제기구를 모두 다 활용했다. 커틀러 등이 지적한 것처럼, "사적 부문의 권위가 크면 클수록 사적 부문과 관련된 제도들은 더 공식적으로 구성된다"(Cutler, Haufler and Porter 1999, 362). 새로운 지재권 규칙이 지구적 범위를 확보하려면 국가가 승인하는 정교한 제도의 구성이 필요하다.

제도 측면에서 봤을 때, 트립스 사례에서는 미국 정부의 모든 부처가 적극적으로 개입했고 반대 입장을 견지한 부처가 하나도 없었다. 이에 비해, 무역 관련 투자 조치 협정 협상에서는 미국 국무부와 상무부의 견해가 서로 달랐고 이로 인해 완전 자유화된 세계 투자 체제를 미국 정부가 승인하도록 하려는 사적 부문의 시도가 벽에 부딪혔다. 사적 부문의 요청이 있었다 하더라도 안보상의 이유나 외교적 목표 또는 미국 외교상 민감한 시기 등을 이유로 특정 국가의 지재권 위반에 대해 미국무역대표부가 재제를 거부하는 상황을 예상하기는 매우 쉽다. 미국무역대표부가 트립스 사례와 관련된 유일한 제도는 아니었다. 미국의 역사를 살펴보면 시간이 지나면서 법원의 역할이 변했고 지재권에 대한 사법부의 태도가 변경되었음을 알 수 있다. 국제제도 역시 트립스 사례에 관여되었다. 트립스 이전의 세계지재권기구는 지재권 체제에서 가장 중요한 제도였지만, 우루과이 라운드의 개시로 인해 가트가 철저하게 개입했고 트립스 이후에는 세계무역기구와 세계지재권기구 모두 새로운 지재권 체제를 구성하는 제도적 요소가 된다.

결론

구조, 행위자, 제도가 모두 중요하다고 얘기한다고 해서 언제나 모든 것이 다 중요하다는 말은 아니다. 형태 발생 이론은 어떤 조건에서 행위의 자유가 우세한지 아니면 제약constraint의 엄중함이 우세한지를 이론화할 수 있도록 한다. 또한 형태 발생 이론을 적용하려면 구조를 규명해야 하고, 상호 작용이 일어나는 과정을 분석해야 하며, 구조와 행위가 연결되는 방식을 특정해야 한다(Archer 1990, 82, 88).

이런 관점은 구조와 관념이 각각 독립적으로 움직일 수 있다는 점을 강조한다. 구조와 관념이 반드시 독립적으로 움직여야 하는 것은 아니지만 그렇게 움직일 수 있다. 구조와 관념 사이에 어떤 필연적인 관계가 존재한다고 단정하기 보다는, 어느 하나가 다른 하나에 비해 본질적으로 더 우위에 있다고 강조함으로써, 형태 발생 이론은 물질적 요소와 관념 사이의 관계를 **추정하는 것이 아니라** 분석할 수 있도록 도와준다. 신그람시 마르크스주의자들과 구성주의자들은 모두 물질적 요소와 관념을 통합하기 위해 다양한 시도를 해왔다. 신그람시 마르크스주의자들은 관념의 중심적 역할을 인정하면서도 언제나 물질적 요소의 우월성을 강조하거나(예를 들면, Bieler and Morton 2001, 24-25), "관념의 물질적 기초"(Bieler 2001, 94)를 강조한다. 구성주의자들은 더 큰 맥락성을 인정하면서도 규범의 중요성을 강조한다(예를 들면, Klotz 1995, 167-168). 트립스와 이에 대한 저항을 신그람시주의로 해석하면 구조적 요인 즉, 주도적 부문에 있는 초국적 자본의 권력이 강조될 것이다. 그리고 대항 헤게모니 운동을 시작할 "유기적 지식인"으로서의 트립스 반대자들의 잠재력을 분석할 것이다. 이에 비해 이 책에서 제시한 관점은 행위자와 이들이 만들어 낸 차이점을 통합한다. 세계무역기구에서 논의된 협상 의제들이 서로 다른 결과를 냈다는 점, 2장에서 살펴본 반사실적 가정들, 또는 세계지재권기구 디지털 조약을 검토해 보면, 행위자가 중요하다는 점이 분명해진다. 동일한 사건들을 구성주의 관점에서 해석하면, 재키 골린이나 제임스 러브와 같은 "규범을 만드는 자들"norm entrepreneurs의 행위와, 규범을 전개하는 행위자의 기교, 변화를 촉발하는 담론이 중요해진다. 트립스 이후의 저항을 구성주의적으로 평가하면, NGO와 개도국들의 초국적 결집이 미국에 도덕적 압력을 가해 미국의 정책과 관행을 변경시킨 사실이 중요해질 것이다(Keck and Sikkink 1998). 구성주의적 분석은 구조적 권력을 제거하고 물질적·구조적 제약을 최소화하는 경향이 있다. 행위자의 기교는 더 크고 깊은 구조 속에 배태되어 있는데, 구성주의자들은 다양하게 변용 가능한 구조의 서로 다른 층위를 설명하지 않는다. 의지주의와 개인의 효능감efficacy을 지나치게 강조함으로써 구성주의자들은 성공적인 행위자란 조건적인 구조적 제약과 구조적 기회를 유리하게 활용한 행위자라는 점을 놓치고 만다.

형태 발생 이론은 구조와 행위자 중 누가 더 중요한지에 대해 불가지론적, 다시 말해 존재는 하지만 인식은 할 수 없다는 입장이고, 분석해야 할 시간, 문제, 층위에 따라 구조와 행위자 사이의 관계가 변한다고 본다. 형태 발생 이론은 구조가 관념보다 더 설명적 가치를 가지는 조건에서는 그람시주의 정치경제학과 완벽하게 일치한다. 한편 관념이 구조에 비해 더 설명적 가치를 가지는 조건에서는 구성주의적 분석과 일치한다. 아처는 이 두 가지 요소의 설명적 가치를 변경하는 네 가지 지형을 다음과 같이 요약한다(Archer 1995, 310). 첫째, 구조와 관념이 모두 형태 안정morphostasis인 지형에서는 구조와 관념은 완벽하게 상호적이다. 둘째, 관념적 평형과 구조적 변동 사이에 불일치가 있는 경우에는 구조가 더 설명적 가치를 가진다. 셋째, 관념은 변동하지만 구조가 평형을 이룬 경우에는 관념의 다각화가 더 중요해진다

(Archer 1995, 316). 구조는 이런 다각화를 완전히 억압하지는 않지만 둔화시킬 것이다. 마지막으로 구조와 관념이 동시에 변동하는 경우에는 이들은 다시 상호 강화 작용을 한다(Archer 1995, 322). 이런 관점에 입각한 해석론이 직면하는 도전은, 공식적인 이론을 현실에 적용할 때와 마찬가지로, 현실에서 발생한 사건을 구체적으로 분석할 때 가장 잘 드러날 것이다.

가장 깊은 층위에서 트립스는 구조의 변동과 관념의 변동 양쪽 맥락에 모두 배태되어 있다. 여기서 깊은 구조의 변동은 자본주의의 지구화였고, 깊은 관념의 변동은 구조의 변동을 보강하는 급진적인 자유 시장 의제로의 회귀였다. 이런 깊은 층위의 변동은, 기술의 변화(깊은 구조 변동의 부분집합)가 트립스 이전의 지재권 체제에서 누리던 장점들을 공격함에 따라 얕은 층위에서 발현되었다. 이런 조건에서, 구조(그리고 물질적 요소)는 관념적 요소보다 더 강력한 힘을 행사할 것이기 때문에, 관념적 평형과 구조적 변동의 불일치는 구조의 인과력을 더 중요한 요소로 부상시킨다(Archer 1995, 315).

관념적 층위에서 보자면, 지재권은 트립스 이전에는 독점권으로 파악되었다. 그런데 물질적 층위에서는 기술적·경제적 변화가 이런 "의심스러운" 특권의 중요성과 가치를 증가시켰다. 트립스 이전에 존재했던 지재권 규범과 기술적·경제적 변화 사이의 불일치는 목표에 장애물이 되었고 지재권위원회 기업들의 잠재적 부를 감소시켰다. 이들 기업은 지적 재산에 대한 사고 방식을 공격할 관념을 확보하기 위한, 구조적으로 유발된 동기를 가졌다. 따라서 구조가 행위자의 행위를 촉발한 것이고, 행위자는 지재권에 대한 새로운 관념을 지지했고 이를 급진적 자유 시장 의제 쪽으로 기운 더 깊은 문화적 변동과 연결시켰다. 아처는 이런 광의의 지형을 일반화해 다음과 같이 설명한다. "핵심 이해 집단은 모순된 사안을 공격해 무력화counter-actualization를 실현한다. 하나의 이해 집단이 이 **모든** 것을 할 수 있다는 사실은 이런 특수한 지형에서 문화[관념]에 미치는 구조의 강력한 영향력을 보여 준다. ……
핵심 이해 집단의 구성원들은 모순된 사안을 제거할 수밖에 없는 상황 논리
에 처해 있다"(Archer 1995, 314, 강조는 원문). 사적 부문 행위자들은 지재권을
독점 특혜로 보는 시각을 제거하려고 했고, 새로운 구조에서는 강력한 지재
권을 중시하는 것을 정당화하고 지재권 보호의 이행을 세계화하려고 노력했
다. 1870년대만 하더라도 지재권 보호는 자유무역과 정반대 개념으로 인식
되었지만(Machlup and Penrose 1950), 100년 뒤의 새로운 구조적 맥락에서는
이해관계를 가진 행위자들이 지재권을 자유무역의 핵심 요소로 재규정하는
데에 성공하기에 이른다. "구조와 관념 사이의 불일치에 뿌리를 둔, 구조적
자극이 없었다면," 이런 변화 주기는 "결코 이류하지 못했을 것인데 왜냐하
면 이를 추동할 권력을 가진 행위자가 부족했을 것이기 때문이다"(Archer
1995, 315).

그러나 구조와 관념 사이의 이런 관계가 언제나 튼튼한 것은 아니다. 물
질적 이해 집단이 추진한 새로운 관념은 새로운 구조에 반대하고 분개하는
자들에게 기회를 부여한다. 트립스 이후에, 반대자들은 핵심 쟁점을 무역 문
제에서 건강, 농업, 평등, 지속가능한 개발, 인권의 문제로 바꾸어 놓을 새로
운 관념 아래에 결집했다. 즉, "관념의 변화는 사회적 재집단화를 자극"했다
(Archer 1995, 318). 트립스 이후에 전개된 사건들은 신그람시주의적인 생산력
개념으로 환원되지 않는데, 생산자와 소비자를 이분하는 일반화와는 달리
의약품 접근권 운동이 "생산 계급에 의해 발생"했다고는 누구도 확신할 수
없기 때문이다(Bieler 2001, 98-99). 의약품 접근권 운동에서 제네릭 제약 생산
자가 비非제네릭 제약 생산자와 맞서기는 했지만, 제네릭 제약사의 생산자로
서의 소속감이 고갈되지는 않았다. 또한 구조적으로 특권적 지위에 있는 자
본 분파들에서도 저렴한 의약품 공급 사업의 등장으로 서로 적대적인 관계

로 분리되는 현상이 일어났다. 의약품 접근권 운동이 두드러진 경제적 권력과 연계되어 있지 않다는 점에서, 트립스 이후에는 관념적 요소가 구조적 요인들보다 더 우세한 것으로 보인다. 이 운동은 HIV/AIDS 위기 상황, 고어의 대선 운동, 생화학 테러 위협과 같은 정치적 기회를 활용해 트립스를 공격했고 더 포괄적인 의제를 형성했다. 여러 면에서 이것은 구성주의적 분석과 일치한다. 그러나 변화의 가능성을 과장하거나 변화의 장벽을 과소평가해서는 안 된다. 행위는 **결코** 탈구조화되지 않으므로 구조적 맥락에서 행위를 분석해야 한다.

트립스의 "경직성"은 새로운 행위자를 만들어 냈다. 이 행위자들은 새로운 제도에 의해 제약을 받았고, 트립스의 잔인한 결과는 HIV/AIDS 위기 앞에서 금세 분명해졌다. 남아공과 타이가 제네릭 의약품을 생산하지 못하게 하려는 미국의 경제적 압력과, 미국 제약 연구 및 제조사 협회의 전 지구적 공격은 숙련 행위자에게 새로운 기회를 제공해 지재권 담론을 무역 문제에서 공중건강 문제로 재구성하게 만들었다. 항레트로바이러스 약물을 제조하기 위한 원료 물질의 가격 인하 압박과 같은 구조적 변화는 운동의 동력에 기여했다. 트립스가 부과한 제약을 기회로 바꾸려면 숙련 행위자가 필요했으나, 이들의 행위는 구조화되어 있었다.

국제 정치경제에 대한 이 책의 분석에는 정치가 중심에 있다. 누가 무엇을, 언제, 왜 얻는가? 기득권, 교환, 권력은 이 책의 핵심 내용이다. 구조와 행위자가 서로를 구성하는(상호 구성) 방식을 이렇게 경험적으로 취급하면 구조, 행위자, 제도가 통합되고, 과정의 서로 다른 지점에서는 서로 다른 요인이 중요하다는 설명이 가능하다. 이런 관점은 전 지구적 기업 규제의 기원과 진화, 결과에 대한 좀 더 포괄적인 이해를 제공할 수 있을 것이다. 이런 방법론은 외국의 경제정책 결정, 제도의 설립, 제도적이고 구조적인 변화의 사례에 광범위하게 적용할 수 있는 구조·행위자·제도의 연결 메커니즘과 연결 조건을 분리한다는 입장이다. 시간이란 차원을 도입함으로써 우리는 동시대의 문제를 분석하는 데에 역사적 관점을 통합할 수 있다. 요약하면, 이 책에서 제시한 관점은 변화의 과정에 초점을 두면서도 역사적 맥락에 대한 끊임없는 질문을 계속하는 가운데 구조, 행위자, 제도를 불변으로 보는 접근 방식을 피하는 것이다.

한국어판 보론

2003년에 처음 출간된 이 책에서, 나는 트립스 협정이 종착점이 아니라 또 다른 출발점이라고 지적했다. 트립스 협정 체결 직후, 특히 HIV/AIDS 의약품의 접근권 문제로 촉발된 초기의 논쟁들을 자세히 설명한 이 책이 출판된 뒤 트립스를 둘러싼 정치적 논쟁이 매우 강력하게 전개되었다. 나는 이 책을 한국어로 번역하겠다는 연락을 받고 매우 기뻤다. 한국은 지재권 제도의 정책적 균형을 달성하고 지적재산의 결실에 대한 접근을 확대하고자 투쟁을 펼치는 용감한 활동가들의 나라이기 때문에 내 책이 한국어로 출간된다는 것은 큰 영광이다. 한국어판을 위한 보론에서는 이 책이 출간된 이후에 일어난 가장 중요한 사건들을 강조하고자 한다. 모든 사건들을 빠짐없이 다루는 대신 피터 여Peter Yu 교수가 말한 "정류와 역류"currents and crosscurrents1 즉, 지재권의 역동적인 정치 역학을 보여 주는 사건들을 중심으로 이야기해 나가겠다(Yu 2004).

---

1 [옮긴이] 피터 여 교수는 트립스 협정이 체결된 이후 국제적 차원에서 지재권의 보호가 강화되는 경향은 새로운 것도 아니며 놀랄 일도 아니라고 평가한다. 그 근거로 지재권 제도의 역사적인 전개 과정을 보면, 트립스 협정 이후의 제도 변화 역시 과거와 마찬가지로 정류와 역류 간의 반복적인 상호 작용의 결과라는 점을 든다. 정류와 역류를 함께 관찰하기를 제안하는 여 교수는 이런 관찰법을 통해 국제 지재권 체제란 선진국과 개도국 모두에게, 그리고 권리자와 이용자 모두에게 기회와 위기를 끊임없이 제공하는 체제임을 알 수 있다고 주장한다.

이제 트립스 협정이 체결될 당시와는 상황이 많이 변했다. 언제나 그랬지만 특허권은 다른 사람이 특허 기술을 사용하지 못하게 할 수 있는 법률상의 권리이기 때문에 가격 독점과 반경쟁적 행위의 기회가 증가한다. 조직된 여러 나라와 시민사회단체들이 특허권이 초래한 가격 독점과 반경쟁적 행위에 맞서 싸웠다. 아프리카 국가들과 의약품 접근권 운동 단체들의 노력 덕분에 트립스 회원국들은 의약품을 제조할 능력이 부족한 국가들이 제네릭 의약품을 좀 더 쉽게 수입할 수 있도록 2005년에 협정을 개정했다. 타이와 한국, 인도, 브라질과 같은 개도국들은 보호주의식 지재권 규범에 맞서 싸웠다. 세계지재권기구에서 '개발 의제'Development Agenda2가 논의되기 시작했다는 사실은 지재권 정책에 대한 개도국의 관심이 얼마나 큰지 잘 보여 준다. 아마 가장 중요한 변화는 미국의 정책 변화라 할 수 있는데 이는 지재권에 대한 좀 더 균형 있는 정책이 가능하리라는 희망을 준다. 이를 세분해서 살펴본다.

특허권: 금지 효력을 갖는 권리

특허권은 인위적인 희소성을 만들어 내기 때문에 타인의 이용을 억제하는 금지 효력을 갖는다(May and Sell 2005, 36). 특허권자는 특허 받은 기술을 타인이 이용하지 못하게 할 권리가 있다. 또한 특허권자는 특허 기술이 사회적으로 활용되지 못하게 할 수도 있다. 라이히만과 드레이퍼스가 지적한 것처

---

2 개발 의제란 2004년 브라질과 아르헨티나의 제안으로 세계지재권기구 31차 정기총회에서 채택된 안건을 말한다. 지재권 제도의 역할을 각국의 개발 수준과 무관하게 평가할 수 없기 때문에, '개발'이란 관점을 지재권 정책에 수용해야 한다는 것이 개발 의제의 핵심 철학이다.

럼, 높은 지대를 추구하는 기술 공급자가 기술의 활용을 거부하거나, 협상 자체를 거부하거나, 기타 제재를 받지 않는 다양한 형태의 반경쟁적 행위를 할 수 있게 되면, 개도국의 기업들이 자신들의 경쟁 우위를 유지할 수 있는 가격으로 첨단 기술 제품을 공개 시장에서 확보하기가 어려워진다(Reichman and Dreyfuss 2007, 95). 이제부터 설명하는 의약품 사례들은 이런 반경쟁적 행위로 인한 문제점과 특허의 금지권이 공중의 건강을 어떻게 위협하는지 보여 준다.

다국적 제약사들은 개도국과 시민사회단체들의 의약품 접근권 운동에 대한 응답으로 개도국의 HIV/AIDS 환자들을 위한 의약품의 가격을 크게 낮추고 공급을 늘리겠다는 약속을 했다. 그런데 이런 약속을 통해 대중적 명성을 얻고 주주들로부터 긍정적인 반응을 이미 얻은 몇몇 다국적 제약사들은 약속을 지키지 않았다. 예를 들어, 에이즈 환자들에게 부작용이 다소 작은 의약품인 바이리드Viread(성분명: 테노포비어tenofovir)를 독점적으로 생산하는 길리어드Gilead는 자신들이 운영하는 프로그램을 통해 97개 개도국에 바이리드를 싼 가격으로 공급하겠다고 발표했지만(MSF 2006), 3년 동안 고작 6개 국가(바하마, 감비아, 케냐, 르완다, 우간다, 잠비아)에서만 시판 허가를 받았다. 길리어드는 대부분의 개도국에서 의약품의 시판 허가를 받기 위한 신청조차 하지 않았다.

제약사인 애보트Abbott Laboratories는 2005년 10월에 미국에서 칼레트라Kaletra의 시판 허가를 받았다. 이 약은 개도국의 에이즈 환자들에게 특히 유리한 2차 요법 치료제로 단백질 분해 효소 억제제인 로피나비어lopinavir와 단백질 분해효소 증강제인 리토나비어ritonavir의 복합제LPV/r이다. 칼레트라는 하루에 4알(기존 치료제는 6알)만 먹으면 되었고, 복용 중 음식 제한도 없었다. 특히 중요한 점은 이 약은 열적 안정성이 매우 좋아 냉장고에 보관할 필요가 없다는 점이었다(MSF 2006b). 세계보건기구는 1차 요법이 실패한 경우 2차 요법의 하나로 이 복합제를 필수 의약품으로 지정했다. 그런데 애보트가 2002년 5월부터 판매한 초창기 칼레트라는 열적 안정성이 없는 의약품이었다. 게다가 아프리카와 최빈국에는 환자 일인당 1년에 500달러의 가격으로 공급했다. 그러자 국경 없는 의사회는 열적 안정성이 좋은 새로운 칼레트라를 개도국에 공급하고 가격도 환자들이 지불할 수 있는 수준으로 낮출 것을 애보트에 요구했다. 이 요구에 대해 애보트는 개도국에 열적 안정성이 좋은 칼레트라를 개도국에 공급하기 전에 유럽에서 먼저 의약품 품목 허가CPP: Certificate of Pharmaceutical Product를 받아야 한다고 변명했다. 그 이유로 독일에서 약을 생산한다는 점을 들었다. 그러나 세계보건기구의 지침과 미국의 규정에 따르면, 의약품 품목 허가는 수출국(여기서는 미국식약청)에서도 받을 수 있기(MSF 2006b) 때문에 애보트의 변명은 사실과 달랐다. 국경 없는 의사회는 자신들이 돌보는 400명의 환자들을 위해 2006년 3월에 칼레트라를 주문했다. 애보트가 아프리카와 최빈국 환자들을 위해 자기들이 만든 새로운 칼레트라를 환자당 연간 500달러의 가격으로 공급하겠다고 발표했지만, 실제로 이 약은 남아공을 제외한 다른 나라에서는 애보트가 품목 허가 신청조차 하지 않았기 때문에 아예 약이 없었다. 상황이 이렇게까지 되자 국경 없는 의사회는 만약 필요한 의약품의 공급이 제약 회사들의 판매 정책에 좌지우지된다면 수백만 명의 에이즈 환자들의 생명이 위태로워질 수 있다는 절박한 내용의 성명을 발표했다(MSF 2006d).

트립스 협정의 개정

헤르만 벨라스케스German Velasquez는 세계무역기구에서 개도국들이 의약품 접근권에 관해서 큰 성과를 거두었다고 설명한다(Velasquez 2004, 63). 이 성과는 2001년 11월에 채택된 도하 선언문을 말하는데, 도하 선언문에서 세계무역기구 회원국들은 공중의 건강을 보호하고 공중의 의약품 접근을 증진하는 방식으로 트립스 협정을 이행할 권리가 있음을 확인했다(WTO 2001, Nov. 14th). 힘들고 오랜 협상을 거친 끝에 회원국들이 합의한 것은 의약품 제조 능력이 없는 국가들을 위한 강제 실시 제도였다. 강제 실시 제도는 특허권자의 허락을 받지 않아도 다른 제약사가 의약품을 생산할 수 있도록 하는 제도를 말한다. 도하 선언문 제6항의 합의에 따르면, 의약품의 제조 능력이 있는 국가에서 의약품 특허에 대한 강제 실시를 발동한 다음, 생산된 의약품을 의약품의 제조 능력이 없는 국가로 수출할 수 있다. 원래 트립스 협정 제31(f)조에 따르면 특허의 강제 실시는 국내시장 공급이 주목적일 때만 가능하기 때문에 국내시장이 아닌 다른 나라로 의약품을 수출할 목적의 강제 실시는 트립스 협정 위반이 될 수 있었다. 2003년 8월 세계무역기구는 트립스 협정 제31(f)조에 대한 일시적인 의무 유예 조치를 취하면서(이 조치를 8·30 결정이라고도 한다), 의약품의 수출을 위한 강제 실시 제도를 통해 생산된 값싼 의약품이 선진국으로 역수입되는 것을 방지하기 위한 여러 절차적 장치를 두었다(WTO 2003; Matthews 2003, 73).

홍콩에서 열린 2005년 12월 세계무역기구 각료 회의에서는 이런 일시적인 의무 유예 조치를 영구적인 제도로 만들자는 합의에 도달했고, 트립스 협정 제31(f)조를 개정해 제31조의 2를 신설했다. 이 신설된 조항에 따르면, 적격 수입국으로 의약품을 수출하기 위한 목적에 필요한 한도 내에서는 협정

제31(f)조가 적용되지 않는다.[3]

그러나 신설된 조항은 지나치게 까다롭고 사용하기 어렵다는 비판이 많았다.[4] 또한 이 조항에 포함되어 있는 의장 성명은, 회원국들이 신설된 조항을 해석하고 이행할 때에는 공중 건강의 문제를 해결하려는 '선의'로 해야 하며, 산업적인 또는 상업적인 목적으로 할 수 없다는 점을 강조하고, 생산된 의약품이 제3의 시장에 흘러가지 않도록 여러 조치를 취하도록 했다(Matthews 2004, 11). 제임스 러브의 주장에 따르면, 이 의장 성명은 화이자의 대표인 헨리 맥키넬Henry McKinnell과 부시 대통령의 정책 보좌관인 칼 로브Karl Rove가 승인한 것이었다(Love 2005). 아프리카 국가들은 8·30 결정을 트립스 협정 제31조로 수용하는 것에 찬성했지만, 의장 성명과 업무 처리 지침을 세부적으로 규정하는 부속 문서에는 반대했다. 의장 성명과 부속 문서는 이 새로운 제도를 통해 생산된 의약품이 선진국 시장으로 유입되는 것을 차단하기 위해 수입국은 물론 수출국이 취해야 할 많은 조건을 달고 있었다. 이 조건에 따르면 제도를 활용하려는 수출국과 수입국은 그 사실을 국제사회에 통보해야 하고 의약품의 유통을 통제해야 하는데, 아프리카 국가들은 이로 말미암

<hr />

3 ICSTD, Bridges,December10,2005,No.10,p.12,available at: www.icstd.org.

4 [옮긴이] 신설된 조항을 맨 처음 적용한 사례는 8·30 결정이 있은 지 3년이나 지난 2006년에 르완다가 8·30 결정에 따라 캐나다로부터 의약품을 수입하겠다는 조치를 내리면서 등장했다. 이에 따라 캐나다의 제약사 아포텍스(Apotex)는 르완다에 에이즈 복합제(AZT+3TC+NVP)를 수출하기 위해 캐나다 정부로부터 강제 실시권을 얻었다. 그런데, 아포텍스는 신설된 트립스 협정 조항은 절차가 너무 복잡해 앞으로 다시는 이 제도를 이용하지 않겠다고 발표한 바 있다. 두 번째 사례는 2008년 인도의 제약사 낫코(Natco Pharma)가 암 치료제 수니티닙(Sunitinib, 특허권은 화이자가 갖고 있음)을 네팔에 수출하기 위해 인도 정부에 강제 실시를 청구한 사건이다. 인도 정부는 2008년 7월 4일 낫코의 강제 실시 청구를 기각했는데, 그 근거로는 네팔에서 공중 건강상의 위기가 있다는 점이 입증되지 않았다는 점을 들었다. 신설된 트립스 조항과 관련된 사례로는 이 두 건이 아직까지 유일하다.

아 제도의 활용이 어렵게 된다고 주장했다. 그러나 홍콩에서 이뤄진 개정안에 이들의 주장은 반영되지 않았다.[5] 결국 회원국들이 합의한 트립스 개정은 협정 제31조의 2항 신설과, 이것의 이행 조건으로 부과되는 부속 문서, 의약품 제조 능력의 검증과 관련된 부록으로 구성되어 있다(IP-Watch 2005). 이는 의약품 접근권 개선을 위해 노력해 온 이들에게 실망스러운 결과였다. 그렇지만 몇몇 아프리카 대표들은 성과에 만족했으며, 일시적인 의무 유예로 인한 불안감이 해소되었다는 점에 안도하기도 했다(IP-Watch 2005). 이제 강제 실시를 통해 제조된 제네릭 의약품을 생산능력이 미비한 국가로 수출할 수 있게 되었다(IP-Watch 2005).

또한 도하 선언문에 따라 세계무역기구는 최빈국에 트립스 협정을 이행할 의무를 2013년 7월로 연장했다. 잠비아는 2020년을 주장했으나, 미국과 일본, 스위스는 이행 의무 연장을 사안별로 검토하자며 반대했다. 연장 기한 2013년은 이 두 가지 제안을 타협한 결과다. 최빈국이 이미 트립스 협정보다 더 강한 제도를 채택하고 있다면, 이를 되돌릴 필요는 없다.

한편에서는, 공익 관련 운동에도 불구하고 개별 제약사들이 수익을 극대화하기 위해 의약품을 특정 시장에 진입시키지 않고 보류하는 수단을 여전히 활용하고 있었으며, 또 다른 한편에서는 개도국과 시민사회단체 동맹이 의약품 접근권을 위한 트립스 협정 개정에 성공했다. 그러나 이 이후부터 논의의 장은 세계무역기구와 같은 다자협상 테이블이 아닌 양자 간 또는 복수국 간 협상 테이블로 이동하는데, 여기서는 개도국의 협상력이 약화된다. 벨라스케스가 경고한 것처럼, 자유무역협정에 들어 있는 트립스 플러스 조항

---

5 WTO(2005) 참조. 한편 회원국들은 2007년 12월 1일까지 개정안을 비준해야 하며, 개정안이 효력을 발휘하려면 회원국 2/3의 비준이 필요하다. 그동안에는 8·30 결정이 효력을 갖는다.

은 도하 선언문을 통해 이룩한 희망들을 일거에 무너뜨릴 수 있다(Velasquez 2004, 65).

자유무역협정의 트립스 플러스 협정, 의약품 접근의 장벽

최근 미국의 양자 간, 지역별 자유무역협정은 재산적 권리의 기준선을 공중의 접근보다 사적 보상을 훨씬 더 강조하는 쪽으로 이동했다. 미국은 자유무역협정을 통해 모든 국가가 최대 보호주의에 따른 지재권 보호 제도를 채택해야 한다고 주장한다. 그런데 이런 주장은 선진국들이 과거에 최대 보호주의를 적용하지 않고 공공 정책을 강조하면서 이익을 보았던 방식을 후발 국가들이 따라하지 못하도록 하겠다는 것과 같다. 느슨한 지재권 보호, 강제실시 제도의 활용, 실시 요건의 강화,[6] 권리 보호의 예외, 외국인에 대한 차별과 같은 것들은 선진국들이 채택했던 공공 정책의 핵심이었다(May and Sell 2005, 107-131).

　양자 간, 지역별 자유무역협정은 개도국들이 다자간 협상 틀에서 얻어낼 수 있는 이익을 빼앗는 위협이었다. 다자 협상 틀의 대표 격인 우루과이 라운드 협상이 끝날 무렵 미국과 유럽연합의 협상 대표들은 이 협상을 통해 체결한 트립스 협정을 지재권 보호의 최저 규범으로 봤다. 이와 달리 개도국들은 트립스 협정을 지재권 보호의 최고 규범으로 봤기 때문에 트립스 협정 이

---

6 여기서 실시 요건이란 지재권을 일단 취득한 다음에도 해당 국가에서 충분한 정도로 실시하고 있어야만 권리가 계속 유지되는 요건을 말한다. 가령 어느 의약품에 특허권을 받은 자가 3년 동안 의약품을 공급하지 않으면 특허권을 없애는 제도가 과거에는 당연한 것이었다.

상으로 지재권을 보호할 의사도 없었고 그렇게 하기도 어렵다는 입장이었다. 그러나 미국과 유럽연합은 자신들의 이해에 적합하다고 판단할 때에는 언제나 협상의 틀을 바꾸었고 이렇게 바꾼 협상 틀에서의 협상력 차이를 최대한 활용해 왔다. 이런 사실은 지재권의 협상 테이블이 세계지재권기구와 세계무역기구 사이에서 수시로 변경되어 왔다는 점을 통해서도 알 수 있으며(Sell 1998; Drahos and Braithwaite 2000), 다자간 협상과 양자 간 협상, 지역별 협상 테이블 사이에서 협상 틀을 바꾸는 이른바 수직 이동을 통해서도 잘 알 수 있다.

이런 협상 테이블 변경을 전략적으로 활용해 미국과 유럽연합은 트립스 협정의 보호 기준을 끊임없이 높이고, 트립스 협정의 융통성을 제거하며, 트립스 협정의 허점을 제거하기 위한 노력을 공격적으로 해왔다. 다자 틀의 거버넌스 게임을 즐기면서 미국과 같은 나라들은 풍부하고 거대한 시장 접근을 바라는, 경제적으로 좀 더 취약한 나라들로부터 더 높은 이윤을 취할 수 있었다(Abbott 2005, 350-354; Correa 2004, 331; Vivas-Eugui 2003). 미국과 개도국 사이에 체결된 또는 유럽연합과 개도국 사이에 체결된 양자 간 투자 협정, 양자 간 지재권 협정, 지역 자유무역협정 들은 예외 없이 트립스 플러스를 포함하고 있다(Drahos 2001, 6; Dutfield 2003b). 딜런 윌리엄스Dylan Williams에 따르면, 미국이 양자 간 자유무역협정을 추구하는 **주된 목적**은 좀 더 자유로운 무역을 위한 것이라기보다는 미국의 지재권 보호를 더 강화하기 위한 것이라고 최근의 미국 의회 연구 보고서는 지적했다(Williams 2006, 강조는 추가).

미국은 상대국이 트립스 플러스 정책을 받아들이는 대가로 세계무역기구 플러스 형태의 시장 개방을 보장해 주었다(Shadlen 2005, 11). 이런 양자 무역협정과 지역 무역협정에 포함된 조항으로는 ① 자료 독점권, ② 병행 수입의 금지, ③ 의약품 허가 절차와 특허 보호의 연계, ④ 강제 실시 발동 요건의 엄격한 제한, ⑤ 지재권 보호 대상의 확대, ⑥ 특허 보호 기간 연장 등이 있다. 이 조항들은 모두 다국적 제약사들이 초안을 작성한 것으로 의약품을 값싸게 공급하지 못하도록 방해하는 역할을 한다. 이 조항에 대해 차례대로 살펴보자.

다국적 제약사들은 자료 독점권 제도를 매우 좋아하는데, 그 이유는 이를 통해 특허권과는 전혀 다른 권리를 얻을 수 있고 다른 제약사의 경쟁을 지연시킴으로써 이익을 극대화할 수 있기 때문이다. 제약사가 의약품 시판 허가를 받으려면 의약품의 안전성과 유효성에 관한 자료를 제출해야 하는데, 자료 독점권과 관련된 트립스 협정의 규정인 제39.3조는 의약품의 안전성·유효성에 관한 자료 중에서도 미공개 자료만 보호한다. 또한 자료에 대한 독점을 인정하는 것이 아니라 불공정한 경쟁으로부터 보호할 의무만 부과한다. 그런데 미국이 추진하는 자유무역협정에서는 의약품이 허가받은 날로부터 최소한 5년(농화학품에 대해서는 10년) 동안 자료에 대한 독점권을 인정해야 한다. 그리고 이런 자료 독점권은 관련 의약품이 특허로 보호를 받는지 묻지 않고, 자료가 공개된 것인지 아닌지도 따지지 않고 적용된다(Correa 2006a, 401). 따라서 의약품의 품목 허가 신청을 가장 먼저 한 제약사는 그 의약품이 이미 알려진 경우에도 자료 독점권의 혜택을 받을 수 있게 된다(Musungu and Oh 2005, 59-60). 자료 독점권 제도가 존재하면, 제네릭 제약사들은 제네릭 의약품을 허가받을 때 다국적 제약사가 제출한 안전성과 유효성에 대한 자료를 원용할 수 없고 스스로 임상 시험 자료를 만들어야 한다. 이로 인해 제네릭 의약품의 허가가 5년 내지 10년가량 지연된다(Reichman 2004, 1). 결국 다국적 제약사들은 임상 시험 자료와 이 자료로부터 생긴 정보에 대한 새로운 형태의 지재권을 얻게 되는 셈이다(Shadlen 2005, 19).

병행 수입이란 특허 제품을 다른 나라로부터 수입하는 것을 말한다. 가령 미국과 캐나다에서 특허를 받은 의약품이 있는데, 캐나다에서 특허 의약품은 100원에 팔리고 미국에서는 특허 의약품이 그 열 배인 1,000원에 팔린다고 가정해 보자. 미국의 어느 수입업자가 캐나다에서 특허 의약품을 100원에 사서 미국으로 수입한 다음, 이를 미국 시장에서 200원에 판매할 수 있다. 이것이 병행 수입의 대표적인 예다. 캐나다에서 병행 수입되는 의약품은 특허권자로부터 합법적으로 구매한 것이기 때문에 특허권 침해품이 아니다. 특허권자가 특허 제품을 캐나다에서 판매하는 순간 캐나다의 특허권이 소진되었다고 보기 때문이다. 문제는 캐나다와 미국의 국경을 넘을 때다. 캐나다에서 소진된 특허권이 미국에서도 소진되었다고 볼 것이냐에 따라 병행 수입의 합법·불법이 결정된다. 미국은 특허 소진의 원칙이 미국 내에서만 적용된다는 입장이고 이것을 여러 자유무역협정에 관철시켰다. 미국의 특허 소진 이론에 따르면, 미국 내에서 특허된 제품을 최초로 판매할 수 있는 유일한 주체는 특허권자다. 다시 말하면, 미국의 특허권자로부터 허락을 받지 않고서는 특허된 제품을 외국에서 수입할 수 없기 때문에 병행 수입은 근본적으로 불가능하다. 이 때문에 미국의 많은 노인들이 캐나다행 버스에 몸을 싣고 값싼 캐나다 의약품을 사러 간다.

의약품 접근권을 지지하는 사람들은 특허 소진이 국경 내에서만 적용되는 것이 아니라 국경을 넘어 적용되도록 해 병행 수입을 허용해야 한다고 주장한다. 병행 수입이 가능해지면, 의약품의 차별 가격 제도의 이점을 활용할 수 있으므로 특허 제품을 값싸게 구입할 수 있다. 만약 다국적 제약사가 국가 x에서 국가 y보다 더 싸게 판매한다고 가정하면, 국가 y는 병행 수입 제도를 통해 국가 x로부터 값싼 의약품을 수입할 수 있다. 이처럼 특허된 제품이 어느 나라에서 최초로 판매되는 순간 특허권이 소진된다고 해석하는 것은 트립스 협정에 어긋나지도 않는다. 그런데 미국이 주도한 자유무역협정은 특허권 소진을 국경 내로만 제한함으로써 트립스 협정에 합치하는 조치를 통해 값싼 의약품을 공급할 수 있는 기회를 없애 버렸다. 병행 수입의 허용 문제는 제네릭 제품이 존재하지 않고 특허가 걸려있는 2차 요법 HIV/AIDS 의약품의 경우 특히 중요하다.[7]

의약품 허가와 특허 보호의 연계는 대부분의 트립스 플러스 협정에 들어 있다. 이에 따르면, 보건 당국은 특허권자가 동의하지 않는 한, 특허권이 유효하게 존속하는 동안에는 제네릭 의약품을 허가할 수 없다. 또한 보건 당국은 제네릭 의약품의 허가 신청 사실을 특허권자에게 통보해야 한다(Correa 2006a, 401). 이 허가-특허 연계와 자료 독점권은 제네릭의 경쟁을 심각하게 방해할 뿐만 아니라 강제 실시를 무력화하는 효과를 갖는다. 왜냐하면 허가-특허 연계는 특허권자가 동의하는 경우에는 적용되지 않는데 특허권자가 제네릭을 허가하도록 동의해 줄 리 만무하기 때문이다. 그리고 자료 독점권은 특허권과 무관하게 적용되기 때문에 설사 특허권의 강제 실시를 발동하더라도 자료 독점권 때문에 강제 실시를 할 수 없는 결과가 된다.

비록 심각한 제약이 있기는 하지만 트립스 협정은 강제 실시를 허용하고 있다. 또한 2005년 12월의 합의(앞에서 얘기한 트립스 협정 제31조의 개정 합의)에 까다로운 절차적 요건이 들어 있기는 하지만, 트립스 협정은 양자 간, 지역별 자유무역협정에 비해 강제 실시를 발동할 가능성을 더 열어 두었다. 그러나 자유무역협정에서는 강제 실시가 매우 제한적인 경우에만 가능하다. 예

---

7 [옮긴이] 이와 관련하여 재미있는 사건이 있다. 미국 민주당이 의약품의 병행 수입을 통해 미국의 지나치게 높은 의약품 가격을 낮추기 위한 법안을 준비해 왔는데, 이것이 자유무역협정에 어긋난다는 사실을 뒤늦게 알았다. 그래서 2005년 11월 22일 발효된 법(Science, State, Justice, Commercial, and Related Agencies Appropriation Act)에서는 앞으로 체결할 자유무역협정에서 병행 수입을 금지하지 못하도록 했다. 이런 연유로 한미자유무역협정에는 병행 수입 금지 규정이 들어 있지 않다.

를 들어, 미국-싱가포르 자유무역협정과 미국-요르단 자유무역협정에서 강제 실시는 국가 비상사태나 기타 위기 상황이 아닌 경우에는 허용될 수 없다(US-Singapore FTA, Article 16.7(6)(b)). 미국-모로코 자유무역협정의 제15장은 특수한 질병(에이즈, 말라리아, 결핵, 기타 전염병)이나 국가 비상사태, 위기 상황일 때에만 강제 실시를 사용할 수 있다고 규정하고 있다. 미국은 도하 선언문의 제6항을 논의할 때에도 이와 동일한 제한을 하려고 했으나 실패했다. 이 때문에 미국은 제네릭 제약사의 경쟁을 제한하고 강제 실시를 억제하기 위해, 자유무역협정에 자신이 원하는 문구를 집어넣으려 하는 것이다(Correa 2001, 10). 한편 강제 실시와는 다른 내용이지만, 미국-모로코 자유무역협정의 제15.9(2)조는 식물이나 동물에 대한 특허를 부여하지 않도록 하는 트립스 협정 제27.3(b)조의 권리를 포기하도록 함으로써 특허권의 보호 대상을 확장했다(Correa 2001, 10).

마지막으로 일련의 자유무역협정은 트립스 협정의 특허 보호 기간인 20년을 뛰어넘는 기간 연장이 가능하게 했다. 미국 법에는 의약품 허가 과정에 걸린 기간을 보상하는 차원의 특허 보호 기간 연장이 5년의 한도로 정해져 있으나, 자유무역협정에는 이런 한도가 없다. 그래서 양자 간, 지역별 자유무역협정은 트립스 플러스로 그치지 않고 미국 법 플러스라 할 수 있다. 또한 미국식 자유무역협정은 특허를 심사하는 데에 일정 기간 이상이 걸리거나 의약품 허가에 일정 기간 이상이 소요된 만큼 특허 보호 기간을 연장한다. 개도국의 경우 특허를 심사하는 행정관청은 인력이 부족하기 때문에 협정에서 정한 일정 기간을 넘기기 쉽다. 카를로스 코레아 교수는 다음과 같이 지적한다.

특허 기간 연장을 놓고 보면, 특허 심사에 걸린 기간 때문에 x년 연장되고 의약품 허가 기간 때문에 y년 연장되는 데에 어떤 제한도 없는 것으로 보인다. 이런 연장 제도로 말미암아 제약 회사에 지불할 비용은 증가하게 되지만, 개도국의 환자가 이를 통해 더 이익을 본다는 정당화 논리를 동원하기는 어렵다. 이 특허 기간 연장 제도는 제네릭 경쟁을 예측하기 어렵게 만들고 지불 가능한 가격의 의약품 경쟁을 지연시키는 심각한 문제가 있다(Correa 2006a, 401).

전직 미국무역대표부 관료였다가 미국 제약 연구 및 제조사 협회로 이직한 로비스트인 미키 캔터는 브랜드 제약계의 입장을 대변해 양자 간, 지역 간 무역협정에서 트립스 플러스 조항을 유지하기 위해 열성적으로 노력했다. 그는 트립스 플러스 조항은 트립스 협정에 명시적으로 표현된 범위를 초과하기 때문에 트립스 협정을 위배한다는 비판에 이의를 제기한다(Kantor 2005, 3). 캔터는 트립스 플러스 조항이 트립스 협정에 합치된다는 입장이지만, 이런 입장은 설득력이 없다. 트립스 협정에 규정된 것을 뛰어넘는 조항들은 그 자체로 트립스 플러스다. 캔터의 설명을 그대로 빌리면 트립스 플러스는 내용을 구체화한 것이고 지재권 보호를 강화한 것이다(Kantor 2005, 3). 트립스 플러스를 비판하는 누구도 트립스 플러스가 트립스 협정을 위배했다거나 불법이라고 주장하지 않는다. 실제로 트립스 협정은 협정상의 의무보다 더 강한 지재권 보호를 회원국이 채택할 수 있다고 규정하고 있다. 트립스 플러스 조항에 대한 비판은 공중의 건강이나 인권, 경제개발이라는 관점에서 더 강한 지재권 보호가 과연 득이 되는지 의문을 제기하는 것이다.

트립스 플러스 협정들은 미국무역대표부의 지원을 받는 기업들의 힘이 반영된 결과다. 미국무역대표부 자문위원회의 산업계 대표들은 미국 제약 연구 및 제조사 협회, 상업소프트웨어연맹, 국제지재권연맹과 같은 산업 협회 출신으로 민간 영역과 미국무역대표부와의 정보 교환을 통해 트립스 플러스 조항의 이행을 감시하고 협상을 주도하고 집행해 나가며, 국내 차원과 다자 차원에서 로비를 벌이고 있다. 예를 들어 마이크로소프트는 국제지재권연맹, 상업소프트웨어연맹, 그리고 미국무역대표부의 산업기능자문위원회(지재권 문제를 다루는 위원회) 회원이다(Drahos 2004, 69).

이처럼 공식적인 통로를 통한 영향력 행사 외에도 기업들은 미국바이오산업연맹(ABIA: American BioIndustry Alliance[8])과 같은 특수 로비 조직에도 참여한다. 재키 골린이 2005년에 설립한 미국바이오산업연맹은 일종의 NGO 형태의 조직이다. 골린이 대표를 맡고 미국 제약 연구 및 제조사 협회 출신의 수전 핀스턴(Susan Finston)이 사무국장 역할을 하고 있다. 골린은 지재권위원회의 자문역을 맡으면서 트립스 협상에서 핵심적인 역할을 했던 인물이다. 이 책에서 상세하게 다룬 것처럼, 지재권위원회는 민간 부문과 정부가 트립스를 범국가적 차원에서 지원하도록 로비했고, 트립스 협정의 핵심 내용을 입안한 바 있다. 골린은 미국바이오산업연맹을 통해 다자간, 양자 간 포럼과 미국 정부 포럼에서 산업계의 이해를 대변하는 역할을 계속하고 있다. 미국바이오산업연맹의 회원사는 브리스톨 마이어스 스퀴브, 엘리 릴리, 하나 바이오사이언스(Hana BioSciences), 제너럴 일렉트릭, 머크, 화이자, 프록터앤갬블, 테시스 리서치(Tethys Research) 등인데, 이들 중 절반 이상이 지재권위원회에 참여했다. 미국바이오산업연맹은 생명체에 대한 특허 강화를 위한 로비를 주도하며, 세계지재권기구, 세계무역기구, 생물다양성협약의 논의에 주로 참여한다. 이들은 자신들의 동맹인 미국, 오스트레일리아, 캐나다, 한국, 일본, 뉴질랜드를 상대로 로비를 계획할 뿐만 아니라, 인도의 바이오산업과도 협력해 인도 정부의 협상력을 약화하는 작업을 벌인다(IP-Watch 2006a). 이처럼 두텁

---

8 http://www.abialliance.com.

고 중첩된 네트워크는 사적 지배력이 중앙집권화된 체제를 낳고, 이 체제에서 미국무역대표부는 합법화와 실행을 위한 도구로 활용되며 지대 추구를 위한 기회가 증대된다(Drahos 2004, 77). 양자 간, 지역 간 자유무역협정을 통해 산업계는 좀 더 민주적인 다자간 협상이었더라면 얻지 못했을 이익을 챙길 수 있었다. 산업계는 자신들의 이해를 극대화하기 위해 협상력의 차이를 교묘하게 활용했다.

트립스 플러스에 대한 저항들

최근 개도국들은 양자 간, 지역 간 무역협정의 트립스 플러스 조항과 다자간 규범 사이의 불일치점에 도전하기 시작했다(Chon 2006, 2821).[9] 2005년 말 미국과 트립스 플러스 조항에 대한 협상을 시작한 에콰도르와 콜롬비아는 트립스 플러스 기준을 거부했다. 그러나 2006년 2월이 되자 콜롬비아는 협상팀 일부의 반대에도 불구하고 미국과 트립스 플러스 기준에 합의하기에 이른다(IP-Watch 2006b).

2006년 3월 아르헨티나, 볼리비아, 브라질, 칠레, 콜롬비아, 에콰도르, 페루, 우루과이, 베네수엘라의 보건부 장관들은 지재권과 의약품 접근권 및 공중 보건에 관한 의미 있는 선언을 발표한다.[10] 고가 의약품이 특허와 밀접한

---

9 이런 문제 제기는 의약품이나 무역 분야에만 국한되지 않는다. Chon(2006, 2821) 참조.
10 Declaratoria de Ministras y Ministros de America del sur Sobre Propiedad Intelectual, Acceso a los Medicamentos y Salud Publica Geneva, May 23, 2006. 이 선언의 중요성을 일깨워 준 마리아 올리베이라(Maria Auxiliadora Oliveira)와, 선언문 전문과 영어 번역문을 보내준 니콜레타 덴티코(Nicoletta Dentico)에게 감사의 말을 전한다.

관련이 있다는 점에 주목한 이들 장관들은 도하 선언문을 준수할 것임을 약속했고 강제 실시나 병행 수입, 연구를 위한 특허의 예외Bolar exception11와 같은 트립스의 제도적 유연성을 유지할 것임을 확인했다. 또한 이들은 트립스 플러스 조항에 대한 반대를 분명히 했다.

트립스 플러스에 대한 저항은 세계보건기구의 활동에서도 볼 수 있으며, 미국과 타이의 자유무역협정 협상에서 특히 거세게 일어났다. 먼저 세계보건기구의 활동과 미국-타이 자유무역협정 협상을 살펴보고, 그다음 이 두 개의 사건이 2006년 초 세계보건기구와 타이의 저항을 방해하려는 미국 산업계의 로비와 어떻게 부딪히는지 살펴본다. 미국 산업계의 로비는 피터 드라호스 교수가 말하듯, 추악하고 투명성이라고는 찾아볼 수 없는, 기업 주도의 "노드 거버넌스"nodal governance12를 보여 주는 전형적인 사례다(Drahos 2004).

---

11 [옮긴이] '특허의 예외'는 타인의 특허 발명을 연구 목적 또는 시험 목적으로 이용하는 행위를 특허권 침해에서 면책해 주는 조항을 말한다. 1984년 미국 연방특허법원은 로슈와 볼라 간의 특허침해 소송사건[(Roche Products v. Bolar Pharmaceutical, 733 F.2d 858 (Fed. Cir. 1984)]에서 로슈의 특허권이 만료되기 전에 볼라가 특허권의 대상이 되는 의약품을 연구·시험하는 행위는 비록 볼라가 의약품을 식약청에 품목 허가를 받기 위한 것이라고 하더라도 연구·시험 목적이 아니라고 판단했다. 당시 미국 법원은 연구·시험 목적이란 "재미로 또는 호기심이나 철학적 질문을 풀기 위한 목적"으로 매우 좁게 해석했던 것이다. 이 판결이 있자 미국 의회는 의약품의 품목 허가를 위해 타인의 특허 발명을 시험하는 것은 특허권 침해를 구성하지 않는다는 조항을 신설하는 입법 조치를 취했다[미국 특허법 제271(e)(1)조]. 2005년에 미국연방대법원은 이 특허법 조항을 더 넓게 해석해 제네릭 제약사가 특허발명을 시험한 결과를 의약품 품목 허가 절차에 실제로 이용하지 않더라도 특허권을 침해하는 것이 아니라는 판결을 하기도 했다[Merck v. Integra, 545 U.S. 193 (2005)].

12 [옮긴이] 노드 거버넌스는 사회구조 내에서 활동하는 다양한 행위자들이 네트워크를 통해 상호작용해 사회구조를 어떻게 지배하는지를 설명하는 네트워크 이론의 하나다. 이 이론은 거버넌스에서 노드가 어떤 역할을 하는지, 특히 거버넌스를 구현하기 위해 여러 네트워크들이 연결(link)되어 권력의 집중이 어떤 방식으로 발생하는지에 주목한다. 여기서 노드는 어느 한 네트워크 내의 행위자를 말하거나, 공동의 목적을 위해 서로 연결되는 둘 이상의 네트워크의 조직적 곱(organizational product, 이를 '초구조적 노드'라고도 함)을 말한다. 드라호스 교수는 트립스 협

세계보건기구의 논의

세계보건기구는 건강과 관련된 업무를 책임지고 조정하기 위한 유엔의 전문 기구다(Stein 2001, 497). 트립스 협정이 체결된 이후 세계보건기구는 무역 문제에 더 많이 관여해 왔으며, 시민사회단체들도 세계보건기구에서 활발하게 활동했다(Stein 2001, 498). 세계보건기구는 건강에 대한 인류의 권리를 보장하기 위한 일환으로 필수 의약품 접근권을 취급한다(Seuba 2006, 405). 인권이란 틀로 지재권을 재조명하면, 지재권은 그 기능이 사회적인 기능을 하는 사회적 산물이며, 경제적 관계가 우선시되지 않는다(Chapman 2002, 867).

지재권에 비판적인 의약품 접근권 운동가들에 따르면,

> 지재권자에게 통제권을 부여하고 다른 자를 배제할 권리를 인정하는 지재권은 의약품 접근권 같은 인권과 충돌한다. 인권은 경제정책이나 무역협정에 우선한다고 보기 때문에, 지재권은 이차적인 권리로서 제한적인 예외로 취급해야 한다(Schultz and Walker 2005, 84).

이런 인권론자들은 특허권보다 환자의 권리를 더 중시하고 국제 인권 규범의 위반 사례들을 '세상에 알리려고 노력한다.

2003년 5월 필수 의약품에 대한 접근권 개선을 위한 세계보건총회에서는 지재권과 혁신, 공중 건강에 대한 한시적인 독립 위원회CIPIH: Commission on Intellectual Property Rights, Innovation and Public Health(이하, 독립 위원회)를 설립하기로 결의했다. 이 결의는 의약품은 특별한 취급이 필요하고 특허권의 보호가 의

정은 지구상에서 가장 강력한 행위자인 기업(corporations) 집단의 일부가 노드 관계(nodal relationship)를 활용해 그들의 힘, 특히 시장에서의 권력을 강화한 결과물로 본다.

약품 가격에 부정적인 영향을 미친다는 점을 강조하는 NGO와 개도국의 주장을 받아들인 것으로(WHO 2003), 도하 선언문을 중시하고 트립스가 보장하는 제도적 유연성의 전면적 이용이 중요함을 강조한 결과다.

2006년 4월 독립 위원회는 그간의 연구 결과를 집대성한 보고서를 내는데, 이 보고서는 혁신을 새롭게 규정했다는 점에서 매우 획기적이다. 혁신은 전통적인 의미의 '발견'만 포함하는 것이 아니라 과학적 발견의 '개발'과 '분배'까지도 포함하는 것으로 정의된다. 국경 없는 의사회의 엘렌 또엔이 지적한 것처럼 이 보고서는, 혁신은 그것의 성과물에 인간이 접근할 수 있을 때에야 비로소 의미가 있다는 점을 강조한다('t Hoen 2006, 421). 혁신의 성과물에 대한 접근이란 개념으로 혁신을 정의하기는 이 보고서가 처음이다. 이런 새로운 태도는 논쟁 자체를 바꾸었다는 점에서 매우 중요한 의미를 갖는다. 이제 공중의 건강에 대한 언급을 생략한 채 지재권을 얘기할 수 없는 것처럼, 앞으로 몇 년 뒤에는 혁신과 접근은 서로 뗄 수 없는 관계라고 전제하게 될 것이다. 또한 이 보고서는 지재권은 수단에 불과하며 그 자체로 목적이 될 수 없다는 점을 분명히 밝혔고('t Hoen 2006, 421), 양자 간 또는 지역 간 무역 협정에서 의약품 접근권을 제약하는 협상은 피하도록 각국 정부에 권고했다(WHO and CIPIH 2006, 351).[13] 이 보고서는 특허권에 기반을 둔 현재의 의약품 개발 방식은 가난한 사람들의 필요를 충족시키기에는 부족하다고 결론을 내린다.

부시 대통령의 전직 보좌관이자 미국국제개발처USAID: US Agency for International Development의 변호사인 존 가드너John Gardner는 독립 위원회의 보고서가 제네

---

13 World Health Organization, CIPIH Report: Main Recommendations, 84 BULLETIN OF THE WORLD HEALTH ORGANIZATION 351 (2006).

릭 의약품을 편파적으로 옹호하고 개도국의 경제성장을 도와, 궁극적으로는 공중의 건강을 개선하는 데에 가장 훌륭한 수단인 미국 자유무역협정을 비판한다는 이유로 날 선 비판을 한다(Gardner 2006). 가드너가 주목하는 거시 경제적 성장은 경제성장이 분배에 미치는 영향을 무시하는 것이다. 독립 위원회 보고서는 이러한 현재 지배적인 견해가 갖는 한계를 인식하고 가난한 사람들을 고려한 새로운 의약품 연구 개발R&D 방식을 요청한다. 이 보고서는 일부 보건 의료 활동가들의 기대만큼 진보적인 것은 아니지만(Correa 2006b, 198-199), 세계적인 건강 격차를 해결하려는 세계보건기구의 의미 있는 진일보로 평가할 수 있다.

공중 보건의 맥락에서 지재권 문제를 풀려는 시도는 경제성장이라는, 견고하고 승승장구하고 있는 정책적 틀을 보건 의료 성과의 분배라는 틀로 변경하려는 노력이다. 이처럼 관점을 확장했을 때, 기업이나 지재권 보유자를 뛰어 넘어 더 많은 이해관계인에게 혜택이 돌아갈 길이 열릴 것이다.

타이, 자유무역협정 협상, 미국 그리고 세계보건기구

일방적인 트립스 플러스 조치에 대한 저항운동에서 타이는 또 다른 중요한 교두보다. 미국은 지재권과 의약품을 둘러싼 수많은 무역 분쟁에서 에이즈 문제로 가장 고통 받는 국가 가운데 하나인 타이를 범죄자로 몰아붙였다. 미국 제약 연구 및 제조사 협회는 미국의 통상법에 근거해 타이를 상대로 끊임없이 진정을 냈고, 미국무역대표부는 1996년부터 2000년까지 한 해도 빠지지 않고 타이를 301조의 감시대상국에 올렸다. 2001년이 되자 타이의 활동가들은 브리스톨 마이어스 스퀴브가 개발한 에이즈 약 디다노신이 공적 자금으로 운영되는 미국 국립보건원에서 개발한 것이라는 점을 문제 삼았다. 같은 해 미국은 만약 타이가 디다노신을 생산하기 위해 강제 실시권을 발동한다면 무역 제재를 가할 것이라고 협박했다. 딜런 윌리엄스가 지적한 바 있듯이 2002년에 타이 법원은 국제조약을 인용하면서, 타이의 에이즈 환자들이 특허권으로 인해 해를 입을 수 있으며, 제약사가 자신들의 약가 정책을 통해 의약품의 이용 가능성을 제한한다면 에이즈 환자들은 소송을 제기할 자격이 있다고 판결했다. 이 판결은 2004년 1월 상급 법원에서 유지되었으며 브리스톨 마이어스 스퀴브 사는 소송 외 절차를 통해 합의를 하고 디다노신에 대한 특허권을 포기했다(Williams 2006).

미국은 타이와 자유무역협정 협상을 시작했지만 타이의 국내 정치적 위기 때문에 협상이 난국에 빠졌다. 2006년 4월 타이 역사상 가장 오래 지속된 반정부 운동의 결과(Williams 2006), 탁신 친나왓Thaksin Shinawatra 총리가 권좌에서 물러났다. 초창기 운동 진영이 탁신 총리 반대에 집중한 데 비해, 국민민주주의연대PAD: People's Alliance for Democracy은 운동 영역을 확장해, 미국-타이 자유무역협정 협상을 공격했다. 탁신 총리는 타이 의회에 협의를 구하지도 않은 채 자유무역협정 협상을 밀실에서 일방적으로 진행하고 있는 상황이었고(Williams 2006) 미국은 자국 제약 회사들의 해외 시장을 넓히기 위해, 타이와의 자유무역협정을 말레이시아나 인도네시아와 진행할 자유무역협정의 모델로 삼을 계획이었다(Williams 2006).

미국인으로 타이의 세계보건기구 대표인 윌리엄 앨디스William Aldis는 2006년 1월 9일 『방콕포스트』Bangkok Post에 미국식 자유무역협정 협상의 위험성을 경고하는 글을 실었다. 그의 기고는 치앙마이Chiang Mai에서 6차 자유무역협정 협상이 진행되는 도중에 게재되었는데, 여기서 그는 "미국이 체결했던 양자 협정이 어떤 결과를 초래했는지 외면한다면 타이는 심각한 곤경에 처할 것이다. 놀랍게도 많은 나라들이 미국과 자유무역협정을 체결하면서 세계무역기구에서도 인정하는 안전장치와 제도적 융통성을 포기해 버렸다"고 썼다(Aldis 2006).

앨디스는 더 나아가 60만 명 이상의 타이인이 에이즈로 고통 받고 있으며 8만 명 이상의 타이인이 타이 국내에서 생산된 값싼 제네릭 의약품 덕택으로 생명 연장의 치료를 받고 있고 그 대상을 앞으로 2008년까지 15만 명까지 늘릴 계획임을 지적했다. 이처럼 타이 국내에서 제네릭을 생산하면서 타이의 에이즈 사망률은 무려 79퍼센트나 급감했다(Aldis 2006). 타이가 미국식 자유무역협정을 체결해 그 결과로 국제적으로 인정된 제도적 융통성을 포기하면서 제네릭 의약품의 생산을 중단한다면, 수십만 타이인의 생명이 위협받게 되며 현재 적용되고 있는 "30바트 계획"14이 파산하게 되는 결과를 초래한다(Aldis 2006).

2006년 3월 23일 제네바의 유엔 주재 미국 대사가 세계보건기구 이종욱 사무총장을 개인적으로 만나 앨디스의 견해에 대해 우려를 표명했다. 이어 미국이 이종욱 사무총장에게 서한을 보내, 세계보건기구의 중립성과 객관성이 중요하다는 미국 정부의 입장을 강조하면서 이 총장이 앨디스와 같은 세계보건기구 관리에게 이런 점을 각인시킬 것을 요청했다(Williams 2006). 그 다음 날 이 총장은 앨디스를 복귀시키기로 결정했다고 세계보건기구의 뉴델리 사무실에 통보했다(Williams 2006). 방콕에 주재하는 미국 관리들은 앨디

---

14 [옮긴이] 타이는 개도국으로는 처음으로 2001년 4월부터 전 국민 의료보장 제도를 시행했다. "30바트 계획"이라 불리는 타이의 이 의료보장 제도에 따라 과거 의료보험 혜택을 받지 못했던 국민과 인구의 30퍼센트를 차지하는 빈곤층이 의료 혜택을 받고 있다. 카드를 구입한 국민이면 한번에 30바트(약 40펜스)만 내면 병원 치료를 받을 수 있으며, 다만 이 제도는 신장투석이나 항레트로바이러스제와 같은 이른바 '고급 치료'는 보장하지 않는다. 세계보건기구에서는 이 제도를 다른 국가에도 적용할 모델로 보고 성공 여부에 관심을 기울이고 있다.

스의 전보 발령을 언론에 흘렸다. 이 총장의 결정과 미국 정부의 언론 플레이는 세계보건기구 정부 대표들의 자기 검열 즉, 미국의 통상 정책과 세계보건기구의 공중 보건 정책에 대해 공개적인 의사 표명을 할 때 스스로를 검열하도록 하기 위해 치밀하게 계획된 것이라고 믿기에 충분하다(Williams 2006).

2006년 3월 말 세계보건기구 이종욱 사무총장[15]은 앨디스를 보직에서 해임하고 방콕에서 뉴델리의 연구직으로 옮겼다. 앨디스의 좌천에 가까운 전보 뒤에 미국 산업계의 로비가 있었음은 『아시아타임즈』*Asia Times Online*의 탐사 보도로 밝혀졌다. 이 보도에 따르면 이종욱 총장은 작고 당시인 2006년 5월 미국 정부와 긴밀하게 보조를 맞추고 있었으며, 미국 기업들과 연합해 세계보건기구의 가장 핵심적인 의무와 역할, 예컨대 값싼 제네릭 에이즈 의약품의 생산과 보급을 증진하려는 세계보건기구의 사업에 타격을 주었다(Williams 2006). 이 총장은 보통이면 4년 임기였을 앨디스 박사를 15개월 만에 전보 조치했다(Williams 2006). 세계보건기구 뉴델리 사무소는 앨디스가 적임자가 아니기 때문에 보직에서 해임되었다고 주장하지만, 2004년 쓰나미 사태 때부터 조류 인플루엔자 문제까지 앨디스 박사와 함께 일을 했던 타이 관리들은 뉴델리 사무소의 주장을 비공개적으로 반박한다(Williams 2006).

실제로 앨디스 박사는 미국-타이 자유무역협정의 트립스 플러스 조항에 반대한 2006년 1월자 언론 기고 때문에 처벌을 받은 것이다. 영국 의학저널인 『란세트』*The Lancet*도 똑같은 평가를 하는데, 앨디스 박사의 전보 조치는 언론 기고가 직접적인 원인이었고, 미국이 세계보건기구에 영향력을 행사하는 명백한 증거라고 봤다(Benkimoun 2006, 1806). 앨디스는 통상 문제와 공중 보건 문제를 구분하지 않는 미국에 비판적이었고, 미국 기업의 대표들을 접

---

15 이종욱 총장은 2006년 5월 말 세계보건총회 하루 전날 갑작스런 뇌졸중으로 사망했다.

견하고 이들에게 타이의 정부 관리들을 소개해 주라는 세계보건기구 지역 본부의 명령에 따르지 않았다(Williams 2006). 2006년 봄에 화이자와 아이비엠은 타이에 있는 세계보건기구 관리들에게 타이 고위급 인사와 접촉할 수 있게 해 달라고 요청했는데, 몇몇 세계보건기구 중견 관리들은 이 요청이 당시 세계보건기구에서 진행하고 있던 타이에 대한 기술 지원 프로그램과 아무런 관계가 없었기 때문에 이해 충돌 문제가 생길 수 있다고 우려했다(Williams 2006).

부시 행정부가 유엔의 전문기구를 미국의 경제적·정치적 이해에 맞추려 들면서, 세계보건기구의 공인된 임무와 역할이 희생되었으며 세계보건기구를 공평하고 탈정치적인 행위자로 여기는 전 세계적인 신뢰가 무너지게 되었다(Williams 2006). 한편 타이 보건장관의 보좌관이 앨디스 박사의 갑작스런 전보에 대한 세계보건기구의 해명을 요구하면서(*Bangkok Post* 2006, June 20th) 세계보건기구 관리가 갖는 표현의 자유 문제와 인사 조치의 투명성 부족이 치열한 논쟁거리로 되었으나, 아직까지 해결이 되지 못했다.

디다노신 사건과 미국-타이 자유무역협정에 관련된 사항들은 트립스 플러스에 반대하는 시민운동의 저력과, 또한 시민운동을 방해하기 위해 뒷구멍에서 민주적인 절차를 뒤엎어 버리고 공개적이고 개방된 논의를 회피하는 기업들의 이면을 보여 준다.

최근 2006년 말과 2007년 초에 타이 정부는 2차 항에이즈제 에파비렌즈 efavirenz, 로피나비어/리토나비어와 항혈전제 클로피드로겔을 포함한 여러 의약품의 특허에 대한 강제 실시를 허용했다(Baker 2007). 타이 정부가 열적 안정성이 우수한 항에이즈제 칼레트라를 비롯한 7개 의약품의 특허에 대한 강제 실시 계획을 발표하자, 2007년 초 애보트 사는 당시 타이에서 진행 중이던 의약품 허가 신청을 취소하겠다며 위협했다. 타이의 에이즈 환자들은 액트업 파리라는 단체에 호소해 애보트의 조치에 대한 항의 표시로 애보트 사의 웹 사이트를 공격했다. 액트업 파리는 애보트의 정기 주주총회 바로 전날 밤에 애보트의 웹 서버에 과부하를 걸 수 있는 링크를 달았다(Carreyrou and Johnson 2007, B1). 애보트는 액트업이 사이버 공격을 했다며 2007년 5월 23일 프랑스 법원에 소송을 제기했다. 애보트의 이런 조치는 에이즈 환자 단체는 건들지 말아야 한다는 오래된 금기를 깨뜨린 것이었다. 글락소 스미스 클라인의 저스틴 프레인Justine Frain의 말을 빌리면, 제약사들은 활동가 단체들과의 협력이 중요하다는 점을 이미 알고 있었다(Carreyrou and Johnson 2007, B1). 다른 제약사 관계자들도 애보트가 타이 문제에 대응한 방식은 제약 산업 전체 입장에서도 대사회 관계에 재앙적이었다고 말한다. 프랑스 소송에서 액트업 파리는 자신들의 행위는 표현의 자유에 따른 합법적인 것이라고 항변했다. 결국 애보트가 소송을 취하했지만, 애보트의 대중적 평판은 이미 누더기가 된 뒤였다. 한편 애보트는 특허권자로서 갖는 권한을 강조하며 항에이즈제인 알루비아Aluvia를 타이에서 시판하지 않겠다고 한 이전의 조치를 철회하지는 않았다(ACT-UP Paris 2007). 미국무역대표부는 2007년 4월에 타이 정부의 강제 실시 조치를 근거로 타이를 301조 우선감시대상국으로 지목했다.

그럼에도 불구하고 타이의 조치는 다른 여러 나라의 일련의 조치를 촉발했고, 인도네시아와 브라질이 2007년 봄에 에파비렌즈의 강제 실시를 허용했다(Brook Baker 2007). 타이 정부는 또 다른 강제 실시를 검토하고 있으며, 인도네시아와 남아공도 정부 사용을 위한 강제 실시를 고려하고 있다.

한국과 노바티스: 글리벡 사례

글리벡Glivec은 미국의 희귀의약품법에 따른 지원으로 개발된 백혈병 치료약이다. 미국의 희귀의약품법에 따르면, 미국 정부는 민간 부문의 임상 시험 비용 50퍼센트를 지원한다(IP-Health 2001). 이 약에 대한 특허권은 스위스의 다국적 제약사인 노바티스가 가지고 있다. 미국에서 글리벡의 가격은 환자당 연간 2만 7,000달러로 대부분의 환자는 살 수 없는 높은 가격이다. 2001년 말 노바티스는 한국 정부와의 약가 협상에 실패하자 한국 시장 공급을 중단했다. 노바티스와 한국 정부가 약가 협상을 하는 동안 일본과 미국, 스위스는 약 한 알당 19.50달러에 합의했다.[16] 노바티스는 백혈병 환자들에게 접근해, 자기들이 주장하는 가격을 수용하도록 환자들이 한국 정부를 설득한다면 환자 부담금을 면제해 주겠다고 제안했지만, 환자들은 거절했다. 한국 정부는 가격 협상을 하기는커녕, 만성기의 만성골수성 백혈병 환자들을 보험 적용 대상에서 제외함으로써 비용을 줄이려고 했다. 당시 공공의약센터의 국장이었던 정혜주는, 설사 도하 선언문에 따른 강제 실시를 청구하게 되더라도 글리벡 공급을 계속하고, 노바티스와 약가 협상을 재개할 것을 한국 정부에 요청했다. 그리고 전 세계 운동가들에게 이 활동에 동참할 것을 호소했다(IP-Health 2001). 한국의 보건 의료 단체들은 글리벡의 불안정한 공급과 높은 약값으로 말미암아 고통 받는 한국의 백혈병 환자를 위해 제네릭 글리벡을 인도에서 수입할 수 있도록 글리벡 특허의 강제 실시를 발동할 것을 한국특허청에 청구했다(IP-Health 2003).

노바티스는 스위스 제약 회사지만 미국무역대표부는 이 사건에서 노바

---

16 글리벡은 환자에 따라 하루에 네 알에서 여덟 알까지 먹어야 한다.

티스를 지원했다. 유럽 시장에서 이윤이 줄어들면서 글리벡과 같은 고가 의약품 제조사들은 손실을 보전하기 위해 아시아나 라틴아메리카와 같은 신흥 시장으로 활로를 모색하고 있다(Benvenisti and Downs 2004, 21-52). 이 전략이 성공하려면 신흥 시장에 제네릭 업체가 경쟁하지 못하도록 막을 필요가 있다. 에얄 벤베니스티Eyal Benvenisti와 조지 다운스George Downs가 지적한 것처럼, 미국무역대표부는 미국 제약사들이 나중에 손해를 입을 수도 있는 선례가 생기지 않도록 하기 위해 이 사건에 개입해 노바티스를 지원했다(Benvenisti and Downs 2004). 실제로 한국 특허청은 강제 실시 청구를 기각하면서 미국 무역대표부 대표인 로버트 졸릭이 도하 선언문의 적용 범위를 제한하기 위해 사용했던 문구를 그대로 차용했다. 특허청은 백혈병은 전염병도 아니고 한국에 극도로 위험한 상태를 초래하지도 않는다는 이유를 들어 강제 실시 청구를 기각했다(Ip-health 2003; Abbott 2005, 328-336). 이 사례는 피터 드라호스 교수가 말한 바 있는 '노드 거버넌스' 개념에서 글로벌 지재권 기반 기업들과 이들의 정부가 전개하는 "집행 피라미드"[17]가 어디까지 영향력을 발휘

---

17 [옮긴이] 사람들이 규범을 준수하도록 하려면 다양한 성격의 집행 조치로 구성된 피라미드가 필요하다. 이 집행 피라미드의 핵심 개념에 따르면, 규범을 어기는 자에 대한 '처벌'(punishment)과 규범을 따르도록 유도하는 '설득'(persuasion)이 일정한 순서로 조합되어야 한다. 처벌과 설득의 조합은 집행 피라미드의 맨 아래층에 존재하는 '설득'에서 출발해 피라미드 위쪽으로 올라갈수록 '처벌'의 수위가 높아지는 방식으로 구성된다. 규범에 대응하는 개인은 합리적인 개인과 도덕적인 개인, 도리를 모르는 개인 등 다양하기 때문에, 처벌과 설득이 일정한 순서로 조합된 집행 피라미드를 통해 규제자는 모든 개인에게 적용할 수 있는 집행 수단을 가지게 된다. 드라호스 교수는 미국이 무역 분쟁을 통해 세계무역기구의 지재권 규범을 관철하는 방식을 집행 피라미드 개념으로 설명한다. 먼저 지재권 규범을 준수하지 않는 국가를 상대로 미국은 비공식 대화를 시작한다(집행 피라미드 맨 아래층의 설득). 시간이 지나면서 이 대화는 점차 공식적인 협상으로 바뀌고, 미국은 상대국이 적절한 조치를 취하지 않을 경우 이 국가를 감시대상국 목록에 올린다. 감시대상국 목록에 올라간 국가는 미국무역대표부의 공식적인 감시 대상이 되며, 상대국이 지재권 문제를 해결하기 위해 어떤 조치를 취하느냐에 따라 목록에서 제외하거나 통상 보복이란 처벌 조치가 취해진다.

하는지 잘 보여 준 사례다(Drahos 2004). 지재권의 확장과 정치·경제적인 힘이 세계적으로 불균등하게 배분되어 있다는 점을 감안할 때, 개도국들이 자신들에게 유리하도록 제도를 운영하기에는 심각한 한계가 있다. 2007년 6월 한국 정부는 미국과 트립스 플러스를 포함하는 자유무역협정에 합의했다.

화이자와 필리핀

1998년에 다국적 제약사들이 남아공의 넬슨 만델라를 상대로 소송을 제기한 사건은 널리 알려져 있지만(Bond 1999, 765), 현재 필리핀에서 진행되고 있는 사건을 통해서도 다국적 제약사들이 여전히 '약자 괴롭히기' 전략을 버리지 않고 있음을 알 수 있다. 화이자는 고혈압 약 노바스크Norvasc를 필리핀 정부가 병행 수입한다는 이유로 소송을 제기했다. 화이자에서만 공급하는 이 약은, 필리핀에서는 인도네시아나 타이보다 두 배 정도 더 비싸게 팔리고 있었고, 인도 가격에 비해서는 650퍼센트나 더 비쌌다. 필리핀 정부는 인도에서 팔리는 200정의 약을 수입해 품목 허가했으나, 아직 시판하지는 않았다(IP-Watch 2006c). 필리핀의 식약청은 화이자의 특허가 만료할 때까지는 수입한 약을 시판하지 않겠다는 서면 확인서를 화이자에 보냈다. 그런데 화이자는 필리핀의 식약청과 병행 수입을 실행했던 필리핀 국제무역공사PITC: Philippine International Trading Corporation를 상대로 소송을 걸었을 뿐만 아니라, 식약청장인 레티시아 구티에레스Leticia Gutierrez와 담당 공무원인 에밀리오 폴리그 Emilio Polig 개인을 상대로도 손해배상을 청구했다. 화이자는 이 소송을 자신의 특허권을 지키기 위한 조치라고 주장하면서, 인도에서 필리핀으로 노바스크를 수출한 사람은 화이자로부터 권한을 부여받지 않았기 때문에 이 사건은 병행 수입과 무관하다고 주장했다. 필리핀 국제무역공사가 반소를 제기했고, 미국 스탠포드 대학교 동창회와 졸업생들은 타이의 보건 당국 관리들을 괴롭힌다는 점을 근거로 화이자의 대표이사였던 헨리 맥키넬을 스탠포드 자문 이사회에서 제명하라는 서명 운동을 벌였다(IP-Watch 2006c; WHO 2006).

국제제약협회IFPMA: International Federation of Pharmaceutical Manufactures & Associations의 에릭 노렌버그Eric Noehrenberg는 세계보건기구의 2006년 보고서(2006 WHO CIPIH report)를 비판하면서, 이 보고서가 근거 없는 가설 즉, 의약품의 가격이 특허권에 의해 정해진다는 가설에 기반을 두었다는 점을 주로 공격했다(IP-Watch 2006c; Noehrenberg 2006, 419). 그는 이 가설이 근거 없는 이유가 의약품 간의 경쟁으로 인한 효과를 무시하기 때문이라고 말한다(Noehrenberg 2006, 419). 그러나 앞에서 본 필리핀의 사례는 바로 그 의약품의 경쟁 자체가 존재할 수 없어서 문제가 된다는 점을 정확하게 보여 준다. 그리고 특허권자인 화이자는 경쟁을 불가능하게 만들거나 최소한 지연시키려는 전략을 실제로 구사해 왔다.

제약사의 이런 행위가 공중 건강에 위협이 된다는 점은 분명하다. 지재권의 강화, 경제력의 집중, 취약 집단을 상대로 한 우격다짐식의 전술은 사적 기업들의 결정에만 전적으로 매달릴 때 어떤 위험이 초래될지 잘 보여 준다. 또한 시민사회단체를 상대로, 그리고 공무원 개개인에게 직무와 연관시켜 소송을 제기하는 것을 볼 때, 다국적 제약사들이 해외에 있는 국내 문제에 얼마나 깊숙이 개입하고 있으며, 정부를 거치지 않고 환자들에게 얼마나 큰 영향을 직접적으로 미치는지 잘 알 수 있다.

인도 특허법

인도는 2005년 1월 특허법을 개정하면서 진정으로 혁신적인 제품만 특허를 받을 수 있다는 조항을 넣었다. 이 조항 제3(d)조는 제약사들이 이미 특허를 받은 의약품에 사소한 개량을 하고 또 다른 특허를 받는 에버그리닝ever-greening 관행을 방지하려는 목적이었다. 에버그리닝은 특허권자가 독점 지대의 징수 기간을 늘리려는 전략이다. 세계무역기구 회원국은 트립스 협정의 규정 내에서 자국의 특허 제도를 운영할 권리가 있고, 인도는 이미 알려진 물질에서 파생되는 형태(예를 들면, 염salt이나, 다형체, 대사물질, 이성체)는 이것이 기존의 물질에 비해 실질적으로 개선된 효과가 있지 않으면 특허를 받을 수 없도록 했다(Mueller 2007, 542). 이 조항을 근거로 인도 특허청은 노바티스의 글리벡에 대한 특허를 거절했다. 그러자 노바티스는 인도 특허법의 제3(d)조는 발명이 신규하고 진보하면 특허를 부여하도록 한 트립스 협정을 위반했다며 첸나이Chennai에 있는 마드라스Madras 고등법원에 소송을 제기했다(Mueller 2007, 542). 노바티스의 특허를 인정하지 않은 특허청의 결정을 지지하는 사람들은, 트립스 협정은 무엇이 진보한 것인지 규정하지 않기 때문에 진보성에 대한 기준을 정하는 것은 각국의 재량 사항이며 인도의 결정은 미국 법의 비자명성 개념과도 일치한다고 주장한다.[18] 일부 지지자들은 인도의 결정이 타당하다고 주장하지만, 재니스 뮬러Janice Mueller는 인도는 독립된 사법 제도를 가지고 있으며 법치 전통이 확고하기 때문에 노바티스가 소송을 계속하게 두는 것이 낫다고 지적한다. 이 소송을 통해 인도의 개정 특허

---

[18] [옮긴이] 특허권을 부여하는 핵심 요건의 하나가 바로 특허 기술이 기존 기술에 비해 얼마나 진보했느냐이다. 미국은 이 요건을 비자명성(non-obviouness)이라고 부르고 대부분의 나라는 진보성(inventive step)이란 용어를 사용한다.

법이 사법부의 판단을 거쳐 더 정교하고 분명하게 될 수 있다는 것이다 (Mueller 2007, 543).

2007년 8월 마드라스 고등법원은 노바티스의 주장을 기각하면서, 노바티스가 주장하는 '신약'은 기존의 약과 충분히 다르지 않다고 판단했다. 이 판결은 인도의 제네릭 제약사가 글리벡과 동일한 성분의 약을 계속 생산할 수 있다는 의미였다. 최근 노바티스는 스위스 정부에 세계무역기구에서 이 사건을 문제 삼아 달라고 요청했지만, 스위스 정부는 거절했다. 이것은 중요한 변화다. 한국에서 백혈병 환자들이 글리벡 문제로 투쟁할 때 미국무역대표부조차 스위스계 다국적 제약사인 노바티스를 지원하려 했다는 점과 극명하게 대비되는 사건이기 때문이다.

인도의 승리는 상당한 전시 효과를 냈는데, 지속적으로 정밀 조사를 받을 수 있다는 점을 다국적 제약사들이 자각하는 계기가 되었다. 2006년 여름, 글락소 스미스클라인은 하루 복용할 약이 한 알에 다 들어 있는 1차 에이즈 치료약 콤비비어Combivir에 대한 특허출원을 인도와 타이에서 포기했다. 이 약이 새롭거나 기술적으로 진보한 것도 아니어서 인도에서는 새로 개정된 특허법 제3(d)조를 통과하기 어렵다는 점을 잘 알았던 것이다(Baker 2007). 노바티스가 인도 특허법 제3(d)조 소송에서 졌기 때문에, 글락소 스미스클라인 역시 후속 항에이즈제 두 건에 대한 특허출원을 포기했다. 베이커가 지적한 것처럼, 인도는 진정으로 혁신적인 의약품에 대해서만 특허권을 인정한다는 새롭고 튼튼한 기준을 확립했고, 필리핀 의회도 인도 특허법과 같은 내용의 법 개정을 검토하고 있다(Baker 2007). 인도는 나쁜 특허를 제재하려는 국가들에게 중요한 선례를 만든 것이다.

세계지재권기구의 개발 의제

1990년대 말까지 지재권 문제는 세계무역기구에서 호된 비판을 받았다. 그러자 미국과 유럽연합은 1999년에 세계무역기구에서 달성하지 못했던 것을 이루기 위해 논의의 장을 세계무역기구에서 세계지재권기구로 옮기고 특허 실체법 조약을 추진했다(Musungu and Oh 2005). 이 과정에서 바이오산업계는 전 세계적으로 보호 기준이 더 높은 특허 제도를 구축하려고 했다. 많은 이들은 세계지재권기구가 '특허 실체법 조약'을 통해 특허 제도의 통일화를 꾀하려는 시도는 트립스 플러스 기준을 세계화하려는 작업이라고 의심했다.

그런데 이와 동시에 개도국들도 세계지재권기구 내에서 그들이 치밀하게 준비한 전략을 추진할 기회를 잡았다. 이들은 생물 다양성 문제를 1999년의 세계지재권기구 특허 실체법 조약 협상과 연계하고 생물다양성협약의 원칙들(이익 공유, 사전 동의 및 통지)을 세계지재권기구 내에서 논의하자고 제안했다. 이에 따라 세계지재권기구는 유전자원, 전통 지식과 관련된 지재권 문제를 다루기 위한 별도의 기구인 '지적재산, 유전자원, 전통 지식에 관한 정부 간 위원회'IGC: the Intergovernmental Committee on Intellectual Property, Genetic Resources, Traditional Knowledge and Folklore(이하, 정부 간 위원회)를 설립했다.

정부 간 위원회를 통해 많은 연구와 논의가 이뤄졌지만 개도국은 더 많은 것을 원했다. 2004년 9월 세계지재권기구 총회 전날 밤, CPTech의 제임스 러브는 제네바에서 '세계지재권기구의 미래'라는 주제의 워크숍을 조직했다. 이 워크숍은 다양한 이해관계를 통합하고 수많은 운동 주제를 하나의 우산 아래로 끌고 왔다는 점에서 지식 접근권 운동A2K: Access to Knowledge의 주요 동력이 되었다. 세계적인 소비자단체인 TACDTransatlantic Consumer Dialogue가 주관하고 OSIOpen Society Institute가 후원한 이 워크숍에는 수많은 시민사회단체(국

경 없는 의사회, 전자개척자재단, 국제소비자단체 등), 개도국 정부 대표들 및 세계
지재권기구 관료들까지 참석했다. 노벨 의학상 수상자인 존 설스턴 경Sir John
Sulston은 인간 게놈 프로젝트로 대표되는 열린 과학open science의 장점에 대한
감명 깊은 연설을 했다. 리처드 스톨먼Richard Stallman과 로렌스 레식Lawrence Lessig
은 저작권과 특허가 소프트웨어에 미치는 해악을 역설했다. 대부분의 연사
들은 세계지재권기구의 개발 의제를 지지했고 지재권 친화 정책을 무비판적
으로 수용하는 세계지재권기구의 태도를 재검토해야 한다고 주장했다. 이
워크숍의 결과 수많은 이해관계자와 활동가들이 서명한 세계지재권기구의
미래에 관한 제네바 선언[19]이 채택되었다.

2004년 10월 세계지재권기구 총회에서 개도국 그룹(개발 의제 지지 그룹
Friends of Development)이 개발 의제를 공식 제안했다.[20] 이 제안에 대해 미국은
세계지재권기구는 개발 문제를 다루는 기구가 아니라 지재권을 전문적으로
다루는 기구라는 점을 들어 반대했다(Musungu and Oh 2005, 4). 미국처럼 강
력한 지재권 보호 기준을 선호하는 국가들은 개발과 관련된 주제들은 정부
간 위원회에서만 논의해야 한다고 주장했다. 이런 주장을 펴는 이유 가운데
하나는 정부 간 위원회 논의의 결과물은 실질적인 영향력이 별로 없기 때문
이었다.

개발 의제 가운데 하나인 발명의 원천[21]을 공개하는 것에 대해 생명 공학
기업들은 특허를 출원할 때 발명의 원천을 밝히도록 하는 어떤 시도에 대해

---

19 www.cptech.org/ip/wipo/genevadeclaration.html.
20 개발 의제는 아르헨티나와 브라질이 제안했으며, 볼리비아, 쿠바, 도미니카 공화국, 에콰도르,
이집트, 이란, 케냐, 페루, 시에라리온, 남아공, 탄자니아, 베네수엘라가 지지했다(WO/GA/31/11,
September/October 2004).
21 [옮긴이] '발명의 원천'이란 발명이 어디에서 유래했는지 밝히는 출처를 말한다. 가령 인도에서
만 서식하는 나무에서 추출한 원료로 의약품을 발명을 발명한 경우 이 나무가 발명의 출처가 된다.

서도 반대한다는 입장을 분명히 했다. 이들은 발명의 원천 공개는 생명 공학 기술의 상업화에 지나친 불명확성을 초래하고, 이로 인해 투자가 위축된다고 주장했다(Gorlin 2006, 4). 결국 생명 공학 기업은 원래 농업 문제인 이 사안을 투자의 문제로 보는 것이다. 지재권이 무역과 연계된 1980년 이후 외국인 투자가 지재권의 보호 수준과 강하게 연결되었다는 점으로 볼 때, 산업계는 외국인 투자를 추구하는 많은 개도국에 투자 유치라는 카드를 이용해 자신들이 원하는 바를 관철해 올 수 있었다(Correa 2004, 345-346).

개도국 지지 그룹은 미국의 비타협적인 태도에 굴하지 않고 개발 의제 논의를 계속 밀고 나갔다. 2005년 6월 브라질이 이끄는 개발 의제 지지 그룹은 극단적인 입장 즉, 개발 의제가 진척되지 않으면 특허 실체법 조약 논의 자체를 거부한다는 입장을 천명한다(ICTSD 2005, 22). 실제로 개발 의제 지지 그룹은 개발 의제에서 실질적이고 의미 있는 진전을 볼모로 특허 실체법 조약 논의를 중단시켰다. 그 결과 세계지재권기구는 지난 수년 동안 개발 의제 논의에 많은 진척을 봤고 2007년에는 많은 안건에 대해 회원국의 승인을 얻었다. 개발 의제의 협상은 지금도 계속되고 있다. 세계지재권기구는 운영비의 약 90퍼센트를 특허협력조약에서 조달하고 특허협력조약은 엄청난 지재권을 보유한 거대 초국적 기업들이 주로 이용한다는 점에 비추어 볼 때, 개발 의제 논의의 진척은 매우 의미심장한 사건이다. 많은 이들이 세계지재권기구를 기업들의 이해에 더 충실한 기구로 취급한다. 실제로 세계지재권기구는 개도국이 트립스 협정을 이행하는 데 필요한 기술적 지원을 제공해 왔다. 세계지재권기구의 사무총장인 카밀 이드리스Kamil Idris는 2004년에 발간한 소책자 "개발을 위한 강력한 도구, 지재권"IP as a Power Tool for Development에서 지재권 보호를 위한 강한 기준이 필요하다는 산업계의 시각을 반영했다. 세계지재권기구의 운영비를 대는 초국적 기업집단들은 책자의 내용에 전폭적인 지지를 보내면서, 많은 개도국의 국내법에 트립스 플러스 조항을 채택해야 한다고 주장했다. 초국적 기업 대부분은 개발 의제를 반대했던 것이다. 또한 세계지재권기구 대표로 파견된 개도국의 지재권 관리들은 지재권 보호를 옹호하도록 사회화되어 있었다(Drahos 2002, 785). 다시 말하면, 직업의 특성상 남반구와 북반구의 지재권 전문 법률가들은 서로 친할 수밖에 없었고 이들은 세계무역기구에서보다 세계지재권기구에서 서로에게 훨씬 덜 적대적이었다.

세계지재권기구는 조직의 특성상 주요 유권자들 즉, 특허협력조약의 이용자들이 반대하는 사안을 추진하기 어렵다. 세계지재권기구는 1986년 이후부터 경제협력개발기구로부터 다시 총애를 받기 위해 많은 노력을 해왔고, 따라서 지재권 최대 보호주의에 직접 도전하는 행위를 함으로써 스스로를 위험에 빠뜨리는 짓은 하지 않으려 했다(May and Sell 2005, 214). 미국 대표는 세계지재권기구의 바로 이런 약점을 이용해 세계지재권기구가 실질적인 개발 의제를 진척시켜서는 안 된다고 경고했으며(IP-Watch 2005. 11 April), 전직 미국 특허청장 브루스 리먼을 포함한 여러 산업계 대표들도 개발 의제로 말미암아 세계지재권기구가 원래의 임무에서 벗어나서는 안 된다고 주장했다(IP-Watch 2005, 14 April). 특허 실체법 조약 논의가 교착 상태에 빠지자 2005년 6월 미국 특허청은 세계지재권기구가 과연 앞으로 의미 있는 특허 제도를 위한 적절한 논의의 장이 될 수 있는지 심각하게 의심하지 않을 수 없다고 밝혔다(PTO 2005). 2005년 11월에 열린 세계지재권기구 총회에 참석한 산업계 로비스트들은 개발 의제에 반대한다는 입장을 분명히 했는데, 산업계 소식통에 의하면 이들이 총회에 참석한 목적은 개발 의제를 저지하기 위한 것이었다(IP-Watch 2005, 4 November). 미국은 지재권 보호를 진작하는 세계지재권기구 본연의 임무가 개발 의제로 인해 위태롭게 되어서는 안 된다는 단호한 입장을 취했다.

이런 반대에도 불구하고, 세계지재권기구는 2006년 2월 말 개발 의제에 대한 1차 임시위원회PCDA: Provisional Committee on Proposals Related to a WIPO Development Agenda 회의를 2주간의 회기로 개최했다. 브뤼셀에 본사를 둔 생명 공학 및 종자 산업 협회인 크롭라이프CropLife의 대표 크리스티안 페르스휘에런Christian Verschueren은 "지재권 개념 전체가 위협을 받고" 있으며, "산업계가 수세에 몰렸고, 지재권이 필수적이라는 생각은 더 이상 당연한 것으로 인식되지 않는다"며 우려했다(IP-Watch 2006b, 24 February). 이런 우려에도 불구하고 2007년 2월 협상 대표들은 개발 의제에 관한 주목할 만한 진전을 이루었다. 그렇지만, 진정으로 쟁점이 되는 사안은 여전히 논쟁거리로 남아 있다.[22]

미국: 지재권 정책을 재검토 하는가?

현재 미국의 여러 기관에서 지재권 정책을 재검토하고 있다는 점은 분명하다. 법원과 의회는 물론 과학자들과 학자들 모두 미국의 현행 지재권 제도의 장점에 대한 의문을 제기하고 논쟁을 벌이기 시작했다. 트립스 이전의 지재권 기업들 간의 동맹은 이제 와해되어 가고 있다. 주요 IT 기업들은 특허권 보호에 대한 의문을 제기하기 시작했으며 더 이상 제약사나 농화학 기업들의 특허 강화 주장을 지지하지 않는다.

---

22 [옮긴이] 개발 의제의 핵심은 '지식 접근권 조약'(Access to Knowledge)이라 할 수 있다. 이 조약은 지재권과 관련된 그동안의 국제조약과는 기본 관점부터 크게 다르기 때문에 이에 관한 논의가 본격화되면 격렬한 논쟁이 불가피하다.

미국 대법원과 특허법원의 2007년 판결들은 특허를 받기 위한 요건의 하나인 발명의 신규성과 진보성의 중요성을 거듭 확인했다. 2007년 봄 미국 대법원은 등록된 특허권을 무효로 하는 기준으로 발명의 진보성의 중요성을 강조하는 전원 일치 판결을 내렸다. 이 KSR 인터내셔널 사건KSR International v. Teleflex에서 케네디 판사는 다음과 같이 판결 이유를 밝혔다. "실질적인 기술 혁신 없이 통상적인 기술 개발 과정에서 일어나는 기술의 개선에 대해서까지 특허를 부여하는 것은 기술 진보를 더디게 만든다"(*Washington Post*, May 1 2007, D1). 이 판결은 제네릭 제약사들이 다국적 제약사를 상대로 소송을 제기하는 길을 열어 주었다. 조지워싱턴 대학의 지재권 담당 교수인 존 토마스 John Thomas는 이 판결로 말미암아 특허를 공격할 무기가 늘어났고 이 공격에서 이길 가능성도 더 커졌다고 평가한다(*Washington Post*, May 1 2007, D3). 여기서 주목할 점은 미국 법원의 이 판결과 인도 특허법 제3d조에 대한 인도 법원의 판결이 동일한 논리를 사용하고 있다는 것이다. 또 다른 의미 있는 판결은 화이자가 노바스크 의약품에 대해 갖고 있던 특허(이 특허는 필리핀에서도 쟁점이 되었다)가 미국 법원에서 발명의 진보성이 없다는 이유로 거절된 사건이다(Zuhn 2007).

메타볼라이트 사건Laboratory Corp. of America Holdings v. Metabolite Laboratories, Inc.은 미국 대법원이 이 사건의 상고심을 심리함으로써 특허 보호의 대상이 쟁점화된 사건이다. 이 판결에서 반대 의견을 냈던 판사는 특허 보호 대상에 관한 특허법원의 논리를 기각했다. 이 사건에서 메타볼라이트 사는 환자의 혈액을 검사하고 핵심 비타민 결핍을 평가하는 방법에 관한 특허를 가지고 있었고, 경쟁사인 레버러토리 코포레이션이 특허 방법을 사용한 혈액 시약을 의사들에게 판매하는 행위는 고의로 특허를 침해하는 것이라고 주장했다. 신시아 호Cynthia Ho에 따르면, 이 사건은 특허가 무효인지 여부를 떠나 과연 메타볼라이트 사의 혈액 검사 방법이 특허 보호의 대상이 되는지가 관건이었다. 왜냐하면, 특허된 혈액 검사 방법은 자연 현상이나 과학적 관계에 대해 재산권을 행사하는 꼴이 되는데 이것은 이전의 법원 판결과 어긋나기 때문이다(Ho 2007, 468). 세 명의 판사는 특허의 보호 대상이 지나치게 넓으면 공중의 건강은 물론 과학적 진보에도 실질적인 제약이 될 수 있다는 우려를 표명했다(Ho 2007, 468). 이들의 반대 의견이 중요한 이유는 특허 보호 대상 확대의 공공 정책적 함의를 강조하고 의료비의 증가와 기술혁신의 장애를 지적했다는 점에 있다.

미국의 많은 정책 담당자들이 지재권 정책이 혁신에 방해가 될 수 있다는 점을 인식한다. 아담 재프Adam B. Jaffe와 조시 러너Josh Lerner가 2004년에 출간한 책『혁신과 그 불만』Innovation and Its Discontents은 미국의 현행 지재권 제도, 특히 미국 특허청에 대한 심각한 의문을 제기한다. 이 책에서 특별히 강조한 부분은 미국 특허청이 땅콩버터 샌드위치와 같은 것에 대해서도 마구 특허를 부여함으로써 특허 제도가 통제 불능이 되었다는 사실이다. 신시아 호는 특허 보호 대상이 지나치게 넓다는 대중의 인식이 점차 확산되고 있다고 본다(Ho 2007, 464). 특허청을 개혁해야 한다는 논의는 상당한 수준으로 전개되고 있다. 연방무역위원회나 미국 학술원National Academies은 여러 연구를 통해 현행 제도를 비판하면서 다양한 개혁안을 제시했다(Reichman and Dreyfuss 2007, 각주 82, 83).

과학자와 학자들은 특허가 지나치게 많은 재산권을 만들어 혁신을 저해하고 과학 공동체를 허물고 있다고 주장한다. 2007년 12월 부시 대통령이 서명한 통합세출법The Consolidated Appropriations Act of 2007은 놀라운 사건이라 할 만한데, 이 법안에 따르면 미국 국립보건원은 자신들이 지원한 연구의 결과에 대해 공중이 온라인으로 접근할 수 있는 조치를 의무적으로 취해야 한다.

과학자들과 의약품 접근권 운동 진영은 이 법을 환영했다. 노벨상 수상자이자 세계 최고의 암 센터인 뉴욕 메모리얼 슬로언 케터링 암 센터Memorial Sloan-Kettering Cancer Center 원장 해럴드 바머스Harold Varmus는 "새로운 지식에 대한 접근을 촉진하는 것이야말로 과학적 진보의 초석이 되며, 인간 게놈 프로젝트를 통해 밝혀진 DNA 염기 서열이 인터넷을 통해 모두에게 자유롭게 개방된 사례는 정보에 대한 구속 없는 접근이 얼마나 큰 혜택을 주는지 잘 보여 준다"고 말했다(Ress 2007에서 재인용).

트립스 협정을 일구었던 과거의 견고한 기업 동맹은 이제 내부 분열로 홍역을 앓고 있다. IT 기업들은 지재권 정책을 바꾸고 혁신에 대한 지나친 세금과 발전의 걸림돌이 되는 '특허 덤불'[23]을 제거하기 위해 강력한 로비를 전개하고 있다(Reichman and Dreyfuss 2007, 108). IT 진영은 특허권 침해 가능성을 줄여 소위 '특허 괴물'[24]에게 공격당할 위험을 줄이려고 하는데, IT 분야에서는 어떤 면에서 보더라도 특허 소송에 드는 비용이 특허로 인한 이득을 초과하기 시작했다(Reichman and Dreyfuss 2007, 109). 이로 인해 IT 기업들은 강화되고 완벽하며 확장된 특허권을 추구하는 제약 기업, 농화학 바이오 기업들과 싸움을 벌일 수밖에 없었다.

이들 사이의 불화가 커지면서 현행 제도를 재검토할 정치적인 기회가 생겼다. 제약 기업, 바이오 기업들과 첨단 전자 기업, 컴퓨터 업체들 사이의 긴

---

23 [옮긴이] 특허 덤불(Patent Thicket)이란 어느 한 제품에 너무 많은 특허가 걸려 있어 경쟁사가 특허권 침해를 하지 않고서는 제품을 만드는 것이 불가능한 상황을 일컫는 용어다.
24 [옮긴이] 특허 괴물(Patent Troll)에 대해 명확하게 합의된 정의는 없으나, 대체로 어느 기술을 실제로 사용하지 않는 자가 특허권을 확보한 다음 이 기술을 실제로 사용하는 기업을 상대로 특허권 침해를 이유로 기술의 사용을 못하게 함으로써 높은 로열티를 받아 내는 특허권자를 말한다. IT 분야에서 '특허 괴물'이 특히 문제되는 것은 '특허 덤불'이 IT 분야에서 더 심하기 때문이기도 하다.

장은 특허법 개정을 두고 고조되었다. 한때 트립스 협상에서 강력한 지재권 보호를 전 세계적으로 구현하기 위해 똘똘 뭉쳤던 이 두 진영의 대립은 근본적인 변화를 견인할 수도 있다는 점에서 매우 중요하다.

예전에 트립스를 지지했던 상업소프트웨어연맹의 에모리 사이먼Emory Simon은 이제 특허법은 혁신을 저해하기 때문에 제도를 완화해야 한다고 주장한다. 이에 비해 미국 제약 연구 및 제조사 협회의 회장인 빌리 토진Billy Tauzin은 현행 특허 제도를 열렬히 옹호한다. 특허 개혁 법안은 미국 하원을 통과했고 상원에서도 논의되고 있다. 미국 하원을 통과한 2007년 특허 개혁 법안은 '나쁜' 특허를 줄이거나 무효로 하기 위해, 등록된 특허에 대한 이의 신청을 가능하도록 하고, 공지 기술에 대한 기준을 변경했다. 9월 7일에 하원을 통과한 이 법안에 대한 미국 언론은 제약 협회의 입장을 희생하고 기술과 파이낸스 서비스 진영의 손을 들어준 것이라고 평가했다(*Washington Post*, September 8th 2007, D1).25 이처럼 지재권에 관한 지대한 영향을 미치는 두 진영의 분열은 미국과 미국 기업들이 해외에서의 행위에 지대한 영향을 미치는, 근본적인 변화의 기회를 제공한다는 점에서 의미가 깊다. 만약 미국의 법률이 약화된다면 미국 정부와 기업들이 미국보다 규모가 작은 협상 상대방에게 공격적 전략을 펼 경우 쏟아지는 비난을 면하기는 어려울 것이다.

의회를 장악한 미국 민주당은 최근의 양자 간, 지역별 무역협정을 손질해

---

25 [옮긴이] 미국의 2007년 특허 개혁 법안은 의회를 통과하지 못했다. 그러나 비슷한 내용의 법안이 2008년과 2009년에도 발의되었다. 2009년 특허 개혁 법안은 아직 논의 중인데 찬반 진영의 합의안이 2009년 4월에 상원 소위원회를 통과했다. 이처럼 특허 개혁 법안이 몇 년 동안 계속 발의만 되고 의회를 통과하지 못하는 이유는 제약 업계와 공화당의 반대 때문이기도 하지만, 더 큰 이유는 IT 진영의 주장을 미국 대법원이 수용하는 판결을 계속 해왔기 때문이라고도 볼 수 있다. 말하자면, 미국 특허 제도의 개혁은 사적 기업의 로비가 작용하기 어려운 구조의 대법원이 주도하고 있는 셈이다.

트립스 플러스 조항 여러 개를 없애 버렸다. 2007년 여름 내내 민주당 의회는 무역협정의 지재권 조항을 완화해 개도국의 의약품 접근성을 개선했다. 하원 의원 중 헨리 왁스먼Henry Waxman은 타이가 에이즈 위기를 해결하려는 노력을 방해하는 미국의 정책을 비판했다. 이전의 양자 간, 지역별 무역협정에는 트립스 플러스 조항이 그대로 살아 있지만 이런 정치적 상황 변동으로 인해 미국무역대표부가 트립스 플러스 조항을 집행하기는 어려워 보인다.

민주당의 많은 대선 후보들은 높은 의료비에 대한 미국민의 우려를 반영해 의약품의 기술혁신에 대한 새로운 정책, 예를 들면 혁신에 대한 보상으로 특허권과 같은 독점권을 부여하는 대신 상금을 부여하는 정책을 지지한다. 민주당 대선 후보 중 버락 오바마Barack H. Obama를 포함한 세 명의 선두 주자들은 모두 특허 제도를 완전히 뛰어넘는 새로운 의약품 혁신 정책을 지지하는 정강을 가지고 있었다. 남아공의 보건 의료 정책을 문제 삼아 넬슨 만델라를 고소했던 빌 클린턴 행정부조차도 이제는 개도국에 통상 압력을 가해 의약품 특허 보호를 위한 높은 기준을 채택하도록 한 것이 실수였음을 인정한다. 하나의 예로 윌리엄 클린턴 재단William J. Clinton Foundation은 가능한 한 제네릭 의약품을 구입하는 정책을 세웠다.

이처럼 미국의 지재권 정책이 요동치고 있기는 하지만, 미국의 대외 경제 정책과 비즈니스 외교는 아직까지 근본적인 수준의 문제 제기를 반영하지 못하고 있다. 개도국들은 현행 지재권 제도에 대한 미국의 새로운 비판적 태도가 어느 정도인지, 그리고 이것을 어떻게 활용해 좀 더 유연한 국제 질서를 만들 수 있는지 검토해야 한다. 가장 주목할 점은 미국의 이런 태도 변화가 세계지재권기구에서 논의되고 있는 개발 의제와 지식 접근권 조약 논의를 촉진하는 데에 도움이 될 것이라는 점이다. 개발 의제와 지식 접근권 조약이 미국의 태도 변화와 동시에 전개되는 현실은 그야말로 "완벽한 태풍"perfect storm26이 형성되는 조건, 다시 말하면 정책 담당자들이 지금까지 논의에 적절하게 참여하지 못했던 여러 이해관계인들을 논의에 참여시키고 지재권 보호에 대해 터놓고 논의하는 조건이 형성될 수 있음을 예고한다. 지재권과 관련된 집단들을 좀 더 정교하게 조정하고 미국의 국내 정책과 국외 정책에서 이들을 제대로 대변할 구조를 만들 필요가 있다는 점은 명백하다. 미국은 세계적인 지재권 정책을 형성하는 데에 지대한 영향을 미쳐 왔기 때문에, 미국의 정책을 지식 접근권을 증진하는 방향으로 변경하는 것은 세계적 차원의 변화를 바람직한 방향으로 이끄는 데에 필수적이다.

---

26 [옮긴이] 완벽한 태풍(perfect storm)이란 용어는 1991년 북미 대서양에서 발생한 금세기 최악의 태풍이라 불리는 할로윈 동북풍[Halloween Nor'easter, 허리케인 헨리(Henri)라고도 함]에서 유래한다. 개별적으로는 강력한 태풍을 만들 수 없는 세 가지 기상 조건[허리케인 그레이스(Grace)가 공급하는 다량의 수증기, 한쪽에서 접근하는 저기압의 따뜻한 공기, 다른 쪽에서 불어오는 고기압의 차고 건조한 공기]이 합쳐지는 "완벽한" 상황이 되어야 비로소 치명적인 파괴력을 지닌 '완벽한 태풍'이 형성된다.

옮긴이 후기

외국산 담배가 수입된다는 기사가 일간지의 머리기사를 장식한 적이 있다. 이게 무슨 소린가 싶겠지만, 1986년까지만 해도 '양담배'를 피다가 적발되면 이른바 반사회 사범으로 구속되는 신세를 면하기 어려웠다. 잎담배 농가의 피해를 우려했던 야당으로부터 '경악을 금치 못할 살농 정책'이란 비판을 받았던 당시의 담배 시장 개방 조치는 1986년 7월 21일 타결된 한국 정부와 미국 정부 간의 통상 협상의 결과였다. 이 한미 통상 협상은 담배보다 훨씬 더 국민의 건강에 영향을 주는 제도 변화를 동반했는데, 바로 의약품 특허 제도의 도입이다.

　최근 신종 인플루엔자의 대유행이 우려되면서 사회적 문제로 부각된 의약품 특허 제도는 정작 필요한 의약품의 공급을 가로막아 국민의 건강에 치명적인 영향을 줄 수 있다. 신종 인플루엔자에 효과가 있다는 항바이러스제의 생산기술을 확보한 국내 제약사가 10개 이상이나 됨에도 불구하고 한국 정부가 필요한 양의 치료약을 확보하지 못하는 이유는 치료약의 생산과 공급을 미국 제약사인 '길리어드'가 독점하기 때문이다(언론에서 많이 거론하는 '로슈'는 '길리어드'로부터 '타미플루'의 독점 판매권을 얻었을 뿐인데, 한국에서는 이 독점 판매권을 등록해 두지 않았기 때문에 엄밀히 말하면 로슈는 한국 특허법상으로는 아무런 독점권이 없다). 이러한 독점은 바로 의약품 특허권을 통해 제도적으로 보장된다.

1986년의 한미 통상 협상은 의약품 특허 제도만 아니라 지재권 제도 전반에 대대적인 변화를 몰고 왔다. 지재권에 관심이 있는 독자라면 한국의 지재권 제도와 모든 법률들이 1986년 12월 31일자로 전면 개정된 사실을 쉽게 찾아볼 수 있을 것이다. 저작권과 특허권의 보호 기간을 늘리고, 음반 제작자에게 저작권에 준하는 권리를 부여하며, 컴퓨터 프로그램을 보호하는 특별법을 만들고, 특허권의 남용을 제재할 권한을 축소하며, 지재권 침해자에 대한 벌칙을 강화한 것들은 모두 이때부터다. 1980년대 중반에 한국의 지재권 법률들이 모조리 개정된 이 현상은, 이 책의 서장에서 칠레의 사례를 들어 설명하는 것처럼, 1995년 세계무역기구에서 채택된 지재권에 관한 국제 협정(트립스 협정)의 전초전이었다.

　　1995년에 발효된 트립스 협정은 1980년대부터 시작된 지재권 강화 현상을 새로운 국면으로 전환했다. 트립스 협정이 지재권 강화 현상의 새로운 국면이라고 보는 이유는 크게 세 가지다. 첫째, 그 동안 지재권의 세부 사안별로 흩어져 있던 국제조약들을 모두 아우르는 포괄적인 협정이 전통적으로 지재권과 관계가 없던 세계무역기구의 우산 아래로 들어갔다. 따라서 세계무역기구의 회원국이 되려면 포괄적인 지재권 협정에 반드시 가입을 해야만 한다. 둘째, 지재권을 무역과 연계했다. 이는 두 가지 의미가 있는데, 무역자유화에 역행하는 방향(즉, 지재권 보호 수준을 낮추는 방향)으로는 지재권 제도를 변경할 수 없게 되었으며, 지재권은 이제 경제적 이윤과 투자를 보호하는 제도로 변모하기 시작한다. 셋째, 지재권 협정의 이행 여부가 세계무역기구의 감시 체제로 편입되면서 지재권 협정의 이행을 강제할 강력한 수단으로 무역 보복 조치가 가능해졌다. 이러한 세 가지 특징 때문에 트립스 협정은 이전과는 달리 이른바 전 지구적 차원의 지재권 체제, 그것도 무역 보복이라는 강력한 '이빨'을 가진 체제로 작동하게 된다.

트립스 협정이 새로운 차원의 지재권 규범을 만들었지만 이것이 지재권 강화의 완결을 의미하지는 않았다. 트립스 협정이 자국에 이득이 되지 않는 다는 점을 알면서도 결국 협정 체결에 동의를 했던 개도국들은 트립스 협정이 지재권 강화의 완결판이기를 기대했고 그래서 트립스 협정에 규정되어 있는 지재권 보호 기준을 '꼭대기'로 생각했지만, 지재권 강화를 추진해 온 미국이나 유럽연합은 트립스 협정을 '밑바닥'으로 생각했다. 그래서 미국과 유럽연합은 트립스 협정이 체결된 이후에도 자유무역협정이란 이름의 쌍무 협정이나 지역협정을 통해 지재권의 보호 기준을 더욱 강화해 오고 있다. 이처럼 지재권이 전 세계적 차원의 제도로 강화되는 현상을 어떻게 설명할 수 있을까? 자본주의의 구조적 변화가 초국적 자본가계급의 경제적 권력을 강화했고, 이들은 정치적·경제적으로 가장 힘 있는 국가들과 연합해 자기들에게 유리한 지구적 차원의 규범을 만들었다는 구조 중심의 거시적 설명이 가능할 것이다.

그러나 지재권 강화 현상에 대한 이러한 구조론적 설명은 충분하지 않다는 것이 이 책의 요지다. 수전 K. 셀 교수는 구조론적 설명의 한계를 드러내기 위해 트립스 협정을 세계무역기구의 다른 협정들과 비교한다. 서비스에 관한 일반 협정과 무역 관련 투자 조치 역시 트립스 협정과 마찬가지로 자본주의의 구조적 변화라는 동일한 물질적 조건에 놓여 있었고 트립스 협정을 추진했던 국가/자본가계급과 동일한 행위자에 의해 추진되었지만 그 결과는 트립스 협정과 매우 다르다는 것이다. 또 트립스 협정이 체결된 바로 다음 해에 추진되었던 '세계지재권기구 저작권 조약' 역시 구조론적 설명의 한계를 보여주는 사례로 제시된다. 셀 교수는 구조 변화를 지나치게 강조하는 해석론은 서비스에 관한 일반 협정이나 무역 관련 투자 조치, 그리고 '세계지재권기구 저작권 조약'과 트립스 협정의 차이점, 그리고 이러한 차이점 이면의 정치적 과정을 포착하지 못하는 오류를 범한다고 주장한다. 따라서 행위자와 이 행위자가 구조와 상호 작용하는 동적인 과정을 분석해야만 지재권 강화 현상을 제대로 설명할 수 있다. 셀 교수는 트립스 협정의 성립 과정과 그 성공적인 결과를 분석하기 위하여 12명의 초국적 기업 대표들을 중심으로 이야기를 풀어 간다. 세계 최대 규모의 미국계 다국적기업 대표 12명은 지재권위원회라는 조직을 만들어 지재권 강화를 위한 전 방위 로비를 벌이기 시작한다. 이때가 1986년, 그러니까 트립스 협정이 체결되기 10년 전이다. 이들의 10년에 걸친 끈질긴 노력이 트립스 협정의 성립에 결정적인 요인이었다.

그렇다고 이 책의 저자가 12명의 행위자 중심의 미시적 접근을 지지하는 것은 아니다. 행위자 중심의 미시적 접근 역시 구조와 행위자 간의 상호 작용이 일어나는 맥락과 구조를 무시하기 때문에 충분하지 않다는 것이다. 그래서 '구조화된 행위자', 다시 말하면 구조에 배태되어 있는 행위자란 개념이 등장한다. 구조화된 행위자 개념은 두 가지로 설명할 수 있다. 첫째, 행위자는 구조적 요인에 의해 상태 조절된다. 즉, 행위자의 이해가 구조와 불일치하게 되면 행위자는 자신의 이해를 증진하기 위한 일련의 행동을 취하는 구조적 상태 조절을 받는다. 둘째, 행위자는 스스로 만들지 않은 맥락에서 구조와 상호 작용할 수밖에 없다.

이를 트립스 협정을 중심으로 설명해 보자. 트립스 협정 이전의 구 지재권 체제에서 모방 기술의 발달은 초국적 기업 행위자들이 스스로 만들어 내지 않았던 맥락이며, 초국적 기업 행위자들은 구 지재권 체제를 바꾸려는 구조적 상태 조절을 받는다. 이처럼 행위자를 구조에 배태된 상태의 행위자로 파악하면, 어떤 맥락에서 누가 중요한 행위자인지, 국내·국제적 맥락에서 어느 행위자의 선호가 더 중요한지를 파악할 수 있다.

구조와 행위자의 상호 작용에서 가장 중요한 것은 제도다. 제도가 구조와 행위자를 연결하는 방식은 이렇다. 구조는 제도를 바꾸고 새로운 행위자를 만든다. 이 새로운 행위자는 다시 제도를 바꾸고 새로운 구조를 만든다. 구조화된 행위자의 산물인 트립스 협정은 이러한 상호 작용을 통해 탄생했다. 여기서 제도란 법률이나 국가기구 그리고 국제기구를 말한다. 그래서 이 책은 트립스 협정의 성립을 이끈 구조와 행위자의 상호 작용을 검토하기 위하여 두 개의 장(3, 4장)을 할애해 미국의 제도 변화를 추적한다. 그 다음, 국제적 차원에서 일어난 구조와 행위자의 상호 작용을 분석하기 위하여 다국적 기업 행위자들이 국제기구와 경제협력개발기구에서 어떤 활동을 했는지 그리고 이들이 유럽연합과 일본의 사적 부문 행위자들을 어떻게 결집했고 이것이 어떤 영향을 미쳤는지 조사한다(5장).

트립스 협정으로 대표되는 지구적 지재권 규범의 성립 과정은 이 책에서 다루는 이야기의 절반에 지나지 않는다. 나머지는 트립스 이후에 등장한 지재권 최대주의에 대한 저항이다. 트립스 협정은 이제 새로운 구조가 되면서 지재권 최대주의에 저항하는 새로운 행위자들을 만들어 냈다. 에이즈 치료약을 중심으로 시작된 의약품 접근권 운동의 활동가들, 종자 특허와 유전자 특허를 '생명 해적질'이라고 비판하는 농민들과 소비자 단체들, 저작권의 과다한 확장에 반기를 드는 공정 이용 지지자들은 트립스 협정이 만들어 낸 새로운 행위자들이다.

이들 역시 트립스 협정을 기획했던 다국적기업들과 마찬가지로 '구조화된 행위자'로서, 이들이 구조와 어떻게 상호 작용하는가에 따라 트립스에 대한 저항의 결과가 달라질 것이다. 트립스를 성립시킨 행위자들이 그랬던 것처럼 트립스에 저항하는 행위자 역시 트립스가 초래한 제약을 기회로 바꾸기 위해서는 정치적 기회를 포착하고 이를 활용하여 지재권 담론에 저항하는 포괄적인 의제를 설정할 수 있어야 한다. 지재권 제도의 변혁을 꿈꾸는 독자라면 이 책의 6, 7장과 한국어판 보론을 정독하기를 권한다.

지재권과 관련된 사회운동에 관심을 가지고 이러저런 활동을 하던 중 이 책을 접한 지가 벌써 5년이 넘었다. 당시 트립스 협정을 분석하고 국내에 미치는 영향을 연구하고 있었는데, 이 책은 트립스 협정의 성립 과정은 물론 한국 사회의 지재권 제도가 그 동안 겪은 변화 과정을 분석하는 데에 훌륭한 방법론을 제시해 주었다. 이 책의 또 다른 매력은 앞으로 지재권 제도가 어떻게 변모할 것인가를 '예측'하는 것을 넘어서 지재권 제도가 어떻게 변모해야 할 것인지를 '기획'하는 데에 좋은 길잡이 역할을 한다는 점이다.

옮긴이 후기의 첫머리에서 얘기했던 한미 통상 협상은 이제 20년의 시간을 넘어 한미자유무역협정으로 재현되고 있다. 20년 전과 다른 점이 있다면, 한미 통상 협상은 통상 보복을 무기로 한 미국의 강압에 의해 시작되었던 반면 한미자유무역협정은 한국 정부의 요구로 시작되었다는 점이다. 이른바 '외부 충격에 의한 구조 조정' 프로그램으로 시작된 한미자유무역협정은 유럽연합과의 자유무역협정으로 이어지고 있다. 지재권 보호의 확대·강화를 추진하는 양대 축인 미국, 유럽연합과 동시다발로 자유무역협정을 체결하면서 이들의 제도가 한국 사회에 그대로 이식될 전망이다. 이렇게 되면 한국의 지재권 보호는 세계에서 가장 높은 수준이 될 것인데, 이처럼 단기간의 급격한 제도 변화가 몰고 올 충격이 너무 클 경우 구조조정은커녕 내부 붕괴를 초래할 우려가 있다.

자유무역협정을 통한 지재권 최대주의를 자발적으로 수입하는 현상에서 볼 수 있듯이 한국의 지재권 제도 변화는 미국이나 유럽연합의 통상 압력과 이에 대한 한국의 일방적인 양보만으로는 다 설명할 수 없다. 미국계 다국적 기업의 사적 이해가 국가 간의 협상이라는 프리즘을 통해 굴절되어 한국 사회에 투영되는 과정에서 제도의 수입뿐만 아니라 이념의 수입을 동반했고, 이는 한국 사회에서 새로운 행위자를 만들어 냈다.

한국 사회의 새로운 행위자는 미국이나 유럽연합과는 달리 사적 부문 행위자가 아니라 지재권 업무와 직접 관련된 행정 관료 집단이다. 이들은 사적 부문 행위자들과 달리 정책을 집행할 권한과 자원을 가지고 있다는 점에서 구조와 행위자를 연결하는 핵심 고리인 제도를 강력하게 장악하고 있다. 또한 행정 관료들은 전문성과 정보를 독점하고 있다. 따라서 한국의 지재권 제도는 행정 관료라는 새로운 행위자들에 의한 내부자 거버넌스internal governance 에 의해 지배되고 있다고 평가할 수 있다.

아직까지 이들을 견제할 저항 세력은 존재하지 않거나 태동기에 있다. 저항 세력이 조직적 행위자로 부상할 수 있을 것인지는 구조적 제약을 극복할 대항 의제를 이들이 어떻게 제시하느냐, 구조의 본질적인 변화는 물론 미시적인 변화, 권력과 자원의 불평등을 어떻게 극복할 것인가에 달려 있다.

마지막으로 이 책을 번역하는 동안 도움을 준 분들에게 고마움을 표하고자 한다. 누구보다 꼼꼼하게 번역문을 읽어보고 조언을 해 준 동아대학교의 남찬섭 교수와 한신대 최형익 교수를 빼놓을 수 없다. 그리고 세세한 표현까지 하나하나 고치고 다듬어 주면서 번역이 또 하나의 창작임을 새삼 일깨워 준 후마니타스 편집부의 수고와 노력이 없었더라면 이 책은 세상에 나오지 못했을 것이다. 또한 출판사로서는 하기 어려운 결정이었을 텐데도 무단 복제를 일체 금지하는 관행과는 달리 교육 목적이나 비영리 목적의 이용을 위해서는 저작권을 행사하지 말자는 옮긴이의 제안을 흔쾌히 받아 준 출판사의 결정에 그저 감사할 따름이다.

참고문헌

Abbott, Frederick. 2002. "Compulsory Licensing for Public Health Needs: The TRIPS Agenda at the WTO after the Doha Declaration on Public Health." Occasional Paper 9(February). Geneva: Quaker United Nations Office. Available at: ⟨http://www.afsc.org/quno.htm⟩ accessed 4/26/02.

_____. 2004. "The Doha Declaration on the TRIPS Agreement and Public Health and the Contradictory Trend in Bilateral and Regional Free Trade Agreements." Occasional Paper 14(Apr). Geneva: Quaker United Nations Office. at: http://www.quno.org.

_____. 2005. "The WTO Medicines Decision: World Pharmaceutical Trade and the Protection of Public Health." American Journal of International Law 99.

ACT UP Paris. 2007. "Abbott Drops Lawsuit, Maintains Deadly Blockade." Jul. 22 at: http://www.actupparis.org/article3111.html.

Aldis, William. 2006. "It Could be a Matter of Life and Death: Thailand should think Carefully about Surrendering its Sovereign Right under WTO and Access to Cheap Medicine in exchange for an FTA with the United States." 9 January, Bangkok Post at: http://www.bangkokpost.com/News/09Jan_new19.php.

Aley, J. 1995. "New lift for the U.S. export boom." Forbes November 13: 73-76.

Alford, W. 1994. "How theory does - and does not - matter: American approaches to intellectual property law in East Asia." UCLA Pacific Basin Law Journal 13: 8-24.

Amin, A. ed. 1994. Post-Fordism: A Reader. Oxford: Blackwell.

Amoore, L., R. Dodgson, R. Germain, B. Gills, P. Langley and l. Watson. 2000. "Paths to a historicized international political economy." Review of International Political Economy 7, 1 (Spring): 53-71.

Aoki, K. 1996. "(Intellectual) Property and sovereignty: notes toward a cultural geography of authorship." Stanford Law Review 48, 5 (May): 1293-1356.

Archer, M. 1982. "Morphogenesis versus structuration: on combining structure and action." British Journal of Sociology 33, 4 (December): 455-483.

_____. 1990. "Human agency and social structure: a critique of Giddens." J. Clark, C. Modgil, and S. Modgil eds. Anthony Giddens: Consensus and Critique. London: Falmer Press: 73–83.

_____. 1995. Realist Social Theory: The Morphogenetic Approach. Cambridge: Cambridge University Press.

Arup, C. 1998. "Competition over competition policy for international trade and intellectual property." *Promethells* 16, 3: 367-381.

Ashman, K. 1989. "The Omnibus Trade and Competitiveness Act of 1988: the Section 301 amendments." *Boston University International Law Journal* 7 (Spring): 115-153.

Attaran, A. and L. Gillespie-White. 2001. "Do patents for antiretroviral drugs constrain access to AIDS treatment in Africa7." *Journal of the American Medical Association* 286, 15 (October 17): 1886-1906.

Augelli, E. and C. Murphy. 1993. "Gramsci and international relations: a general perspective with examples from recent US policy toward the third world." S. Gill ed. *Gramsci, Historical Materialism and International Relations*. Cambridge: Cambridge University Press: 127-147.

Baik, Chang. 1993. "Politics of Super 301: The domestic basis of U.S. foreign economic policy." Ph.D. diss. Department of Political Science. University of California at Berkeley, CA.

Baker, A. 2000. "Globalization and the British 'residual' state." R. Stubbs and G. Underhill eds. *Political Economy and the Changing Global Order*, 2nd. edn. Oxford: Oxford University Press: 362-372.

Baker, Brook. 2007. "2007 Victories? Fewer Patents, More Compulsory Licenses." Ip-health digest Vol. 1 #2499, message 1.

Band, J. and M. Katoh. 1995. *Interfaces 0/1 Trial: Intellectual Property and Interoperability in the Global Software Industry*. Boulder, CO: Westview Press.

Bangkok Post. 2006. "String Pulling: Aldis Warned against Thai-US Free Trade Pact." 20 June. at: http://www.bangkokpost.com/News/20Jun2006_news03.php.

Banta, D. 2001. "Public health triumphs at WTO Conference." *Journal of the American Medical Association* 286, 21 (December): 2655-2665.

Barnes, Robert and Alan Sipress, 2007. "Rulings Weaken Patents' Power." May 1st, The Washington Post, D1.

Barton, John. 2003. Nutrition and Technology Transfer Policies. at: http://www.iprsonline.

Baumgartner, F. and B. Jones. 1993. *Agendas and Instability in American Politics*. Chicago: University of Chicago Press.

Bayard, T. 1990. "Comment on Alan Sykes' 'Mandatory retaliation for breach of trade agreements: some thoughts on the strategic design of Section 301.'" *Boston University International Law Journal* 8 (Fall): 325-331.

Bello, Judith H. 1997. "Some practical observations about WTO settlement of intellectual property disputes." *Virginia Journal of International Law* 37: 357-367.

Bello, Judith H. and A. Holmer. 1988. "The heart of the 1988 trade act: a legislative history of the amendments to Section 301." *Stanford Journal of International Law* 25 (Fall): 1-44.

Benkimoun, Paul. 2006. "How Lee Jong-wook Changed WHO." *The Lancet* Jun. 3

Benvenisti, Eyal and George Downs. 2004. "Distributive Politics and International Institutions: the Case of Drugs." *Case Western Reserve Journal of International Law* 36.

Bermudez, Jorge and Maria Auxiliadora Oliveira eds. 2004. *Intellectual Property in the Context of the WTO TRIPS Agreement: Challenges for Public Health*. Rio de

Janeiro: ENSP.

Bernard, M. 1994. "Post-fordism, transnational production, and the changing global political economy." R. Stubbs and G. Underhill eds. *Political Economy and the Changing1g Global Order.* New York: St. Martin's Press: 216-229.

_____. 1997. "Ecology, political economy and the counter-movement: Karl Polanyi and the second great transformation." S. Gill and J. Mittelman eds. *Innovation and Transformation in International Studies.* Cambridge: Cambridge University Press.

Bhagwati, J. 1989. "United States trade policy at a crossroads." *The World Economy* 12 (December): 439-479.

Bieler, A. 2000. *Globalisation and Enlargement of the European Union: Austrian and Swedish Social Forces in the Struggle Over Membership.* London: Routledge.

_____. 2001. "Questioning cognitivism and constructivism in IR theory: reflections on the material structure of ideas." *Politics* 21, 2: 93-100.

Bieler, A. and A. Morton. 2001. "The Gordian Knot of agency-structure in international relations: a neo-Gramscian perspective." *European Union of International Relations* 7, 1: 5-35.

Biersteker, T. 1992. "The 'triumph' of neo-classical economics in the developing world: policy convergence and bases of governance in the international economic order." J. Rosenau and O. Czempiel eds. *Governance Without Government: Order and Change in World Politics.* New York: Cambridge University Press.

Bliss, J. 1989. "The amendments to Section 301: an overview and suggested strategies for foreign response." *Law and Policy in International Business* 20: 501-528.

Bond, P. 1999. "Globalization, pharmaceutical pricing, and South African health policy: managing confrontation with U.S. firms and politicians." *International Journal of Health Services* 29, 4: 765-792.

Borrus, M. 1993. "Global intellectual property rights in perspective: a concluding panel discussion." in M. Wallerstein, M. Mogee, and R. Schoen eds. *Global Dimensions of Intellectual Property Rights in Science and Technology.* Washington, DC: National Academy Press: 373-377.

Bosley, S. and P. Capella. 2001. "U.S. Defends drug companies." *The Guardian* June 21. at: ⟨http://www.commondreams.org/headlinesOl/0621-01.htm⟩.

Boyle, J. 1992. "A theory of law and information: copyright, spleens, blackmail, and insider trading." *California Law Review* 80: 1415-1540.

_____. 1996. *Shamans, Software and Spleens: Law and the Construction of the Informational Society.* Cambridge, MA: Harvard University Press.

Bradley, A. J. 1987. "Intellectual property rights, investment, and trade in services at the Uruguay round: laying the foundation." *Stanford Journal of International Law* 23 (Spring): 57-98.

Braithwaite, John and Peter Drahos. 2000. *Global Business Regulation.* Cambridge: Cambridge University Press.

Bridges. 2002. *Weekly Trade Digest* no. 8 (March 5).

BSA(Business Software Alliance). 1995. "Fact sheet: international policies governing the software industry." Washington, DC: BSA (May 5).

———. 1998. "BSA congratulates USTR and the government of Sweden." Washington, DC: BSA (Dec. 3). available at: ⟨http://www.bsa.org/pressbox/poiicy/912704816.html⟩ accessed 7/19/00.

Burch, K. 1994. "The 'properties' of the state system and global capitalism." S. Rosow, N. Inayatullah and M. Rupert eds. *The Global Economy as Political Space*. Boulder, CO: Lynne Rienner Publishers: 37-59.

Buse, Kent et al. 2002. "Globalisation and Health Policy: Trends and Opportunities." Kelley Lee et al. eds. *Health Policy in a Globalising World*. Cambridge: Cambridge University Press.

Capdevila, G. 2001. "WTO concedes developing world's plea for access to low-cost drugs ."Dawn: the Internet Edition, June 24. at: ⟨http://www.dawn.com/2001/06/24/intll.htm⟩ .

Carlsnaes, W. 1992. "The agency-structure problem in foreign policy analysis." *International Studies Quarterly* 36, 3 (September): 245-270.

Carreyrou, John and Avery Johnson. 2007. "Abbott Breaks with Industry, Sues AIDS Group." *The Wall Street Journal* (Eastern edition) June 18th, B1.

Center for Responsive Politics. 1998a. "Lobbying spending: intellectual property committee." (http://www.open.secrets.org).

———. 1998b. "Lobbyists Profiles." available at: ⟨http://www.open.secrets.org/lobbyists/98profiles/18808.htm⟩ accessed 7/11/00. 1997 data available from hyperlink (1997 DATA) at same site.

Cerny, Philip. 1994. "The infrastructure of the infrastructure? Toward 'embedded financial orthodoxy' in the international political economy." R. Palan and B. Gills eds. *Transcending the State-Global Divide: A Neo-Structuralist Agenda in Interfactional Reflations*. Boulder: Lynne Rienner.

———. 1995. "Globalization and the changing logic of collective action." *International Organization* 49: 4 (Autumn): 595-625.

Chapman, Audrey. 2002. "The Human Rights Implications of Intellectual Property Protection." *Journal of International Economic Law* 5.

Checkel, Jeffrey. 1998. "The constructivist turn in international relations theory." *World Politics* 50 (January): 324-348.

Chomthongdi, Jacques-chai, 2006. "Thaksin's Retreat: Chance for a Change or Consolidation of Power?" 5 Apr. (http://www.ftawatch.org).

Chon, Margaret. 2006. "Intellectual Property and the Development Divide." *Cardozo Law Review* 27.

Chu, M. 1992. "An antitrust solution to the new wave of predatory patent infringement litigation." *William & Mary Law Review* 33 (Summer): 1341-1368.

Clapes, A. 1993. *Softwares: The Legal Battles for Control of the Global Software Industry*. Westport, CT: Quorum Books.

Cobb, R. and M. Ross. 1997. *Cultural Strategies of Agenda Denial*. Lawrence, KS: University Press of Kansas.

Coffield, S. 1981. "Using Section 301 of the Trade Act of 1974 as a response to foreign government trade actions: when, why and how." *North Carolina Journal of International Law and Commercial Regulation* 6 (Summer): 381-405.

Cornish, W. R. 1981. *Intellectual Property: Patents, Copyright, Trademarks and Allied Rights.* London: Sweet & Maxwell.

_____. 1993. "The international relations of intellectual property." *Cambridge Law Journal* 52, 1 (March): 46-63.

Correa, Carlos. 1994. "TRIPS Agreement: copyright and related rights." *International Review of Industrial Property and Copyright Law* 4: 543-552.

_____. 2004. "Investment Protection in Bilateral and Free Trade Agreements: Implications for the Granting of Compulsory Licenses." *Michigan Journal of International Law* 26.

_____. 2006a. "Implications of Bilateral Free Trade Agreements on Access to Medicines." Bulletin of the World Health Organization 84.

_____. 2006b. "The Commission on IPRs, Innovation and Public Health? A Critique." 122 South Bulletin Apr. 15th. at http://www.southcentre.org.

Cox, R. 1993. "Structural issues of global governance: implications for Europe." S. Gill ed. *Gramsci, Historical Materialism and International Relations.* Cambridge: Cambridge University Press: 259-289.

_____. 1987. *Production, Power and World Order: Social Forces in the Making of History.* New York: Columbia University Press.

CPTech. 2000. "Background Information on Fourteen FDA Approved HIV/AIDS Drugs." Jun. 8th at: http://www.cptech.org/ip/health/aids/ druginfo.html.

CPTech and HAI. 1998. "Position Paper submitted to the Working Group on Technology and Intellectual Property Rights: Recommendations on Health Care and Intellectual Property." Free Trade Area of the Americas, Fourth Trade Ministerial and Americas Business Forum. San Jose, Costa Rica, submitted February 15 1998, for meeting in March 1998. Available at: 〈http://www.cptech.org/pharm/ftaa-health98.html〉 accessed 4/24102.

CPTech, Essential Action, Oxfam, TAC and Health Gap. 2001. "Comment on the Attaran/Gillespie-White and PhRMA surveys of patents on antiretroviral drugs in Africa." October 16th version 1. available at: 〈http://www.cptech.org/ip/health/africa/dopatentsmatterinafrica.html1〉 accessed 2/28/02.

CPTech, HAI et al. 1998. "Workshop on intellectual property, health care and international trade agreements." April 8. Available at: 〈http://www.cptech.org/may7-8/index.html〉.

Cutler, A. Claire, Virginia Haufler and Tony Porter eds. 1999. "The contours and significance of private authority in international affairs." Cutler, Haufler and Porter eds. *Private Authority and International Affairs.* Albany: State University of New York Press: 333-376.

D'Alessandro, J. 1987. "A trade-based response to intellectual property piracy: a comprehensive plan to aid the motion picture industry." *The Georgetown Law Journal* 76: 417-465.

Damschroder, M. 1988. "Intellectual property rights and the GATT: United States goals in the Uruguay Round." *Vanderbilt Journal of Transnational Law* 21.

David, P. 1993. "intellectual property institutions and the Panda's Thumb: patents, copyrights, and trade secrets in economic theory and history." Mitchel Wallerstein, Mary Ellen Mogee and Roberta Schoen eds. *Global Dimensions of Intellectual Property Rights in Science and Technology.* Washington, DC: National Academy Press.

Deardorff, A. 1990. "Should patent protection be extended to all developing countries?" *World Economy* 13: 497-508.

Dessler, D. 1989. "What's at stake in the agent-structure debate?" *International Organization* 43, 3 (Summer): 441-473.

Destler, I. 1992. *American Trade Politics.* Washington, DC: Institute for International Economics.

Dhar, B. and C. N. Rao. 1995. "Trade relatedness of intellectual property rights." *Science Communication* 17, 3 (March): 304-325.

Doane, M. 1994. "TRIPS and international intellectual property protection in an age of advancing technology." *American University Journal of International Law and Policy* 9, 2 (Winter): 465-497.

Doern, G. 1999. *Global Change and Intellectual Property Agencies.* London: Pinter.

Doremus, P. 1995. "The externalization of domestic regulation: intellectual property rights reform in a global era." *Science Communication* 17, 2 (December): 137-162.

Drahos, Peter. 1995. "Global property rights in information: the story of TRIPS at the GATT." *Prometheus* 13, 1(June): 6-19.

———. 1996. *A Philosophy of Intellectual Property.* Aldershot: Dartmouth Publishing Company.

———. 1997. "Thinking strategically about intellectual property rights." *Telecommunications Policy* 21, 3 (1997): 201-211.

———. 2001. "BITS and BIPS: bilateralism in intellectual property." *The Journal of World Intellectual Property Law* 4, 6 (November).

———. 2002. "Developing countries and international intellectual property standard-setting." Commission on Intellectual Property Rights, Study Paper 8 (August 2), http://www.iprcommission.org/meetingsIndex.asp) accessed 2/20/02.

———. 2004. "Securing the Future of Intellectual Property: Intellectual Property owners and their Nodally Coordinated Enforcement Pyramid." *Case Western Reserve Journal of International Law* 36.

Drahos, Peter and John Braithwaite. 2002. *Information Feudalism.* London: Zed Books.

Dreyfuss, Rochelle. 1989. "The federal circuit: a case study in specialized courts." *New York University Law Review* 64, 1 (April): 1-77.

Dutfield, Graham. 2003a. *Intellectual Property Rights and the Life Sciences Industries: A Twentieth Century History.* Aldershot: Dartmouth Publishing Company.

———. 2003b. "Sharing the Benefits of biodiversity: Is there a Role for the Patent System?" *Journal of World Intellectual Property.*

———. 2003c. "Should We Terminate Terminator Technology?" *European Intellectual Property Review.*

Einstein, E. 1995. "NAFTA: Little protection for technology." *Les Nouvelles* March 30.

Eisner, Marc. 1991. *Antitrust and the Triumph of Economics: Institutions, Expertise, and Policy Change.* Chapel Hill: University of North Carolina Press.

Emmert, Frank. 1990. "Intellectual property in the Uruguay Round - negotiating strategies of the western industrialized countries." *Michigan Journal of International Law* 11 (Summer): 1317-1399.

Engelberg, A. 1999. "Special patent provisions for pharmaceuticals: have they outlived their usefulness?: A political, legislative and legal history of U.S. law and observations for the future." *IDEA: The Journal of Law and Technology* 39: 389-428.

Enyart, J. 1990. "A GAIT intellectual property code." *Les Nouvelles* 25 (June): 53-56.

Evans, G. 1994. "Intellectual property as a trade issue - the making of the agreement on trade-related aspects of intellectual property rights." *World Competition: Law and Economics Review* 18, 2: 137-180.

_____. 1998. "Issues of legitimacy and the resolution of intellectual property disputes in the supercourt of the World Trade Organisation." *International Trade Law Reporter* 3: 81-98.

Feather, J. 1994. *Publishing, Piracy and Politics: An Historical Study of Copyright in Britain.* London: Mansell Publishing Limited.

Finnemore, M. 1996. "Norms, culture, and world politics: insights from sociology's institutionalism." *International Organization* 50, 2 (Spring): 325-347.

Finnemore, M. and S. Toope. 2001. "Comment on 'Legalization and World Politics'." *International Organization* 55, 3 (Summer): 743-758.

Fisher, B. and R. Steinhardt. 1982. "Section 301 of the Trade Act of 1974." *Law and Policy in International Business* 14: 569-603.

Fligstein, N. 1996. "Markets as politics: a political-cultural approach to market institutions." *American Sociological Review* 61 (August): 658-673.

_____. 1997. "Social skill and institutional theory." *American Behavioral Scientist* 40, 4 (February): 397-405.

Fligstein, N. and R. Feeland. 1995. "Theoretical and comparative perspectives on corporate organization." *American Review of Sociology* 21: 21-43.

Foray, D. 1995. "Knowledge distribution and the institutional infrastructure: the role of intellectual property rights." Horst Albach and Stephanie Rosenkranz eds. *Intellectual Property Rights and Global Competition: Towards a New Synthesis.* Berlin: Ed Sigma: 77-117.

Fowler, C. 1994. *Unnatural Selection: Technology, Politics and Plant Evolution.* New York: Taylor and Francis.

Friedman, G. and H. Starr. 1997. *Agency, Structure, and International Politics.* London: Routledge.

Frischtak, C. 1993. "Harmonization versus differentiation in intellectual property right regimes." Mitchel B. Wallerstein, Mary Ellen Mogee and Roberta Schoen eds. *Global Dimensions of Intellectual Property Rights in Science and Technology.* Washington, DC: National Academy Press.

Gadbaw, M. 1989. "Intellectual property and international trade: merger or marriage of convenience?" *Vanderbilt Journal of Transnational Law* 22, 2: 223-242.

Gadbaw, M. and T. Richards. 1988. *Intellectual Property Rights: Global Consensus, Global Conflict?* Boulder, CO: Westview Press.

Gana, R. 1995. "Has creativity died in the Third World? Some implications of the internationalization of intellectual property." *Denver Journal of International Law & Policy* 24, 1: 109-144.

Gardner, John. 2006. "Healthcare in the Developing World: Obstacles and Opportunities." Tech Central Station May 9th. at: http://www.tcsdaily.com/article.aspx?id=051906B.

Geller, Paul Edward. 1994. "Legal transplants in international copyright: Some problems of method." *UCLA Pacific Basin Law Journal* 199, 216.

Gellman, B. 2000. "Gore in conflict for health and profit." *The Washington Post* May 21. AI. Http://www.washingtonpost.c...rticle&nodecpntentID=A41297-2000May20.

Gerhart, P. 2000. "Reflections: beyond compliance theory- TRIPS as a substantive issue." *Case Western Reserve Journal of International Law* 32, 3 (Summer): 357-385.

Germain, R. 1997. *The International Organization of Credit: States and Global Finance in the World-Economy*. Cambridge: Cambridge University Press.

_____. 2000. "Globalization in historical perspective." R. Germain ed. *Globalization and its Critics*. London: Macmillan: 67-90.

Giddens, A. 1979. *Central Problems in Social Theory*. Berkeley: University of California Press.

_____. 1984. *The Constitution of Society: Outline of tile Theory of Structuration*. Cambridge: Polity Press.

Gill, S. 2000. "Knowledge, politics, and neo-liberal political economy." R. Stubbs and G. Underhill eds. *Political Economy and the Changing Global Order*, 2nd edn. Oxford: Oxford University Press: 48-59.

Gill, S. and D. Law. 1993. "Global hegemony and the structural power of capital." S. GiU ed. *Gramsci, Historical Materialism and International Relations*. Cambridge: Cambridge University Press: 93-124.

Gillespie-White, L. 2001. "What did Doha accomplish?" November 19. International Intellectual Property Institute. Available at: ⟨http://mail.iipi/org/db/views/detail.asp?itemID =21⟩ accessed 3/7/02.

Goodman, J. and L. Pauly. 2000. "The obsolescence of capital controls? Economic management in an age of global markets." D. Lake and J. Frieden eds. *International Political Economy: Perspectives on Global Power and Wealth*, 4th edn. Boston: Bedford/St. Martin's: 280-297.

Goozner, M. 1999. "Third world battles for AIDS drugs." *Chicago Tribune* April 28, AI.

Gorlin, J. 1985. "A trade-based approach for the international copyright protection for computer software." unpublished. On file with author.

_____. 1988. "The business community and the Uruguay Round." Charls E. Walker and Mark A. Bloomfield eds. *Intellectual Property Rights and Capital Formation in the Next Decade*. Lanham, MD: University Press of America.

Grabowski, Henry, 2002. "Patents, Innovation and Access to New Pharmaceuticals." *Journal of International Economic Law* 5.

Graham, E. 1996. "Investment and the new multilateral context." *Market Access after the Uruguay Round: Investment, competition, and technology perspectives*. Paris: OECD.

_____. 1997. "Should there be multilateral rules on FDI?" in J. Dunning (ed.), Governments, Glottalization, and International Business. Oxford: Oxford University Press.

GRAIN(Genetic Resources Action International). 1997. "Toward our sui generis rights." *Seedling* (December): 4-6. Available at: 〈http://www.grain.org/publications/dec97/dec971.htm〉 accessed 6/24/99.

_____. 1998a. "Intellectual property rights and biodiversity: the economic myths." Global Trade and Biodiversity in conflict, 3: 1-20, available at: 〈http://www.grain.org/publications/gtbc/issue3.htm〉 accessed 7/25/00.

_____. 1998b. "The TRIPS Review takes off." (December): 7. Available at: 〈http://www.grain.org/publications/dec98/dec983.htm〉 accessed 6/24/99.

_____. 1999a. "Beyond UPOV: examples of developing countries preparing non-UPOV sui generis plant variety protection schemes for compliance with TRIPS." July. Available at: 〈http://www.grain.org/publications/reports/nonupov.hlm〉 accessed 8/7/00.

_____. 1999b. "Intellectual property rights and biodiversity: the economic myths." Global Trade and Biodiversity in Conflict 3 (October). Available at: 〈http://www.grain.org/publications/gtbc/issue3.htm〉 accessed 8/7/00.

_____. 1999c. "TRIPS versus biodiversity." (May). Available at: 〈http://www.grain.org/publications/ reports/ TRIPSmay99.hlm〉.

_____. 1999d. "UPOV on the war path." *Seedling* (June). Available at: 〈http://www.grain.org/publications/jun99/jun99I.htm〉 accessed 8/7/00.

GRAIN, in cooperation with SANFEC, 2001a. "TRIPS-plus through the back door: how bilateral treaties impose much stronger rules for IPRS on life than the WTO." (July). Available at: 〈http://www.grain.org〉 accessed 4/23/02.

_____. 2001b. "'TRIPS-plus' Treaties Leave WTO in the Dust." GRAIN Press Release, July 27. Available at: 〈http://www.grain.org〉 accessed 4/24/02.

Granovetter, M. 1985. "Economic action and social structure: the problem of embeddedness." *American Journal of Sociology* 91, 3 (November): 481-510.

Greenhouse, L. 2002. "Justices to review copyright extension." *The New York Times* Feb. 20, C1.

Greenwald, J. 1987. "Protectionism in U.S. economic policy." *Stanford Journal of International Law* (Spring): 233-261.

Grossman, G. and Helpman, E. 1991. *Innovation and Growth in the Global Economy.* Cambridge, MA: MIT Press.

Gruber, L. 2001. *Ruling the World: Power Politics and the Rise of Supranational Institutions.* Princeton: Princeton University Press.

Haddad, W. 2001. "Back to the future." Haddad Oslo Talk (Part I) WTO/WHO meeting on drug pricing and parallel trade, April 8, 2001, Hosjbor, Norway. Available at: 〈http://wto.org/english/tratop_e/trips_e/hosbjor_presentations_ee/42haddad_e.pdf〉 accessed 4/24/02.

Hall, Stuart. 1988. "Brave New World." *Marxism Today* (October): 24-29.

Hammer, Peter, 2002. "Differential Pricing of Essential AIDS Drugs: Markets, Politics, and Public Health." *Journal of International Economic Law* 5.

Hayslett III, T. 1996. "1995 Antitrust guidelines for the licensing of intellectual property: harmonizing the commercial use of legal monopolies with the prohibitions of antitrust law." *Journal of Intellectual Property Law* 3 (Spring): 375-405.

참고문헌 347

Henriques, V. 1985. Testimony before U.S. Congress. House. Energy and Commerce Committee. H361-35.3, 26 July.

Ho, Cynthia. 2007. "Lessons from Laboratory Corp. of America Holdings v. Metabolite Laboratories, Inc." *Santa Clara Computer & High Technology Law Journal* Vol. 23 (March): 463-487.

Hoekman, Bernard. 1995. "Assessing the General Agreement on Trade in Services." W. Martin and L. Winters eds. *The Uruguay Round and the Developing Economies.* Washington, DC: The World Bank.

Hoekman, Bernard and Michel Kostecki. 1995. *The Political Economy of the World Trading System: From GATT to WTO.* Oxford: Oxford University Press.

Hoff, P. 1986. *Inventions in the Marketplace: Patent Licensing and the U.S. Antitrust Laws.* Washington, DC: American Enterprise Institute.

Hollis, M. and S. Smith. 1991. "Beware of gurus: structure and action in international relations." *Review of International Studies* 17: 393-410.

———. 1992. "Structure and action: further comment." *Review of International Studies* 18: 187-188.

———. 1994. "Two stories about structure and agency." *Review of International Studies* 20: 241-251.

Hughes, D. 1991. "Opening up trade barriers with Section 301-a critical assessment." *Wisconsin International Law Journal* 5: 176-206.

IFPMA(International Federation of Pharmaceutical Manufacturers & Associations). 2006. "WHO Commission Report on Biomedical Innovation, Patents and Public Health contains many sound proposals but underestimates the vital role of patents." Apr. 3, at: http://www.ifpma.org/News/NewsReleaseDetail.aspx?nID=3D4628

Ignjatovic, Tijana, 2007. "Abbott: AIDS Group Lawsuit Attracts Negative Publicity." Jun. 20th (http://www.pharmaceutical-business-review.com/article_feature_print.asp?guid=E468F441).

IIPA(International Intellectual Property Alliance). 1985. *U.S. Government Trade Policy: Views of the Copyright Industry.* Submitted to the US Congress. House. Energy and Commerce Committee. H361-35.3. July 26: 80-81.

———. 1986. *Piracy of U.S. Copyrighted Works in Ten Tell Selected Countries: A report by the International Intellectual Property Alliance to the U.S. Trade Representative.* Submitted to the U.S. Congress. Senate. Senate Finance Committee. S361-88.4 14 May 1986.

———. 1996. "IIPA names 29 countries causing over $6 billion in trade losses due to copyright piracy in 1995." Feb. 20, available at: ⟨http://www.iIPa.com/html/pn_.special;30Lpr22096.html⟩ accessed 7/18/00.

———. 1997. "Letter to Joseph Papovich, Deputy Assistant USTR for intellectual property." February 24. available at: ⟨http://www.iIPa.com/html/rbi_special_301_pr_22497.html⟩ accessed 10/26/98.

———. 1998. "Letter to Joseph Papovich, Assistant USTR for services, investment and intellectual property." Feb. 23. available at: ⟨http://www.iIPa.com/html/rbi_special_301_lttr_022098.html⟩ accessed 10/26/98.

348

_____. 1999. "Copyright piracy in 62 countries causes at least $12.4 billion in trade losses in 1998." Feb. 16. Available at: ⟨http://www.iIPa.com/html/p,-02161999.html⟩ accessed 6/21/99.

_____. 2000a. "IIPA asks USTR to designate Israel and Ukraine as special 301 'priority foreign countries' in April 2000." Feb. 18. Available at: ⟨http://www.iIPa.com⟩ accessed 7/11/00.

_____. 2000b. "IIPA testifies at GSP hearings to urge six countries to comply with 'adequate and effective' standards of copyright protection and enforcement as required under U.S. trade program." May 12. Available at: ⟨http://www. iIPa.com/ homepage-index.html⟩ accessed 7/12/00.

IP-health. 2001. "Re: Call for Endorsements on Glivec (sic) from South Korea." Nov. 30th at: http://listsessential.org/pipermail/ip-health/2001

_____. 2003. "Text of Korean Decision in Glivec Case." Mar. 10th at: http://lists. essential. org/pipermail/ip-health/2003/March

_____. 2005. "African Countries Ready to Accept TRIPS and Public Health Deal." Dec. 6th at: http://www.ip-watch.org.

_____. 2006a. "Biotech industry Fights Disclosure in Patents on three IP Policy Fronts." Mar. 2nd at: http://www.ip-watch.org

_____. 2006b. "Groups Decry Impact of IP and Health Terms in US Trade Agreements." Mar. 3rd at: http://www.ip-watch.org.

_____. 2006c. "Pfizer Fights IP Flexibilities in the Philippines." Apr. 30th at: http://www. ip-watch.org.

IPC, Keidanren, UNICE. 1988. Basic Framework of GATT Provisions in Intellectual Property: Statement of Views of the European, Japanese and United States Business Communities (June).

Ireland, Doug. 2006. "Under the Counter." *POZ Magazine* at http://www.poz.com/articles/1056_7008.shtml.

Jackson, J. 1989. "Remarks of Professor john jackson." *Vanderbilt Journal of Transnational Law* 22, 2: 343-355.

Jones, B. 1994. *Reconceiving Decision-Making in Democratic Politics: Attention, Choice, and Public Policy.* Chicago: University of Chicago Press.

Julius, D. 1994. "International direct investment: strengthening the policy regime." P. Kenen ed. *Managing the World Economy: Fifty Years After Bretton Woods.* Washington, DC: Institute for International Economics.

Kantor, Mickey, 2005. "U.S. Free Trade Agreements and the Public Health." submission to WHO CIPIH, at http://www.who.int

Kastriner, L. 1991. "The revival of confidence in the patent system." *Journal of the Patent and Trademark Office Society* 73, 1 (January): 5-23.

Katzenstein, P., R. Keohane, and S. Krasner eds. 1998. *International Organization at Fifty: Exploration and Contestation in the Study of World Politics* (special anniversary issue) 52: 4 (Autumn).

Kaye, H. and P. Plaia. 1981. "The filing and defending of Section 337 actions." *North Carolina Journal of International Law and Commercial Regulation* 6 (Summer): 463-483.

Keck, M. and K. Sikkink. 1998. *Activists Beyond Borders*. Ithaca: Cornell University Press.

Kent, C. 1993. "NAFTA, TRIPS affect ip." *Les Nouvelles* 28 (December): 176-181.

Klotz, A. 1995. *Norms in International Relations: The Struggle Against Apartheid*. Ithaca: Cornell University Press.

Knapp, Inti. 2000. "The software piracy battle in Latin America: should the United States pursue its aggressive bilateral trade policy despite the multilateral TRIPS enforcement framework?" *University of Pennsylvania Journal of International Economic Law* 21 (Spring): 173-210.

Kobak, Jr., j. 1995. "The misuse defense and intellectual property litigation." *Boston University Journal of Science and Technology Law* 1, 2: 1-43.

_____. 1998. "Intellectual property, competition law and hidden choices between original and sequential innovation." *Virginia Journal of Law and Technology* 3: 6.

Koremenos, B., C. Lipson, and D. Snidal. 2001. "The rational design of international institutions." *International Organization* 55, 4 (Autumn): 761-799.

Kosterlitz, j. 1993. "Rx: Higher prices." *National Journal* 7 (February 13): 396-399.

Kowert, Paul and Jeffrey Legro. 1996. "Norms, identity, and their limits: a theoretical reprise." in Peter Katzenstein ed. *The Culture of National Security: Norms and Identity in World Politics*. Ithaca: Cornell University Press: 451-497.

Krasner, S. 1985. *Structural Conflict: The Third World Against Global Liberalism*. Berkeley, CA: University of California Press.

_____. 1991. "Global communications and national power: life on the Pareto frontier." *World Politics* 43, 3 (April): 336-366.

Lande, S. and C. VanGrasstek. 1986. *The Trade and Tariff Act of 1984: Trade Policy in the Reagan Administration*. Lexington, MA: D.C. Heath and Company.

Lash, W. 1992. "In our stars: the failure of American trade policy." *North Carolina journal of Law and Commercial Regulation* 18 (Fall): 7-57.

Lettington, Robert, 2003. Small-scale Agriculture and the Nutritional Safeguard under Article 8(1) of the Uruguay Round Agreement on Trade-Related Aspects of Intellectual Property Rights: Case Studies from Kenya and Peru at: http://www.iprs.online.

Lever, j. 1982. "The new Court of Appeals for the Federal Circuit (Part I)." *Journal of the Patent Office Society* 64, 3 (March): 178-208.

Levin, R. C. et al. 1987. "Appropriating the returns from industrial research and development." *Brookings Papers on Economic Activity* 3: 783-820.

Levy, C. S. 2000. "Implementing TRIPS- a test of political will." *Law and Policy in International Business* 31, 3: 789-795.

Levy, D. and D. Egan. 2000. "Corporate political action in the global polity: National and transnational strategies in the climate change negotiations." R. Higgott, G. Underhill and A. Bieler eds. *Non-State Actors and Authority in tile Global System*. London: Routledge: 138-153.

Lindblom, C. 1977. *Politics and Markets*. New York: Basic Books.

_____. 1990. *Inquiry and Change: The Troubled Attempt to Understand and Shape Society*. New Haven, CT: Yale University Press.

Lipson, C. 1985. *Standing Guard: The Protection of Foreign Capital in tile Nineteenth and*

Twentieth Centuries. Berkeley: University of California Press.

Litfin, K. 1995. "Framing science: precautionary discourse and the Ozone Treaties." *Millennium: Journal of International Studies* 24, 2 (Summer): 251-277.

_____. 1999. "Constructing environmental security and ecological interdependence." *Global Governance* 5, 3 (July-Sept.): 359-377.

Litman, J. 1989. "Copyright legislation and technological change." *Oregon Law Review* 68, 2: 275-361.

Liu, P. 1994. "U.S. industry's influence on intellectual property negotiations and Special 301 Actions." *UCLA Pacific Basin Law Journal* 13: 87-117.

Love, James. 1996. "Comments on trade and pharmaceutical policies: a perspective from the U.S. consumer movement," presented at HAI Seminar: "World Trade Organization/ GATT, Pharmaceutical Policies and Essential Drugs." October 4, Bielefeld, Germany. Available at: ⟨http://www.cptech.org/pharm/bielefeld.html⟩ accessed 4/24/02.

_____. 2001. Remarks presented at University of Florida Frederic G. Levin College of Law Symposium: Intellectual Property, Development and Human Rights. Gainesville, FL. March 24.

_____. 2005. "No Gift to the Poor: Strategies used by the US and EC to Protect Big Pharma in WTO TRIPS Negotiations." Working Agenda at: http://workingagenda.blogspot.com/2005/12/no-gift-to-poor-strategies-used-by-us.html.

Love, James and M. Palmedo. 2001. "Examples of compulsory licensing of intellectual property in the United States." CPTech Background paper 1, September 29. Available at: ⟨http://www.cptech.org/ip/health/cl/us-cl.hbn1⟩ accessed 4/24/02.

Low, P. and A. Subramanian. 1995. "TRIMs in the Uruguay Round: unfinished business?" W. Martin and L. Winters eds. *The Uruguay Round and the Developing Economies*. Washington, DC: The World Bank.

Machlup, F. and E. Penrose. 1950. "The patent controversy in the nineteenth century." *Journal of Economic History* 10, 1 (May): 1-29.

Malott, R. 1989. "1990s issue: intellectual property rights." *Les Nouvelles*, 24 (December): 149-153.

Marden, Emily. 1999. "The Neem tree patent: international conflict over the commodification of life." *Boston College Environmental Affairs Law Review* 22 (Spring): 279-295.

Martin, Wand L. Winters eds. 1995. *The Uruguay Round and the Developing Countries*. Washington, DC: The World Bank.

Maskus, K. 1991. "Normative concerns in the international protection of intellectual property rights." *World Economy* 14: 403.

_____. 2000. *Intellectual Property Rights in the Global Economy*. Washington, DC: institute for International Economics.

Matsushita, M. 1992. "A Japanese perspective on intellectual property rights and the GATT." *Colombia Business Law Review* 1: 81-95.

Matthews, Duncan. 2002. *Globalising Intellectual Property Rights: the TRIPS Agreement*. London, Routledge.

_____. 2004a. "Is History Repeating Itself? Outcome of the Negotiations on Access to

Medicines." *Electronic Law Journal* LGD at: http://www2.warwick.ac.uk/fac/soc/law/elj/lgd/2004_1/matthews2004.

———. 2004b. "WTO Decision on Implementation of Paragraph 6 of the Doha Declaration on the TRIPS Agreement and Public Health: A Solution to the Access to Medicines Problem?" *Journal of International Economic Law* 7.

May, Christopher. 2000. *A Global Political Economy of Intellectual Property Rights: The New Enclosures?* London: Routledge.

May, Christopher and Susan K. Sell. 2005. *Intellectual Property: A Critical History.* Boulder: Lynne Rienner.

McNeil, D. 2000. "Companies to cut costs of AIDS drugs for poor nations." *The New York Times,* May 11. Accessed through Lexis-Nexis Academic Universe, 11-01-01.

———. 2001. "Yale pressed to help cut drug costs in Africa." *The New York Times,* Mar. 12, A3.

Merges, R. 1990. "Battle of the lateralisms: intellectual property and trade." *Boston University International Law Journal* 8, 2 (Fall): 239-246.

———. 2000. "One hundred years of solicitude: intellectual property law 1900-2000." *California Law Review* 88 (December): 2187-2240.

Mizruchi, M. 1992. *The Structure of Corporate Political Action.* Cambridge, MA: Harvard University Press.

Moravcsik, A. 1997. "Taking preferences seriously: a liberal theory of international politics." *International Organization* 51, 4 (Autumn): 513-553.

Morrison, S. 1994. "How will the Uruguay Round of GATT affect the U.S. computer industry?" Congressional Research Service Report for Congress, Report No. 94-840-E, Washington, DC: The Library of Congress (November 3).

Mossinghoff, G. 1984. "The importance of intellectual property in international trade." *Business America* January 7, inside cover.

———. 1985. Testimony of Gerald J. Mossinghoff, House Energy and Commerce Committee, H361-35.5, July 26, 189.

———. 1991. "For better international protection." *Les Nouvelles,* 26 June): 75-79.

Mowrey, D. 1993. "Global intellectual property rights issues in perspective: a concluding panel discussion." M. Wallerstein, M. Magee, and R. Schoen eds. *Global Dimensions of Intellectual Property Rights in Science and Technology.* Washington, DC: National Academy Press: 368-372.

MSF(Médecins Sans Frontières). 2006a. "Gilead's Tenofovir 'Access Program' for Developing Countries: A Case of False Promises?" Feb. 7th
at: http://www. doctorswithoutborders.org/pr/2006/02-07-2006.html.

———. 2006b. "Abbott's New and Improved Kaletra: Only in the U.S. ⋯ But what about the rest of the world?" Mar. 14th. at: http://www.doctorswithoutborders.org/news/hiv-aids/kaletra_briefingdoc.cfm.

———. 2006c. "Unnecessary Delays by Abbott: the 'CPP' Myth Debunked." Mar. 14th. at: http://www.doctorswithoutborders.org/news/hiv-aids/kaletra_cppdoc.htm.

———. 2006d. "More Empty Promises: Abbott Fails to Supply Critical New AIDS Drug Formulation to Developing Countries." Apr. 27th.

at: http://www. doctorswithoutborders.org/pr/2006/04-27-2006_1.cfm.

MSF, HAI and CPT. 1999a. "An open letter to WTO member states." November 8. Available at: ⟨http://msf.org/advocacy/accessmed/wto/reports/1999/ letter⟩ accessed 7/11/00.

_____. 1999b. 1/Amsterdam Statement to WTO member states on access to medicine." November 25-26. Available at: ⟨http://www.cptech.org/ ip/health/amsterdamstatement/html⟩ accessed 7/11/00; also available at: ⟨http://www. accessmed.org/prod/ publications.asp?scntid=17122001173935&contenttype= PARA&.

_____. 2000. "MSF reaction to UNAIDS proposal." May 11. Available at: ⟨http://www.msf. org/un/reports/2000/05/pr-unaids/⟩ accessed 8/7/00.

Mueller, Janice. 2007. "Taking TRIPS to India? Novartis, Patent Law, and Access to Medicines." the New England Journal of Medicine 356; 6: 541-543.

Murphy, C. 1994. International Organization and Industrial Change: Global Governance Since 1850. New York: Oxford University Press.

_____. 1998. "Understanding IR: understanding Gramsci." Review of International Studies 24: 417-425.

Murphy, C. and D. Nelson. 2001. "International political economy: a tale of two heterodoxies." British Journal of Politics and International Relations 3, 3 (October): 393-412.

Musungu, Sisule and Cecilia Oh. 2005. "The Use of Flexibilities in TRIPS by Developing Countries: Can They Promote Access to Medicines?" CIPIH Study 4C, August at: http://who.int.org

Nader, Ralph and James Love. 1995. "Ralph Nader and James Love, letter to Michael Kantor on health care and IPR." October 9. Available at: ⟨http://www.cptech.org/ pharm/kantor.html⟩ accessed 4/24/02.

Nader, Ralph, James Love and Robert Weissman. 1999. "October 6 1999 letter to Charlene Barshefsky regarding review of US trade policy as it relates to access to essential drugs." available at: ⟨http://www.cptech.org/ip/health/country /cb-oct6-99.html⟩ accessed 8/7/00.

Neuman, W. 1992. "IPR protection improves, but reforms not uniform." Business Latin America 20 (April): 127.

Newman, A. 1989. "The amendments to Section 337: increased protection for intellectual property rights." Law and Policy in International Business 20: 571-588.

Nicoson, W. 1962. "Misuse of the misuse doctrine in infringement suits." Havard Law Review 76.

Noehrenberg, Eric. 2006. "CIPIH: An Industry Perspective." Bulletin of the World Health Organization 84.

North, D. 1981. Structure and Change in Economic History. New York: W. W. Norton & Company.

Novak, V. 1993. "How drug companies operate on the body politic." Business and Society Review 84 (Winter): 58-64.

O'Connor, D. 1995. "TRIPS: Licensing challenge." Les Nouvelles 30, 1.

Oddi, A. Samuel. 1987. "The international patent system and Third World development: reality or myth?" Duke Law Journal 87, 5 (November): 831-878.

_____. 1996. "TRIPS - Natural rights and a polite form of economic imperialism." *Vanderbilt Journal of Transnational Law* 29: 415.

Odell, J. and I. Destler. 1987. *Anti-protection: The Changing Face of U.S. Trade Politics.* Washington, DC: Institute of International Economics.

Onut N. 1997. "A constructivist manifesto." K. Burch and R. Denemark eds. *Constituting International Political Economy.* Boulder, CO: Lynne Rienner Press: 7-17.

Ordover, J. 1991. "A patent system for both diffusion and exclusion." *Journal of Economic Perspectives* 5, 1 (Winter): 43-60.

Ostry, S. 1990. *Governments and Corporations in a Shrinking World.* New York: Council on Foreign Relations Press.

Palan, R. and J. Abbott, with P. Deans. 1996. *State Strategies in the Global Political Economy.* London: Pinter.

Patel, S. 1989. "Intellectual property rights in the Uruguay round: a disaster for the South?" *Economic and Political Weekly* (May 6).

PhRMA(Pharmaceutical Research and Manufacturers of America). 1996. "Submission of the Pharmaceutical Research and Manufacturers of America for the 'Special 301' report on intellectual property barriers." Feb. 20. Obtained from PhRMA, on file with author.

_____. 1997a. "Submission of the Pharmaceutical Research and Manufacturers of America for the 'Special 301' report on intellectual property barriers." Feb. 18. Obtained from PhRMA, on file with author.

_____. 1997b. "Trade barriers rob patients of new drugs says report." Dec. 19. Available at: ⟨http://www.phrma.org/news/12-19-97b.html⟩ accessed 7/18/00.

_____. 1998a. "Submission of the Pharmaceutical Research and Manufacturers of America for the 'Special 301' report on intellectual property barriers/." Feb. 23. Obtained from PhRMA, on file with author.

_____. 1998b. "Trade barriers cost U.S. pharmaceutical industry $9 billion a year, PhRMA tells USTR." Dec. 4. Available at: ⟨http://www.phrma.org/news/12-4-98.html⟩ accessed 7/18/00.

_____. 1999a. "Submission of the Pharmaceutical Research and Manufacturers of America for the 'Special 301' report on intellectual property barriers." Feb. 16. Available at: ⟨http://www.phrma.org/issues/nte/html⟩ accessed 8/12/99.

_____. 1999b. "Submission of the Pharmaceutical Research and Manufacturers of America for the 'Special 301' report on intellectual property barriers: India." Feb. 16. Available at: ⟨http://www.phrma.org/issues/nte/india.html⟩ accessed 8/12/99.

_____. 2000a. "Submission of the Pharmaceutical Research and Manufacturers of America for the 'Special 301' report on intellectual property barriers." Feb. 18. Available at: ⟨http://www.phrma.org/issues/nte.htmJ⟩ accessed 7/18/00.

_____. 2000b. Press release, "Alan Holmer, President, PhRMA ... statement in response to President Clinton's May 10, 2000 Executive Order on Access to HIV/ AIDS Pharmaceuticals." May 10. Available at: ⟨http://www.phrma.org/press/news-releases//2000-05-10.12.phtml⟩ accessed 8/7/00.

_____. 2001. "Submission of the Pharmaceutical Research and Manufacturers of America."

National Trade Estimate Report on Foreign Trade Barriers (NTE) Dec. 17. Available at: ⟨http://www.PhRMA.org⟩ accessed 8/20/01.

Porter, Tony. 1999. "Hegemony and the private governance of international industries." A. Cutler, V. Haufler and T. Porter. *Private Authority and International Affairs*. Albany: State University of New York Press: 257-282.

Price, D. 1996. "Investment rules and high technology: towards a multilateral agreement on investment." in Market Access after the Uruguay Round: Investment, Competition and Technology Perspectives. Paris: GEeD.

Price, R. 1998. "Reversing the gun sights: transnational civil society targets land mines." *International Organization* 52, 3 (Summer): 613-644.

Primo Braga, C. 1989. "The economics of intellectual property rights and the GAIT: a view from the south." *Vanderbilt Journal of Transnational Law* 22, 2: 243-264.

Prusoff, W. 2001. "The scientist's story." *The New York Times*, Mar. 19: A19.

Pruzin, D. 2001. "WTO Talks on TRIPS, Public Health Declaration stall over compromise text." *International Trade Daily* October 24. Bureau of National Affairs.

Public Citizen, Congress Watch. 2001. "Drug industry most profitable again." April 11. At: http://www.citizen.org/congress/reform/drugJndustry/profits/articles.cfm?ID= 838, accessed 5/8/02.

Quaker United Nations Office, Geneva. 2001. "What did developing countries get at Doha? Some QUNO assessments of the WTO Ministerial Conference." Available at: ⟨http://www.quno.org⟩ accessed 4/26/02.

Rai, Arti and Rebecca Eisenberg. 2003. "The Public Domain: Bayh-Dole Reform and the Progress of Biomedicine." *Law and Contemporary Problems* 66.

Rampell, Catherine. 2007. "House Approves Comprehensive Patent Overhaul." Sept. 8th, *The Washington Post* D1.

Raustiala, K. 2000. "Compliance and effectiveness in international regulatory cooperation." *Case Western Reserve Journal of International Law* 32, 3 (Summer): 387-440.

Reich, R. 1983. "Beyond free trade." *Foreign Affairs* 61 (Spring): 773-804.

Reich, R. and I. Magaziner. 1982. *Minding America's Business: The Decline and Rise of the American Economy*. New York: Harcourt Brace Jovanovich.

Reichman, J. H. 1993. "The TRIPS component of the GATT's Uruguay Round: competitive prospects for intellectual property owners in an integrated world market." *Fordham Intellectual Property, Media & Entertainment Law Journal* 4: 171-266.

_____. 1996. "Compliance with the TRIPS Agreement: introduction to a scholarly debate." *Vanderbilt journal of Transnational Law* 29 (May): 363-390.

_____. 1997a. "Enforcing the enforcement procedures of the TRIPS Agreement." *Virginia journal of International Law* 37 (Winter): 335-356.

_____. 1997b. "From free riders to fair followers: global competition under the TRIPS Agreement." *New York University Journal of International Law and Policy* 29: 17-21.

_____. 2004. "Undisclosed Clinical Trial Data under the TRIPS Agreements and Its Progeny: A Broader Perspective." at: http://www.iprsonline.

Reichman, J. H. and David Lange. 1998. "Bargaining around the TRIPS agreement: the case for ongoing public-private initiatives to facilitate worldwide intellectual property transactions." *Duke Journal of Comparative and International Law* 9 (Fall): 11-68.

Reichman, J. H. and Rochelle Cooper Dreyfuss. 2007. "Harmonization without Consensus: Critical Reflections on Drafting a Substantive Patent Law Treaty" *Duke Law Journal* Vol. 57 (October): 85-130.

Reiterer, M. 1994. "Trade-related intellectual property rights." *The New World Trading System: Readings.* Paris: OECD.

Renouard, A. C. 1987. *Traité des Brevets d'invenlion.* 1844, reissued, Paris: CNAM.

Ress, Manon. 2007. "Public Access to NIH Research made Law." A2K digest Vol. 1 #916, message 2.

Risse, T. 2000. "'Let's argue!': Communicative action in world politics." *International Organization* 54, 1 (Winter): 1-39.

Risse-Kappen, T. ed. 1995. *Bringing Transnational Relations Back 111: Non-State Actors, Domestic Structures and International Institutions.* Cambridge: Cambridge University Press.

Rodrik, D. 1994. "Comments on Maskus and Eby-Konan." A. Deardorff and R. Stem eds. *Analytic and Negotiating Issues in the Global Trading System.* Ann Arbor: University of Michigan Press.

Rosenberg, Barbara. 2006. "Market Concentration of the Transnational Pharmaceutical Industry and Generic Industries: Trends in Mergers, Acquisitions and Other Transactions." Pedro Roffe, Geoff Tansey and David Vivas-Eugui eds *Negotiating Health: Intellectual Property and Access to Medicines.* Geneva: International Centre for Trade and Sustainable Development.

Rosenberg, Tina. 2001. "Look at Brazil." *The New York Times,* Sunday, january 28 (Sunday magazine). http://www.nytimes.com/library/magazine/home/20010128mag.aids.html.

Ryan, M. 1998a. "The function-specific and linkage-bargain diplomacy of international intellectual property lawmaking." *University of Pennsylvania Journal of International Economic Law* (Summer): 535-586.

_____. 1998b. *Knowledge Diplomacy: Global Competition and the Politics of Intellectual Property.* Washington, DC: The Brookings Institution.

Sally, R. 1994. "Multinational enterprises, political economy, and institutional theory: domestic embeddedness in the context of internationalization." *Review of International Political Economy* 1:1 (Spring).

Samahon, Tuan N. 2000. "TRIPS copyright dispute settlement after the transition and moratorium: nonviolation and situation complaints against developing countries." *Law and Policy in International business* 31, 3: 1051-1075.

Samuelson, Pamela. 1997. "The U.S. digital agenda at WIPO." *Virginia Journal of International Law* 37 (Winter): 369-439.

Schultz, Mark and David Walker. 2005. "How Intellectual Property became Controversial: NGOs and the new IP Agenda." *Engage* 6. at: http://www.ngowatch.org.

Scotchmer, S. 1991. "Standing on the shoulders of giants: cumulative research and the patent law." *Journal of Economic Perspectives* 5,1 (Winter): 29-41.

Sell, Susan K. 1995. "The origins of a trade-based approach to intellectual property protection: the role of industry associations." *Science Communication* 17, 2 (December): 163-185.

_____. 1998. *Power and Ideas: The North-South Politics of Intellectual Property and Antitrust.* Albany: State University of New York Press.

_____. 1999. "Multinational corporations as agents of change: the globalization of intellectual property rights." A Cutler, V. Haufler and T. Porter. *Private Authority and International Affairs.* Albany: State University of New York Press.

_____. 2003. *Private Power, Public Law: the Globalization of Intellectual Property Rights.* Cambridge: Cambridge University Press.

Sell, Susan K. and C. May. 2001. "Moments in law: contestation and settlement in the history of intellectual property." *Review of International Political Economy* 8, 3: 467-500.

Seuba, Xavier. 2006. "A Human Rights Approach to the WHO Model List of Essential Medicines." *Bulletin of the World Health Organization* 84.

Shadlen, Ken. 2005. "Policy Space for Development in the WTO and Beyond: the case of Intellectual Property Rights." Working Paper No. 05-06 at: http://ase.tufts.edu.gdae.

Shaffer, Gregory. 2004. "Recognizing Public Goods in WTO Dispute Settlement: Who Participates? Who Decides?" *Journal of International Economic Law* 7.

Shell, G. R. 1995. "Trade legalism and international relations theory: an analysis of the World Trade Organization." *Duke Law Journal* 44, 5 (March): 829-927.

Sherwood, Robert 1997. "The TRIPS Agreement: implications for developing countries." *IDEA*, 491, 493.

Shillinger, K. 2000. "AIDS drug prices cut for Africa, pharmaceutical companies yield to pressure from the White House." *The Boston Globe*, May 12, 2000, 3rd ecln. Accessed 11-0101, Lexis-Nexis Academic Universe.

Shiva, Vandana. 1997. *Biopiracy: The Plunder of Nature and Knowledge.* South End Press.

Shrader, D. 1994a. "Enforcement of intellectual property rights under the GATT 1994 TRIPS Agreement." *Congressional Research Service Report for Congress*, Report No. 94-228 A Washington, DC: Congressional Research Service (March 3).

_____. 1994b. "Intellectual property provisions of the GATT 1994: The TRIPS Agreement." *Congressional Research Service Report for Congress*, Report No. 94-302A Washington, DC: Library of Congress (March 16).

Shulman, Seth. 1999. *Owning the Future.* New York: Houghton Mifflin Company.

Sikkink, K. 1991. *Ideas and Institutions.* Ithaca, NY: Cornell University Press.

Silverstein, D. 1991. "Patents, science and innovation: historical Linkages and implications for global technological competitiveness." *Rutgers Computer & Technology Law Journal* 17, 2: 261-319.

_____. 1994. "Intellectual property rights, trading patterns and practices, wealth distribution, development and standards of living: a north-south perspective on patent law harmonization." George Stewart, Myra Tawfik and Maureen Irish eds. *International Trade and Intellectual Property: The Search for a Balanced System.* Boulder, CO: Westview Press: 155-179.

Simon, E. 1986. "U.S. trade policy and intellectual property rights." *Albany Law Review* 50, 3 (Spring): 501-508.

Sinclair, T. 1999. "Bond-rating agencies and coordination in the global political economy." A. Cutler, V. Haufler and T. Porter eds. *Private Authority and International Affairs.* Albany: State University of New York Press: 153-167.

Sipress, Alan, 2007. "Patently at Odds: Drug and Tech Sectors Battle with Reform High on Agenda." *The Washington Post,* April 18th, D1.

Smart, T. 1988. "Knights of the roundtable: tracking big business' agenda in Washington." *Business Week* 21 (October): 39-44.

Smith, Eric H. 1996. Testimony of Eric H. Smith, President of the International Intellectual Property Alliance Representing the International Intellectual Property Alliance Before the Committee on Ways and Means, United States House of Representatives, March 13. Available at: ⟨http://www.ilPa.com/htrnl/rbUrips_tstmn.31396.html⟩ accessed 10/26/98: 1-10.

Spicy IP. 2006. "First Mailbox Opposition (Gleevec) Decided in India." Mar. 11th, at: http://spicyipindia.blogspot.com/2006/03/first-mailbox-opposition-gleevec.html.

Stanback, W. 1989. "International intellectual property protection: an integrated solution to the inadequate protection problem." *Virginia Journal of International Law* 29 (Winter): 917-960.

Stein, Eric. 2001. "International Integration and Democracy: No Love at First Sight." *American Journal of International Law* 95.

Steinhauer, J. 2001. "U.N. redefines AIDS as political issue and peril to poor." *The New York Times,* june 28: AI.

Stewart, T. 1993. *The GATT Uruguay Round: A Negotiating History (1986-1992), Volume II: Commentary.* Deventer: Kluwer Law and Taxation Publishers.

Stolberg, S. 2001. "Africa's AIDS war." *The New York Times,* March 10: AI.

Strange, Susan. 1987. "The persistent myth of 'lost' hegemony." *International Organization* 41: 551-574.

_____. 1988. *States and Markets: All Introduction to International Political Economy.* London: Pinter.

_____. 1991. "An eclectic approach." C. Murphy and Roger Tooze eds. *The New International Political Economy.* Boulder, CO: Westview Press.

_____. 1996. *The Retreat of the State: The Diffusion of Power in the World Economy.* Cambridge: Cambridge University Press.

_____. 2000. "World order, non-state actors and the global casino: the retreat of the state?" R. Stubbs and G. Underhill eds. *Political Economy and the Changing Global Order,* 2nd edn. Oxford: Oxford University Press: 82-90.

Sutherland, Johanna. 1998. "TRIPS, cultural politics and law reform." *Prometheus* 16:3: 291-303.

Symposium. 2002. "Global Intellectual Property Rights: Boundaries of Access and Enforcement." *Fordham Intellectual Property Media and Entertainment Journal* 12.

Tancer, R. 1995. "Trends in worldwide intellectual property protection: the case of the pharmaceutical patent." *The International Executives* 37, 2: 147-166.

Taylor, M. 1989. "Structure, culture and action in the explanation of social change." *Politics and Society* 17, 2: 115-162.

Tejera, Valentil. 1999. "Tripping over property rights: is it possible to reconcile the convention on biological diversity with Article 27 of the TRIPS Agreement?" *New England Law Review* 33 (Summer): 967-987.

Thomas, G., J. Meyer, F. Ramirez and J. Bali eds. 1987. *Institutional Structure: Constituting State, Society and the Individual.* Newbury Park, CA: Sage Publications.

Thomas, Robert. 2006. "Vanquishing Copyright Pirates and Patent Trolls: the Divergent Evolution of Copyright and Patent Laws." *American Business Law Journal* Vol. 43 (Winter)

Thurow, L. 1985. *The Zero-Sum Solution: Building World-Class American Economy.* New York: Simon and Schuster.

_____. 1997. "Needed: a new system of intellectual property rights." *Harvard Business Review* (September-October): 94-103.

Trebilcock, M. and R. Howse. 1995. *The Regulation of International Trade.* New York: Routledge.

Underhill, G. 2000a. "Global issues in historical perspective." R. Stubbs and G. Underhill eds. *Political Economy and the Changing Global Order.* Don Mills, ant.: Oxford University Press: 105-118.

_____. 2000b. "Global money and the decline of state power." T. Lawton, J. Rosenau and A. Verdun eds. *Strange Power: Shaping tile Parameters of International Relations and International Political Economy.* Aldershot: Ashgate: 115-135.

UNDP(United Nations Development Programme). 1999. *Human Development Report 1999.* New York: Oxford University Press.

UPOV(Union for the Protection of New Varieties of Plants). 2002. "States party to the International Convention for the Protection of New Varieties of Plants." Available at: ⟨http://www.upov.int/eng/ratif/pdf/ratifmem.pdf⟩ accessed 5/2/02.

US Department of Commerce. 1984. Roger D. *Severance Trip Report on Consultations with Taiwan and Singapore on Commercial Counterfeiting.* International Trade Administration memorandum (June 6).

US Department of Justice. 1977. *Antitrust Guide for International Operations,* reprinted in [January-June] Antitrust & Trade Reg. Rep. (BNA) No. 799. (February 1).

_____. 1988. *Antitrust Guidelines for international Operations,* reprinted in 55 Antitrust & Trade Reg. Rep. (BNA) No. 1391 (November 17).

US House of Representatives. 1985. House Committee on Energy and Commerce. *Unfair Foreign Trade Practices: Hearings Before the House Energy and Commerce Committee,* 99th Congress, 1st session, 26 July.

US House of Representatives, Committee on Ways and Means. 1995. *Overview and Compilation of U.S. Trade Statutes.* 104th Congress, 1st Session: 104-106, August 4.

US International Trade Commission. 1988. *Foreign Protection of intellectual Property Rights and the Effects all the U.S. Industry and Trade.* USTIC Pub. 2065, Inv. No. 332-245 (February).

US Senate. 1986a. Senate Finance Committee. *Intellectual Property Rights: Hearings Before the Subcommittee on International Trade of tile Senate Finance Committee,* 99th Congress, 2nd session May 14.

_____. 1986b. Senate Finance Committee. *Possible New Round of Trade Negotiations: Hearings Before the Committee on Finance.* 99th Congress, 2nd session July 23.

USTR(US Trade Representative). 1985. Task force on intellectual property. Summary of phase I: Recommendations of the Task Force on Intellectual Property to the Advisory Committee for Trade Negotiations (October), unpublished report.

_____. 1986. Advisory Committee for Trade Negotiations' Task Force on Intellectual Property Rights. Summary of phase II: Recommendations of the Task Force (March), unpublished report.

_____. 1994. *The 1994 General Agreement all Tariffs and Trade* (27 August).

_____. 1996. "Fact Sheets: 'Special 301' on intellectual property rights and 1996 Title VII decisions." April 30. Available at: ⟨http://www.ustr.gov/reports/special/factsheets. html⟩ accessed 7/12/00.

_____. 1997. "USTR announces results of special 301 annual review." April 30. Available at: ⟨http://www.ustr.gov⟩ accessed 10/26/98.

_____. 1998a. "USTR announces results of special 301 annual review." May 1. Available at ⟨http://www.ustr.gov⟩ accessed 10/26/98.

_____. 1998b. "1998 trade policy agenda and 1997 annual report of the President of the United States on the trade agreements program." Available at: ⟨http://www.ustr. gov⟩ accessed 10/26/98.

_____. 1998c. "Report to Congress on section 301 developments required by section 309(a)(3) of the trade act of 1974." Available at: ⟨http://www.ustr.gov/reports/ 30Ireport/sec301.pdf⟩ accessed 10/26/98.

_____. 1999. "USTR announces results of special 301 annual review." April 30. Available at: ⟨http://www.ustr.gov/releases/1999/04/99-41.html⟩ accessed 7/12/00.

_____. 2000a. "2000 Special Report." April 30. Available at: ⟨http://www.ustr.gov/ new/special.html⟩ accessed 7/11 /00.

_____. 2000b. "Highlights in U.S. international trade dispute settlement." June. Available at: ⟨http://www.ustr.gov⟩ accessed 7/18/00.

_____. 2001. "2001 Special 301 Report." April 30. Available at: ⟨http://www.ustr.gov/en-forcement/special.pdf⟩ accessed 5/2/02.

_____. 2002. "2002 Special 301 Report." April 30. Available at: ⟨http://www.ustr.gov/re-ports/2002/special301-pwl.htm⟩ accessed 5/2/02.

Valenti, J. 1986. Statement of Jack Valenti to Subcommittee on International Trade, Senate Finance Committee, 5361-88.4, May 14: 170-171.

van Wijk, J. and G. Junne. 1992. *Intellectual Property Protection of Advanced Technology: Changes in the Global Technology System: Implications and Options for Developing Countries.* Contract No. 91/026 (October). Maastricht: United Nations University, Institute for New Technologies.

Velasquez, German. 2004. "Bilateral Trade Agreements and Access to Essential Drugs." Jorge Bermudez and Maria Auxiliadora Oliveira eds. *Intellectual Property in the Context of the WTO TRIPS Agreements: Challenges for Public Health.*

Velasquez, German and P. Boulet. 1999. *Globalization and Access to Drugs: Perspectives on the WTO/TRIPS Agreement,* 2nd edn. WHO/DAP/98.9 Revised. World Health

Organization: Geneva.

Veliotes, N. 1986. Statement of Nicholas Veliotes to Subcommittee on International Trade, Senate Finance Committee, 5361-88.4, May 14: 162-164.

Vicente, Wendy S. 1998. "Questionable victory for coerced Argentine pharmaceutical patent legislation." *University of Pennsylvania Journal of International Economic Law* 19: 1101-1140.

Vick, Karl. 1999. "African AIDS victims losers of a drug war." *Washington Post,* December 4: AI.

Vivas-Eugui, David. 2003. Regional and Bilateral Agreements and a TRIPS-Plus World: the Free Trade Area of the Americas Quaker United Nations Office at http://www.quno.org.

Vogel, S. 1996. *Freer Markets, More Rules: Regulatory Reform in Advanced Industrial Countries.* Ithaca: Cornell University Press.

Walker, C. and M. Bloomfield eds. 1988. *Intellectual Property Rights and Capital Formation in the Next Decade.* Lanham, MD: University Press of America.

Wallerstein, I. 1974. *The Modern World-System: Capitalist Agriculture and the Origins of the European World Economy in the Sixteenth Century.* New York: Academic Press.

Wallerstein, M., M. Mogee, and R. Schoen eds. 1993. *Global Dimensions of Intellectual Property Rights in Science and Technology.* Washington, DC: National Academy Press.

Walter, A. 1997. "Globalization and corporate power: who is setting the rules on international direct investment?" Paper prepared for conference on Non-State Actors and Authority in the Global System, 31 October-I November, Warwick University, UK.

Waltz, K. 1979. *Theory of International Politics.* Reading, MA: Addison-Wesley Publishing Company.

Washington Post. 2002. "The AIDS fund gets going." editorial, *The Washington Post,* April 29: A20.

Webb, J. and L. Locke. 1991. "Recent development: intellectual property misuse: developments in the misuse doctrine." *Harvard Journal of Law and Technology* 4: 257.

Weissman, R. 1996. "A long, strange TRIPS: the pharmaceutical industry drive to harmonize global intellectual property rules, and the remaining WTO legal alternatives available to third world countries." *University of Pennsylvania Journal of International Economic Law* 17: 1069-1125.

Wendt, A. 1987. "The agent-structure problem in international relations theory." *International Organization* 41, 3 (Summer): 335-370.

_____. 2001. "Driving with the rearview mirror: on the rational science of institutional design." *International Organization* 55, 4 (Autumn): 1019-1049.

WHA(World Health Assembly). 2003. "Resolution of the World Health Assembly: Intellectual Property rights, Innovation and Public Health." WHA56.27 at: http://www.who.int.

Whalley, J. 1995. "Developing countries and system strengthening in the Uruguay Round." W. Martin and L. Winters eds. *The Uruguay Round and Developing Economies.* Washington, DC: The World Bank.

Whipple, R. 1987. "A new era in licensing." *Les Nouvelles,* 22, 3: 109-110.

WHO(World Health Organization). 2003. "Intellectual Property Rights, Innovation, and Public Health" 28 May at http://www.who.int.

———. 2006a. "CIPIH Report: Main Recommendations" *Bulletin of the World Health Organization* 84. at: http://www.who.int.

———. 2006b. "Commission on Intellectual Property Rights, Innovation, and Public Health: Report." at: http://www.who.intellectualproperty.

———. 2006c. "Public Health, Innovation, Essential Health Research on Intellectual Property Rights: Towards a Global Strategy and Plan of Action." A59/A/Conf.Paper No. 8 27 May at: http://www.who.int.

Wilks, S. 1996. "Comparative capitalism and the political power of business." S. Strange ed. *Globalisation and Capitalist Diversity: Experiences on the Asian Mainland.* Florence; European University Institute: 31-63.

Williams, Dylan. 2006. "World Health: A Lethal Dose of US Politics." Asia Times Online Jun. 16th at: http://www.atimes.com.

WIPO(World Intellectual Property Organization). 1988. *Background Reading Material on Intellectual Property.* WIPO Publication 40.

———. 2002. *Draft Substantive Patent Law Treaty,* Standing Committee on the Law of Patents, Seventh Session, Geneva, May 6 to 10, SCP/7/3 at: ⟨http://wipo.org/scp/en/documents/session.7/pdf/scp73.pdf⟩ (accessed 5/8/02).

Woods, N. 1995. "Economic ideas and international relations: beyond rational neglect." *International Studies Quarterly* 39 (June): 161-180.

Woolcock, S. 1997. "Liberalisation of financial services." *European Policy Forum* (October), London.

WTO(World Trade Organization). 2001. "Declaration on the TRIPS Agreement and Public Health." WT/MIN(01)/DEC/2, 20 November. Available at: ⟨http://www.wto.org/english/ thewto_e/ minisLe/minOLe/ mindecl_TRIPS_e.htm⟩ accessed 2/28/02.

———. 2005. "Implementation of Paragraph 11 of the General Council Decision of 30 August on the Implementation of Paragraph 6 of the Doha Declaration on the TRIPS Agreement and Public Health." IP/C/41, 6 December. www.wto.org.

WTO News. 1999. "The road FROM Seattle - latest edition: Post-Seattle Analysis." (December 14): 1-19. Available at: ⟨http://www.newsbulletin.org/getcurrentbulletin.cfm?bulletinjd =67 &sid =38⟩ accessed 7/17/00.

Yerkey, G. and D. Pruzin. 2001. "The United States drops WTO case against Brazil over HIV/ AIDS patent." WTO Reporter, Bureau of National Affairs, June 26. Available at: ⟨http://cptech.org/ip/health/c/brazil/bna6262001.html⟩ .

Yoffie, D. 1987. "Corporate strategies for political action: a rational model." A. Marcus et al. eds. *Business Strategy and Public Policy: Perspectives from Industry and Academia.* New York: Quorum Books.

Zalik, A. 1986. "Implementing the trade-tariff act." *Les Nouvelles,* 21 (December): 200-206.

Zuhn, Donald, 2007. "Pfizer, Inc. v. Apotex, Inc. (Fed. Cir. 2007)" May 22, at: http://patentdocs.typepad.com/patent_docs/2007/05/pfizer_inc_v_ap.html.

Zysman, J. and S. Cohen. 1987. *Manufacturing Matters.* New York: Basic Books.

't Hoen, Ellen. 2002. "TRIPS, pharmaceutical patents, and access to essential medicines: a long way from Seattle to Doha." *Chicago Journal of International Law* 3, 1.

_____. 2006. "Report of the Commission on Intellectual Property Rights, Innovation and Public Health: a Call to Governments." *Bulletin of the World Health Organization* 84.

찾아보기

ㅎ